U0953849

特色小（城）镇的塑造与实践

赵 辉 主编

中国建材工业出版社

图书在版编目（CIP）数据

特色小（城）镇的塑造与实践 / 赵辉主编．—北京：中国建材工业出版社，2019.9

ISBN 978-7-5160-2538-3

Ⅰ．①特… Ⅱ．①赵… Ⅲ．①小城镇—城市建设—研究—中国 Ⅳ．① F299.21

中国版本图书馆 CIP 数据核字（2019）第 074395 号

特色小（城）镇的塑造与实践

Tese Xiao(cheng)zhen de Suzao yu Shijian

赵　辉　主编

出版发行：中国建材工业出版社

地　　址：北京市海淀区三里河路 1 号

邮政编码：100044

经　　销：全国各地新华书店

印　　刷：北京天恒嘉业印刷有限公司

开　　本：787mm×1092mm　1/16

印　　张：27.5

字　　数：490 千字

版　　次：2019 年 9 月第 1 版

印　　次：2019 年 9 月第 1 次

定　　价：196.00 元

本社网址：www.jccbs.com，微信公众号：zgjcgycbs

请选用正版图书，采购、销售盗版图书属违法行为

版权专有，盗版必究。本社法律顾问：北京天驰君泰律师事务所，张杰律师

举报信箱：zhangjie@tiantailaw.com　举报电话：（010）68343948

本书如有印装质量问题，由我社市场营销部负责调换，联系电话：（010）88386906

本书编委会

主　编

赵　辉

副主编

王明田　彭震伟　孟亚凡　王　帅

编委会委员

（以姓氏笔画为序）

丁　元　马永东　马成程　王珊珊　王新汉　冯巧玲　厉华笑　卢道典　刘力元
汤　欢　汤龙腾　汤培源　安诣彬　杨　超　杨永胜　杨晓光　何苏明　宋　为
宋维尔　张　立　张　建　张　洁　张　雪　张名璇　张银银　陈　津　陈　燕
陈安华　陈前虎　陈奕嘉　邹鹤海　郄艳丽　单彦名　柯　敏　赵文强　赵燕岚
胡晓海　姜晓刚　段德罡　夏　晶　黄卫剑　崔思达　商选平　梅耀林　葛丹东
曾永生　程堂明　魏劭琨

组委会委员

王　帅　许昊翔　刘　薇　张爱华　赵燕岚　朱　峰　张建英　刘艺超

序

一

在现在这个特殊的时期，该书的问世恰逢其时。

2016 年，特色小镇由浙江实践上升为国家政策，经两批申报，共命名了 403 个国家级特色小镇。在横向上，除住房城乡建设部公布的特色小镇名单外，其他部委也有千企千镇、农业互联网小镇、体育小镇、森林小镇等创建政策。在纵向上，除部委主导的特色小镇外，大多数省级和部分市级行政单位也相继发布各自的特色小镇政策及创建名单。在国家政策的推动下，各类非官方命名的特色小镇也纷纷涌现，一时间特色小镇成为炙手可热的话题。

然而，在理论指导相对缺失的情况下，特色小镇的建设浪潮越来越呈现出变味和失控的趋势。尤其是在资本介入和市场利益的驱动下，“挂羊头卖狗肉”“东施效颦”的现象愈演愈烈。尤其是 2017 年年底四部委文件《关于规范推进特色小镇和特色小城镇建设的若干意见》的出台，更加表明，无论是学术界还是运营方，都急需关于特色小镇理论和实践上的权威、专业、全面的指导。“怎样建设特色小镇？”“特色小镇如何做特？”成为了很多人的困惑，而《特色小（城）镇的塑造与实践》一书恰恰精准地回答了这个问题。

以业界权威的专家和机构为支撑，该书为特色小镇验明正身。

目前，在学术界与实操领域对特色小镇的解读和实践可谓鱼龙混杂，良莠不齐。该书主编赵辉常年从事村镇建设研究和实践，尤其是近几年配合住房城乡建设部完成了多项关于特色小镇的重要研究与地方规划设计项目，积累了丰厚的经验，对特色小镇有着准确、深刻、独到的见解。城镇规划设计研究院作为本书支撑单位在村镇建设领域有着 40 载的悠久历史和沉淀，也是我国唯一一家以村镇建设为特长的国家队，不仅配合住房城乡建设部完成了两批特色小镇的评选，还承接了各类特色小镇设计项目近 40 项，实力雄厚。

此外，本书还邀请了一批在特色小镇领域有着丰富经验的专家、学者、操盘手和基层管理机构共同参与编写，使该书在整体架构和内容层次上更加完善和全面，集理论与实践于一体，对特色小镇的规划设计和特色塑造有着权威、全面、深刻的解读与呈现，堪称特色小镇“指导书”与“参考书”。

同济大学教授、博士生导师、常务副校长　伍　江

序 二

培育特色小镇　谋划经济发展大格局

特色小镇培育从浙江探索到在全国范围的推广才短短几年，就已经在全国各地产生了极大的影响，并体现在很多城市和区域的经济社会发展战略中。从浙江的特色小镇实践探索中可以看出，特色小镇发展更多是着眼于城市和区域经济发展的转型升级，如浙江特色小镇主要是为了破解有效供给不足和消费需求外溢以及高端经济发展要素聚合度不够等问题，依据区域产业结构演进规律，其产业定位聚焦信息经济、环保、健康、旅游、时尚、金融、高端装备制造等支撑浙江省未来发展的七大产业，以及茶叶、丝绸、黄酒、中药、木雕、根雕、石刻、文房、青瓷、宝剑等浙江的传统历史经典产业。国家发改委对创建特色小镇的要求也明确了产业定位要聚焦高端制造、新一代信息技术、创意创业、健康养老、现代农业、旅游风情、历史经典等产业。

长期以来，我国经济发展的供需关系存在着严重的结构性失衡，一方面存在需求的高端产品供给不足，另一方面缺乏需求的中低端产品严重过剩，这种状态成为阻碍我国经济可持续发展的严重障碍。习近平总书记在 2015 年 11 月的中央财经领导小组第十一次会议上明确提出："在适度扩大总需求的同时，着力加强供给侧结构性改革，着力提高供给体系质量和效率。"特色小镇培育建设可以成为供给侧结构性改革的重要平台，促进新型城镇化建设和经济转型升级。[1] 供给侧结构性改革，就是要从提高供给质量的角度，调整经济结构，进行要素资源的优化配置，更好地满足市场对高端产

1　国家发改委等，《关于规范推进特色小镇和特色小城镇建设的若干意见》（发改规划〔2017〕2084 号），2017 年 12 月 4 日。

品的需求，并培育经济发展的新动能，促进经济的可持续发展。

创新性和特色化的产业发展是特色小镇发展的核心，特色小镇的供给侧结构性改革首先要优化特色小镇产业发展的生产要素资源配置结构，通过技术创新提高全要素的生产效率。同时，划定1平方千米左右的浙江模式特色小镇建设范围可以更加有效地将这些特色要素资源进行空间上的有机整合，以符合外部需求市场的最大产出和全要素生产率的实质性提升。其次，通过要素资源的优化配置和产业发展，培育适应高端需求的新兴产业，可以推动整个区域的产业结构转型，实现生产力水平的跃升。从已有的特色小镇培育发展实践来看，特色小镇的产品供给需要满足城市和乡村两个方向的输出。面向城市的产品输出需要实现产品（服务）的独特性、稀缺性以及特定阶段城市发展需求的紧迫性，而面向乡村的输出则应包括产品、公共服务以及就业机会等更多形式，应对“三农”具有正外部性，并有助于人口集聚和土地集约利用，促进城镇化健康发展。同时，特色小镇的产业培育必须遵循产业结构的演进规律，特别是某一产业发展对其他产业活动可能产生的直接或间接的不同效应的影响，以及特色小镇所处区域的产业发展基础。如浙江云栖小镇所在的杭州市具有一定的云计算科研水平，软件产业综合实力较强，产业基础较好，信息产业发展迅猛且具有一定规模的信息消费基础，因此，云栖小镇可以着力发展以云计算为核心的云计算大数据和智能硬件产业。再次，特色小镇的供给侧结构性改革要促进对制度供给的改革，使制度供给与生产要素的自由流动更好地匹配起来，突破制约生产要素自由流动的制度瓶颈，对相关制度和体制机制进行改革性供给。例如特色小镇培育建设中要实行以企业为主体的运营机制和市场化的运作方式，引导各方社会力量参与和成为特色小镇培育建设的真正主体，而不是传统的由政府来直接运作的模式；特色小镇建设中的土地要素优化配置应与特色产业培育发展紧密结合；实现特色小镇建设的融资方式创新，探索产业基金、股权众筹、PPP等融资路径和市场化机制。

同济大学教授
中国城市规划学会小城镇规划学术委员会主任委员
彭震伟

序

三

特色小镇发源于中国浙江，截至 2018 年 2 月，全国两批特色小镇试点 403 个，加上各地方创建的省级特色小镇，数量超过 2000 个。值得注意的是，一些地方存在着借特色小镇之名行房地产开发之实的现象。国家发展改革委、国土资源部、环境保护部、住房城乡建设部等四部委于 2017 年 12 月联合发布《关于规范推进特色小镇和特色小城镇建设的若干意见》，要求从严控制特色小镇房地产开发，同时提出项目在合理确定住宅用地比例基础上，结合所在市县商品住房库存消化周期确定供应时序。

《特色小（城）镇的塑造与实践》一书介绍了特色小镇从浙江起源到全国推广，详解国内外创建经验，细数特色小镇建设之“特”，将国内特色小镇分省分片区进行拆解分析，详尽讲述了特色小镇引领带动全国小城镇建设之路。具有极高的学术价值。

唯有严控房地产开发，才能确保特色小镇特色化。本书针对特色小镇建设容易走入房地产开发的误区，严防“特色小镇”变“地产小镇”，邀请行业内特色小镇研究领域专家，理论结合实践，从多角度、多维度思考特色小镇建设如火如荼现状，总结国内外特色小镇建设实况，对严防特色小镇房地产化提供着扎实有效的技术指导和正确引领。

《特色小（城）镇的塑造与实践》一书除了具备高水平的专业学术研究价值外，更是对今后特色小镇发展建设、严防特色小镇房地产化具有重要的指导意义，极具出版价值。

北京大学城市与环境学院教授、博士生导师　冯长春

序

四

特色小镇是一种应运而生的创新型经济模式，经住房城乡建设部等三部委力推，全国各地特色小镇建设规划蜂拥而至，旨在培育特色鲜明、产业发展、绿色生态、美丽宜居的特色小镇。近几年特色小镇数量可谓与日俱增，但由于所属地域、产业结构、文化底蕴等方面的迥异，特色小镇的发展也是五花八门，有成也有败，为特色小镇寻找一条科学的发展之路迫在眉睫。

《特色小（城）镇的塑造与实践》一书从国内外特色小镇的前世今生、特色小镇如何做“特”、全国各地优秀实践经验三大板块对特色小镇的发展进行了全面系统的梳理解析。该书理论结合实践，不仅对政策有独到的解读同时也汇集了行业内各权威专家及学者的真知灼见，是一本具有系统性、专业性、可实施性的典范书籍。

在特色小镇的五大评价标准中，其中之一即“环境宜居”，可见改善人居环境是特色小镇发展的重要环节，在《特色小（城）镇的塑造与实践》一书中结合国内外先进经验科学的阐述分析了特色小镇健康发展的实现路径，科学融合生态与生产、生活的方式方法等极具参考价值的观点，对各地改善人居环境的工作具有很高的借鉴意义。

《特色小（城）镇的塑造与实践》是一本难能可贵的兼具宏观把控和学术研究的精品书籍。在特色小镇如火如荼发展的趋势下，该书对今后如何科学地发展特色小镇、如何让特色小镇走一条可持续、绿色健康的发展之路具有很高的研究价值，且具有很高的借鉴指导意义，因此本人认为该书具有很高的出版价值。

清华大学建筑学院城市规划系系主任、教授　武廷海

前言

特色小（城）镇需要把“特”的文章做足

“特色小镇”实践始于浙江，因国家层面的高位推动，迅速演变为席卷全国的政策和实践。在国家层面，发展改革委员会、住房城乡建设部、财政部、国家林业和草原局（原国家林业局）、农业农村部（原农业部）等多个部委都参与其中；地方层面，绝大部分省区市陆续出台了关于特色小镇的具体推进培育政策；社会层面，也得到各类企业和广大城乡居民的高度关注。以 2017 年 12 月国家发展和改革委员会等四部委联合出台的《关于规范推进特色小镇和特色小城镇建设的若干意见》为指导，特色小（城）镇进一步区分为特色小镇和特色小城镇两种形态。“特色小镇”作为支撑我国新型城镇化发展的新城市经济形态之一，将成为新时代背景下我国产业升级和创新发展的重要新载体；“特色小城镇”作为构建“以城市群为主体构建大中小城市和小城镇协调发展的城镇格局”的重要节点，将成为促进我国农村地区持续发展、推动乡村振兴战略落地实施的重要突破口和重点工作抓手之一。

党的十九大报告提出“我国经济已由高速增长阶段转向高质量发展阶段，正处在转变发展方式、优化经济结构、转换增长动力的攻关期，建设现代化经济体系是跨越关口的迫切要求和我国发展的战略目标”。特色小镇和特色小城镇，恰逢其时地回应了上述论断，并成为建设现代化经济体系的重要支撑。无论是特色小镇还是特色小城镇，其关键点都在这个“特”字上，如何把“特”的文章做足，是决定成败的关键。归纳各地实践，需要重点关注“一个策划、两个定位和三个领域”。

一个策划，即做好主题策划。主题是特色小（城）镇的招牌，也是特色小（城）

镇的灵魂。好的主题不是生搬硬套造出来的，而是自然而然“长”出来的。例如浙江梦想小镇，作为杭州未来科技城和互联网创新孕育的成果，离开杭州的创业土壤，梦想小镇将成为空中楼阁。因此，主题策划首先要基于本地优势资源的挖掘，根扎得越深，才能成长得更茁壮。

两个定位，即做好区域定位和市场定位。区域定位是指在一定区域范围内比对竞争对手，并在比较中进一步明确自身竞争优势。范围放多大，有赖于发展目标，可以区分为世界性的、国内的或是区域性的特色小（城）镇。范围越大，比较对象越多，突破的难度也就更大；市场定位即明确特色小镇的服务对象，特色小镇是特定类型企业和特定人群的集聚区，市场定位就是在市场中准确判别特定产业与特定人群，有针对性地制定配套政策。市场定位的关键是抓住龙头，一两个关键企业甚至是关键人物就能决定一个特色小镇的前途命运。

三个领域，即塑造产业特色、文化特色和风貌特色。产业特色需要长期培育，不能跟风，什么火搞什么。正所谓只有夕阳企业没有夕阳产业，特色小（城）镇的发展务须锁定主要产业方向，不断跟踪产业发展趋势、始终保持和提升产业竞争力是做强特色产业的关键；文化特色需要培育，更需要沉淀，文化特色的形成不可能一蹴而就。文化是事件和人物在时间上的积累，是一个地方因袭不变的传统，要有耐心地来寻找能够扎根本地的文化基因，切不可揠苗助长地生造文化符号；风貌特色相对而言是最容易塑造的，人为的成分也比较大，但真正的风貌特色不是舶来品或假文物，而是因地制宜、土生土长又饱经沧桑的物质载体，朴实无华的真善美，胜过花枝招展的假洋怪。

总之，只有牢牢把握以特色为根本、以产业为基础、以市场为导向、以本土文化为灵魂的原则，特色小（城）镇才能真正走上符合自身实际的成长快车道，才能真正成为利国惠民的区域社会经济发展新平台，才能牢牢把握住新时代赋予我们的新机遇、真正肩负起新时代赋予我们的新使命。

教授级高级规划师、注册规划师
中国建筑设计研究院·城镇规划设计研究院院长　赵　辉
《小城镇建设》主编

目录

背景篇 · 看懂前世今生

第一章　起于浙江　3

一、“高、特、新、融”的创建导向　3

二、“生产、生活、生态三生融合”的功能管控　9

三、“事前竞争、事中考核、事后奖惩”的激励机制　13

第二章　全国培育　18

一、精准规划模式与科学评价体系　18

二、如何实现特色小镇的健康发展　22

第三章　国外经验　28

一、他山之石可以攻玉　28

二、欧盟精明专业化政策　38

三、德国特色小城镇之路　50

第四章　多种视角　60

一、民营金融机构的角色与优势　60

二、旅游特色小镇的成长规律与策略　66

三、旅游开发中的少数民族特色小镇　79

四、现代农业型特色小镇的腾飞路径　87

五、高原风情小镇的文化内涵　106

塑造篇·细数如何做特

第五章　规划设计　117

一、特色小镇规划设计的五大板块　117

二、多规融合与多元目标的设计创新　122

三、社会形态与物理形态的技术融合　132

四、山区旅游型特色小镇总体规划编制　139

五、特色旅游小镇空间布局优化方法　156

第六章　特色塑造　167

一、“四态融合”的新型特色小镇　167

二、“五大特色”让小镇与众不同　179

三、风貌塑造的“形”与“魂”　184

第七章　运营管理　194

一、管理制度建设与创新　194

二、六大支撑体系构建　205

三、规划建设导则设计　211

四、智慧小镇综合解决方案　220

实践篇·尽览百花争艳

第八章　浙江省　231

一、安吉县与德清县经验总结　231

二、梦想小镇：从天下粮仓到创业良仓　239

三、云栖小镇：园区经济的二次转型　245

四、基金小镇：城郊有机更新典范　253

五、嘉善上海人才创业小镇：创业生态系统　258

六、永康龙山运动小镇：以特色小镇推动小城镇建设　264

七、江南钙谷小镇：从“单一生产”到“多元耦合”　280

实践篇·尽览百花争艳

第九章　安徽省 292

一、独山茶谷·将军小镇：“三化空间”组织与功能融合 292

二、黄山宏村镇：旅游驱动，加速转型 305

第十章　山东省 310

一、从“百镇建设示范行动”到“特色小镇” 310

二、阳谷高庙王镇：农业型特色小镇的转型策略 316

三、胶州李哥庄镇：空港小镇，生态新城 328

第十一章　陕西省 337

一、杨凌五泉镇模式：以农为本的回归 337

二、栏杆堡田园文旅小镇：田园陕北风 348

第十二章　内蒙古自治区 360

一、内蒙古特色小镇规划建设政策解读 360

二、正镶白旗明安图镇：沙地绿洲草原小镇 366

三、宁城八里罕镇：塞外酒乡，温泉古镇 384

第十三章　京津冀地区 391

一、北京市特色小城镇发展概述 391

二、北京长沟镇：京南水乡，基金小镇 398

三、天津中塘镇：精准把握“四对关系” 405

四、张家口新雪国：有机生长的滑雪小镇 413

后记 423

背景篇

看懂前世今生

第一章　起于浙江

一、“高、特、新、融”的创建导向

特色小镇建设是浙江贯彻落实习近平总书记“干在实处永无止境、走在前列要谋新篇”指示精神的具体实践，自 2014 年下半年启动小镇创建工作以来，全省上下经过不断的创新摸索，逐步形成了清晰的目标蓝图和建设模式。一批引导产业跃升、承载创业创新、传承历史经典的特色小镇，正构筑起活力无限的“小镇经济”，为浙江开启新一轮提升发展抢占先机（图 1-1~ 图 1-3）。

1. 特色小镇是浙江适应和引领经济新常态的主动选择

改革开放以来，浙江解放思想，立足国情省情，坚持市场化改革取向，以民营经济为主体，一镇一品、一县一业，涌现出绍兴纺织、大唐袜业、嵊州领带、海宁皮革等一大批优势块状经济，走出了富有特色的发展之路，成为支撑浙江由资源小省快速发展成为经济大省的重要法宝。目前浙江经济发展已接近上中等收入国家平均水平，随着我国经济步入新常态，传统发展路径越来越紧迫地面临着一系列发展挑战。对浙江而言，在经济建设取得巨大成就、物质财富快速积累的同时，人才、技术、新产品

图 1-1　定海远洋渔业小镇

与市场拓展能力等无形资产积累相对不足，本土新兴的先进制造业、高技术产业培育过慢，浙江制造仍处于从“微笑曲线”底端走出来的艰难爬坡期，产业转型升级滞后，效率型发展体制还未完全形成。同时，浙江“七山一水两分田”陆域空间资源瓶颈制约、生态环境红线制约不断凸显，对于进一步提高土地利用效率、加快推进落后生产力腾笼换鸟，用最小的空间资源达到生产力最优化布局的要求更为突出。

总体来看，经济新常态下浙江需要特别警惕由于转型不力可能陷入的“经济增长乏力、市场低端锁定、产业低效运作、有效供给不足、资源过快消耗、创新精神停滞”的不良循环，为避免这一局面，受瑞士达沃斯小镇、美国格林威治对冲基金小镇、法国普罗旺斯小镇、希腊圣多里尼小镇等建设体量不大、产业特色突出、文化独具韵味的小镇发展模式启迪，浙江启动了创建特色小镇的重大战略实践，旨在通过打造一批产业“特而强”、功能“聚而合”、形态“精而美”、制度“活而新”的创新型平台，充分发挥自身信息经济、块状经济、山水资源、历史人文等独特优势，加快高端要素集聚、产业转型升级和传统优势再造，实现经济新常态下浙江模式的创新破题。浙江特色小镇的相关政策见表 1-1。

表 1-1　浙江特色小镇的相关政策

编号	发布时间	文件名称	发布部门
1	2015 年 6 月 1 日	浙特镇办〔2015〕2 号文件（第一批省级特色小镇创建名单正式公布）	特色小镇规划建设工作联席会议办公室
2	2015 年 6 月 29 日	《关于推进电子商务特色小镇创建工作的通知》浙电商办〔2015〕6 号	浙江省电子商务工作领导小组办公室
3	2015 年 9 月 2 日	《关于加快推进特色小镇建设规划工作的指导意见》浙建规〔2015〕83 号	浙江省住房和城乡建设厅
4	2015 年 9 月 15 日	《关于开展第二批省级特色小镇创建名单申报工作的通知》浙特镇办〔2015〕6 号	特色小镇规划建设工作联席会议办公室
5	2015 年 9 月 17 日	《关于开展特色小镇规划建设统计监测工作的通知》浙特镇办〔2015〕7 号	特色小镇规划建设工作联席会议办公室
6	2015 年 10 月 9 日	《浙江省特色小镇创建导则》浙特镇办〔2015〕9 号	特色小镇规划建设工作联席会议办公室
7	2015 年 10 月 15 日	《关于金融支持浙江省特色小镇建设的指导意见》杭银发〔2015〕207 号	中国人民银行杭州中心支行 特色小镇规划建设工作联席会议办公室
8	2015 年 12 月 28 日	《浙江省特色小镇建成旅游景区的指导意见》浙旅政法〔2015〕216 号	浙江省旅游局 浙江省发展和改革委员会
9	2016 年 3 月 16 日	《关于高质量加快推进特色小镇建设的通知》浙政办发〔2016〕30 号	浙江省人民政府办公厅
10	2016 年 3 月 18 日	《关于开展第一批省级特色小镇创建对象 2015 年度考核的通知》	特色小镇规划建设工作联席会议办公室

2. 特色小镇要突出“高、特、新、融”创建导向

浙江在特色小镇创建的实践过程中，对小镇的定义内涵逐步清晰和丰满。全省特色小镇建设纲领性文件《浙江省人民政府关于加快特色小镇规划建设的指导意见》（浙政发〔2015〕8号）和《浙江省特色小镇创建导则》（浙特镇办〔2015〕9号）中明确提出：“特色小镇是相对于独立市区，具有明确产业定位、文化内涵、旅游和一定社区功能的发展空间平台”，特色小镇不是行政区划单元上的“镇”，也不同于产业园区、风景区的“区”，而是按照创新、协调、绿色、开放、共享五大发展理念，“产、城、人、文”四位一体有机结合的功能平台。笔者粗浅的工作体会是，特色小镇重在“高、特、新、融”四个方面下功夫。

（1）“高”：体现在功能聚焦要高，开发建设水平要高

首先，特色小镇创建要依托于所在区域产业基础、资源禀赋和配套服务，突出高端引领的发展定位。一是要成为产业高端化的先行区。根据特色小镇不同的产业主题，着眼于科技、人才、资本、领军企业等高端要素的集聚，锁定产业链、价值链、创新链的高端环节和核心环节，注重先进制造业、现代服务业发展联动，探索绿色可持续经济模式，成为区域产业版图的驱动中心、展示中心、营销中心和综合服务中心。二是要成为新型城镇化的先行区。重点强化服务支点功能，在互联网时代和大交通时代，推进原有城镇空间和功能的优化配置，努力创建新型空间和新型社区，成为设施联建共享、辐射效益显著的区域城乡体系有机组成和示范样板。其次，特色小镇创建要具备较高的规划建设水平。在规划设计方面，特色小镇体量不大，其规划应是一次成型，并要区别于一般的园区、城镇规划，是一种多种元素高度关联的综合性规划；特色小镇规划要在“三规合一”的基础上，更加强调产业规划、文化发展、旅游规划、项目策划、建设计划、运营优化、政策谋划及空间设计紧密结合、有机统筹的顶层设计。在开发建设中，应在政府引导、企业主导

图 1-2　乌镇互联网小镇

的原则下，优先引入国内外高层次开发主体，优先采用整体开发的实施模式。在小镇建设管理方面，应设立省一级的高层次管理协调平台，推进形成多方合力的创建工作格局。

（2）“特”：体现在必须强调特色发展，培育行业“单打冠军”

特色产业的提升发展是特色小镇建设核心要求，产业主题的选择决定小镇的未来。找准特色、凸显特色、放大特色、做足特色，是小镇建设的关键所在。浙江在经济转型升级过程中，明确了“十三五”时期信息、环保、健康、旅游、时尚、金融和高端装备制造“七大万亿产业”的主攻方向，特色小镇的主题选择也必须紧扣这七大最有基础、最有特色、最具潜力的产业，同时也包括茶叶、丝绸、黄酒、中药、木雕、根雕、石刻、文房、青瓷、宝剑等十大历史经典产业。小镇建设通过在传统“块状经济”基础上推动整合重组，突出“转型”与“创新”的含金量，大力集聚行业内国内外先进要素资源，推动产业链两头延伸，培育发展龙头企业和各类专业化服务组织，逐步建立起规模经济、营销网络、创新能力、区域品牌、文化影响等多方面竞争优势，以产业结构的高端化推动浙江制造供给能力的提升，以发展载体的升级推动历史经典产业焕发青春，形成更高水平、更为全面的行业竞争优势。此外，在特色小镇创建中，要注意避免“百镇一面”、同质竞争，主攻同一产业的小镇须找准自身优势，优势互补、差异定位、细分领域、错位发展，促进产业合理布局和分工深化，实现发展共赢。

图 1-3　和合小镇鸟瞰图

（3）“新”：体现在产业结构高新化，建设发展机制创新化

特色小镇建设是浙江在经济新常态下的新发展路径，首先是对产业发展提出新要求，表现在产业投资要突出“有效性”。特色小镇项目必须是精挑细选的好项目，与实体经济紧密结合，聚焦前沿技术和新兴业态，靠效益、潜力和影响力说话。小镇建设要突出“质量”，精心选址，科学规划，不能简单地“新瓶装旧酒”，也不能在原有区块贴“新标签”。其次，对保障机制、建设管理机制提出新要求。特色小镇的建设，一定要摒弃行政化的思维定势、路径依赖和体制束缚，必须以实绩为导向，在探索中实践、在创新中完善。要摒弃“先拿牌子、政府投资、招商引资”的传统做法，采用“创建制”，要引入有实力的投资建设主体，让专业的人干专业的事。给予小镇独立运作空间，引导各方力量参与，让市场主体和当地居民成为小镇开发建设的真正主体。目前浙江特色小镇创建机制设计中，对凡是符合法律要求的改革，允许特色小镇先行突破，在用地、财税支持保障上出台奖惩分明的“个性”政策，在制度供给上实行“优胜劣汰”的流动制度，充分激发了小镇建设各参与主体的活力和积极性。最后，对开发形态提出新要求。美就是竞争力，浙江不同地区间的地貌特征迥异，滨海、沿江、倚山的小镇各具风味。在小镇规划建设中，要做到集中连片、不贪大，坚持生态优先，充分融入所在区域自然、城乡整体风貌，实行“嵌入式开发”；紧扣主题功能，做好整体规划和形象设计，致力于集约集成空间功能下的“高颜值”打造，形成“一镇一风格”，多维展示地貌特色、建筑特色和生态特色。

（4）“融”：体现在促进城乡二元融合，强化功能叠加有机融合

特色小镇建设主要要求在两个层面上实现融合发展。第一个层面是破解城乡二元结构，推动区域城乡发展融合。当前浙江城乡建设差距日益缩小，市政设施、公共服务向农村延伸能力已极大增强。特色小镇一般选址于城市与乡村之间，通过打造一个生产、生活、生态融合的综合性服务节点，新型社区、新型空间发展样板，不仅为区域经济发展培育新引擎，也将极大提升区域城乡统筹发展水平，在新型城镇化进程中形成显著的“溢出效应”。第二个层面是要在特色小镇中实现“产、城、人、文”功能的有机融合。浙江推进创建的特色小镇，并不是“产业园＋风景区＋文化馆、博物馆”的简单拼盘，而是“以产为先、以城为基、以人为本、以文为核”，培育“产业＋”“文化＋”“旅游＋”“社区＋”融合功能。文化是特色小镇的“内核”，要把文化基因植入产业发展、旅游服务、社区生活的全过程，形成“人无我有”特色文化品牌，尤其是以历史经典产业为主题的特色小镇，更秉承着弘扬历史文化精髓的重要任务。发展

旅游不是特色小镇建设的核心目的，但景区旅游、产业旅游、体验旅游等多元化的旅游服务功能，却是快速激活小镇人气活力的重要路径。社区功能重点聚焦“小镇客厅”建设，通过完善公共服务设施、开发公共服务 APP、推进数字化管理全覆盖，实现“办事不出小镇”，有效解决小镇公共服务“最后一公里”问题。

3. 浙江特色小镇创建工作的“定制模式”

浙江计划用 3 ～ 5 年时间创建 100 个左右省级特色小镇，目前已完成两批共计 79 个省级特色小镇创建申报工作，部分投入运行的小镇已显现出勃勃生机。在特色小镇创建过程中，浙江跳出过去开发区、高新区及产业集聚区建设的老思路、老办法，通过不断摸索完善，形成了一套行之有效的“定制模式”，主要包括以下三个方面。

（1）创建审查与动态考核相结合

实施“创建制”，由各地按照相关要求编制申报材料自主申报，通过省发改委、各产业主题对应的相关厅局两轮审查，择优选取列入省级特色小镇创建名单，享受省级特色小镇扶持政策，同时，在未列入创建名单的申报小镇中，遴选形成培育名单。采取“宽进严定、动态管理、验收命名”创建制度，对第一年没有完成建设进度、不符合特色小镇建设理念的，次年降格为省级培育名单；对连续两年没有完成建设进度的，退出省级培育名单。省级特色小镇培育对象由各设区市重点扶持培养，对第一年完成 10 亿元有效投资的，次年优先列入省级创建名单；着力形成“落后者出、优胜者进”的竞争机制。

（2）约束要求与导向要求相结合

在省级特色小镇申报和考核中，为确保实现特色小镇建设的战略意图，设定了一系列硬性的创建要求，主要包括：小镇规划面积控制在 3 平方千米左右，建设面积控制在 1 平方千米左右；创建期内特色小镇总投资须达到 50 亿元以上（信息经济、金融、旅游和历史经典产业适当放宽为 30 亿元以上），其中特色产业投资占比不低于 70%，第一年完成投资不少于 10 亿元（26 个加快发展县和信息经济、金融、旅游、历史经典产业特色小镇不少于 6 亿元）；功能建设上须建有公共服务 APP，提供综合服务功能的小镇客厅，小镇须建设成为 3A 级以上景区，旅游产业类特色小镇要按 5A 级景区标准建设。导向性要求主要包括企业主体参与、高端人才集聚、创新能力培育、文化功能挖掘等领域具体目标。

（3）事后结算与考核追惩相结合

转变政策扶持方式，实施“期权激励制”，通过逐年考核，对如期完成年度规划目标任务的特色小镇，省里按实际使用建设用地指标的 50% 给予配套奖励，其中信息经济、环保、高端装备制造等特色小镇再增加 10% 的奖励指标；对于验收合格的特色小镇，小镇内新增财政收入上交省财政部分，前三年全额返还、后两年返还一半给当地财政。对三年内未达到规划目标任务的，加倍倒扣省奖励的用地指标，防止盲目“戴帽子”，确保特色小镇建设质量。（注 1）

二、“生产、生活、生态三生融合”的功能管控

浙江的特色小镇行动是改革开放以来浙江工业化、城镇化、市场化发展到今天如何实现转型升级、持续推进的一次思考与实践，是在新常态下围绕资源配置方向、配置方式和配置主体等问题进行的一次供给侧改革的重大创新。

1. 需求导向的城镇化发展面临的困境

空间尺度失衡，环境压力剧增。自 20 世纪 90 年代开始，随着工业化进程的加速，浙江每个县（市）都开始建设工业区，早期规模不大，也适应了当时快速发展的需求；进入 21 世纪后，这些工业区动辄十几甚至几十平方千米，盲目粗放式的开发在制造产能过剩的同时，也直接导致了土地资源的紧张与生态环境的压力。“三改一拆”“五水共治”“四边三化”等省委省政府近年来有序推出的系列战略行动，既是对过往发展模式的代偿与纠偏，更是现实发展困境的反映与反思。据笔者不完全考察与估计，在县（市）一级的工业区与经济开发区中，有近六成的厂房不再生产与作业，其中经济相对发达、地处人口规模较大县城周边的园区厂房大量被改作汽车 4S 店、银行、美容、医疗、保健等生产性或生活性服务业；而那些地处经济实力较弱、规模较小县城周边的园区则大量处于闲置与荒芜状态。

（1）功能结构单一，社会成本高涨

20 世纪 90 年代曾经风靡浙江大地的“前店后厂上住人”的古典工业化与城镇化模式，以其“功能混合、职住平衡、结构均衡”特征，在当时的社会分工水平下保持了社会交易空间成本的最小化，推动了浙江“小狗经济”“块状经济”的蓬勃快速发展。国际市场的开拓、大规模生产方式的兴起，使得工业园区连绵成片发展，而工业化又带动城镇化，连片住宅区迅速在城市的另一方向开发起来，这种失灵的

中观空间组织直接导致了失控的宏观空间结构，形成了浙江城镇空间普遍性的大尺度功能分区结构特征，比如许多城镇的总体结构呈现诸如“北生产南生活”“西工东居”等格局。宏观结构失控导致了城市居民常态化的长距离出行与钟摆交通，而功能结构单一化的中观空间组织使得居民生活服务不方便及企业生产配套不齐全，徒增了许多不必要的交通出行负担，社会交易的空间成本居高不下，极大地降低了城市运行效率。

（2）空间品质低劣，经济转型乏力

长期以来，由于我国的比较优势在于价格低廉的劳动力，因此跨国公司将研发中心等价值增幅大的环节放在本国，而把组装、加工等劳动密集型工序放在中国，中国成为成熟技术的生产加工与装配基地，浙江的贴牌加工最为典型。这种不利的垂直分工格局给浙江带来了诸多弊端：一是简单的贴牌加工只需要大规模的厂房、流水线与低收入工人，要素成长受到抑制，尤其是知识型、管理型人才的收入与发达国家的差距越来越大，造成人才培养的困难与人才的流失，进而掉入要素低水平成长的贸易陷阱；二是低收入工人所从事的生产加工装配环节对空间环境品质要求很低，但对浙江的资源与环境所造成的压力越来越大，用大量消耗自然资源和牺牲环境的方式向全世界提供商品和劳务，容易形成恶性循环，使浙江在国际上的分工位置长期“锁定”在“低端道路”上，表现为产业转型升级不力，生产方式转变困难，以及城镇化品质低下等。

2. 特色小镇是浙江高品质城镇化道路的战略抉择

在环境资源触及“天花板”，传统块状经济的短板日益明显，市场和消费不断升级的背景下，如何让大唐袜业、嵊州领带、海宁皮革等代表“浙江制造”的块状经济，从“微笑曲线”底端走出来，趋向高加工度化、技术集约化、知识化和服务化，从而实现转型升级？在科技与信息日新月异，持续改变人们的生产与生活方式的背景下，如何抢抓影响和支撑浙江未来长远发展的战略新兴产业，聚合高端生产要素，打造创新创业生态系统，促进产业链、创新链、人才链等的耦合，以实现区域创新发展？要回答这两大问题，首先要从根本上理解和认识浙江工业化与城镇化的相互关系，并准确判断目前所处的发展阶段：如果说过去三十多年的发展主要是“工业化带动了城镇化”，那么，未来浙江区域经济的发展主要得靠“高品质的城镇化助推高质量的工业化”。特色小镇建设就是浙江以高品质城镇化助推经济结构转型、发展方式转变的重要平台与途径。

3. 城镇化空间管控与组织思路

根据《浙江省人民政府关于加快特色小镇规划建设的指导意见》（浙政发〔2015〕8 号，以下简称《指导意见》），特色小镇是相对独立于市区，具有明确产业定位、文化内涵、旅游和一定社区功能的发展空间平台，区别于行政区划单元和产业园区。特色小镇要聚焦信息经济、环保、健康、旅游、时尚、金融、高端装备制造等支撑浙江省未来发展的七大产业，兼顾茶叶、丝绸、黄酒、中药、青瓷、木雕、根雕、石雕、文房等历史经典产业，坚持产业、文化、旅游“三位一体”和生产、生活、生态融合发展（图 1-4、图 1-5）。特色小镇规划面积一般控制在 3 平方千米左右，建设面积一般控制在 1 平方千米左右。特色小镇原则上 3 年内要完成固定资产投资 50 亿元左右（不含住宅和商业综合体项目），金融、科技创新、旅游、历史经典产业类特色小镇投资额可适当放宽。所有特色小镇要建设成为 3A 级以上景区，旅游产业类特色小镇要按 5A 级景区标准建设。结合战略背景分析，从空间管控与要素组织的视角对《指导意见》作以下解读。

图 1-4 巧克力甜蜜小镇

（1）空间性质定位

特色小镇不是一个行政区概念，从空间组织的角度来看，它更确切的定义应该是城镇空间的“中观组织单元”，类似于现有的控规管理单元。这个“中观组织单元”以浙江“块状经济”为对象，以现有产业集聚功能区为基础，目标聚焦“社会多元、功能多样、职住平衡、设施均衡”等空间特征，能起到落实城镇宏观空间结构、引导微观项目实施的作用。

图 1-5　巧克力甜蜜小镇实景

（2）空间尺度管控

为避免盲目扩张和贪大求全，以及因大尺度带来的机动化及空间的割裂与封闭，本次特色小镇的空间尺度形态上强调“小而美”，明确提出要控制在“规划面积 3 平方千米左右，建设面积 1 平方千米左右”这样一个范围内，以营造一个“十分钟步行工作生活圈”。通过这样一种尺度的管控来凸显“紧凑集中，精致高效”的空间组织目标，以实现“小空间大集聚、小平台大产业、小载体大创新”的空间发展目标。

（3）功能环境管控

特色小镇功能上“有机合”，即坚持“生产、生活、生态三生融合”，强调产、城、人的融合，以及就业岗位、居住地与各类服务设施的高度可达性。与此同时，在空间功能与环境品质上还围绕高端人群与创业者的需求，坚持“产业、文化、旅游三位一体”，塑造高品质的空间环境，强调“谋产业发展打造地域品牌、谋文化发展提升城镇品位、谋旅游发展优化人居品质”的“谋三品”战略思路，明确提出“所有特色小镇要建设成为 3A 级以上景区，旅游产业类特色小镇要按 5A 级景区标准建设”。

（4）空间强度管控

为避免低水平粗放式开发及“短、平、快”的房地产炒作，特色小镇原则上 3 年内要完成固定资产投资 50 亿元左右（不含住宅和商业综合体项目），使每亩土地的基本投入强度就要达到三百多万元，金融、科技创新、旅游、历史经典产业类特色小镇的投资额可适当放宽。这一强度门槛的设定，要求建设过程中必须确保产业核心和项目载体，同时注重“精打细算、精雕细琢”；强调既要保证空间的紧凑集中，更要提升空间的品质与品位。

（5）空间要素组织

特色小镇城市设计的主要空间要素及其组织包括：小镇入口——强调人车分离；小镇客厅——强调公共领域主导及其作为小镇精神与物质活动场所的核心地位；小镇道路——强调人、车、物的功能分工及面向步行者的街道；小镇节点——包括生活、交通、公共服务与景观等重要节点并强调公共交通主导的发展；小镇区域——包括生产、生活、办公与休闲等功能区域并强调其混合用途、步行范围和人性尺度等特征；小镇地标——往往结合小镇客厅或原有特殊的地形物设置。（注 2）

三、“事前竞争、事中考核、事后奖惩”的激励机制

浙江特色小镇与传统意义上的建制镇有本质上的区别，其是以产业为核心的经济社会发展新载体，要求具有鲜明的产业特色、浓厚的人文气息、优美的生态环境兼具旅游与社区功能（图 1-6、图 1-7）。基于特色小镇建设主体的市场性特点，结合浙江经济社会发展条件，浙江省采用了“创建制”这一新型的制度设计，有别于政府主导的建制镇建设，是推进供给侧结构性改革在浙江的创新实践。用创建制代替传统的审批制，建立“明确目标，竞争入队，优胜劣汰，达标授牌”的新机制。创建制的优势在于可以避免各地出现“重创牌，轻落实”的现象，让特色小镇的建设能够切实有效地推进。浙江特色小镇创建制具有以下几个特点。

1.“上下联动”的组织机制

浙江省特色小镇创建中通过顶层制度设计，明确了各部门责任分工，建立了省、市、县三级联动推进、自上而下的组织落实机制，持续有效地推动特色小镇的创建工作。

图 1-6　天台山和合小镇

图 1-7　平阳宠物小镇

（1）省级工作联席会议制度

为加强特色小镇规划建设工作的组织领导和统筹协调，浙江建立了省特色小镇规划建设工作联席会议制度，在省发改委设立了联席会议办公室。联席会议办公室专门出台了浙特镇办〔2015〕1 号文件，明确了以分管省领导为召集人，省委宣传部、省发改委、省经信委、省科技厅、省财政厅、省国土资源厅、省建设厅、省商务厅、省文化厅、省统计局、省旅游局、省政府研究室、省金融办 13 个省级部门为联席会议成员单位，并明确了各成员单位职责。

（2）部门分工责任机制

在特色小镇创建过程中，重点明确了由各省级部门负责指导不同产业领域特色小镇的规划建设工作。省发改委负责指导环保、健康、新能源汽车类特色小镇；省经信委负责指导信息经济（电商除外）、时尚、高端装备制造业（新能源汽车除外）和部分历史经典产业特色小镇；省旅游局负责指导旅游特色小镇；省金融办负责指导金融特色小镇；省农业厅负责指导茶叶类历史经典产业特色小镇；省商务厅负责指导电子商务类特色小镇。

（3）省、市、县三级联动推进机制

特色小镇建设实行省、市、县三级联动，强化组织协调，各级政府间及时做好对接和配合工作。省、市、县主要领导频繁调研特色小镇，亲自谋划推动，如李强省长先后赴梦想小镇、云栖小镇调研；为加强省里对各地特色小镇的创建指导，2015 年省发改委在第二批省级特色小镇创建之前举办了特色小镇建设实务研讨班，又于 2016 年 4 月中下旬在杭州分两期举办特色小镇规划建设实务研讨班，对各地市、县（市、区）相关部门开展特色小镇的知识培训和创建工作进行引导；除省级政府层面的大力推进外，各地市、县（市、区）也积极推动特色小镇的建设，出台了特色小镇培育建设指导意见，建立相应的特色小镇规划建设工作联席会议制度（领导小组）、办公室，明确了职责分工和主要任务。

2.“能进能出”的竞争激励机制

浙江省特色小镇通过“自愿申报、分批审核、年度考核、验收命名”等四个程序完成“特色小镇”创建。在全省形成“培育一批、创建一批、命名一批”梯度培育、上下联动、滚动推进的特色小镇创建格局。

（1）事前竞争申报

针对特色小镇属于新生事物这一特点，浙江省专门出台了《关于加快特色小镇规划建设的指导意见》（浙政发〔2015〕8号），省发改委会同有关部门研究出台了《全省特色小镇创建导则》，用于指导各县市组织申报特色小镇创建。同时，省内部分地级市政府出于增强工作指导、区域统筹、特色谋划等角度的考虑，增设市级、县市区级特色小镇申报环节，要求申报省级特色小镇的需取得市级小镇认定。对于申报省级特色小镇，浙江省研究制定了《省级特色小镇创建名单和培育名单产生办法》，开展省级特色小镇第二批创建名单和培育名单的前期遴选工作，具体环节包括各申报对象递交申报材料，现场初审，筛选确定联审名单，成立专家评审组，联审评比，现场打分，公布创建和培育名单。其中现场初审是由浙江省特镇办联席会议成员单位按产业定位和部门分工组成10个调研组针对申报对象现场踏勘，按照四大类27项指标进行初审打分；联审评比的专家组由成员单位及有关高校的专家联合组成，各参评对象派出由政府领导带队的强有力的参评汇报小组，统一采用PPT的形式，在5分钟内用最精练的语言，向各专家组汇报当地特色小镇的规划建设情况和项目建设推进情况，专家组现场打分。

（2）事中考核动态调整

对于进入创建和培育名单的特色小镇，按照省特色小镇统计指标体系，采取季度通报和年度考核的办法，对创建和培育对象开展统一监测。对第一年没有完成建设进度、不符合特色小镇建设理念的，次年降格为省级培育名单，对连续两年没有完成建设进度的，退出省级培育名单。省级特色小镇培育对象由各设区市重点扶持培养，但纳入省级的统计监测管理；对于第一年完成10亿元有效投资的，次年可优先列入省级特色小镇创建名单；对于没有完成自定年度投资目标的，予以调整。并且以年度统计数据为依据，公布年度达标小镇，在年度达标小镇中评出年度优秀特色小镇。日前，省特镇办联席会议成员单位对第一批37个省级特色小镇开展了2015年度考核，考核组采取听汇报、查台账、看现场等方式，从固定资产投资、项目形象进度、建设用地使用、新增税收、高端要素集聚、产业特色打造等六大块68小项内容进行全面核查，即将出台调整建议名单、年度优秀、合格单位建设名单。

（3）事后奖惩机制

不同于以往各类平台创建工作安排，特色小镇采取的是验收命名制度。由省级特色小镇创建对象所在县（市、区）向联席会议办公室行文，提交要求验收命名的申请报告和当地市政府提供的初验报告。省联席会议办公室组成专家组，经实地踏勘、专家打分形成一致意见后，报省联席会议审议通过，向省政府提出建议命名的特色小镇名单。对于首次验收不通过的，一年内可申请一次复验。浙江省政府审定省联席会议提出的建议命名的特色小镇名单后，以省政府名义发文公布。对如期完成年度规划目标任务的特色小镇，省里按实际使用建设用地指标的 50% 给予配套奖励，其中信息经济、环保、高端装备制造等特色小镇再增加 10% 的奖励指标，对三年内未达到规划目标任务的，加倍倒扣奖励指标。特色小镇在创建期间及验收命名后，规划空间范围内的新增财政收入上缴省财政部分，前三年全额返还、后两年返还一半给当地财政。

3.“政企合作”的实施运营机制

特色小镇在创建过程中坚持政府引导、企业主体、市场化运作的原则，确保特色小镇实施运营“不跑方向、不缺活力”，营造了良好的创业创新环境，形成了良好的运营机制。

（1）政府规划引导

各县（市、区）政府、相应的主管部门（包括特色小镇所在的开发区、园区管委会等）、镇（乡、街道）等成立相应的工作联席会议制度（领导小组），统筹协调推进特色小镇的开发建设，在规划编制、产业准入、项目审核、资源要素保障、基础设施配套、生态环境保护及文化内涵挖掘传承等方面加强政府引导服务保障。当地政府或国有投资公司负责小镇区内道路、供水、供电、通信等配套建设，以及公共服务平台、文体教育设施、人才公寓等的建设，积极营造小镇良好的产业投资、创业创新环境。

（2）市场主体运营

特色小镇创建过程中市场主体作用可以体现在两个方面。一是企业作为特色小镇内产业项目的投资主体，充分发挥了行业龙头企业的主体作用，充分借助了龙头企业市场力量强大、资金实力雄厚的优势，推动特色小镇建设。二是一些区域企业是特色小镇建设、管理和招商的主体，全权负责特色小镇的开发，如平湖九龙山通航运动小镇的建设主体为浙江九龙山开发有限公司，负责小镇的日常运营、管理工作及基础设

施建设，通过成立基金、增发等途径募集项目建设资金，推动九龙山通航运动小镇的整体开发。（注 3）

注 1：本文摘自《小城镇建设》，2016.03，18-21，浙江特色小镇创建实践，撰稿人：刘力元。

注 2：本文摘自《小城镇建设》，2016.03，22-24，浙江新型城镇化的星星之火，撰稿人：陈前虎。

注 3：本文摘自《小城镇建设》，2016.03，31-33，创建制——供给侧改革在浙江省特色小镇建设中的实践，撰稿人：黄卫剑，汤培源，吴骏毅，葛慧玲。

第二章　全国培育

一、精准规划模式与科学评价体系

随着新型城镇化的提出及互联网经济发展的推动，小城镇的潜在发展动力得到了进一步的激活，内部承载功能也更趋多元化。产业集聚已成为小城镇发展的动力之源[1]，促进乡镇产业与小城镇的对称互动是小城镇产业发展的可行路径[2]。返乡创业、乡村旅游逐渐兴起，小城镇的发展建设继20世纪80年代乡镇企业发展高潮后，迎来了第二次重大机遇期。

1. 国家政策提出全国特色小镇培育要求

现阶段，基于对我国乡镇体系经济职能转变和城镇特色化发展趋势的正确判断，以及浙江特色小镇的经验借鉴,全国特色小镇培育工作已全面展开,并上升为国家战略。作为新常态下经济转型升级的新举措，特色小镇培育工作抓住了小城镇的发展机遇，成为落实供给侧结构性改革的重大创新、新型城镇化发展模式的创新探索、推动新常态经济升级转型的重要抓手、“双创”战略的有效尝试。

2016年7月，住房和城乡建设部、发展改革委、财政部联合下发《关于开展特色小镇培育工作的通知》（建村〔2016〕147号）（以下简称《通知》），明确提出在全国范围内加快发展特色小镇。《通知》就开展特色小镇培育工作的目的予以了明确，即“牢固树立和贯彻落实创新、协调、绿色、开放、共享的发展理念，因地制宜、突出特色，充分发挥市场主体作用，创新建设理念，转变发展方式，通过培育特色鲜明、产业发展、绿色生态、美丽宜居的特色小镇，探索小镇建设健康发展之路，促进经济转型升级，推动新型城镇化和新农村建设”。根据《通知》要求，住房和城乡建设部随后下发了《关于做好2016年特色小镇推荐工作的通知》（建函〔2016〕71号），评选并公布了第一批127个全国特色小镇的名单。

1　段进军. 关于我国小城镇发展态势的思考 [J]. 城市发展研究 ,2007,14(6):52-57.

2　杜宁, 赵民. 发达地区乡镇产业集群与小城镇互动发展研究 [J]. 国际城市规划 ,2011(1):28-36.

2. 首批全国特色小镇发展初见成效

通过对 127 个特色小镇进行数据分析和系统梳理，研究表明，首批特色小镇的特色类型较为多样，主要包括休闲旅游型、现代农业型、工业发展型、历史文化型、商贸物流型和其他特殊发展类型（如基金小镇、金融小镇、文创小镇等）（图 2-1）。

首批特色小镇在培育特色产业、镇容镇貌营造、特色文化传承、设施服务完善、体制机制创新等方面已卓有成效，在省内发挥了示范带动作用，走在了我国小城镇特色化之路的前列。

在产业形态方面，首批特色小镇经济实力强，产业活力旺盛，且具有较强的农村就业人员吸纳能力，有效带动了周边地区的产业发展，其中有近一半的特色小镇 GDP 在 10 亿元以上。在环境风貌方面，首批特色小镇大部分制定了有效的环境卫生管理与监测制度，景观绿化建设情况良好，能够做到整体环境干净整洁。在传统文化方面，几乎每个小镇都拥有独特传承的民俗活动、特色餐饮、民间技艺、民间戏曲等传统文化类型。在设施服务方面，首批特色小镇的对外交通条件良好，大多数镇配套有二级以上公路，教育、医疗、养老与商业在满足基本需求的基础上普遍有所提升。在体制机制方面，首批特色小镇在发展理念上实现了与时俱进，起到了示范带动作用，组织机构设施相对完备，近九成的特色小镇实现了“一站式”综合服务（图 2-2）。

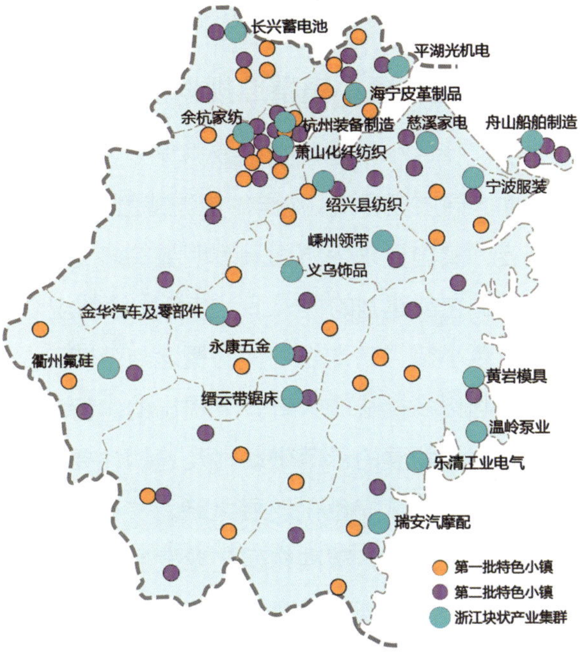

图 2-1 浙江省特色小镇及块状产业集群分布情况

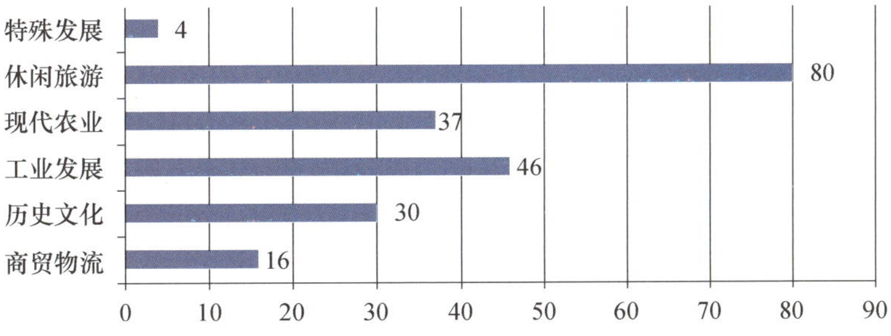

图 2-2 首批特色小镇产业类型统计

根据《关于开展特色小镇培育工作的通知》（建村[2016]147号）要求，到2020年，全国要培育1000个左右各具特色、富有活力的休闲旅游、商贸物流、现代制造、教育科技、传统文化、美丽宜居等特色小镇，引领带动全国小城镇建设，不断提高建设水平和发展质量。在未来特色小镇的培育工作中，创新特色小镇规划、建立科学评价体系、优化配套扶持政策等措施，将会成为有效选择。

3. 创新特色小镇精准规划模式

浙江特色小镇通过强化战略谋划，注重规划引领，防止一哄而上、重复建设、千城一面、同质竞争[1]。同样，全国特色小镇在空间载体、特色内涵、外部条件，以及规划内容、实施要求等方面具有明显的多元、复合特征。为应对当前特色小镇的发展建设需求，在创建制的模式下，特色小镇的规划需创新求变。

特色小镇“精准规划”的概念与范畴，是在首批特色小镇创建培育初期，特色化发展面临诸多挑战的大背景下提出的。特色小镇的发展承载着区域产业转型升级的重要责任，其发展的示范带动性及迫切性要求我们必须从“精准规划”的意义上来规划小城镇的可持续特色化发展之路。“精准规划”创新的核心是“精准”，只有做到精准定位特色主题，精准构建产业发展体系，精准设定项目体系，精准塑造文化灵魂与空间风貌，才能创建培育出具有全国影响力的不断创新的具有特色灵魂的特色小镇。那么如何进行特色小镇的“精准规划”呢？可以从以下几个方面加以思考。

最为重要的是明确小镇的“特色主题”。“特色主题”是小镇冠以“特色”之名，并实现小镇产业定位“特而强”目标的根基[2]。主题定位应基于小镇资源、区位特色，把握小镇核心市场群体，融合特色文化基因，进而设定精准的定位与发展路径。达到定位目标是一个漫长的过程，需要排除阻力，长期始终如一地沿着既定的方向走。

传统规划体系注重用地，以用地需求来倒推人口增长、经济发展。通过空间优势和劣势分析，确定产业定位，依托产业定位指导空间布局、城市风貌塑造等。整体来讲是一种自上而下的规划模式。特色小镇精准规划应创新传统规划模式，通过规划单位、政府与企业群体产生良好互动，引入一两个龙头企业，依托龙头企业与其他企业间的相互联系，以及众筹模式等手段带动相关企业进入，进而打造若干个“项目包”。依托这种“大项目支撑，小项目扩张”的“项目包”形式精准确定小镇项目体系，最

1 刘力元．浙江特色小镇创建实践[J]. 小城镇建设,2016(3).

2 宋维尔，汤欢，应婵莉．浙江特色小镇规划的编制思路与方法初探[J]. 小城镇建设,2016(3).

后通过项目体系确定精准的产业布局体系。这种自下而上的规划形式巧妙地实现了“产业策划、空间规划、项目计划和资金筹划”四划同步，将概念规划直接精准引导到实际项目落实阶段，以项目反馈规划，保证了规划的强操作性、强方向性、强执行性。

特色小镇精准规划最终要保证空间层面的精准，包括选址与用地的精准，空间风貌塑造的精准和文化塑造的精准。

选址应依托城区、镇区、开发区、产业新城或科技园区等既有产业平台，促进原有平台的功能完善和产业升级；用地应以存量用地为主、新增用地为辅，按照“存量更新、集约用地”的发展要求，尽量结合旧城区、旧镇区、旧园区、旧厂房等更新改造来建设特色小镇，避免新一轮产业用地扩展；空间风貌塑造是小镇避免“千镇一面”、寻求自身特色的重点，建议规划融合本地文化元素、现代时尚元素，在人适合的尺度与细节上寻求创新，将文化与空间精准融合。

4. 建立科学评价体系

在全国迅速推进特色小镇培育工作的形势下，需要通过建立起一套科学的指标体系，用数据实施评价、服务决策，为有针对性地提升小城镇发展绩效提供依据。同时也为下一步构建特色小镇监测评估数据库提供有效保障。

全国特色小城镇是具有特色鲜明的产业形态、和谐宜居的美丽环境、彰显特色的传统文化、便捷完善的设施服务、充满活力的体制机制，集“产镇人文”特色于一体的建制镇。因此，对全国特色小镇评价体系进行构建时，需要从产业、环境、文化、设施服务、体制机制等五个方面进行考虑。对产业特色的评价可主要关注小镇的产业定位是否有特色，是否做到了“人无我有，人有我特”；关注小镇的产业是否有品牌优势，是否能真正带动农业发展，吸纳农民就业等方面。对环境风貌的评价可从整体到局部，关注小镇的整体格局是否依山就势，见山望水；街巷风貌和建筑风貌是否彰显了地域或民族特色等。文化特色的评价可从文化传承和文化传播两个维度进行考虑，不仅关注其文化传承性，还要关注是否树立了深入民心的小镇文化风尚；设施配套可从道路交通、公用设施、公共服务等方面进行评价；同时关注小镇的发展理念模式、规划建设、社会管理等方面的体制机制活力。

5. 优化配套扶持政策

当前，全国特色小镇的建设工作为我国小城镇发展带来了新一轮的重要机遇，为推动特色小镇的持续发展，政府部门应该积极推动促进特色小镇发展的体制改革，优化配套扶持政策。通过改革赋予小城镇在土地、财政、税收、融资等方面更为普适性的自主权，激发自下而上的发展活力，使特色小镇成为经济新常态背景下，促进产业转型升级和城乡统筹发展的重要主体和空间平台。

全国特色小镇的建设已上升为国家战略，是落实供给侧结构性改革的重大创新、新型城镇化发展模式的创新探索、推动新常态经济升级转型的重要抓手、“双创”战略的有效尝试。这标志着全国小城镇建设发展迎来重大新机遇，各地区应紧抓时代机遇，依托自身悠久的文化底蕴、独特的生态环境，良好的产业基础，因地制宜、突出特色的发展。（注 1）

二、如何实现特色小镇的健康发展

特色小镇是 2016 年中国新型城镇化发展的一个“新生事物”，成为当前各地正在积极学习和热衷推进的一项重点工作。特色小镇的发展对于地方经济发展、产业转型、小城市培育等都发挥了积极的作用。当前，发展改革委、住房和城乡建设部等出台了针对特色小镇的相关政策文件，为指导特色小镇的发展提出了意见，各地也都纷纷出台推进特色小镇发展的具体政策。但是，当前各地在特色小镇建设中出现了一些偏差，偏离了特色小镇发展的目标，会产生一些不良影响。因此，在特色小镇建设热潮下，对于特色小镇如何正确认识，如何科学发展，是需要厘清的问题。

1. 如何认识特色小镇

当前，对于特色小镇并没有非常严格的界定。按照发展改革委《关于加快美丽特色小（城）镇建设的指导意见》（发改规划〔2016〕2125 号）中的提法，“特色小镇主要指聚焦特色产业和新兴产业，集聚发展要素，不同于行政建制镇和产业园区的创新创业平台”。中央财经领导小组办公室（以下简称“中财办”）在对特色小镇调研报告中的界定是“特色小镇是集产业链、投资链、创新链、人才链、服务链于一体的创业创新生态系统，是新型工业化、城镇化、信息化和绿色化融合发展的新形式”。浙江省对特色小镇的理解是“非镇非区”，不是行政区划单元上的一个镇，也不是产业园区的一个区，而是按照创新、协调、绿色、开放、共享发展理念，聚焦浙江信息经济、环保、健康、旅游、时尚、金融、高端装备等七大新兴产业，融合产业、文化、旅游、社区功能的创新创业发展平台。此外，还有地方强调“特色小镇指的是位于城市周边、相对独立于市区，具有明确产业定位、文化内涵、旅游和一定社区功能的发展空间平台”。

当前，对于特色小镇的特征，基本形成比较统一的认识，包括产业特而强、功能有机组合、形态小而美、机制新而活等。对于这些特征和认识，基本涵盖了当前特色小镇建设的主要内涵。笔者认为，对于其中的两点要特别强调和重视。

（1）有特色

这个特色主要集中在产业上，从发改委的角度来看，特色小镇最有价值的是特色产业和新兴产业，中财办强调了特色小镇对于创新创业的价值，创新创业自然要反映到产业上来，浙江省也是提出产业要注重大视野、新业态，一个小镇只发展一个主导产业。特色小镇一定是一个有产业基础和发展潜力的平台，在这个平台上能够实现产业的转型升级，从传统的单一的制造环节向研发、设计、文化、旅游等功能和环节延伸，开发高端产品，不仅要提升产品的附加值，还要让产业逐渐做大做强，占领高端市场。

（2）形态小

特色小镇与特色小城镇不同。特色小城镇是指以传统行政区划为单元，特色产业鲜明、具有一定人口和经济规模的建制镇。而特色小镇不是一个行政区划上的“镇”，也与一般的产业园区、风景区不同，而是按照创新、协调、绿色、开放、共享发展理念，统领特色产业挖掘和发展，形成“产、城、人、文”四位一体有机结合的重要功能平台。也就是说，特色小镇不像一般小城镇那么大，是一个小范围的区域，同时也与产业园区的功能单一不同，同时兼具产业、居住、休闲、文化等功能。

2. 特色小镇建设的几个原则

（1）因地制宜，分类实施

不同地区有不同的地理区位、产业基础、生态环境等的各自优势，因此，特色小镇的建设要根据不同地区的特征进行科学设计，不能盲目跟风，也不能照搬照抄。目前，根据各地特色小镇建设的模式，可以分为以下几类：一是在大城市周边的重点镇，要按照卫星城的建设模式进行规划和建设，通过与大城市的产业和消费功能的互补，科学合理地设计特色小镇的发展定位和方向，分担大城市的功能；二是具有一定产业基础的重点镇，要通过产业链条延伸和产业转型升级，合理设定特色小镇的发展方向，形成特色产业集群的中心；三是远离中心城市，具有较好生态、文化资源的小城镇，要通过稀有资源市场开发、基础设施和公共服务设施完善等，形成具有较高知名度的旅游集散中心。

（2）突出特色，打造产业发展新平台

特色小镇最大的特征就是产业，因此，在特色小镇发展中要立足产业发展，通过特色产业的扶持和培育，培育最有基础、最有潜力、最有成长力的产业，围绕产业来延伸产业链，促进产业跨界发展，进而形成特色优势主导产业。特色小镇一定是通过产业发展来增加就业、吸引人口，进而提升小城镇的功能和发展水平。

（3）成本低廉，培育创新创业新动能

特色小镇的一个优势就是创新创业的成本低，包括土地成本低、生活成本低、劳动力成本低，还有就是政府通过打造便利的服务成本带来的政府服务便利，另外还有进入门槛低、体制约束少、生态环境好等诸多优势。正是由于相比于大城市的低成本，才能打造更好的创新创业平台，才能更有利于产业的发展。

（4）创新机制，激发城镇发展新活力

特色小镇具有较强的发展活力，最大的优势就是机制灵活。相比于大城市，特色小镇在生活成本、特色资源等方面具有天然的优势，但是特色小镇要成为一个创新创业平台、产业转型升级平台，就不能只依靠天然的优势，更多的是要通过体制机制的改革，激发更多的发展活力。包括如何降低准入门槛吸引更多的企业和人才进入，如何通过用地方式创新维持较低的土地成本，如何创新投融资机制吸引社会资本参与特色小镇建设等。只有通过体制机制创新，才能激发特色小镇发展的新活力。

（5）合理分工，发挥市场主导作用

特色小镇的发展要处理好政府、社会、市场三大主体的关系，要让政府、企业等多个主体协同行动。政府应该主要致力于监管和服务，具体的城镇建设、运营、管理等很多职能要放给企业，由企业来负责，“让专业的人做专业的事”。

3. 特色小镇发展中存在的问题

当前，各地在特色小镇的建设中非常积极和活跃，很多省份都已经出台推动特色小镇建设的具体指导意见。从现在很多地方特色小镇建设的实践来看，出现了很多问题。

（1）对特色小镇的认识存在偏差

很多地方政府对特色小镇的认识并不清楚，不了解特色小镇的本质，从而导致很难找准特色小镇的发展定位。有些地区将特色小镇理解为简单的城镇建设；有些地区将特色小镇作为要政策、要帽子、要指标的途径；有些地区将特色小镇看作房地产开发的延续；有些地区对推进特色小镇建设只是盲目地跟风。

（2）缺乏科学规划，特色不突出

小城镇地区的规划水平本来就较低，规划的眼光、发展思路、人才资源、协调组织能力，跟大城市根本没法比，很多地区小城镇原有的规划体系并不完善。在特色小镇建设成为热潮以来，很多地区在短时间内就完成了诸多的特色小镇规划。这种短期内完成的规划，很难充分考虑小城镇的自然环境、生产生活方式、文化等特色，很难找准每个小城镇的功能定位。一个科学的规划，需要进行长期的规划设计和思考，需要有精准的判断和深入的研究。很多小城镇往往是头脑一热，就做出一部规划，还将规划蓝图想象得非常宏大，将投资规模做得非常大，把战线拉得非常长，结果就成为一次小城镇建设的“大跃进”。

（3）重建设、轻发展，房地产开发倾向严重

由于对特色小镇的认识不清，很多地区在特色小镇发展中将工作重点放在建设中，积极开展基础设施建设，甚至包括大规模房地产开发。当前，很多房地产企业纷纷进入特色小镇领域，成为特色小镇建设的主力。比如，华侨城就提出要打造 100 个文旅小镇。特色小镇的发展是要经过一定时期逐步形成的，哪里是简单的规划和房地产建设就能造出来的呢？在当前我国房地产库存非常严峻的形势下，大量房地产企业进行特色小镇建设很可能会进一步增加房地产去库存的压力。

（4）要素难以保障，影响发展进度

小城镇地区本身发展水平就较低，因此特色小镇发展中在人、财、地等方面都存在很多制约性因素，相关制度不完善。首先是资金问题。小城镇的基础设施和公共服务欠账较多，需要较大的投入，但是小城镇地区自身财力有限，社会资本也有限，在当前小城镇建设的热潮下，建设资金并不一定能够得到合理的解决；而且一旦出现问题或者投资回报低，大批金融机构会不会继续投入将成为问题，未来很可能会带来金融风险。其次是土地问题。很多地区将特色小镇建设得像景区一样，实际上是为了发展房地产。大规模地发展房地产会挤占产业发展的用地空间，造成土地的浪费；而且很多小城镇建设中采取租赁集体建设用地的方式，缺乏严格的管理规范，需要提高警惕。最后是人的问题。特色小镇最终发展起来还是要有大量的人口，很多特色小镇在建设中没有考虑好产业的发展问题，对人口的吸引力根本不大；而且大规模房地产开发导致房价上涨反而会阻碍人口的流入，最后只能是一座空城。

（5）政府热、企业冷

当前特色小镇建设的热度主要在政府方面，而企业的参与度并不是很高。这是各地普遍反映出来的一个现象。地方政府对于特色小镇的热衷更大程度上是基于提升政绩的考核，而企业最主要的目的是营利，除去房地产开发的因素外，真正能吸引到企业投资的并不多，主要还是集中在具有产业基础和独特优质资源的个别小城镇。从各地实际来看，很多特色小镇搞起来，背后都有房地产开发的影子。

4. 推动特色小镇健康发展的建议

特色小镇的发展，是当前新型城镇化发展中的一种新型模式，对于培育新生中小城市、提升小城镇承载能力等方面具有重要意义；同时，在推动产业转型升级、实现可持续发展等方面也产生了积极的作用。结合当前各地在特色小镇建设中存在的问题，为实现特色小镇的健康发展，特提出以下几个建议。

（1）要切实提高对特色小镇的科学认识

对于特色小镇，要理解其实质，而不能只理解其形式。要充分认识到特色小镇在产业、规划、人口、功能、环境等诸多方面的重要性。各地政府要首先加强对特色小镇的认识和理解，不能简单认知，不能盲目判断。在制订当地特色小镇规划时，要充分考虑到本地的经济发展水平、资源要素条件、地理区位等诸多因素，不能简单、盲目地制订规划，规划不能脱离实际，不能好大喜功。

（2）要强化特色小镇的产业功能

在特色小镇建设中要始终坚持产业立镇。要将产业发展作为特色小镇建设的最重要任务。要在对本地产业基础有清晰认识的基础上，准确判断产业的发展方向，科学设计产业链条延伸的环节，加快特色优势产业的发展，实现从传统单打独斗的企业向产业集群发展，促进城镇经济转型升级，避免产业同质竞争，防止千镇一面。

（3）要实行创建制

在鼓励和引导特色小镇发展的过程中，国家有关部门要参照浙江省的做法，实行创建制，而不要搞审批制。对于真正做得好、产生切实效果的特色小镇再由政府部门给予实质的政策奖励和扶持，要避免先给予政策。在审批制下，很多地方为了获得“帽子”、政策而建设“特色小镇”，既失去了建设特色小镇本来的目的，也造成大量政府资源的浪费。

（4）要加强制度创新和建设

一方面，在特色小镇建设中要大胆探索，积极通过土地、户籍、投融资、行政管理、审批、财税等领域的改革，为特色小镇发展提供良好的发展环境，维持较低的发展成本，激发特色小镇创新创业的活力。另一方面，也要加强在土地制度、投融资机制等方面的制度建设，在保证特色小镇建设的同时，也要实现土地利用效率提升、金融风险防控等目的。

（5）有关部门要加强对特色小镇建设的指导

中财办、发展改革委和住房城乡建设部要联合制定实现特色小镇健康发展的一系列具体措施。要对各地在特色小镇建设中出现的各种偏差、错误等及时制止，甚至提出警告、批评。对特色小镇发展成效显著、路径正确的，要通过多种途径加大宣传，以正视听。不要提出建设特色小镇的数量和考核目标，要遵循城镇发展规律，让特色小镇自然成长。（注 2）

注 1：本文摘自《小城镇建设》，2016.11，20-24，全国特色小镇创建培育认知与解读，撰稿人：单彦名，马慧佳，宋文杰。

注 2：本文摘自《小城镇建设》，2016.11，25-28，理清思路科学认识　实现特色小镇的健康发展，撰稿人：魏劭琨。

第三章　国外经验

一、他山之石可以攻玉

“特色小镇”在西方发达国家有悠久的建设历史，并形成了一批闻名全球的小镇。国外有众多各具特色的小镇，诸如公司镇、家族镇、会议镇、旅游镇等，这些小镇多以某个独特功能而产生全球范围的影响力。

浙江省特色小镇与国外特色小镇在创建目标上具有一定的相似性，有些在主导产业上相类似，如杭州玉皇山南基金小镇以美国对冲基金天堂格林尼治基金小镇（Greenwich）为标杆，打造成金融产业集聚区；嘉善巧克力甜蜜小镇类似于美国好时巧克力小镇（Hershey），以巧克力作为产业主题；富春硅谷小镇类似于美国硅谷（SiliconValley），以信息技术和信息服务创新为重点；有些属于同一产业门类，如桐庐健康小镇、奉化滨海养生小镇与法国薇姿小镇（Vichy）类似，属于康体疗养门类；杭州艺尚小镇、海宁皮革时尚小镇、桐乡毛衫时尚小镇等与瑞士朗根塔尔小镇（Langenthal）类似，属于时尚纺织门类；有些则具有相像的发展基础，如南浔善琏湖笔小镇、西湖龙坞茶镇、绍兴黄酒小镇等与瑞士格拉斯香水小镇（Grasse）相像，其产业基础离不开地域传统产品和工艺。

同时，浙江省特色小镇作为国内新生事物，还处于初创期，不论是建设路径，还是规划内容，抑或是政策设计等方面的理论与实践均不成熟。因此，对国外特色小镇的发展与形成进行研究，借鉴其建设经验，对当前浙江乃至全国的特色小镇工作的推进具有重要的参考价值。

1. 国外特色小镇建设的主要特征

西方发达国家的小城镇建设是与工业化、城镇化相伴随发展的，大体经历了快速发展、缓慢发展、复兴发展及功能提升四个阶段。目前，西方国家的小城镇基本处于功能提升阶段，并形成了众多独具特色的小镇，其特征反映在以下几方面。

（1）区位特色：空间选址以产业需求为首要因素

一般的小城镇区位通常以环境优良、交通便利等宜居性为主要因素，而特色小镇多属于产业型小镇，其空间选址往往更遵循产业区位理论，是某一类产业市场配置的结果。因此，不同产业类型的特色小镇区位也不尽相同。

例如美国好时小镇（Hershey），位于宾夕法尼亚州首府哈里斯堡市的东部市郊，是北美地区最大的巧克力及巧克力类糖果制造商——好时企业所在地。好时企业选择落户于此，一方面是由于好时小镇是创始人米尔顿好时先生的出生地，更重要的是小镇区位满足糖果行业发展要求。糖果行业的单位利润低，扩大销售是盈利的主要手段，因此销售市场资源成为产业发展的重要因素。好时小镇所在的哈里斯堡市（Harrisburg）位于宾州（Pa）中部美国东西海岸的交通要冲，是由东海岸通往中西部各州的重要门户，也是一个纵贯南北、横贯西东的重要贸易口岸，自古即为交通要地，是货物批发、零售中心。同时郊区的牧场资源、生态环境则为巧克力的生产提供了新鲜的牛奶及干净的生产环境（图 3-1）。

图 3-1　好时小镇（Hershey）区位图

再如美国格林尼治基金小镇（Greenwich），位于美国康涅狄格州（Ct）西南部的长岛海峡上，作为纽约市的住宅卫星城镇，离纽约很近，35 ～ 40 分钟的火车车程。对冲基金产业属于风险投资类，其企业的空间区位倾向于集中在大城市及周围区域，由于牵涉到银行的兑换，要求紧邻金融中心，同时对冲基金行业对网速要求非常高，因此离海底光缆比较近的沿海地区成为首选。

（2）产业特色：产业体系具有明显的主题性

特色小镇的“特”主要体现在产业特色上，一个小镇必然有一项与众不同的产业，产业链的主题性强，体现了小镇的“小而精”。虽然大多数特色小镇在形成初期是以工业生产制造为主，但随着企业的壮大，不论是产业链拓展还是小镇的功能都逐渐围绕主题产品而发展。小镇从业者大部分与主题产业相关，产业逐步从传统制造业向旅游业延伸，实现三次产业间的联动。

例如瑞士格拉斯香水小镇（Grasse），格拉斯地区是花草优生地带，众多花场每年可采集鲜花 700 万千克之多，形成花草种植业；小镇三十多间香水工厂处理着来自各地未经加工的花材原料，形成香水生产业；响应旅游发展热潮，建造格拉斯三大香水作坊，建设香水博物馆，将香水的制作过程、工厂的历史展现给游客，并可自制香水。这些香水工厂已经不仅具有生产功能，还具有一定的展示功能；不仅有博物馆，还有设备先进的大型实验室，极大地推动了格拉斯的旅游业发展，构建了完善的香水产业链[1]（图 3-2）。在奥地利瓦腾斯水晶小镇（Wattens）上，约三分之一的居民是施华洛世奇的员工，另外三分之二中有 80% 以上从事着与施华洛世奇相关的旅游、餐饮及服务行业。

图 3-2 格拉斯香水小镇 (Grasse) 莫利纳尔香水博物馆图

（3）功能特色：功能构成具有一定的综合性

与传统产业园区较为单一的生产功能不同，特色小镇的功能综合性强，不仅有企业生产办公功能，也有社区生活、旅游休憩等功能。不同产业类型的小镇，其主导功能会有所侧重，如生产制造类小镇通常以生产功能为主，文化创意类、康体旅游类小镇则旅游休憩功能比重较高。例如，从事糖果制造的好时小镇（Hershey）拥有一百多年历史，从一家巧克力工厂开始，成为美国负有盛名的巧克力主题旅游城市。小镇的核心为三家现代化的巧克力工厂，同时配有百货公司、好时银行、好时饭店、俱乐部、教堂、学校等完善的社区功能。小镇的旅游功能也相当完善，拥有演示作坊、巧克力

1 子皿 . 格拉斯全球最香的小城 [J]. 人与自然 ,2013(4).

世界博物馆及好时乐园等现代化游乐设施[1-2]（图 3-3）。法国薇姿小镇（Vichy），是著名药妆品牌薇姿的起源地，是世界温泉疗养胜地和旅游度假胜地。小镇中心是一座温泉博物馆，法式药妆店、温泉疗养院随处可见。

（4）空间特色：景观风貌具有强烈的可识别性

小镇风貌往往是小镇产业特色的空间映射，因此，具有产业特色的国外特色小镇，其空间风貌必然具有强烈的可识别性。如海伊旧书小镇（Hay）是世界上第一个书镇，被誉为“天下旧书之都”。遍布小镇的各种类型的书店、图书馆、图书集市及随处可见的读书场景是小镇给人的空间意象。书店建筑风貌各异，有些书店依山而建，书架就镶嵌在山石上；也有户外书店，只设置收钱箱，自助取书[3]（图 3-4）。

图 3-3　好时小镇卫星图

图 3-4　海伊小镇风貌市井组图

（5）经营特色：经营运作以国际市场为目标

国外著名特色小镇多具有国家乃至全球性的影响力，其产业地位往往是以国家、全球为参照系的，通常是某一行业内的质量标准，这也正是其独特性的有力体现与保证。如瓦腾斯小镇（Wattens）是施华洛世奇公司在全世界仅有的水晶加工工厂所在地，现为施华洛世奇公司总部所在地；格拉斯小镇（Grasse）是世界上最著名的香水原料供应地，也是世界香氛爱好者的朝圣之

1　好时小镇：比公司更伟大的公司镇 [J].21 世纪商业评论 ,2010(8).

2　Soley,Alison.Hershey's Chocolate Worldunveilsnew'experience'[J].CandyIndustry,2015(7).

3　刘淑玲 . 英伦访书记——从查令十字街到海伊小镇 [J]. 书屋 ,2012(4).

地，只有打着“Made in Grasse”字样的香水产品才被认可为结合了豪华、优雅和质量；德国的何若拉赫小镇（Herzogenaurach）是全球体育用品公司总部所在地，是全球体育用品行业的中心；瑞士的朗根塔尔小镇（Langenthal）是全球纺织品企业总部所在地，在纺织品行业中也占据着全球中心的地位；达沃斯小镇（Davos）是国际知名的温泉度假、会议、户外运动度假胜地；法国普罗旺斯地区（Provence）则是世界浪漫之都。

2. 国外特色小镇发展的多种路径

特色小镇的建设机制总体上遵循小城镇的两大动力机制，即外推型和内生型。外推型指依靠某种外部力量推动建设而成的小镇，包括城市辐射、外资注入及引进科技推动。内生型则指依靠自身发展成长起来的小城镇。每个小镇具体的形成契机与发展路径又极具个性，存在一定的不确定性。本文通过对相关案例的梳理，归纳总结为以下六种主要路径。

（1）能人的返乡创业

这类特色小镇的成功在于具有企业家精神的本地能人返乡创业，建设家乡的行为。小镇作为他们的故乡而被选择，类似于中国传统文化中的“衣锦还乡”。有些是企业壮大后，企业家为小镇建设基础设施及公共设施，以企业集团支撑着小镇经济发展与社会服务，即公司镇模式。如好时小镇（Hershey）的创始人米尔顿·好时（Milton Hershey）先生，先后在兰开斯特（Lancaster）、费城（Philadelphia）从事过焦糖生意，1900 年决定在家乡德利郡买下一个农场，创办巧克力工厂，并为小镇建设相关配套设施，并于 1906 年将其命名为 Hershey（好时镇）；有些则是通过带动众人创业建设家乡。如海伊旧书小镇（Hay）的创办人理查德·布斯（Richard Booth）先生，牛津大学毕业后回乡率先开起二手书店，并对随他开设的各家书店严格制定经营特色，避免同质化竞争。在布斯先生的带领下，小镇陆续出现近 40 家旧书店，成为全球最大的二手书市场，形成以旧书为主题的特色小镇[1]。

（2）家族 / 传统的延续

一些特色小镇因家族秘密工艺、地域传统特色的传承与发扬而形成，由于技艺与传统的独创性，奠定了小镇在全球产业链的中心地位。如瓦腾斯水晶小镇（Wattens）的发展在于施华洛世奇家族（Swarovski）。施华洛世奇企业至今仍保持着家族经营方式，

1 雷高林 . 布斯与海伊旧书之都 [J]. 炎黄纵横 ,2016(4).

并把水晶制作工艺作为商业秘密代代相传。施华洛世奇第五代传人马可斯（Markus）说："一百多年来，瓦腾斯的水土成就了施华洛世奇这个品牌，我们只会在瓦腾斯的土地上续写这个神话。"[1-3]格拉斯香水小镇（Grasse），其香水产业的发展离不开传统手工业的延续与改良。16 世纪时期，小镇传统手工业使用橄榄油熟皮技术制作手套，会产生难闻的气味，皮匠开始制造香精加入其中，遂产生了香精制作工艺。1730 年，法国第一家香精香料生产公司诞生于格拉斯小镇。从此，香水业正式在格拉斯落地生根。薇姿疗养小镇（Vichy）是具有千年历史的温泉泉眼集中地，以拥有 15 座温泉而闻名于世，悠久的疗养历史产生了小镇特有的"四手疗法"传统技艺（图 3-5）。

(a) 公元17世纪，拿破仑三世常前往薇姿SPA水疗中心体验水疗

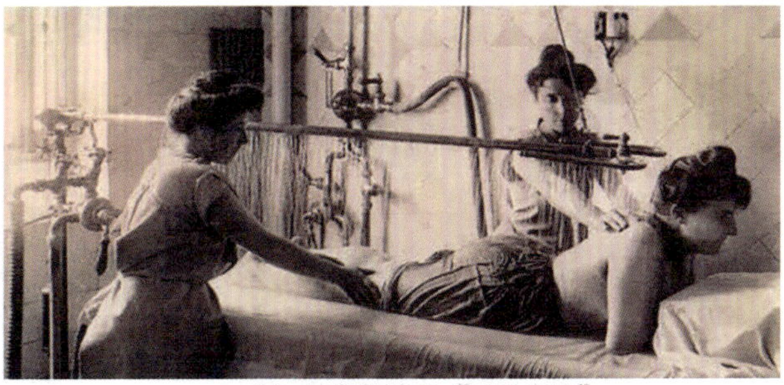

(b) 早期传统的"四手疗法"

图 3-5 薇姿小镇（Vichy）的温泉水历史组图

（3）名人 / 文化的催生

名人 / 文化催生型特色小镇与当地名人、地域文化密切相关，是历史建筑、地域信仰、生活方式、传统工艺、文化名人等各种有形、无形的文化资源催生的结果，小镇的旅游业往往较为发达。例如法国普罗旺斯地区（Provence），正是英国作家彼得·梅尔（Peter Mayle）的《山居岁月》(a Year in Provence）一书将其推向了巅峰。历史上不少知名作家、艺术家择居于此，有塞尚（Paul Cézanne）、凡·高（Vincent Willem Van Gogh）、莫奈（Claude Monet）、毕加索（Pablo Picasso）、夏卡尔（Marc Chagall）等大画家，美国作家费兹杰罗（Francis Scott Key Fitzgerald）、英国作家 D. H. 劳伦斯（David Herbert Lawrence）、法国作家赫胥黎（Huxley）、德国诗人尼采（Friedrich

1 金明灭 . 施华洛世奇家族：独揽水晶之秘 [J]. 名人传记 (财富人物),2015(8).

2 Anonymous.CRYSTALLIZED-Swarovski Elements;CRYSTALLIZED-Swarovski Elements and Saks Fifth Avenue Unveil Dazzling Crystal Windowsand Decorforthe2008Holiday Season[J].Science Letter,2008.

3 UTA 时尚传媒中心 . 施华洛世奇领舞水晶世界 [J]. 连锁与特许 ,2008(8).

Wilhelm Nietzsche）等文豪[1]。这里文化丰富而浓郁，有12世纪时的骑士爱情文化、中世纪的建筑文化，也是法国早期文艺复兴的著名画派普罗旺斯画派起源地及戛纳电影节的举办地。普罗旺斯地区小镇众多，各具特色，共同构成了“世界浪漫之都”，有些因小说故事场景发生地而成名，如小鲁伯隆山区（Petit Luberon）是《山居岁月》的故事发生地，伊福岛（châteaud' if）是《基督山恩仇记》中基督山伯爵被关押的地方；有些得益于独特的风景，如施米雅那山区盛产薰衣草，是普罗旺斯的名花薰衣草最佳观赏地，胡西昂小镇是有着“红村”之称的Mini小镇，莱博镇则是一座中世纪山城（图3-6）。

(a) 薰衣草文化

(b) 伊福岛

(c) 胡西昂

(d) 莱博镇

图3-6　普罗旺斯地区 (Provence) 小镇组图

（4）大事件的把握

大事件的把握是指依托于某个大事件的发生，经营城镇的一种方式，往往具有偶然性。最典型的代表为达沃斯小镇（Davos）。1987年召开的世界经济论坛（WEF）成就了达沃斯小镇，而会址选择于此，只是因为论坛创始人施瓦布先生酷爱滑雪。小

1　何农，王青．普罗旺斯：因文化而长久 [J]. 中外文化交流 ,2005(7).

镇海拔高（是阿尔卑斯山系最高的小镇），四面环山，空气干爽清新，对保健有极大帮助，因此 19 世纪末铁路开通后，达沃斯逐渐以疗养胜地闻名于欧洲，并建设了众多的医院等医疗设施。如今，作为 WEF 年会会址，在会展业的回顾效应、前向效应及旁侧效应的作用下，商务服务设施需求增加，产业链逐渐完善，小镇也发展成为阿尔卑斯山区最大的度假胜地、体育和会议中心[1-2]（图 3-7、图 3-8）。

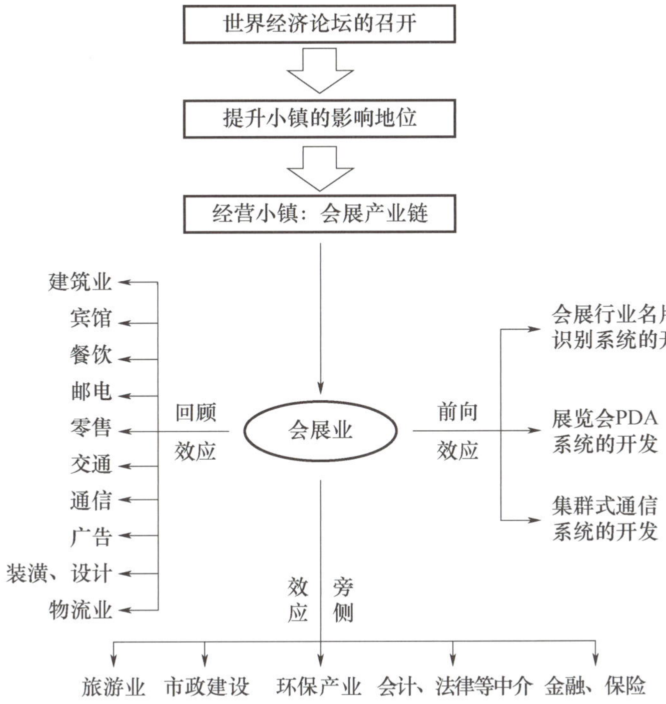

图 3-7　WEF 对达沃斯小镇的影响机制示意图

图 3-8　达沃斯小镇组图

1　高伟娜 . 达沃斯案例的经济学解读 [J]. 特区经济 ,2009(1).

2　彭健 , 莫郁 . 剖析达沃斯论坛品牌价值与成因 [J]. 中国中小企业 ,2013(5).

（5）企业总部的引领

通过企业总部引领形成的特色小镇，往往是全球化推进、总部经济发展的结果。作为某一行业的企业总部所在地，奠定了小镇的行业地位，决定了其产业的顶层性与高价值性。例如全球纺织品企业总部中心的朗根塔尔小镇（Langenthal），全球体育用品公司总部的赫若拉赫小镇（Herzogenaurach）。这些企业拥有全球化的分支机构和供应商网络，总部的入驻有效带动了小镇乃至周边地区的经济发展和产业结构的调整，形成特色小镇。首先，可以促进相关商业服务业的发展。企业总部是一个企业经济控制、活动协调、技术创新的部门，握着高端资源，处于价值链高端环节，附加值高。总部的功能属性决定了其需要所在地提供诸如金融、法律、广告等高端商业服务；其次，带来无形的品牌效应。总部的入驻可以有效提升当地知名度，吸引专业人士，吸引某一行业的集聚，形成小镇的主导产业。最后，可以为当地创造就业机会。如赫若拉赫小镇（Herzogenaurach）就为当地经济带来1.67万个就业岗位（2011年）（图3-9）。

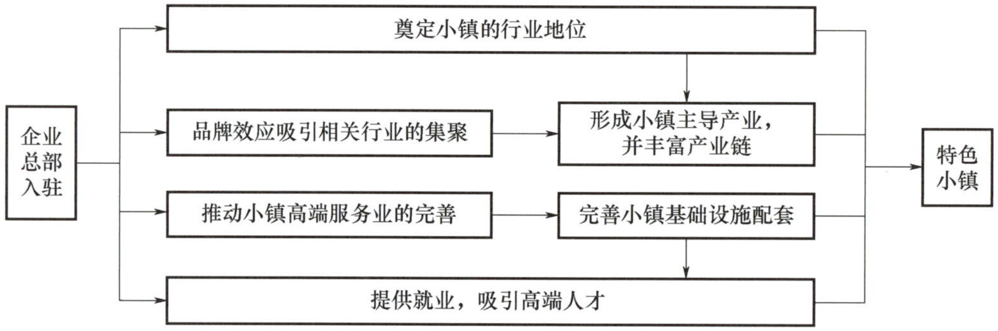

图3-9　企业总部引领特色小镇形成机制示意图

（6）新型产业契机的把握

这类小镇通过紧抓新型产业发展机遇，占据发展先机，从而形成特色，往往是金融、科技、信息等新经济产业。代表小镇有美国硅谷（Silicon Valley）及格林尼治基金小镇（Greenwich）。硅谷曾是人烟稀少的农牧区，依托斯坦福大学打造成世界上第一个科技园区，并掀起全球科技园区的建设热潮。1938年，斯坦福大学毕业生比尔·休利特（Bill Hewlett）和戴维·帕卡德（David Packard）创立惠普公司，拉开硅谷创业的序幕。1947年斯坦福大学提出高科技工业园区的构想，并于1951年创立了斯坦福研究园区，逐渐成为世界著名的高技术设计和制造中心。1971年《微电子新闻》根据半导体中的主要成分硅正式命名此地[1]。格林尼治小镇，被誉为对冲基金的“硅谷”，华

1　刘长明．硅谷之路[J]．学术界，2001(5).

尔街传奇投资家巴顿·比格斯在对冲基金这类新经济产业发展机遇下，依托小镇得天独厚的区位优势及政府的相关政策红利，在此创立第一家对冲基金企业，逐渐集中了约 380 家对冲基金总部，小镇也由住宅卫星城镇转变为对冲基金产业集中地。

3. 国外特色小镇对浙江特色小镇建设的启示

通过对国外特色小镇特征、发展路径及发展的持续动力等方面的剖析，并结合浙江特色小镇的政策设计，笔者认为在浙江特色小镇建设中应注意以下几个问题。

（1）长期与短期：特色小镇是城镇化发展到特定阶段的特殊产物

国外特色小镇的建设不是一蹴而就的，是经过长时间的积累，是经济发展到一定阶段的产物。家族、传统的延续造就的特色小镇最具代表性，瓦腾斯水晶小镇（Wattens）起源于 1895 年，随着施华洛世奇家族的成长而成长。人们消费观念的转变催生了名人、文化型特色小镇，全球化、区域化的不断推进产生了企业总部引领型特色小镇，新型产业的出现产生了新经济型的特色小镇等。浙江提出的 3 年内培育创建 100 个省级特色小镇，26 个加快发展县（省内相对经济落后的县）可放宽至 5 年。因此，在政策对小镇建设短周期的要求下，特色小镇建设要注意产业升级、文化培育、旅游发展引发的长期性要求，其建设内容、规划内容、实施成效应与城市长远发展相结合，避免出现追求短期效应的现象。

（2）政府与市场：特色小镇的形成是以市场竞争为主，辅以政府推动的结果

国外特色小镇的形成一方面是市场自由选择的结果，另一方面也离不开政府的扶持推动。市场经济的基本原则是利益最大化，政府若通过税收、配套等相关政策的扶持，降低企业成本，自然有利于企业的集聚，形成特色小镇。如格林尼治基金小镇（Greenwich），具有满足基金产业发展的资源条件，对冲基金企业自发选择在此落户，同时政府提供的税收、配套政策优惠进一步鼓励了基金产业的集聚。同样 20 世纪 80 年代日本的对冲基金产业强大，但由于政府苛刻的税收制度，最后对冲基金都转移到新加坡等地。浙江特色小镇建设的行政推动色彩较为浓重，在“宽进严定”“创建制”“追惩制”“年度考核、三年验收”“培育一批、创建一批、验收一批”等政策设计下，特色小镇建设应发挥市场配置资源的核心作用，辅之以政府政策扶持，防范失败，减少损失、代价。

（3）个性与普适：特色小镇资源各异，极具个性，可复制性小

对国外特色小镇的建设路径分析发现，小镇资源禀赋各异，形成路径也不尽相同。

特色小镇的形成可以说是各种特定资源在时间与空间上耦合的结果，一些决定性要素有时是可遇不可求的，存在一定的偶然性。如能人返乡创业型的特色小镇，离不开具有建设家乡情怀的企业家；家族、传统延续型和名人、文化催生型的特色小镇更是离不开地域、家族深厚的历史积淀；大事件机遇、新型产业契机、企业总部的入驻则更是具有不确定性。因此，在特色小镇建设热潮下，要研究特色小镇具有生成发育的特殊性，可能具有的非普适和非复制性，避免生搬硬套大规模复制已有模式，处理好小镇的个性与普适性之间的关系。

（4）数量与特色：特色小镇应具有全国乃至全球范围内的影响力

对国外著名特色小镇主要特征的分析发现，其产业地位往往是以国家、全球为参照系的，这类特色小镇的影响力也是全国乃至全球的。当前，我国特色小镇建设工作按照国家级、省级及市级特色小镇分级推进。因此，如何处理好特色小镇建设中的数量与特色问题尤为重要，应明确特色小镇的重点在于特色产业的发展及小镇对区域的带动作用，避免各级政府发力创建小镇所带来的连带效应，而可能形成的新一轮造镇运动，使得小镇的数量成为追求的目标，防止迷失了建设特色小镇的初衷，平衡好小镇的数量与特色之间的关系。

（5）动力与平台：特色小镇应更注意企业的创新

作为产业升级平台，国外特色小镇不仅空间特色明显、文化浓郁，关键在于构建了具有强主题性的产业体系。经济转型与产业升级的根本动力来自企业、行业内生的创新驱动，如格拉斯香水小镇的形成在于对传统手工业的改良，薇姿小镇的发展在于薇姿品牌的不断创新。因此，特色小镇建设应不仅是外部物质环境优化的平台建设，今后更要关注的是促进企业创新发展的政策设计和宽松公平竞争的市场环境优化。（注 1）

二、欧盟精明专业化政策

特色小镇[1]是新常态下深入推进供给侧结构改革的重要平台，同时也是推进经济转型升级和新型城镇化建设的重要抓手。目前特色小镇建设已经取得初步进展，但在实践中也面临着概念不清、定位不准、急于求成、盲目发展及市场化不足等主要问

1　本文所指“特色小镇”是“特色小镇”和“特色小城镇”的统称。特色小镇指聚焦特色产业和新兴产业，集聚发展要素，不同于行政建制镇和产业园区的创新创业平台。特色小城镇指以传统行政区划为单位，特色产业鲜明，具有一定人口和经济规模的建制镇。见《关于加快美丽特色小（城）镇建设的指导意见（发改规划〔2016〕2125 号）》。

题[1]。借鉴国外的相关理论和实践经验对解决当前问题具有重要意义。目前已有人研究主要从国外同类特色小镇的角度进行借鉴，如美国对冲基金天堂格林尼治基金小镇（Greenwich）、美国好时巧克力小镇（Hershey）、法国薇姿康体小镇（Vichy）、瑞士朗根塔尔时尚小镇（Langenthal）和瑞士格拉斯香水小镇（Grasse）等[2]。欧盟的精明专业化政策与中国的特色小镇在发展目标和特征上存在诸多相似点，并且经过多年发展已建立起成熟的理论与实践框架，可以为特色小镇解决当前问题提供新思路。

1. 特色小镇的概念缘起、发展现状及存在问题

特色小镇在 2014 年发源于浙江省杭州和绍兴等地，其概念的提出是为了解决浙江省在“块状经济”转型、新兴经济培育和城市建设的问题[3]。接着，住房和城乡建设部、发展改革委和财政部三部委于 2016 年 7 月联合发布《关于开展特色小镇培育工作的通知》，此后特色小镇便以迅猛之势在全国范围内快速发展，特色小镇建设的意义和目标也从浙江省的产业转型和城镇建设上升为深入推进供给侧结构改革的重要平台，以及推进经济转型升级和新型城镇化建设的重要抓手[4]。

从产业类型看，特色小镇分为七类，即休闲旅游、商贸物流、现代制造、信息产业、教育科技、传统文化和美丽宜居[5]。笔者通过对住房和城乡建设部公布的首批 127 个特色小镇进行统计，得出其中以旅游为主导产业的特色小镇占比约 60%。在第二批特色小镇（增至 276 个）名单中，以旅游产业为主导的特色小镇占比未超过 1/3；而以农业、工业为主导的特色小镇占比均有明显上升。同时，体育部也公布了 96 个运动休闲特色小镇。总体来讲，产业分布更为均衡，更具特色化和多元化。

尽管特色小镇建设已经取得初步进展，但也存在着概念不清、定位不准、急于求成、盲目发展及市场化不足等诸多问题[6]。这些主要问题的本质其实是对因地制宜、产业建镇和市场主导原则的把握不足。第一，因地制宜强调从实际出发，遵循客观规律，实

1　国家发展改革委，国土资源部，环境保护部，住房和城乡建设部．关于规范推进特色小镇和特色小城镇建设的若干意见 [EB/OL].(2017-12-05)[2017-12-11].http://www.ndrc.gov.cn/gzdt/201712/t20171205_869709.html.

2　张银银，丁元．国外特色小镇对浙江特色小镇建设的借鉴 [J]. 小城镇建设 ,2016(11):29-36.

3　陈桂秋，马猛，温春阳，等．特色小镇特在哪 [J]. 城市规划 ,2017,41(2):68-74.

4　同 1。

5　住房和城乡建设部，国家发展改革委，财政部．关于开展特色小镇培育工作的通知 [EB/OL].(2016-07-01)[2017-12-06].http://www.mohurd.gov.cn/wjfb/201607/t20160720_228237.html.

6　同 1。

事求是地把握自身在产业基础、资源特色和区位特征等方面的优势、劣势、机遇和挑战。一方面，缺乏准确的自我评估会导致产业定位偏离地区比较优势而盲目发展；另一方面，缺乏对客观规律的尊重则导致产业发展急于求成和揠苗助长。第二，产业建镇要求在因地制宜的基础上，立足地区的要素禀赋和比较优势，挖掘最具基础、最有潜力、最能成长的特色产业。因此，对产业建镇的把握不足则会引起定位不准、产业雷同和盲目发展等问题。第三，市场主导要求特色小镇在建设和运营模式上做到政府引导、企业主体、市场化运作，即既尊重市场行为，又让市场遵守一定的原则和规则[1]。所以，市场化不足的问题，主要是对市场主导原则的理解和执行不够。

2. 精明专业化的概念缘起、发展现状及存在问题

精明专业化（Smart Specialization）是欧盟近年来引导区域经济转型的一项重要政策[2]。该概念于 2009 年由知识驱动增长专家小组（Knowledge for Growth）提出，该小组是欧盟研发创新与科技委员会（European Commissioner for Research, Innovation and Science）的独立顾问团。此概念的提出基于以下背景：第一，在全球层面，自新世纪以来，欧盟的经济竞争力已经被美国、日本和韩国超越，欧盟作为一个整体，亟须提升自身的竞争力，特别是在科研创新能力和新产业培育方面[3]。第二，在欧盟内部，各成员国的差距不断增大，这特别体现在西欧北欧与东欧南欧之间[4]。第三，受 2008 年金融危机和之后债务危机的冲击，欧盟亟须培育新的经济增长点。归根到底，上述背景均说明了欧盟存在竞争力不足的问题。基于此，知识驱动增长专家小组对欧盟竞争力不足的原因进行分析并形成以下两点共识：第一，在地理层面，欧盟的投资支出太过分散，无法形成集聚效用；第二，在产业层面，欧盟各成员的发展方向缺乏差异化，产业重叠程度很高，几乎都集中在信息技术、纳米科技和生物医药等几个领域[5]。为解决以上两个问题，专家小组提出精明专业化的概念，提倡地方通过自下而上的创业式探索过程（Entrepreneurial Discovery Process），筛选出若干根植于地方特色的优先发

1 陈桂秋，马猛，温春阳，等．特色小镇特在哪 [J]．城市规划，2017,41(2):68-74.

2 European Commission. National/regional innovation strategies for smart specialisation (RIS 3) [EB/OL]. [2017-12-11].http://ec.europa.eu/egional_policy/sources/docgener/informat/2014/smart_specialisation_en.pdf.

3 European Parliament. Smart specialisation: The concept and its application to EU cohesion policy [EB/OL].[2017-12-06].http://www.europarl.europa.eu/RegData/etudes/BRIE/2016/573912/EPRS_BRI(2016)573912_EN.pdf.

4 同 3。

5 同 3。

展领域，从而集中资源投入这些领域，快速实现区域经济转型[1]。与之前的其他政策相比，该概念具有三个新特点，并且正是这三个特点，使精明专业化能更有效地解决欧盟竞争力的问题。第一，强调集中资源投资优先发展领域，避免传统集群政策过度强调参与者的联系互动而忽略投资的临界值（Critical Mass）问题。第二，强调创业式探索过程，认为政府不是全能的，因此也无法准确挑选出未来的胜利者来扶持，从而避免传统产业政策过度依赖政府的自上而下的挑选优胜者（Picking Winners）策略。第三，强调根植于地方特色，避免传统产业政策忽视地区差异的一刀切（One-Size-Fits-All）[2]。由于精明专业化对欧盟竞争力的精准回应，其概念在提出之后，得到很快的应用和推广，并且逐渐形成正式制度。2011 年，在欧盟委员会的监管下，联合研究中心（Joint Research Centre）成立精明专业化平台（Smart Specialization Platform）（图 3-10），该平台旨在通过提供指导、培训及专家支持来帮助地区学习和应用精明专业化。2013 年，精明专业化被纳入致力于缩小欧盟内部不平衡发展的欧盟融合政策（EU Cohesion Policy）的框架中。一方面，精明专业化被正式写入具备法律效力的欧盟规章通用规定条例的文本 2（3）（Article 2 (3) of the EU Regulation-Common Provision Regulation）之中。另一方面，精明专业化被欧盟融合政策确定为第三级行政区[3]申请欧盟结构投资基金（European Structural and

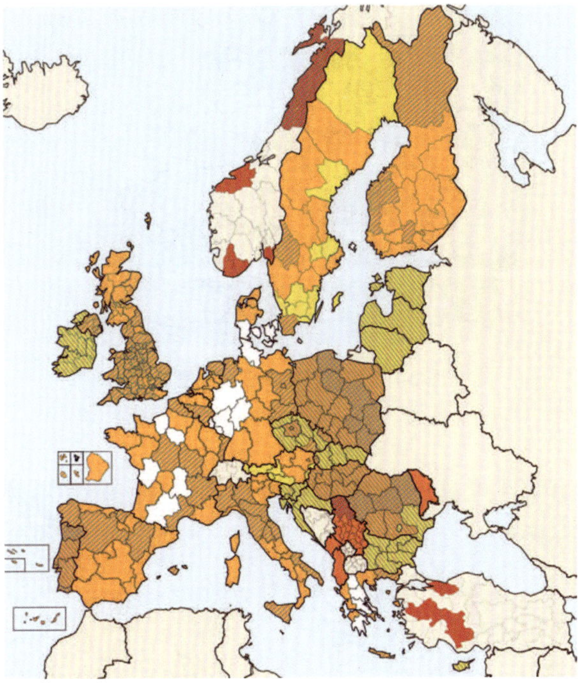

图 3-10　精明专业化平台成员分布图

（资料来源：Smart Specialization Platform）

1　Foray, D., David, P. A., and Hall, B. Smart Specialisation——The Concept [EB/OL].[2017-12-11].http://ec.europa.eu/invest-inresearch/pdf/download_en/selected_papers_en.pdf.

2　Asheim, B., Grillitsch, M., Trippl, M. Smart Specialization as an innovation-driven strategy for economic diversification:Examples from Scandinavian regions[J].Paper in Innovation Studies.Centre for Innovation, Research and Competence in the Learning Economy (CIRCLE), 2016(23): 1-35.

3　第三级行政区（NUTS 3，Nomenclature of Territorial Units for Statistics 3），类似中国的县级行政区。

Investment Funds）的前提条件（Ex-ante Conditionalities）[1]。

经过近十年的发展，精明专业化的影响范围已经超出欧盟，截至 2017 年年底，除了欧盟内部有 18 个国家的 170 个地区正式加入精明专业化平台外，欧盟范围外也已经有 4 个国家的 10 个地区正式加入精明专业化平台，例如挪威奥斯陆和土耳其伊斯坦布尔。在特色产业上，欧盟各区域根据精明专业化选择了各自要集中资源投资的产业，例如信息技术、机器人、工业 4.0、文创和旅游等（图 3-11 ~图 3-15）。并且，根据

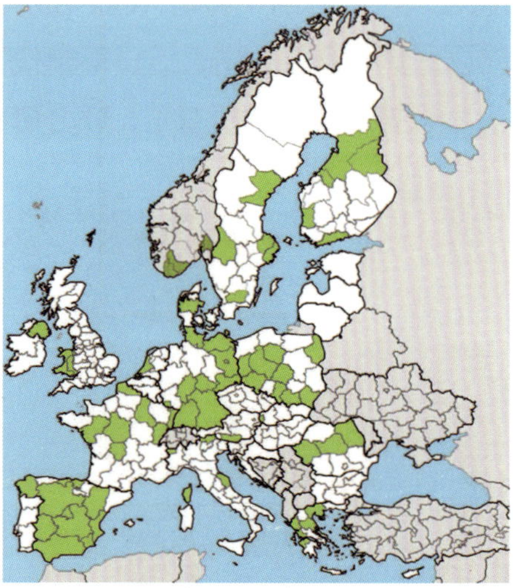

图 3-11　信息技术产业分布图

（资料来源：Smart Specialization Platform）

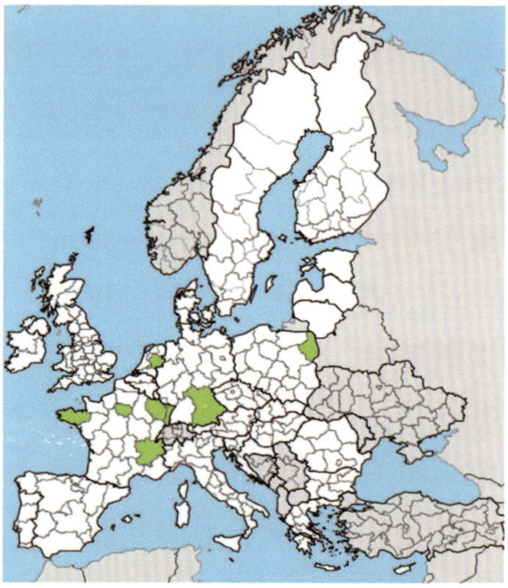

图 3-12　机器人产业分布图

（资料来源：Smart Specialization Platform）

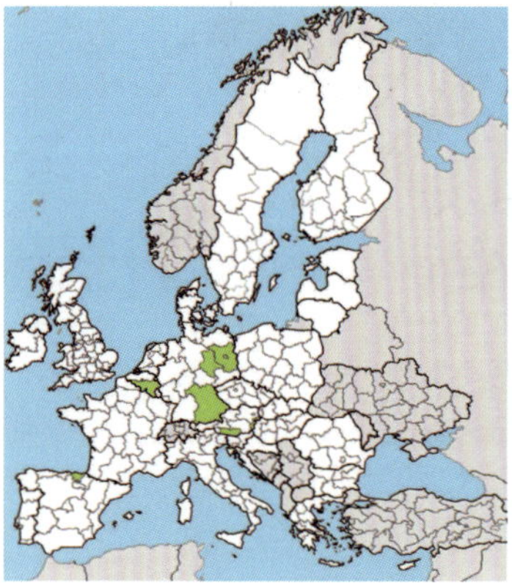

图 3-13　工业 4.0 分布图

（资料来源：Smart Specialization Platform）

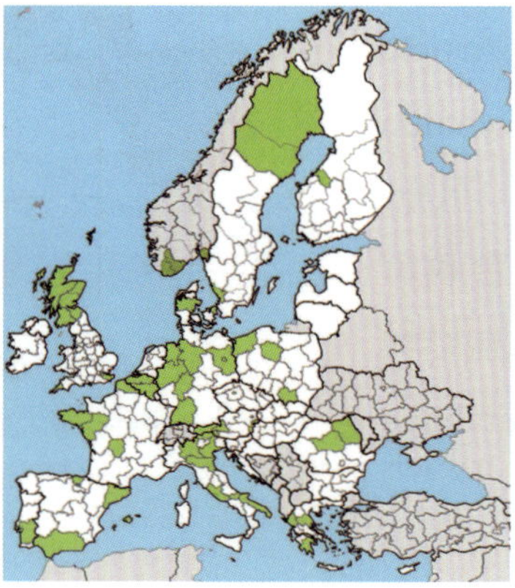

图 3-14　文化创业产业分布图

（资料来源：Smart Specialization Platform）

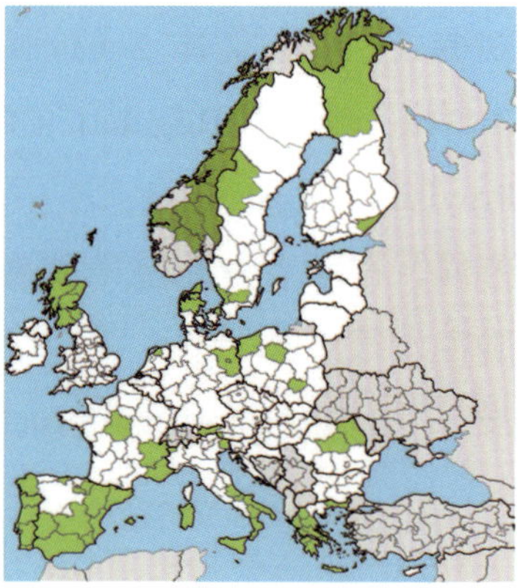

图 3-15　旅游产业分布图

（资料来源：Smart Specialization Platform）

1　European Parliament. Smart specialisation: The concept and its application to EU cohesion policy [EB/OL].[2017-12-06].http://www.europarl.europa.eu/RegData/etudes/BRIE/2016/573912/EPRS_BRI(2016)573912_EN.pdf.

精明专业化的内涵，这些优先发展的产业均根植于地方的特色资源。如意大利佛罗伦萨依托自身丰富的历史文化遗产，发展“互联网 + 旅游”；又如法国图卢兹利用以空中客车为代表的航空技术，重点发展卫星和 GPS 相关技术（表 3-1）。

表 3-1 精明专业化的典型案例分析表

地区	区域现有特色资源	重点发展的特色产业	发展逻辑
西班牙巴斯克	服务于汽车行业的塑料制品产业	服务于生物医疗行业的塑料制品产业	依托区域塑料制品的产业基础，开发新的产品，服务新兴行业
意大利佛罗伦萨	历史文化遗产	互联网 + 旅游	依托区域独特的旅游资源，将互联网技术运用到文物保护和旅游管理中
法国图卢兹	以空客公司为代表的航空产业	卫星和 GPS 技术	依托航空业的相关技术，进入技术相关的产业

精明专业化政策在引导区域经济转型升级中起到了重要作用，但在实施过程中也面临一定挑战。第一，在进行创业式探索过程中，难以整合拥有不同背景和知识结构的众多参与者，并且分散的权力结构也导致共识的达成需要不断地沟通，这往往也非常耗时和低效[1]。第二，过分强调自下而上的过程，缺乏国家层次人员的参与，从而导致由本地人员构成的多元主体经常陷入思维上的路径依赖，特别是在分析区域资源、发展潜力及确定优先发展领域方面，往往缺乏国家和全球视野。

3. 精明专业化与特色小镇内涵比较

精明专业化和特色小镇起源于不同国家，虽然国情不同，但解决的问题具有一定的相似性：两者都服务于经济转型升级。下文从目标、特征、理论基础和操作模式 4 个层面对两者做比较分析（表 3-2）。

表 3-2 精明专业化与特色小镇内涵比较表

比较内容	特色小镇	精明专业化	对比
目标	推进供给侧结构改革 推进经济转型升级 推进新型城镇化建设	引导区域经济转型：筛选出若干根植于地方特色的优先发展领域，从而集中资源投入这些领域，实现经济转型	两者均包括经济转型升级，但特色小镇目标更加宏大

1 OECD.Innovation Driven-Growth in Regions:The Role of Smart Specialisation [EB/OL].[2017-12-07].https://www.oecd.org/innovation/inno/smart-specialisation.pdf.

续表

比较内容	特色小镇	精明专业化	对比
特征	产业“特而强” 功能“聚而合” 形态“小而美” 机制“新而活”	专业化：若干根植于地方特色的领域；精明：多方参与的创业式探索过程	两者均强调因地制宜、市场主导和产业建镇，但特色小镇的特征更丰富
理论基础	城市空间发展理论 产业集群理论	演化经济地理：嵌入性、关联性和连接性	两者来自不同理论基础，但精明专业化给出因地制宜、产业建镇和市场主导的理论基础
操作模式	若干硬性条件，例如面积、产业、功能、建设方式、投资额和开发进度等要求	六个操作步骤：分析区域背景和发展潜力、治理模式、塑造整体发展远景、确定优先投资领域、制定行动指南和监测与评估	特色小镇侧重目标管理，精明专业化侧重方法指导，并给出因地制宜、产业建镇和市场主导的方法论

（1）目标比较

精明专业化与特色小镇在目标上均包括经济转型升级，但特色小镇目标更宏大。具体而言，精明专业化仅致力于推动区域经济转型，这被涵盖在特色小镇的推动供给侧结构改革和推动经济转型升级中。而特色小镇所承担的城镇功能，即推动新型城镇化是精明专业化所没有的。

（2）特征比较

特色小镇主要包含四大特征：产业“特而强”、功能“聚而合”、形态“小而美”、机制“新而活”。其中产业“特而强”和机制“新而活”主要服务于供给侧结构改革和经济转型升级，而功能“聚而合”和形态“小而美”则服务于新型城镇化建设[1]。具体而言，产业“特而强”摒弃了过去的“大而全”，强调小镇要立足于自身的区位条件、资源禀赋、产业基础和区域特色，确定一个特别明确的主导产业，避免同质竞争，确保个性。功能“聚而合”摒弃了过去的“散而弱”，强调功能融合，建设“三生融合”的生产、生活和生态空间。形态“小而美”摒弃了过去的“大而广”，强调“一镇一风格”，即小镇要体现自身的文化特色、景观特色和空间特色。机制“新而活”摒弃了过去的“老而僵”，强调市场主导、政府引导的机制，充分发挥政府、市场及行业协会的作用。

精明专业化包含“专业化”和“精明”两个基本特征。“专业化”强调优先将资源集中投资到若干专业化领域，并且这些领域应根植于本地资源而非凭空想象；“精明”

1　国家发展改革委，国土资源部，环境保护部，住房和城乡建设部．关于规范推进特色小镇和特色小城镇建设的若干意见 [EB/OL].(2017-12-05)[2017-12-11].http://www.ndrc.gov.cn/gzdt/201712/t20171205_869709.html.

则强调优先发展领域的筛选是一个多方参与的创业式探索过程[1]。这里的多方不仅包括传统的企业，也包括有企业家精神的政府机构、研究单位、行业协会和 NGO 等。

由此可见，因地制宜、产业建镇和市场主导是两者共同的特色。精明专业化的“专业化”强调因地制宜和产业建镇，这类似于特色小镇的产业“特而强”；而“精明”则强调市场主导，这则类似于特色小镇的机制“新而活”。由于精明专业化没有涉及城市功能，因此缺乏特色小镇关于功能“聚而合”、形态“小而美”的相关要求。

（3）理论基础比较

特色小镇的理论基础主要来自城市空间发展理论和产业集群理论[2-5]。城市空间发展理论对特色小镇的影响主要来自田园城市理论、卫星城理论和边缘城市理论。田园城市理论由霍华德在《明日的田园城市》中提出，其目的是缩小城乡差距和实现城乡融合发展[6]。卫星城理论在继承田园城市理论的基础上，提出在大城区外围建立职住平衡的卫星城镇，用于疏散大城市人口[7]。边缘城市理论则是关于在信息化背景下，如何在城市郊区建立新城的理论[8]。这些为特色小镇在选址、完善城市功能、统筹城乡发展和可持续发展等方面提供理论基础。

产业集群理论主要包括马歇尔的产业区理论和波特的产业集群理论。产业集群指在特定地理区域集中的，并由有着相互关联的企业、专业化供应商、服务供应商、金融机构、相关产业的厂商及其他相关机构（如大学、标准化组织和商会等）等组成的群体[9]。其中，马歇尔产业区理论强调同一产业在空间的集聚会产生正的外部性效益，从而使每个企业受益，这要求特色小镇要确定一个特别明确的主导产业，避免盲目发展。

1 Asheim, B., Grillitsch, M., Trippl, M. Smart Specialization as an innovation-driven strategy for economic diversification:Examples from Scandinavian regions[J].Paper in Innovation Studies.Centre for Innovation, Research and Competence in the Learning Economy (CIRCLE), 2016(23): 1-35.

2 李小兰.“田园城市理论”视域下浙江特色小镇发展探究 [J]. 山西农业大学学报 (社会科学版),2017,16(6):22-26.

3 张鸿雁 . 论特色小镇建设的理论与实践创新 [J]. 中国名城 ,2017(1):4-10.

4 卫龙宝 , 史新杰 . 浙江特色小镇建设的若干思考与建议 [J]. 浙江社会科学 ,2016(3):28-32.

5 柯敏 . 边缘城市视角下的区位导向型特色小镇建设路径——以嘉善上海人才创业小镇为例 [J]. 小城镇建设 ,2016(3):49-53. doi:10.3969/j.issn.1002-8439.2016.03.012.

6 埃比尼泽 , 霍华德 . 明日的田园城市 [M]. 金经元 , 译 . 北京 : 商务印书馆 ,2002.

7 Taylor G.R. Satellite cities: a study of industrial suburbs[M].Appleton:New York,1915.

8 Garreau J. Edge City: Life on the New Frontier[M].Doubleday:New York,1992.

9 Porter,M.E.Location,competition,and economic development:local clusters in a global economy[J].Economic Development Quarterly,2000(1):15-34.

波特产业集群理论则提供一个构建区域竞争优势的“五力模型”，包括供应商议价能力、购买者议价能力、新进入者威胁、替代品威胁和同业竞争。这有利于指导做精做强主导特色产业。

精明专业化所依托的理论基础是经济地理，特别是演化经济地理。演化经济地理所提倡的嵌入性（Embeddedness）、关联性（Relatedness）和连接性（Connectivity）成为精明专业化最主要的三个理论基础。其中，嵌入性和关联性主要支撑“专业化”，而连接性是“精明”的基础。

嵌入性指经济活动不是孤立的，而是嵌入在一定的社会和文化结构中[1]。嵌入性一般有三种，分别是社会嵌入性（Societal Embeddedness）、网络嵌入性（Network Embeddedness）和地域嵌入性（Territorial Embeddedness）[2]。这一概念最初由社会学家波兰尼（Polanyi）在1944年提出，之后格兰诺维特（Granovetter）在1985年将其引入经济社学会，20世纪90年代由格拉伯赫（Grabher）应用到经济地理领域[3-5]。嵌入性要求精明专业化政策的制定应该从本地的资源出发，基于地方特色，做到因地制宜。

关联性指新的产业发展路径并非凭空而来，而是基于原有产业发展路径的资源延伸出来的[6]。关联性主要包括技术关联性（Technological Relatedness）、产品关联性（Product Relatedness）和技能关联性（Skill Relatedness）三种[7-9]。具体的产业路径发展策略包括转型（Transition）、现代化（Modernization）和多元化（Diversification）三种[10]。具体而言，转型指依托现有产业基础，开发服务于其他行业的新产品（西班牙巴斯克）。现代化则指利用新技术或者采用新的商业模式来升级原有产业（意大利佛

1 Aoyama Y,Murphy J T,HansonS.Key concepts in economic geography [M].London:Sage,2010.

2 Hess, M. Spatial' relation ships? Towards a reconceptualization of embeddedness[J].Progress in human geography, 2004(2):165-186.

3 Polanyi,K.The great transformation.The political and economic origins of our time[M].Boston:Beacon Press,1944.

4 Granovetter,M. Economic action and social structure:The problem of embeddedness[J].American journal of sociology,1985(3):481-510.

5 Grabher,G.The weakness of strong ties; the lock- in of regional development in the Ruhr area[C]//Grabher,G.The Embedded Firm:On the Socioeconomics of Industrial Networks.London& New York: Routledge,1993:255-277.

6 Boschma,R.Relatedness as driver of regional diversification:a research agenda[J]. Regional Studies,2017(3):351-364.

7 Breschi,S.,F.Lissoni, F.Malerba.Knowledge-relatedness in firm technological diversification[J].Research Policy, 2003(1):69-87.

8 Hidalgo,C.A., Klinger,B.,Barabasi,A.L.,Hausmann,R.The product space and its consequences for economic growth [J]. Science,2007(317):482-487.

9 NeffkeF.,HenningM.Skill-relatedness and firm diversification[J], Strategic Management Journal.2013(3):297-316.

10 Foray,D.From smart specialisation to smart specialisation policy[J]. European Journal of Innovation Management,2014(4):492-507.

罗伦萨）。多元化则强调依托现有产业资源拓展进入新产业，但该产业不能凭空想象，而应该基于本地原有产业的技术关联性（法国图卢兹）。总而言之，无论哪一种产业发展策略，都是建立在原有的产业发展基础之上，紧紧围绕区域特色资源来展开。

连接性则将地方看成各种流的集合，包括人流、物流、资金流和信息流等[1]。从地理层面看，连接性包括全球管道（Global Pipeline）和本地蜂鸣（Local Buzz）两种[2]。连接性落实到精明专业化政策就是地方战略锚定过程（Strategic Anchoring Processes），具体而言就是既要构建连接外部的全球管道，又要强化地区内部各要素的联系，例如整合政府、企业及科研机构等众多参与者来组建多方参与的平台，通过创业式探索来挖掘地方特色资源[3-4]。

通过以上比较，可以得出下面两个结论。第一，特色小镇理论基础更为广泛。由于特色小镇承担经济转型升级和新型城镇化建设两大任务，而精明专业化不直接承担城市空间建设任务，因此也没有城市空间发展理论作为基础。第二，针对经济转型升级，两者依托的理论基础不同。相比而言，来自演化经济地理的精明专业化更加注重因地制宜、产业建镇和市场主导，即嵌入性、关联性和连接性三个概念。

（4）操作模式比较

在操作模式上，根据中央各部委的政策指引，各省市出台具体的建设指导意见。以特色小镇先行者的浙江省为例，根据《浙江省人民政府关于加快特色小镇规划建设的指导意见》，特色小镇的建设必须满足以下要求，例如面积要求（规划面积一般控制在 3 平方千米左右，建设面积控制在 1 平方千米左右）、产业要求（包括信息经济、环保、健康、旅游、时尚、金融和高端装备制造七大产业，以及茶叶、丝绸、黄酒、中药、青瓷、木雕、根雕、石雕和文房用品等历史经典产业）、功能要求（坚持产业、文化、旅游“三位一体”和生产、生活、生态融合发展，整体建设成 3A 级以上景区）、建设方式（政府引导、企业主体、市场化运作）、投资要求（固定资产投资 50 亿元以上，不含住宅和商业综合体）和进度要求（原则上 3 年内完成投资，个别地方可放宽

1 Sassen,S.GlobalNetworks,Linked Cities[M].London:Routledge,2002.

2 Bathelt,H.,Malmberg,A.,and Maskell,P.Clusters and knowledge:localbuzz,global pipelines and the process of knowledge creation[J]. Progress in human geography,2004(1):31-56.

3 Benneworth,P., A.Dassen.Strengthening global-regional connectivity in regional innovation strategies. Implications for regional innovation policy[J].OECD Regional Development Working Papers,2011(1):1-69.

4 OECD.Guide to Research and Innovation Strategies for Smart Specialisations[EB/OL].[2017-12-05].http://s3platform.jrc.ec.europa.eu/documents/20182/84453/RIS3+Guide.pdf/fceb8c58-73a9-4863-8107-752aef77e7b4.

到5年）[1]。

针对精明专业化的实践，欧盟提出一个六步骤的操作模式。第一步是从本地和全球两个维度来分析区域背景和发展潜力，这是一个创业式的探索过程。同时欧盟也给出一系列指标用于辅助分析，例如用于判断区域优劣势及全球产业链占位的活性指数、显示性比较优势和显示性技术比较优势；用于判断预测未来科技发展趋势的科学技术前沿指标[2]。第二步是构建一个多方治理模式来执行以上的创业式探索过程，从而确保信息搜集的完整性。一般而言，精明专业化的参与者主要包括九大类，即地方政府、国家政府、国内公司、外企、研发机构、高等院校、商业协会、商务协会和工会[3]。为确保上述多元治理模式的成功，需要有一个清晰的共识性的发展远景来紧紧团结各利益相关者，这也正是第三步的内容。第四步是在整体发展远景下，选择若干优先投资领域，从而将有限的资金集中投入这些最具发展潜力和最能够带动区域发展的领域。优先领域的筛选一般都遵循嵌入性和关联性原则延伸出的三条产业发展路径，即转型、现代化和多元化。第五步是制定行动指南来落实以上计划，包括具体的支持措施、执行者、时间表、资金来源和预算支出。第六步是监测与评估，即对以上步骤的评价和反思，目的是根据实际情况及时调整发展方向和行动指南。

可见，特色小镇侧重目标管理，而精明专业化侧重方法指导。特色小镇的目标管理体现在其对面积、产业、投资额和开发进度等都进行硬性规定，而精明专业化则依托演化经济学的若干核心概念，给出一系列操作指南。在方法论上，精明专业化的第一步、第二步和第四步分别可以用于指导因地制宜、市场主导和产业建镇。

4. 精明专业化政策对特色小镇建设的启示

通过以上的比较分析可见，精明专业化的理论基础可以拓宽特色小镇建设的思路，同时精明专业化的操作模式可以为特色小镇面临的因地制宜、产业建镇和市场主导三个难题提供实践层面的借鉴。

（1）拓宽思路：引入演化经济地理理论

特色小镇可以在城市空间发展理论和产业集群理论的基础上，学习精明专业化政

1 浙江省政府办公厅．浙江省人民政府关于加快特色小镇规划建设的指导意见[EB/OL].(2015-05-04)[2017-12-05].http://www.zhejiang.gov.cn/art/2015/5/4/art_32431_202183.html.

2 OECD.Innovation Driven-Growth in Regions:The Role of Smart Specialisation [EB/OL].[2017-12-07].https://www.oecd.org/innovation/inno/smart-specialisation.pdf.

3 同1。

策，吸收经济地理，特别是演化经济地理的嵌入性、关联性和连接性概念。通过这些新概念来拓宽思路，从而更好地指导特色小镇在因地制宜和产业建镇的实践。如嵌入性强调因地制宜的“地”不仅包括地域嵌入性，还应考虑非空间性的社会嵌入性和网络嵌入性；连接性则强调对因地制宜的“地”的分析，需要从本地和全球两个维度入手；关联性则从理论上支撑了转型、现代化和多元化这三条产业发展路径。

（2）因地制宜：建立多维度、多指标的评价体系

因地制宜要求特色小镇从实际出发来分析自身的优劣势及机遇和挑战，这可以借鉴精明专业化的步骤一。首先，因地制宜不应该限制在具体的“本地”层面，而应该学习精明专业化的本地和全球双维度，这既有利于挖掘本地特色资源，也有利于吸收外部的最新知识和技术，更有利于明确自身在全球产业链的占位，从而确定未来的发展目标和学习对象。在中国国情下，具体的评价体系除了市场层面的指标外，还需要考虑各级政府的政策支持力度，如浙江省的政策支持就包括组织协调、土地、财政、金融、人才、项目支持和行政审批七个大类。

（3）产业建镇：综合三大产业发展路径

在产业建镇，打造特色产业发展新平台上，可以借鉴精明专业化的步骤四。在因地制宜地评估基础上，依托地区的特色资源，具体的产业发展路径可以是转型、现代化和多元化三种。根据三大路径与自身资源的关联程度，其路径打造的难度系数也从低到高。因此，在实践过程中，应结合自身条件，制定最符合自身的发展策略。除了上述三条产业发展路径，特色产业的打造还需要考虑国家和地方的相关政策对产业发展方向的引导，如浙江省引导特色小镇产业发展七大战略产业和若干历史经典产业。

（4）市场主导：建构创业式探索过程

在市场主导方面，可以参考精明专业化的创业式探索过程，具体落实到实践层面就是步骤二。具体而言，就是通过建立一个多方参与的管制结构，让政府、企业、高校、协会和公民等众多利益相关者能够表达自己的诉求和想法，这既可以减少某些利益诉求被忽略的概率，也有利于避免被开发商绑架所导致的特色小镇地产化。但是，拥有不同背景和知识结构的多元主体也给项目的协调工作带来困难，因此在主体多元的同时，仍要坚持具有领导能力的核心参与者来促成各方的求同存异。在中国的语境下，这类领导型参与者往往是政府或者龙头企业。

精明专业化是欧盟一项致力于推动区域经济转型的政策，其强调通过一个自下而上的创业式探索过程来筛选出若干根植于地方特色的优先投资领域。虽然不同语境表述有

所不同，但欧盟精明专业化与中国特色小镇均强调因地制宜、产业建镇、市场主导。因此，精明专业化的三个理论基础及其六步骤的实践框架对解决当前特色小镇建设存在的概念不清、定位不准、急于求成、盲目发展及市场化不足等问题具有一定的借鉴意义。（注 2）

三、德国特色小城镇之路

小城镇作为连接大中城市和广大农村的桥梁，在城市与乡村之间构筑起生产要素流动的通道，是真正意义上的城乡契合点，它既是广大农村通往城市的桥头堡，也是支撑城市发展的“大厦”基石，更是支撑大中城市发展的重要力量所在，在城镇体系中处于基础性的地位。当前，我国在城镇化建设取得巨大成就的同时，由于历史的、体制的、发展阶段的多种原因，以及我国特有的城乡分割的二元体制，严重阻碍了小城镇的发展。小城镇在近 30 年的发展中出现了许多矛盾和问题，制约着城镇化进程的健康发展。相比之下，虽然西方国家在小城镇的历史成因，沿革、形成机制与我国有着很大的差异，但依然有许多成功的经验值得借鉴。其中，德国在城镇体系方面就属于世界城镇建设均衡发展的典范。

1. 德国的城镇空间规划体系

德国采取以区划制为主体的联邦政府、各州政府、地方政府三级紧密配套的城镇体系建设管理机制，统一规划与地方高度自治相结合的空间规划策略，自上而下和自下而上相结合的规划联动体制，成为构成相对均衡的德国城镇体系的基石（图 3-16[1]）。德国的城市地区（市 / 非市县）及乡村地区规划处于城镇空间规划体系中社区空间规划层次，各级空间规划编制都遵循上一级规划，每个层次的空间规划都有相应的法律支持，保证各个空间规划体系分工明确，脉络清晰。

在各级空间规划的作用下，德国形成了相对均衡的城镇格局，因此，德国城镇在“城市病”方面的问题并不突出。德国人口约为 8000 万人，但百万级人口以上的大城市只有 4 个，只有约 30%的人口居住在大城市，而约 70%的居民，更热衷于生活在中小城市。中、小城市及居民点(Dorf)居住的人们享受到相同的医疗、教育等公共资源与社会保障；以铁路为主体的高度发达的交通网络保证了城市间的联系便利；而德国小城镇，则构成了德国城市和乡镇结构的基础，在经济社会生活中占有重要地位。

1 Region Donau-Wald. Raumordnungssystem[EB/OL]. 2010. http://www.region-donau-wald.de/planungsverband/raumordnungssystem/index.html.

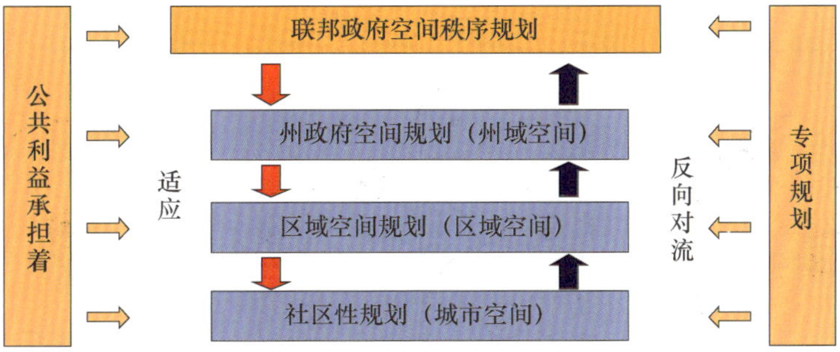

图 3-16 德国城镇空间规划体系

2. 德国中小城镇概念及类型简述

德国将人口总数超过 5000 的地方自治行政单元定义为城市，根据此标准，全德国 4578 地方自治行政单元被分为 3223 个城市（Stadt）和 1355 个乡镇（Landgemeinde）。其中城市又根据不同人口规模分为大城市、中等城市、小城市（表 3-3[1]）。

表 3-3 德国的城镇类型

城市类型		人口规模
大城市	大型大城市	50 万或以上
	小型大城市	10 万 ~50 万之间
中等城市	大型中等城市	5 万 ~10 万之间
	小型中等城市	2 万 ~5 万之间
小城市	大型小城市	1 万 ~2 万之间
	小型小城市	0.5 万 ~1 万之间

而德国对于中小城镇并无明确的定义，德国学者 Gatzweiler 在对中小城镇进行分类时不仅考虑了人口规模，还使用了中心地（Zentrum）的指标，将德国的中小城镇分为以下三类[2]：① 大中型城镇：人口在 5 万～ 10 万之间，是当地区域的中心地；② 中小型城镇：人口在 5 万以下，是当地区域的中心地；③ 小型城镇：具备城镇政府机关，是下一级别的中心地。

在 Gatzweiler 对小城镇的分类中，城镇作为中心地被当作一个重要的指标，而对于中心地的概念可以追溯至 Christaller 在 1933 年的中心地理论。根据中小城镇的地理区位及周边其他的城镇分布，可大致分为三种主要类型：① 位于大城市周边或其功能区边缘

1 BundesinstitutfürBau-,Stadt- und Raumforschung.Laufende Stadtbeobachtung-Raumabgrenzungen[EB/OL].2015.http://www.bbsr.bund.de/BBSR/DE/Raumbeobachtung/Raumabgrenzungen/StadtGemeindetyp/S tadtGemeindetyp 2012.html?nn=430832.

2 Gatzweiler, H.-P. MetropolenoderMittelst?dte?[A]. Raumforschung und Raumordnung. 1993.

的中小城镇；② 处在城镇网络集群结点的中小城镇；③ 孤点的小城镇（图 3-17[1]）。

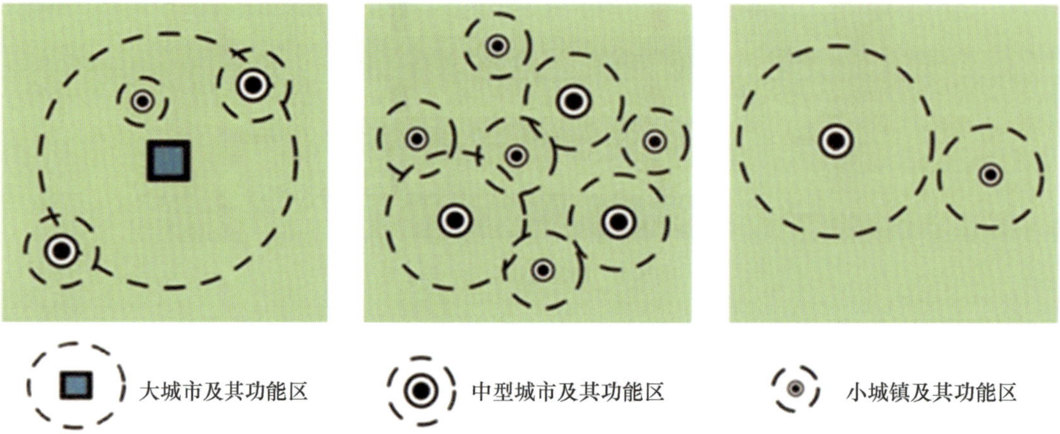

图 3-17 中小城镇类型

3. 德国中小城镇在整个城镇体系空间发展的作用

中小城镇在整个城镇体系空间发展中有至关重要的作用，不同类型及不同区位的中小城镇作用又不尽相同，分别有以下作用[2]：

区域供给和保障作用：小城镇作为区域的经济、社会文化中心，为当地居民、公司企业提供产品和服务。

促进区域发展作用：中型城市可在一定区域内发挥城市集聚作用，成为区域发展的增长极，从而带动整个区域发展。

疏导作用：位于大城市周边的中小城镇可将大城市的多种职能，例如住房、物流、产业等疏导至周边区域。

边界、门户交流作用：位于边境范围的小城镇具有跨境门户的作用。

4. 德国特色小城镇发展模式

综合以上理论分析，笔者将本文探讨的德国特色小城镇范围划定在人口 2 万～ 5 万之间的城镇，并选取三个特色案例：以大都市为依托型的小城镇 Neu-Isenburg，周边中小城镇形成网络集群的小城镇 Herdecke 及孤点分布的生态型小城 überlingen，分别代表以上三种不同类型的德国特色小城镇，探讨德国特色小城镇的多元化发展模式，

1 österreichischesInsititutfürRaumplanung. The Role of Small and Medium-Sized Towns[R]. Vienna,2006.

2 Kunzmann, Klaus R. Medium-sized Towns,Strategic Planning and Creative Governance in the SouthBaltic Arc [Z]. 2007.

为我国中小城镇规划与发展总结经验与启示。

（1）大城市依托型小城镇——以 Neu-Isenburg 为例

Neu-Isenburg 隶属于 Offenbach 郡，在整个大都市区域的城镇体系中处于二级城市中心地，紧邻一级城市中心法兰克福南部。2015 年年底，人口总数达 37430 人，有社会保险的就业岗位达 24156 个，其中，服务业的就业岗位占到 83.6%。和 2000 年相比，就业岗位总数增长 13%[1]（图 3-18）。

图 3-18 Neu-Isenburg 地理位置和周围中心地分布

1 GeorgiosKontos. ZumBedeutungsverlustdesZentrale-Orte-Konzepts. Beispielhaftdargestellt an derRegion Frankfurt-Rhein-Main[EB/OL]. 2008. https://www.wb-jung.de/fileadmin/user_upload/werkbund/hessen/wbjung/Aktivitaeten/Publikationen/SYNThesen_Band_1_Leseprobe_GoKontos.pdf.

Neu-Isenburg 属于大城市周边的小城镇类型，有多条高速公路和城铁路线连接法兰克福和其他城市。以法兰克福大城市为依托，借助特有的地理区位优势和便利的交通条件发展物流及高新技术产业。在城镇西边占地面积 50 公顷的产业园区，依托法兰克福机场及 Neu-Isenburg 火车站的有利条件发展物流仓储业，Dachser、Nippon Express、Siemens 等大型物流公司都在此建立物流中心，另外大型连锁超市 Rewe 也计划修建面积超过 50000 平方米的仓储中心（图 3-19[1]）。根据 2011 年法兰克福 - 美茵 - 莱茵大都市区域的规划，Neu-Isenburg 今后的产业发展方向是高新技术产业，例如软件、通信、生物制药等，并吸引来自世界其他地区的公司在此成立新公司或分公司。

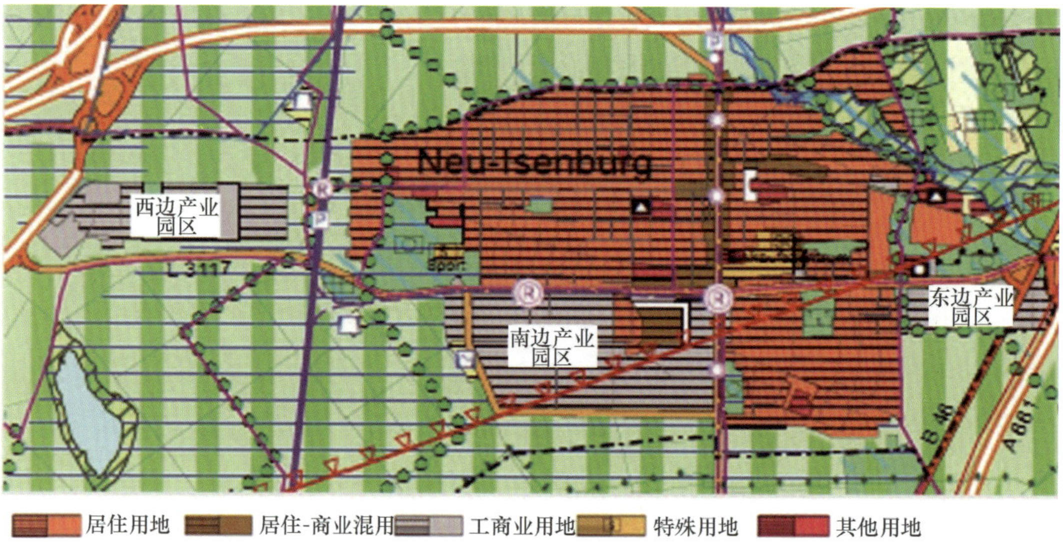

图 3-19　Neu-Isenburg 城市大型产业园区分布

除了依靠区位优势发展高新产业，积极提供就业岗位的同时，Neu-Isenburg 通过重点项目对城市内部进行更新改造[2]。通过联邦德国项目社会城市（SozialStadt）项目对城市西边 20 世纪 70 年代修建的高层住宅楼进行翻新，改善居民居住条件。另外，在城市南边推行城市南部（StadtquartierSüd）重点项目对原有废弃的工业用地进行重新规划改造，建立新型产业园区和居住混合的城市新区。

位于大城市周边的小城镇 Neu-Isenburg 充分发挥靠近大城市的特色，一方面依托大城市和便利的交通条件发展物流业和其他高新技术产业，另一方面，城镇内部通过

1　Regional verb and Frankfurt Rhein Main.Technologie profil Neu-Isenburg:Standortanaly semit Ma?nahmenzur Wirtschaftsf?rderung [R]. Regional verb and Frankfurt Rhein Main, 2001.

2　Neu-Isenburg 城市官网 [EB/OL]. http://neuisenburg.de/ .

重点项目进行更新改造，保证经济发展也改善公共基础设施，创造就业岗位也改善居住条件，使城镇各个方面共同发展。

（2）网络结点型小城镇——以 Herdecke 为例

Herdecke 位于德国莱茵 - 鲁尔大都市区域的边缘地带，2014 年年底人口为 22541 人，行政上属于北莱茵 - 威斯特法伦州下的 Ennepe-Ruhr-Kreis 郡，与该郡内的其他 8 个城市构成人口从 1 万到 10 万不等的小城镇群，人口规模相对比较均衡，小城镇群外围也没有特大城市，与中型城市，例如 Bochum、Hagen、Dortmund 等形成中小城市集群[1]（图 3-20）。正是因为 Herdecke 的地理区位和行政所属，Herdecke 在经济发展方面不仅需要和 Ennepe-Ruhr 郡内部的城市共同发展，同时，也要跨越行政边界和外围的中型城市通过合作推动经济发展。从 1960 年至今，Herdecke 的产业结构从制造业逐步向服务业升级转型，1960 年制造业比率为 69%，1997 年这一比率降低至 35%，2010 年制造业比率在产业结构中仅占 21.6%，服务业比率高达 78.3%，农林畜牧业产业比率仅为 0.1%，城镇内最大的雇主是 Herdecke 医院，有 1100 名员工，其他的重要企业包括 Doerken 染色公司、Idealspaten 园艺工具制造商、Dr. Poelmann 制药公司等[2]。

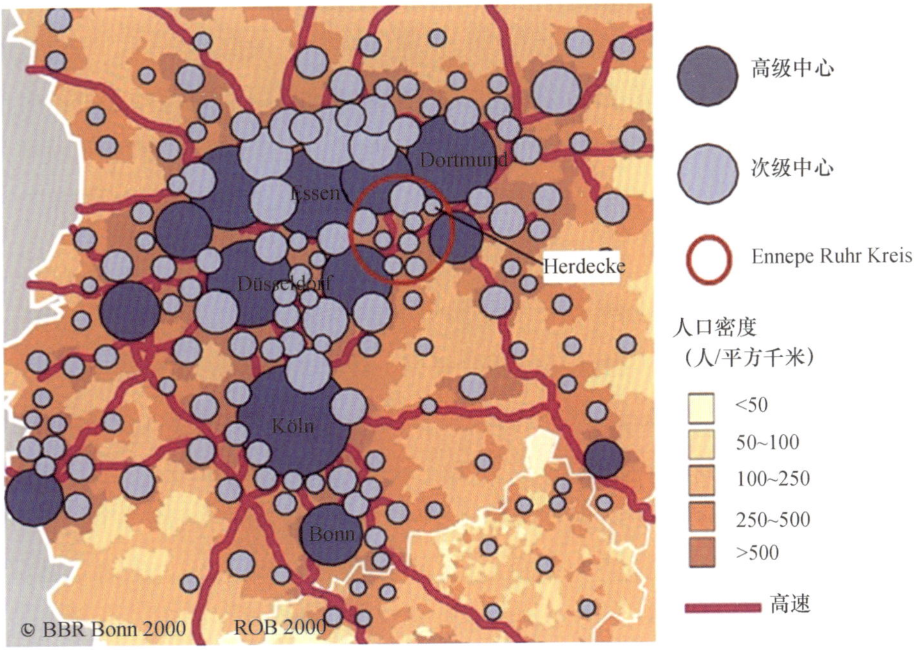

图 3-20　Herdecke 位置以及附近中心地分布

1　Bundesamtfür Bauwesen und Raumordnung.Raumordnung sbericht[R]. Bundesamtfür Bauwesen und Raumordnung, 2000.

2　Herdecke 城市官网 [EB/OL]. http://www.herdecke.de/wirtschaft-stadtplanung/stadtplanung/stadtentwicklung.html.

尽管 Herdecke 的产业结构在逐步升级，但整体经济发展依然低于德国莱茵 - 鲁尔大都市区平均水平，因此 Herdecke 在整个区域中的居住职能比较突出。城市自身由于人口结构和低生育率原因，面临人口总数负增长、老龄化加剧的问题。预计到 2030 年，Herdecke 的人口将减少至 21770 人。但在行政管理方面，Herdecke 体现了小城镇的优势，决策过程易管理和高效，公众参与相对容易组织，Herdecke 城市目前实施的发展策略是可持续发展，在此策略下邀请市民举行公众参与，针对市民提出的建议和问题对重点区域通过重点项目对城市进行更新发展，最终实施以下专项规划：

Herdecke 利用联邦政府项目 Stadtumbau West，在 2004 年对 Herdecke 火车站附近进行城市更新改建。

2006 制定零售业专项规划，增强 Herdecke 作为次级城市中心的商品服务供给作用。

可持续交通规划，提升公共交通、步行、自行车使用率和服务质量，以环境友好型作为交通发展策略。

交通噪声评估。2011 年 Herdecke 根据交通流量对噪声进行评估计算，避免噪声对居民生活的影响，提升生活质量。

Herdecke 作为一个人口两万左右的小城镇，虽然周边没有大城市的经济带动，但其处于多中心鲁尔城市群的边缘，并与周围其他小城镇形成网络集群，城市发展过程中发挥了其网络集群特色。在经济发展方面，突破行政界限和周边城市进行合作，促进经济协同发展，在城市自身可持续发展策略下通过公众参与形式制定专项规划，改善市民生活质量，发挥自身在鲁尔城市群网络中的居住职能，从而吸引其他莱茵 - 鲁尔核心区的居民在此居住。

（3）孤点分布生态型小城镇——以 überlingen 为例

überlingen 位于德国南部边境，紧邻博登湖，处于德国和瑞士交界处。2014 年年底人口达 22224 人，是 Bodensee 郡的行政中心所在地，由于地理区位条件受限，周边没有大都市区域，Bodensee 郡和周围 Ravensburg、Sigmaringen 郡形成 Bodensee-Oberschwaben 区域（Region），共同制定城镇发展规划，überlingen 在此区域中的空间体系为二级中心，地理位置不仅处在边境，和其他中心地距离较远，同时还位于生态敏感地区，属于孤点分布的生态型特色小城镇（图 3-21[1]）。

1 Landratsamt .Nahverkehrsplandes Bodenseekreises[R].Landratsamt Bodenseekreis, 2011.

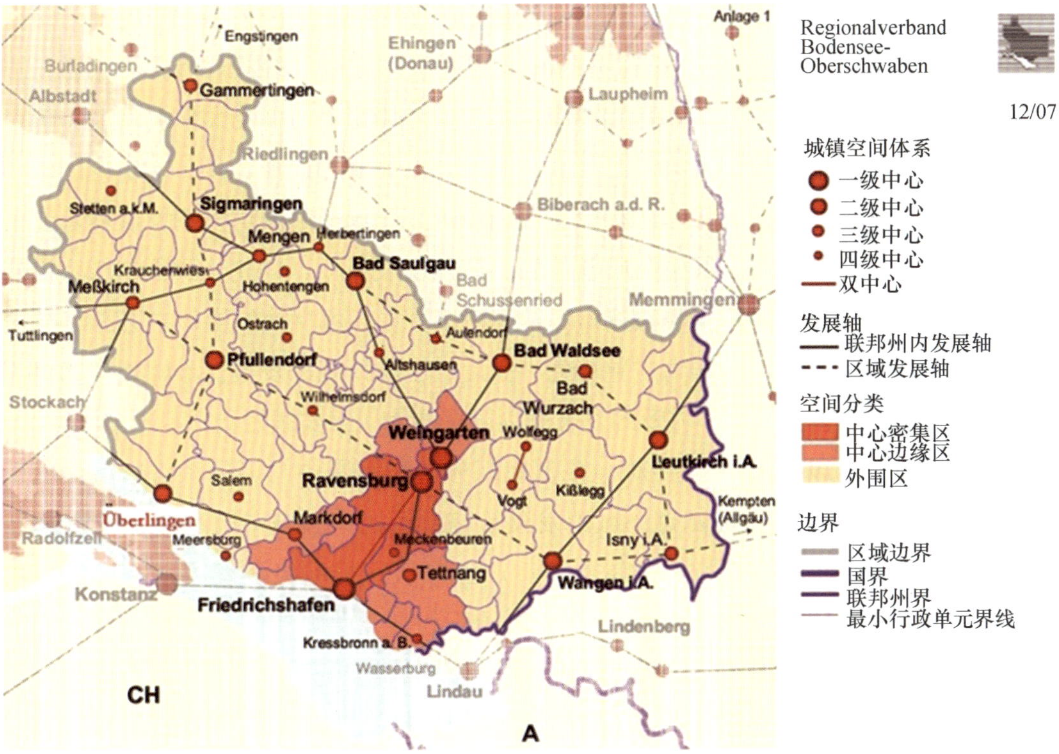

图 3-21 überlingen 地理位置和周围中心地分布

作为生态型城市，überlingen依靠博登湖的温泉优势，发展创立多个理疗场所，同时，也是德国第四个被认证为 Cittaslow（慢文化）的城镇。在城市宣传方面，有理疗和旅游公司（Kur und Touristik überlingen GmbH）对城市进行市场推广，吸引更多的游客来此体验生态休闲观光的生活方式。在土地利用规划方面加入了生态型土地利用项目，鼓励并积极开展生态可持续的土地利用方式，例如对森林等其他公共绿地进行重点保护。在城市建成区范围内，鼓励市民参与绿色屋顶的建设，停车场和公共广场表面推行不密闭表面等其他生态可持续型土地利用措施[1]。

überlingen由于其独特的地理位置和博登湖的天然条件，城市发挥其自然条件特色，采取生态型可持续发展的战略，推动生态休闲旅游为主导特色产业，保护自然资源环境的同时推动城镇经济发展。

5. 经验与启示

通过对德国 Neu-Isenburg、Herdecke、überlingen 三个风格迥异的特色小城镇进行

1 Paul Knox, Heike Mayer. Small Town Sustainability: Economic Social and Environmental Innovation [M]. Birkhuser ,2013.

分析，可将案例中德国在小城镇建设发展方面的成功经验做以下总结：

处在大城市周边的小城镇 Neu-Isenburg 依托中心城市带动经济发展，同时通过重点项目改造提升小城镇内部公共基础设施水平，使得城镇各方面均衡协调发展；位于中心城市和小城镇群形成网络集群的小城镇 Herdecke，发挥自身在鲁尔城市群网络中的居住职能，并通过公众参与形式制定多个专项规划，选择品质优先的发展理念，有效利用土地资源，将提升居民生活质量作为小城镇发展目标，以此吸引鲁尔城市群居民来此居住；孤点分布的小城镇 überlingen 坚持绿色生态可持续发展的生态型小城镇建设道路，以休闲旅游观光作为主导特色产业促进小城镇经济发展。不同类型的德国特色小城镇发展案例对我国小城镇的发展规划可总结为以下实践经验：

在小城镇规划实践中，需要对小城镇空间分布和周围中心地体系进行考量，识别小城镇资源，因地制宜地制定小城镇发展策略。例如在大城市周边的小城镇 Neu-Isenburg，可以依靠大城市的辐射作用进行产业升级，推动经济发展；位于中小城镇网络集群结点的小城镇 Herdecke，明确城镇职能，改善城市居民生活质量，追求经济发展的同时也注重居民生活质量的提高；位于边境等孤点分布的生态型小城镇 überlingen，发挥自身自然条件优势开展生态型可持续发展策略，走生态休闲观光发展之路。

小城镇因为人口规模小，因而在规划过程中的市民参与更好组织和管理，在小城镇的城市发展规划中，除了发挥政府和规划师的作用外，还应调动其他非政府组织来协助城市再发展，例如在 Herdecke 小城镇发展规划制定中，根据市民意愿对城镇特定地区通过重点项目进行改造，实现城镇多元化发展，提升居民生活质量的同时吸引更多居民来此定居。überlingen 小城镇通过理疗和旅游公司（Kur und Touristik überlingen GmbH）对城市进行宣传和市场推广，吸引其他地方的游客来此进行生态休闲观光游，带动小城镇自身发展。

在管理层面，小城镇规划的制定不应局限于城镇内部发展，可以跨越行政边界，和周围地区形成区域共同体，实现跨界统筹，协同发展。案例中的法兰克福 - 莱茵 - 美茵大都市区域，莱茵 - 鲁尔大都市区域及 überlingen 所处的区域共同体并不是行政概念的区域定义，而是根据协同发展形成的独立于行政边界之外的区域。以此开展多种互利合作和区域协同发展，实现不同小城镇之间要素的优化配置，职能合理分工，促进区域整体竞争力和提升对外影响力。

德国联邦政府、各州政府、地方政府三级紧密配套的城镇体系建设管理机制对我国城镇均衡发展也有一定的启示作用。在我国城乡规划建设中，不仅要明确各个层次的空间规划体系分工，更应明确整个城镇系统结构。大城市承担其作为主要中心地的职能，次级中心地发挥其作为次级中心城市的职能，其他周边中小城镇根据自身情况各司其职，明确城镇体系中的各级层次，避免大城市病及城市职能混乱等问题。（注 3）

注 1：本文摘自《小城镇建设》，2016.11，29-36，国外特色小镇对浙江特色小镇建设的借鉴，撰稿人：张银银，丁元。

注 2：本文摘自《小城镇建设》，2018.05，25-31，90，欧盟精明专业化政策对特色小镇建设的启示，撰稿人：陈奕嘉。

注 3：本文摘自《小城镇建设》，2016.06，97-101，德国特色小城镇多样化发展模式初探——以 Neu-Isenburg、Herdecke、Überlingen 为例，撰稿人：张洁，郭小锋。

第四章　多种视角

一、民营金融机构的角色与优势

近年来，中国经济发展进入新常态，二元经济结构带来的矛盾日益凸显，严重制约着向现代经济结构转型的进程。十八届三中全会《关于全面深化改革若干重大问题的决定》及国务院发布的相关政策明确提出，坚持走中国特色新型城镇化道路，推动小城镇发展与疏解大城市中心城区功能相结合、与特色产业发展相结合、与服务“三农”相结合。以浙江为代表的多个省市在如何推动新型城镇化建设上进行了有益探索，逐步形成了发展“特而强、聚而合、精而美、活而新”的特色小镇新模式。2016 年 7 月，住房和城乡建设部、发展改革委和财政部联合发布了《关于开展特色小镇培育工作的通知》，提出到 2020 年，培育 1000 个左右特色小镇。同年 10 月，住房和城乡建设部和中国农业发展银行共同出台了《关于推进政策性金融支持小城镇建设的通知》，要求发挥政策性信贷资金对小城镇建设发展的重要作用，切实利用政策性金融支持，全面推动小城镇建设发展。同月，发改委就加快美丽特色小（城）镇建设提出指导意见，提出要创新特色小（城）镇建设投融资机制，通过美丽特色小（城）镇建设基金、小城镇债券等多种方式鼓励社会资本参与美丽特色小（城）镇开发建设。由此可以看到，金融支持对于加快特色小镇建设、推动新型城镇化发展具有重要意义。

民营金融机构，是由民间资本投入设立，为民营经济的发展进行融资的民间金融机构，主要包括民营银行、村镇银行、小贷公司、租赁、保险、基金公司等。随着贯彻落实十八届三中全会精神，国家对民营金融机构设立和发展的重视程度进一步提高，民间投资进入金融服务领域的步伐大大加快，民营金融机构在优化社会资源配置、促进实体经济发展中的作用也更为突出。民营金融机构具有扎根基层金融、服务广大中小微企业和个人、运作模式相对灵活等特点，非常契合特色小镇建设对金融资本深入具体产业和广大企业、实现产融结合的需求，因此，民营金融机构应该而且可以参与特色小镇的建设和发展。

1. 必要性与可行性

参与特色小镇建设发展，对民营金融机构构建金融生态场景、加快自身发展具有重要意义，同时具有显著的社会价值。

（1）构建金融生态场景，深入推进产融结合

特色小镇是金融深入实体经济，与产业紧密结合的重要渠道和平台。只有回归实业的金融，才能真正发挥金融对实体经济的服务、引导和推动作用。通过参与特色小镇建设发展、开展金融创新，民营金融机构可进一步推进产融结合，发挥金融对产业的支持作用，不断创造新的商业价值。

（2）体现金融的公共属性和社会价值，普惠社会大众

培育和发展特色小镇，用金融推动区域全方位发展和升级，具有修复或重建割裂的自然生态、经济生态和社会生态的重要意义，有助于创造可持续发展的生态体系和生态环境，同时也体现了民营金融的“普惠”理念，及其在中国经济发展中的社会情怀和人文精神。

民营金融机构作为促进实体经济发展的重要金融组织，可以通过配置资本、温润产业、整合资源参与特色小镇建设，推动特色小镇的发展。

（3）民营金融机构能够为特色小镇建设发展提供充足的资金支持

在特色小镇建设中，无论是基础建设还是产业培育与发展，都离不开资金投入。纵观各省已经出台的特色小镇指导意见或实施方案，其年度固定资产投资额就达到数百亿元，如山东和河北都提出了创建100个左右特色小镇的目标，且原则上每年每个小镇的固定资产投资均不少于6亿元。在资金来源上，中央和地方出台的特色小镇政策中都提到了财政或资金支持，但由于建设投资巨大，当前地方财政和融资平台作用有限，因此必须广辟资金渠道，实行“政府引导、企业主体、市场化运作”，鼓励社会资本投资建设特色小镇。民营金融机构作为社会金融资源配置的重要组成部分，作为解决民营经济融资难问题、促进实体经济发展的重要一环，有能力深入特色小镇建设的各个环节，通过综合金融服务助力特色小镇的建设和发展。

（4）民营金融机构在过往业务中，积累了产业孵化与产业集群培育的相关经验，可以助力特色小镇的产业发展

民营金融机构主要服务中小微企业，深耕金融，伴随着广大中小企业一起成长，深入了解企业及其所在的产业，因此，已经具有了引导产业落地生根，培育产业开花结果的丰富经验。同时，民营金融机构多集中在特定地区和区域开展业务，对当地产业和企业了解较为透彻，又具有灵活的运作机制和管理机制，可以因地制宜地为不同

类型的特色小镇及其特色产业提供定制化、个性化的服务，真正实现温润产业、灌溉生态，以产业发展为核心推动特色小镇的建设发展。

（5）民营金融机构具有聚集优秀人才和顶尖专业机构的品牌影响力，具有强劲的资源整合能力

金融的本质是信用，是经营风险，要求其从业人员具备良好的思想政治素质、坚定的职业道德素质、过硬的业务素质和超强的综合素质。民营金融机构在其业务发展过程中，积累了一大批优秀人才，他们具有优秀的知识吸纳能力、制度创新能力、风险规避能力及商机捕捉能力，可以在推动特色小镇建设发展中发挥积极作用。同时，随着金融市场层次的日益丰富、金融产品的不断创新、投资渠道的持续扩大，民营金融机构与社会上顶尖专业机构的接触面得以不断加深和扩大，积累了大量的优质客户和渠道资源。因此，民营金融机构有能力与众多行业专家及专业机构开展合作，以开放的模式筹人筹智，合力投入特色小镇的建设发展。

2. 理念

特色小镇的发展要求“特色鲜明、产业发展、绿色生态、美丽宜居”，是“产城人”结合发展的综合体。民营金融机构在参与特色小镇建设发展时，需遵循以下理念。

（1）坚持社会价值和商业价值并重的发展纲领

企业的目的是营利，是创造客户与利润，但对于金融机构而言，其对于社会的经济责任不应局限于创造利润和纳税捐赠，还要以正确的方式进行业务运营，充分利用金融机构在经济社会发展中的特殊优势和影响力，优化资源配置，从而将社会责任的履行效果扩大化。在特色小镇建设发展中，民营金融机构既要发挥金融资本的商业价值，不断创新金融模式、经营杠杆，并规避风险，实现商业运营的可持续发展，又要注重金融的社会价值，以绿色金融、普惠金融的理念参与特色小镇的建设发展，推动区域经济的绿色、循环、低碳发展，促进金融体系的大众化、平民化和人性化。

（2）坚持生产、生活、生态“三生融合”的发展方向

特色小镇的“特色”，不仅在于产业形态的特色鲜明，还在于环境的美丽和谐，以及自然生态、经济生态和社会生态的综合发展。当前各地在建设特色小镇时，都提出了“宜居、宜业、宜游”的发展目标。民营金融机构在参与特色小镇建设发展时，同样需要聚力产业发展、生态改善和民生建设，既要重视培育与发展特色产业，又要注重生态环境保护，实现生产、生活、生态的协调发展。

（3）坚持“平台思维、伙伴思维”的合作模式

作为金融组织，民营金融机构要利用其资金和资本参与特色小镇建设发展，同时也要整合各类社会资源，最大限度地开发企业、个人及中介机构的信用价值，以信用、资金和风险管理能力为基础，以金融产品和工具为载体，以收益共享、风险共担为原则，与各类专业机构结成合作伙伴，通过平台思维和伙伴思维，共同搭建特色小镇的金融生态圈，充分参与特色小镇的设计、建设、开发和运营。

（4）坚守“敬畏之心、匠人之心、仁爱之心”的发展理念

在特色小镇的设计、建设、开发和运营中，民营金融机构要始终存有“敬畏之心”，遵循自然、尊重文史、遵守道法，重视传统文化，尤其是对历史文化遗存的保护和利用；要坚持“匠人之心”，一心一意、一丝不苟、一以贯之，无论是基础建设还是生态发展都要精心打造，以创建“百年”特色小镇为目标；要怀有“仁爱之心”，利他利己、敦睦和谐、普惠大众，把改善民生作为打造特色小镇的出发点和归宿点，真正体现特色小镇建设发展的完整价值。

3. 模式

（1）支持特色小镇的开发建设

在特色小镇的开发建设过程中，民营金融机构可以以多种方式支持小镇项目建设，推动土地整治、基础设施、公共服务、环境保护等。

对特色小镇提供项目贷款支持。民营金融机构可以配置信贷资金，在依法合规、风险可控的前提下，通过中长期固定资产贷款、银团贷款、同业合作等方式，支持特色小镇的土地整治、基础设施、公共服务、园区开发、环境保护等项目建设。可以充分发挥自身服务模式灵活的优势，对资产质量好、现金流稳定的特色小镇项目，不断创新金融产品，满足项目建设各个阶段的资金需求。

支持特色小镇项目的债券融资。在特色小镇的建设和发展过程中，民营金融机构可以借助地域优势和客户基础，及时了解企业的直接债务融资需求，推动资产质量好、现金流稳定的特色小镇发行城投债，支持特色小镇的优质企业发行短期融资券、中期票据、非公开定向工具等债务融资工具，支持资产质量好、现金流稳定的特色小镇项目发行项目收益票据、资产支持票据等债务融资工具，筹集低成本的建设资金。

积极与政府合作，开展政府和社会资本合作（PPP）。民营金融机构可以围绕特色小镇开发建设的资金需求特点，积极探索和建立与之相适应的市场化、可持续的融

资机制，创新 PPP 项目融资。可与相关政府机构形成紧密的战略合作联合体，如与政府的城市发展基金等开展合作，充分释放“政府信用 + 金融信用”的巨大能量，以政府平台资金引导为切入点，以金融资本领投为引爆点，根据不同类型特色小镇的特点，为特色小镇建设提供多元化的资金支持。

（2）助推特色小镇的产业发展

民营金融机构扎根基层，深入了解区域内主导产业、特色产业的发展特点，以及产业链中核心企业的发展状况，可以通过发展特色小镇产业链融资、核心企业融资，温润特色小镇的产业发展。

通过开展产业链融资，推动特色小镇特色产业的发展。民营金融机构可以针对小镇主导产业、特色产业的特点，精准对接金融需求，与各地设立的产业投资基金开展合作，共同为特色小镇提供产业的投融资服务。可以支持优质产业集群企业发行短期融资券、中期票据等债务融资，以及在主板、中小板、创业板、新三板等多层次资本市场进行股权融资等，助推特色小镇的产业集聚、产业创新和产业升级。可以针对部分特色产业，开发专项金融产品，提供产业链融资服务。

围绕产业链中的核心企业，开展核心企业融资。针对特色小镇的主导和优势产业，民营金融机构可以把产业链中的核心企业及其相关上下游企业作为一个整体，根据产业链中企业的交易关系制定基于货权及现金流控制的整体金融解决方案，通过应收账款质押、核心企业担保、票据融资、保理等多种方式，为产业链上下游的企业提供批量授信和融资支持。这种基于产业链的核心企业融资，有利于提升核心企业上下游的资金实力及经营周转效率，改善核心企业的经营业绩，从而提高整条产业链的周转效率及竞争力，促进特色小镇特色产业的整体发展。

（3）推动特色小镇的创新发展

特色小镇的关键在特色。要突出特色，必须注重转型与创新。在这方面，民营金融机构可以借助自身丰富的服务经验和灵活的服务模式，将金融基因植入特色小镇，推动特色小镇的创新发展。

支持创新企业融资。民营金融机构可以与特色小镇的创业投资、风险投资、天使投资等开展合作，在完善风险定价的基础上，以适当方式分享初创期小微企业的股权或期权，实现投贷联动。可以对特色小镇创业者、众创空间、创业基地等提供信贷支持，围绕企业经营开展供应链金融，对缺乏抵押物、自身信用等级不足的小微企业和创业者提供增信服务，为小镇聚集的中高端人群提供个人金融、消费金融服务，以此促进特色小镇创新企业的发展。

开展金融产品创新。民营金融机构可以结合特色小镇发展的核心定位和特色产业，加强与政府部门、行业协会、园区、孵化器等机构和平台的对接与合作，开展金融产品和服务创新。结合特色小镇的文化、旅游及历史经典产业的发展特点，创新金融产品，支持特色小镇传承和弘扬传统优秀文化。如在依法合规、有效控制风险的前提下，探索建立商标权质押融资、文化产品抵质押、艺术品融资、景区经营权质押、门票收费权质押等多种融资方式，为特色小镇的发展提供多元化的资金支持。

探索特色小镇互联网金融服务创新。民营金融机构可以充分运用互联网、移动通信等现代信息技术，为特色小镇提供高效、安全、便利的互联网金融服务。在有效控制风险的前提下，探索运用大数据分析、云计算等技术，为特色小镇各类主体提供无须抵押担保的小额信贷支持，实现贷款申请、审批和发放的全流程网上操作。

4. 问题与建议

综上所述，民营金融机构可以以多种方式参与和支持特色小镇的开发建设，引导和促进特色小镇内的产业发展，并持续推动特色小镇创新发展。但与此同时，民营金融机构参与特色小镇建设发展也可能面临诸多困难和瓶颈，如小镇建设涉及区域规划、产业规划、旅游规划、交通规划等诸多方面，若政府相关部门或相关政策配合不力，民营金融机构很难有效推动特色小镇项目实施；特色小镇项目建设周期长、经营风险大，民营金融机构承担风险的能力有限；小城镇和小微企业、农户信用体系发展相对滞后，信息不对称问题更为严重等。因此，为鼓励和促进民营金融机构参与特色小镇的建设发展，提出以下三个方面的政策建议。

（1）要加大对民营金融机构参与特色小镇建设的政策支持。政府要整合优化政策资源，鼓励民营金融机构参与特色小镇建设发展，并在法律、政策允许的范围内，为民营金融机构参与特色小镇建设提供大力支持和政策优惠。如协调相关部门和单位，优化和完善特色小镇的规划制定与调整机制；对特色小镇相关项目提供立项和审批的绿色通道；对民营金融机构参与特色小镇建设发展提供税收优惠；对特色小镇相关项目提供财政支持，如倾斜安排一定数额的债券资金用于小镇建设发展等。

（2）要加强统筹协调，加大资源保障力度。在民营金融机构参与特色小镇建设发展的过程中，建议政府优化建设用地布局，保障土地供给，并对新增建设用地予以倾斜支持；加大产业引导和培育力度，最大限度集聚人才、技术、资本等高端要素，建设创新创业样板，助推产业转型升级；对民营金融机构特色小镇建设发展项目及相关重点产业的建设升级项目予以专项资金支持，以长期限、低成本的资金作为压舱石和调节器，降低民营金融机构的经营风险，确保其能持续、稳定地助推特色小镇的建设和发展。

（3）要进一步推进特色小镇的信息、信用和风险防范体系建设。建议政府进一步推进信用法规制度建设，建立健全符合特色小镇及小微企业特点的信息采集和评价体系；协调工商、税务、公检法等相关监督管理和行政执法部门，加强信息共享，完善信用公示、警示制度，缓解民营金融机构参与特色小镇建设发展时的信息不对称问题；加强信用知识宣传，不断增强小微企业和个人的诚信意识，严厉打击逃废债，持续改善民营金融机构参与特色小镇建设发展的金融生态环境。（注 1）

二、旅游特色小镇的成长规律与策略

自党的十八大提出新型城镇化以来，《国家新型城镇化规划（2014—2020 年）》等政策规划相继出台，新型城镇化建设已成为地方工作的重要部分。2015 年国家旅游局首次明确提出全面推动全域旅游发展的战略部署，用全域旅游的概念布局旅游产业发展，发挥全域旅游对生产要素布局的导向作用，并给出量化工作目标[1]。浙江地区创新发展思路，充分利用了区域特色产业发达、旅游资源丰富的比较优势，提出创建特色小镇，对基层广大乡镇的产业发展和功能定位进行科学的规划布局[2]。之后住房和城乡建设部、国家发展改革委、财政部联合发布《关于开展特色小镇培育工作的通知》，各种配套政策性文件陆续出台，特色小镇的建设进入全国推广阶段[3]。作为新型城镇化、全域旅游和特色小镇的结合点，旅游特色小镇应运而生。

旅游资源类型多种多样，旅游特色小镇也分为多种类型。但相较于其他类型，山岳型旅游特色小镇具有以下特点：（1）独特的地理环境。山岳型旅游资源多位于交通发展滞后、较贫困落后的地区，将特色小镇建设与旅游脱贫优惠政策结合，通过建设旅游特色小镇能有效解决当地贫困问题；而且山岳型旅游小镇自然条件优越，是生态文明和新型城镇化建设的最佳结合点之一[4]。（2）资源丰富、代表性强。相对于其他类型的旅游资源，我国山岳型旅游资源较为丰富。截至 2012 年 11 月，在已公布的

1　国家旅游局 . 关于开展“国家全域旅游示范区”创建工作的通知 [Z],2015.

2　王梦菲 . 浙江特色小镇建设经验及其江苏启示 [J]. 中国乡村发现 ,2016(6):48-55.

3　国家发展改革委 . 关于加快美丽特色小 (城) 镇建设的指导意见 [Z],2016.

4　周丽君 . 基于“共生”理论的长白山西坡旅游小镇竞合发展模式研究 [J]. 旅游纵览月刊 ,2016(8):133-135.

225处国家级风景名胜区中，山岳型旅游目的地占到总数的55.56%[1]。（3）发展矛盾更为突出。山岳型旅游小镇地形复杂，景区空间有限，生态环境保护与资源开发的冲突更大；由于地理环境的限制，导致资金与人才缺乏，旅游产品趋同更为明显。基于以上特点，研究山岳型旅游特色小镇的发展模式具有更强的实践意义。

旅游特色小镇是旅游资源丰富地区新型城镇化和新农村建设的有效途径。近年来旅游小镇的城镇化以其旅游业发展带动城镇发展的独特模式引起国内外学者的高度关注[2]。研究表明，旅游业已成为城镇化深入发展的新引擎，在提升城市综合发展能力和促进产业结构优化升级方面成效显著；旅游企业投资及社会资本的大量投入，对于促进农村地区收入增长起至关重要的作用[3]。王冬萍等指出：旅游业的发展促进了人口、资本和物质等生产力要素的聚集和扩散，进而推动城镇化发展[4]。李璐芳等认为：旅游与城镇化两者之间存在良性的互动关系，城镇化对旅游目的地旅游产品开发具有促进作用，同时，旅游也能够改良、优化城市环境和功能，从而推进城镇化进程[5]。前人关于景区与小镇的互动关系的研究涉及城镇的多方面，但目前尚无关于景区与小镇的不同发展阶段下两者互动关系的研究，而不同发展阶段小镇发展的驱动机制可能有所不同。

拓宽旅游与小镇互动发展的研究思路，定量研究不同发展阶段的小镇与景区的关系就显得至关重要。由于旅游特色小镇的整个成长周期时间较长，相关数据获取有限，单一小镇的实际发展状况也无法将不同阶段的情况都完整地表现出来。为了更全面、更准确地研究旅游对小镇的带动作用，本书采用空间代替时间的方法，选取处于不同发展阶段的三个山岳型旅游小镇，来研究不同发展阶段小镇与旅游的互动关系。本研究对于更深入、细化地探究旅游城镇化的发展模式及策略具有一定的理论价值，同时在促进地方经济发展，增加原住民收入，实现就地城镇化，改善人居环境等方面具有一定的实践意义。

1. 旅游特色小镇分阶段发展特征

美国哈佛大学教授雷蒙德·弗农（Raymond Vernon）1966年在其《产品周期中的

1　刘智兴，马耀峰，高楠，等. 山岳型旅游目的地形象感知研究——以五台山风景名胜区为例 [J]. 山地学报，2013,31(3):370-376.

2　杨俊，席建超，解鹏，等. 基于CA模型的旅游小镇增长的时空模拟与应用 [J]. 地理研究，2013,32(5):915- 923.

3　魏恒. 新平戛洒旅游小镇旅游业与新型城镇化互动发展研究 [D]. 昆明：云南财经大学，2015.

4　王冬萍，阎顺. 旅游城市化现象初探——以新疆吐鲁番市为例 [J]. 干旱区资源与环境，2003,17(5):118- 122.

5　李璐芳，谢春山. 旅游城镇化现象探析 [J]. 科技情报开发与经济，2007,17(12):166-167.

国际投资与国际贸易》一文中首次提出产品生命周期理论[1]。该理论认为：产品和人的生命一样，要经历形成、成长、成熟、衰退这样的周期，各个阶段都具有不同的发展特征。我国地域辽阔，地貌环境多变，各个山岳旅游区域发展程度各异。本文选取西南地区海螺沟景区的磨西镇、华北地区五台山景区的台怀镇和华东黄山景区的汤口镇为案例，结合三个小镇旅游产业发展的实际情况，对比分析不同阶段山岳旅游小镇的建设问题，提出山岳型旅游资源特色小镇成长周期中的各阶段特征（表 4-1）。

表 4-1　山岳旅游特色小镇成长三阶段特征

	成长阶段	核心景区游客接待量（万人次）	旅游收入增长速率（%）	5A 级景区创建年	旅游辐射带动
磨西镇	引入培育	50~150	迅速（15%）	短（2017 年）	开始增加
台怀镇	成长整合	150~500	先快后慢（20%~7%）	长（2007 年）	先增后减
汤口镇	成熟创新	＞ 500	稳定（10%）	长（2007 年）	全面带动

在特色小镇建设初期，游客数量还处于较低水平，但是旅游收入增长迅速，旅游产业对特色小镇建设的促进作用逐渐增强；进入成长整合阶段，小镇旅游产品具有一定知名度后，游客大量涌入，旅游收入较快增长，旅游产业作为小镇支柱产业广泛影响区域经济各个方面；在成长阶段后期，各方利益诉求产生矛盾，旅游产业增收放缓，特色小镇建设与旅游产业形成相互制约的状态；一旦特色小镇管理水平实现创新突破，进入旅游产业与特色小镇全面协同发展的成熟阶段，多方合作，形成以旅游产业为核心的特色小镇产业体系，游客接待规模维持在较高水平，旅游收入增长速度稳定。因此，从旅游收入增长的角度看，旅游特色小镇也经历了一个由引入、成长、成熟三阶段组成的成长周期（图 4-1）。

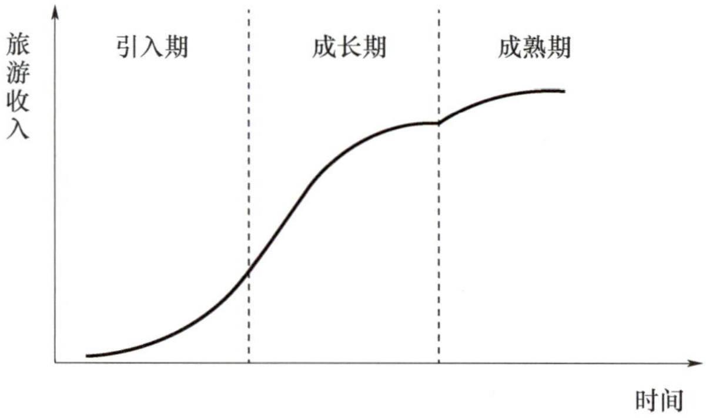

图 4-1　旅游特色小镇成长周期

（1）引入培育阶段——磨西镇

磨西镇地处海螺沟风景名胜区外围保护地带，是海螺沟风景区的旅游接待基地和

1　Raymond Vernon.International investment and international trade in the product cycle [J].The Quarterly Journal of Economics,1966,80(2):190-207.

入口，受海螺沟风景区管辖（图 4-2）。从海螺沟风景区旅游发展的过程中发现，磨西镇游客接待数量及旅游收入初期处于缓慢增长过程，景区各项服务设施和小镇的配套接待能力还不完善（表 4-2）。随着交通进入条件的改善（2001 年川藏线二郎山隧道贯通），游客呈现出井喷式增长。

图 4-2 磨西镇与海螺沟景区区位关系图

表 4-2 海螺沟景区旅游发展情况

年份	游客接待量（万人次）	旅游收入（万元）
1990	1.61	368.58
1995	1.23	382.15
2000	6.64	1991.61
2001	19.5	6500
2005	25.93	9300
2010	56.12	34671.39

从2010年开始，随着自身旅游发展条件的完善和大众旅游风潮的兴起，海螺沟风景区进入快速发展阶段（图4-3）。在海螺沟风景区旅游发展的带动下，磨西镇社会经济快速发展。2016年，磨西镇农村居民人均可支配收入9720.7元，年增长率达27%；景区提供的大量就业机会和群众自主创业将城镇登记失业率控制在4.2%以内；随着小镇交通要道改造建设、供水网络的扩建和医疗设施的改善，磨西镇基础设施条件也获得系统性提升。

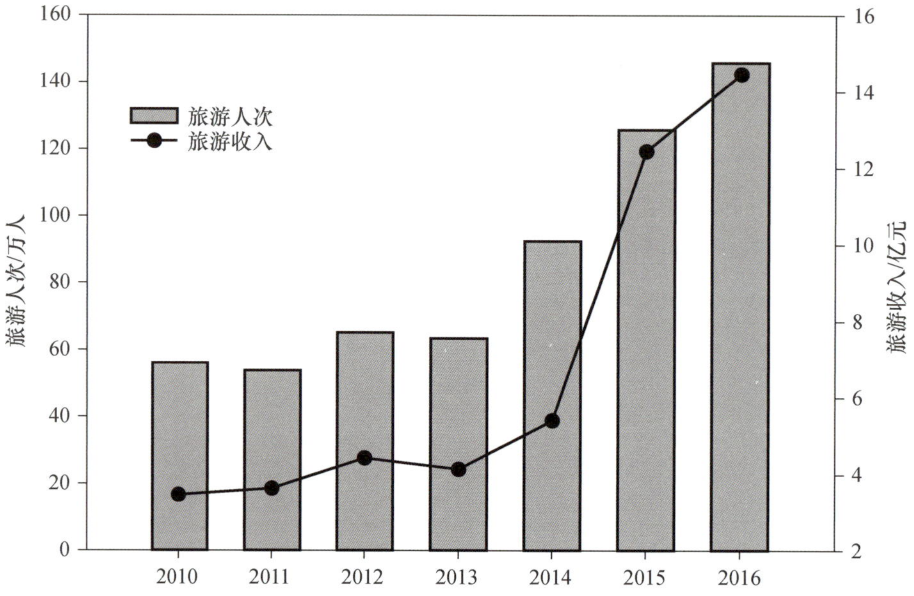

图4-3　海螺沟景区2011—2016年旅游收入和旅游人次

磨西镇定位贡嘎山东坡的旅游度假区综合服务基地，现有经营形态以住宿业和餐饮业为主，缺乏综合旅游服务功能。前期区域规划布局，存在用地功能布局失衡、缺乏集中合理规划和管理等问题，景观风貌与配套接待能力处于发展阶段。磨西镇现阶段依托于海螺沟旅游的快速发展，同时着力于挖掘自身旅游资源和文化内涵，丰富旅游业态形成主导产业，迈开特色小镇建设的第一步。

（2）成长整合阶段——台怀镇

台怀镇是寺庙集中分布的地方，位于五台山风景区中心腹地，受五台山风景区管辖（图4-4）。伴随着五台山旅游的快速发展，台怀镇的服务接待能力大幅提高，游客年接待量上已具备了较大的规模，但由于景区一直存在的管理问题，多方主体没有形成协同合作，旅游产业的年增长率出现了下滑的趋势，山岳旅游特色小镇的发展进入成长整合阶段（表4-3）。

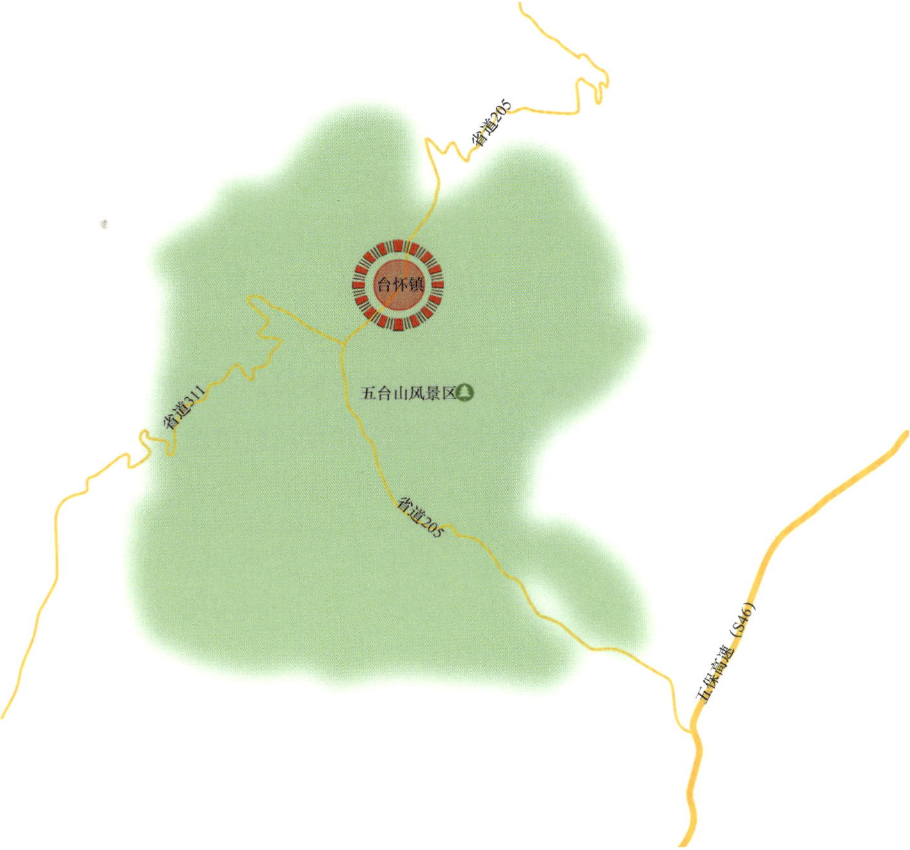

图 4-4　台怀镇与五台山景区区位关系图

表 4-3　五台山景区旅游发展情况

年份	旅游接待人次（万人次）	收入（亿元）
2010	321.4	21.84
2011	358.7	27.2
2012	406	37
2014	437.6	46.1
2015	475.7	50.8
2016	512.2	—

五台山风景区在经历快速发展的黄金期后，2010 年旅游产业增速放缓，对台怀镇的带动作用也逐渐减弱。近年来，台怀镇农民人均纯收入停滞于 3000 元左右；产业结构也没有得到有效调整，第一产业占比还处于首位，旅游服务产业发展缓慢；镇域的公路里程数从 2010 年到 2016 年未有增长。

台怀镇作为五台山风景名胜区的中心，主导产业已经成为旅游业，但仍存在服务功能单一、旅游环境不佳、市场秩序失范、管理能力缺乏等问题，导致“多游客、不经济”的局面。景区游客接待量和旅游总收入的年增长率呈现下降趋势。台怀镇处于特色城镇的成长整合阶段，旅游产业面临提质升级的问题，需要通过加强旅游管理，编制科学合理的规划，强化旅游产业综合性带动功能，以促进城镇化建设。

（3）成熟创新阶段——汤口镇

汤口镇位于安徽省黄山市黄山风景区南大门，黄山风景区游览的客人 90% 以上从汤口镇进出黄山风景区（图 4-5）。汤口镇充分利用独特的区位优势和丰富的旅游资源，大力发展旅游产业，将黄山优势旅游资源与本镇旅游服务协同发展。随着特色小镇进入成熟阶段后，旅游产业发展速度开始放缓，面临着创新旅游发展模式、进行景区优化升级、创新旅游服务内容、满足旅游者的多层次体验需求等问题（图 4-6）。

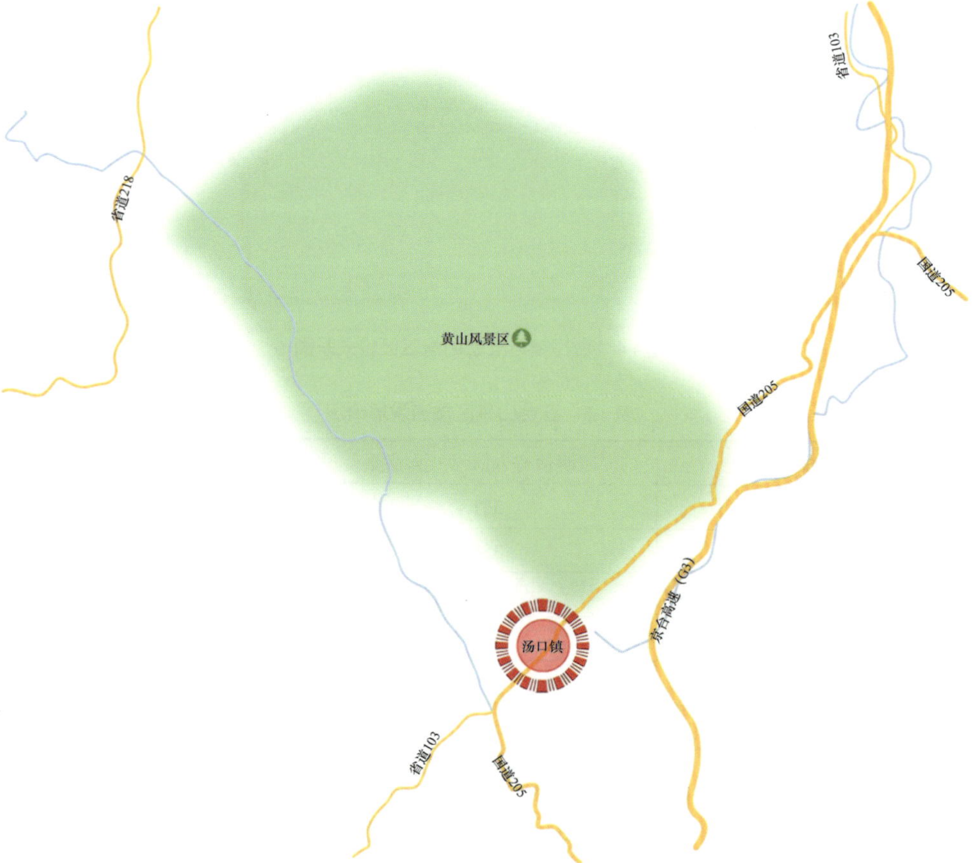

图 4-5　汤口镇与黄山景区区位关系图

早期汤口镇受益于黄山风景区的旅游发展，但是随着汤口镇自身旅游资源的深入开发，域内旅游交通将汤口景区与黄山风景区有效串联，汤口镇与黄山风景区已形成协调互动。甚至，汤口镇的旅游人次已经显著高于黄山风景区的旅游人次，汤口镇旅游收入与黄山风景区的差距也逐渐降低（图 4-7）。

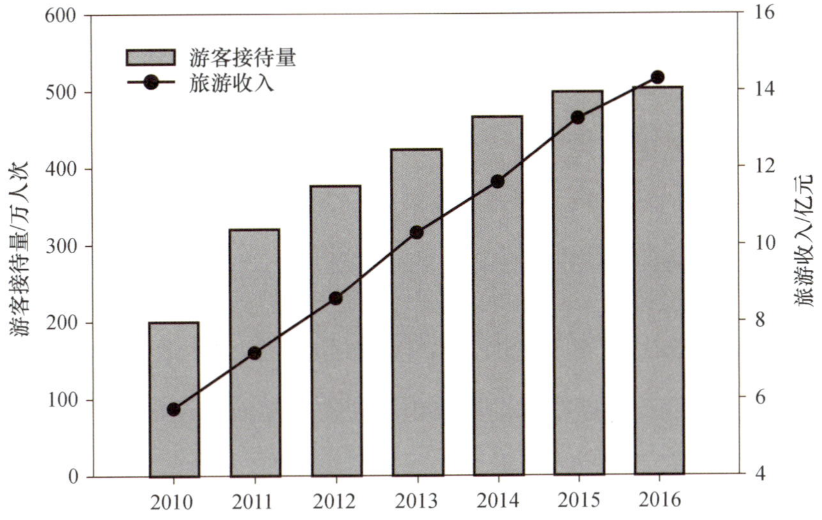

图 4-6 汤口镇 2010—2016 年旅游产业发展状况

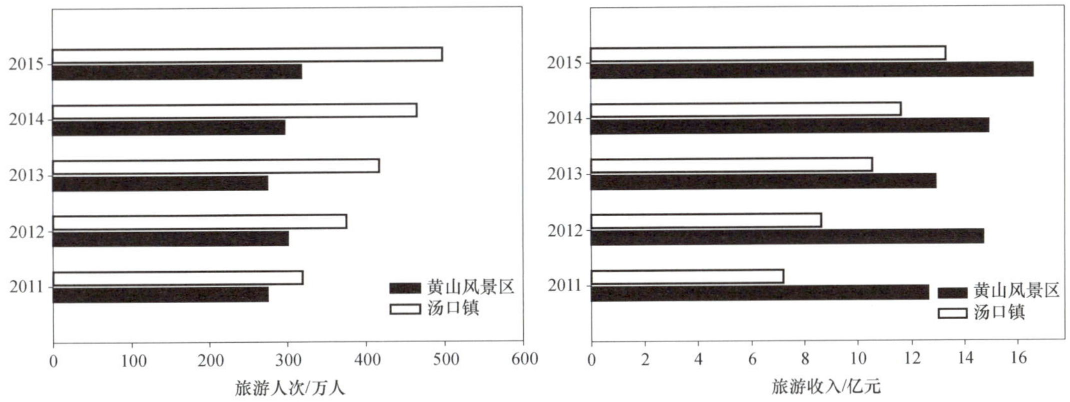

图 4-7 黄山风景区与汤口镇旅游人次、旅游收入对比

汤口镇大力发挥旅游产业的主导作用，立足于成为黄山风景区与徽文化联系枢纽的发展目标，创新旅游产业发展模式。在市场推广方面，汤口镇大力整合行业资源，创意旅游营销；在行业管理方面，汤口镇组建旅游咨询服务中心，成立黄山汤口散客旅游中心，提高旅游服务质量。汤口镇发挥旅游业主导作用的同时，着力优化升级产业结构，改造提升传统农业，促进特色产业发展。全镇一次、二次、三次产业比例由 2006 年的 5∶8∶87 调整为 2011 年的 5∶15∶80，以旅游业为主导的第三产业占绝对

优势。全镇经济 90% 来自旅游，财政 80% 取自旅游，劳动力 70% 从事于旅游[1]。与此同时，旅游特色小镇的建设完善了基础设施服务，改善了农村宜居环境，加快了小镇的新农村建设。2007—2011 年，汤口镇先后建成了 4 个新村和 1 个省级民生工程，实现了互联网村村通，有线电视、电话组组通，无线通信信号基本全覆盖，农民生产生活条件显著改善。

处于成熟时期的旅游特色小镇，积极调整当地产业结构，促进传统转型升级，形成以旅游产业为主导的特色产业体系。旅游经济与新农村建设协同发展，景区建设与新型城镇化建设配套协作，创造和谐宜居的美丽环境。

2. 不同阶段特色小镇发展的影响因素分析

山岳小镇旅游产业的发展在就地城镇化、新农村建设、扶贫攻坚等方面都发挥着积极作用，同时小镇社会经济的发展又反过来促进旅游产业的优化升级，两者形成良性循环。本节进一步从产业结构、城镇化水平、城镇化成果共享、基础设施水平等小城镇发展的各个方面入手，选取三大产业增加值、人口指标、城镇化率、居民收入、公路里程等代理变量，将这些代理变量与旅游收入和旅游人次进行相关性分析，研究小城镇发展的各方面与旅游产业的相关性，进而比较分析出影响不同阶段旅游特色小镇建设的主要因素。

（1）引入培育阶段影响因素分析

海螺沟旅游的开发，与磨西镇社会经济发展的各个方面都显著相关（表 4-4）。在产业结构层面，旅游发展与地区生产总值、三大产业均显著相关，其中第三产业增加值相关性最强，这说明三次产业中，第三产业对旅游产业的影响最大。在就地城镇化和城镇化成果共享方面，常住人口、城镇化、居民收入水平都与旅游发展显著相关，表明了旅游特色小镇建设初期，旅游产业的发展与小镇发展高度相关。在基础设施建设层面，旅游产业发展与公路总里程、国道、省道及村道间都具有显著相关性。这再一次证明交通可进入性地显著改善，是影响初期客源市场规模扩大的重要因素。如 2001 年川藏线二郎山隧道贯通，同年海螺沟风景区旅游接待人次同比增长 193%，旅游收入增长 226%。而旅游发展与村道相关性最高，印证了在对外交通可达性大幅提升的情况下，加强区域内部交通的关键作用。综上所述，海螺沟旅游的发展与磨西

1　范建红，陈烈 . 旅游镇空间扩张动力机制分析——以安徽省黄山市汤口镇为例 [J]. 小城镇建设 ,2007(1):87-90.

镇社会经济的各个方面都显著相关，而交通等基础设施条件对处于引入阶段的旅游特色小镇建设发挥着关键作用。

表 4-4　磨西镇社会经济发展与旅游产业的相互关系

a)	地区生产总值	第一产业增加值	第二产业增加值	第三产业增加值	常住人口	城镇化率
旅游收入	0.889**	0.931**	0.841**	0.941**	0.796*	0.851**
旅游人次	0.893**	0.933**	0.844**	0.948**	0.779*	0.896**
显著性水平 *P<0.05，**P<0.01，* 表示显著相关，** 表示极显著相关						
b)	农村居民人均纯收入	城镇居民人均可支配收入	公路总里程	国道	省道	村道
旅游收入	0.983**	0.943**	0.754*	0.651	0.629	0.780*
旅游人次	0.984**	0.943**	0.802**	0.729*	0.715*	0.817**
显著性水平 *P<0.05，**P<0.01，* 表示显著相关，** 表示极显著相关						

注：数据来源于 2005—2015 年甘孜藏族自治州统计年鉴。

（2）成长整合阶段影响因素分析

总体上看，五台山旅游与台怀镇小镇建设相关性较弱（表 4-5）。在产业结构层面，五台山旅游收入仅仅显著相关于第三产业的增加值，而与第一产业和第二产业都无相关性。这说明旅游的发展并未与当地其他产业形成协同效应，旅游资源开发利用水平还较低。在城镇化成果共享的层面，城镇化率、城镇居民人均可支配收入、农村居民人均纯收入与旅游收入显著相关，而与旅游人次无显著关系，侧面揭示了旅游产品在刺激拉动游客消费方面的缺陷，带来了游客，却留不住游客，说明通过一定的项目工程与措施，提升旅游服务品质，进一步强化旅游产品的吸引力是成长整合阶段推动特色小镇建设的当务之急。在基础设施建设层面，旅游产业发展与公路总里程、国道、省道及村道间都无相关性，说明台怀镇旅游与交通基础设施建设并未形成良性互动。台怀镇的总公路里程数从 2010 年到 2015 年一直保持在 102 千米，直到 2016 年五台山风景名胜区管委会才开始大力推动交通四大工程建设，这从侧面说明前些年五台山风景区的缓慢发展是受了滞后管理运营体制的影响。概括而言，五台山旅游近年来对旅游产品吸引力的不重视，对交通等基础设施投资不足，对于违建、环境污染等现象管理不力，导致台怀镇社会经济发展的动力不足。故在成长整合阶段，旅游产品及服务的提质升级和景区科学管理水平很大程度上决定了旅游特色小镇的建设。

表 4-5　台怀镇社会经济发展与旅游产业的相互关系

a)	地区生产总值	第一产业增加值	第二产业增加值	第三产业增加值	常住人口	城镇化率
旅游收入	0.664	0.321	0.755	0.527	0.595	0.772
旅游人次	0.993**	0.74	0.846	0.87*	0.963**	0.998*
显著性水平 *P<0.05，**P<0.01，* 表示显著相关，** 表示极显著相关						
b)	农村居民人均可支配收入	城镇居民人均纯收入	公路总里程	省道	省道	高速公路
旅游收入	0.701	0.651	0.839	0.839	0.839	0.839
旅游人次	0.998**	0.995**	0.771	0.771	0.771	0.771
显著性水平 *P<0.05，**P<0.01，* 表示显著相关，** 表示极显著相关						

注：数据来源于 2007—2015 年忻州市统计年鉴。

（3）成熟创新阶段影响因素分析

相较于以上两个案例，汤口镇旅游产业发展与小镇城镇化、农民收入增加的相关性都更为显著（表 4-6）。在产业结构层面，民营经济成为旅游经济的主要形式，无论在景区开发、宾馆饭店建设，还是在客运服务、旅游纪念品开发等方面，个体私营经济已成为汤口经济发展中的半壁江山，汤口的特色小镇建设已进入市场主导、全社会积极参与的成熟阶段。在促进农村经济发展层面，汤口镇的旅游发展调动了农民积极性，以农家乐为载体大力发展特色乡村旅游，对镇内原始风貌保存较好的村进行调研、摸底，策划包装了一批民宿示范点，通过招商引资吸引社会资本发展乡村旅游、民宿旅游。在就地城镇化层面，居民收入主要来自旅游业，居民就业主要向旅游业及其相关产业集中。此外，居民的居住条件、生活习惯和邻里关系呈现城市社区特点，居民的经营理念、教育观念和生活态度等思想观念发生很大转变，显现出城市居民的特点，居民的社会角色向现代企业家转变[1]。在社会发展层面，旅游发展刺激汤口镇税收收入，成熟阶段的特色小镇吸引“金凤凰”的能力正不断提升，外企、民企等纷纷主动前来对接，小镇税收的快速增长极大地促进了汤口镇社会事业的发展。

1　陆林，於冉，朱付彪，等．基于社会学视野的黄山市汤口镇旅游城市化特征和机制研究 [J]. 人文地理 ,2010(6):19-24.

表 4-6 汤口镇社会经济发展与旅游产业的相互关系

	农村经济总收入	农民人均纯收入	城镇化率	社会固定资产投资	规模以上建设项目投资	招商引资到位内资	税收收入
旅游收入	0.998**	0.997**	0.961**	0.845	0.496	0.999*	0.342
旅游人次	0.971**	0.972**	0.989*	0.901**	0.316	0.984*	0.864**
显著性水平 *P<0.05，**P<0.01，* 表示显著相关，** 表示极显著相关							

注：数据来源于 2006—2016 年汤口镇政府工作报告和黄山市统计年鉴。

汤口镇进入特色小镇建设的成熟阶段，积极发挥旅游产业的主导作用，调整当地产业结构，形成以旅游产业为主导的特色产业体系；增加当地农民收入，改善人居环境。旅游促进小镇产业结构和新型城镇化建设全面发展，是特色小镇进入成熟阶段的主要标志。

3. 结论与发展建议

（1）结论

特色小镇处于引入培育阶段时，以交通为核心的基础设施条件是促进小镇发展的关键因素。游客接待规模和旅游收入都处于初级水平，呈现出缓慢增长趋势，景区各项服务设施和小镇的配套接待能力还不完善。交通等基础设施条件得到有效改善后，游客大量涌入，旅游产业带动小镇经济社会发展，旅游特色小镇开始进入快速发展阶段。

在成长阶段，特色小镇游客接待量快速增长至较大规模，旅游产业高速发展后增长速度逐年降低。景区的服务设施水平和小镇的接待能力都有了大幅提高，但是由于整体缺乏综合管理能力，旅游市场秩序混乱，出现“多游客、不经济”的现象。在此阶段，科学有效的综合管理能力和旅游产品吸引力，成为影响小镇发展的关键因素。

特色小镇进入成熟时期后，小镇发挥旅游产业的主导作用，积极调整当地产业结构，促进传统农业转型升级，形成以旅游产业为主导的特色产业体系。旅游经济与新农村建设协同发展，景区建设与新型城镇化建设配套协作，创造和谐宜居的美丽环境。旅游产业促进小镇产业结构和新型城镇化建设全面发展，是特色小镇进入成熟阶段的主要标志。

在特色小镇整个生长周期中，常住人口、城镇化率、城镇居民可支配收入及农民人均可支配收入都显著相关，说明旅游特色小镇建设不仅吸纳城镇就业人员，而且直接或间接带动周边农民就业，在留住小镇人气、增加就业、提高收入和实现就地城镇化中发挥着关键作用。

（2）发展建议

通过以上分析，笔者提出从“二元”融合的视角构建山岳旅游特色小镇。将现代旅游服务业与当地传统产业融合；将旅游经济发展与新型城镇化建设融合。在“二元”融合的基础上，提出从五个方面构建山岳旅游特色小镇。

产业是特色小镇发展的生命力，特色是旅游产业发展的竞争力。要立足山岳旅游资源、区位环境、历史文化等特色，加快发展旅游主导产业，延伸旅游产业链，挖掘小镇现有产业潜力，形成以旅游产业为核心，当地多种特色产业为补充的协同发展产业结构。努力扩大旅游产业规模，提升主导产业区域影响力，发挥旅游产业吸纳劳动力优势，解决当地农民就业问题。

以旅游为主导的规划功能空间，在明确产业区域边界的原则上，稳步推进城区建设，合理规划建设用地，满足居民多层次住房需求。山岳旅游特色小镇的建设要将旅游景区与村民生产生活区域有机结合，推动旅游发展与生态保护互促共融、旅游业与新型城镇化有机结合，打造宜居宜业宜游的优美环境。

在建设旅游特色小镇的过程中，也要发扬当地特色文化。发挥旅游经济与区域文化相互促进的作用，用旅游发展收入促进地方特色文化的保护与传承，综合利用特色历史文化提升旅游产业品质与文化内涵。加强小镇历史文化街区、民族风情的保护，挖掘整理非物质文化遗产与地域特色文化，形成以产业促文化、以文化提发展的传统文化工作思路。

便捷完善的服务设施是特色小镇建设的基本条件。旅游产业的发展促进了当地社会经济的发展，为服务设施建设提供了必要条件。按照适度超前、综合配套、集约利用的原则，加强小镇道路、供水、供电、通信、污水垃圾处理、物流等基础设施建设。建立内外互通的交通系统，将域外大交通与域内小交通高效衔接，将旅游交通与市民交通相融合。

特色小镇所在地（市）、县（区）政府成立由主要领导牵头、相关部门和小镇共同参与的创建领导工作机制。明确建设特色小镇的政府主管部门和日常管理机构，组建负责特色小镇运营的专门服务团队。建设特色小镇关键要靠体制机制创新，制订多层次多方面的建设规划，积极创新社会管理服务，重视创新村镇工作方式，高效解决特色小镇建设过程中的各类问题。

从以上五个方面构建山岳旅游特色小镇，同时要正确处理政府与市场、旅游者与当地村民、旅游企业与地方等多方面的关系。发展旅游经济不仅要提高村民的收入水平，也要改善当地生活环境，实现新农村建设的长远目标。利用事前科学合理的规划建设、事中积极有效的协调机制，引导各方力量形成合力，努力推动旅游特色小镇的建设，共同发展、共同获益。（注2）

三、旅游开发中的少数民族特色小镇

1. 相关概念与背景

从社会学角度而言，费孝通先生在《小城镇大问题》中说，小城镇是一种比农村社区高一层次的社会实体，这种社会实体是以一批并不从事农业生产劳动的人口为主体组成的社区，无论从地域、人口、经济、环境等因素看，它们都既具有与农村社区相异的特点，又都与周围的农村保持着不能缺少的联系[1]。从行政建制层面来看，在我国，镇一般指县之下，与乡同级，但非农业人口比率相对较高、经济比乡发达的行政单位。旅游小镇是小城镇的一种类型，指“把旅游发展与小城镇建设相结合的小城镇”。[2]需要说明的是，旅游小镇不仅包括行政建制上的镇，也包括拥有较为丰富的旅游吸引物，能提供相应旅游服务，旅游产业占有一定比率的乡、村。根据不同分类标准，旅游小镇有多种类型。从旅游资源角度，可以分为民族文化建设型、历史遗存保护型、生态环境营造型、特色经济培育型、复合型；从区位角度，可以分为卫星型、城郊型、乡村型；从发展动力角度，可以分为资源导向型、区位驱动型、产业带动型、创意再造型[3]。

围绕云南旅游“二次创业”，为实现云南旅游从传统观光旅游向休闲旅游形态的转变，为充分挖掘、利用好云南的旅游资源优势，促进旅游业发展与城镇建设的有机结合，2005年，云南省在全国率先提出、实施旅游小镇战略，发布《云南省人民政府关于加快旅游小镇开发建设的指导意见》。该意见肯定了旅游小镇建设的意义，并确立60个旅游小镇。2006年，由国家建设部和国家旅游局联合召开的“全国旅游小镇发展工作会议”在云南大理、丽江举行，云南旅游小镇开发建设工作得到建设部、国

---

1 费孝通.小城镇大问题[J].中华民居(上旬版),2016(12):24-31.

2 李柏文.旅游城镇：统一性与矛盾性的协同体[J].旅游研究,2010(3):39-60.

3 李柏文,田里.中国小城镇旅游研究综述[J].旅游论坛,2009(5):678-684.

家旅游局和业界认可，“云南旅游小镇模式”被全国各地学习和推广。2009年，住房和城乡建设部和国家旅游局合力着手开展“全国特色景观旅游名镇（村）示范工作”，并于2010年评选公布第一批共105个“全国特色景观旅游名镇（村）”。目前，已评选公布3批次共553个全国特色景观旅游名镇（村），云南有21个村镇入选[1]。2011年，云南省下发《云南省人民政府关于加快推进特色小镇建设的意见》，提出特色小镇建设构想，在之前确立的60个旅游小镇的基础上，新增加150个特色小镇，启动特色小镇建设。2016年，住房和城乡建设部公布127个第一批中国特色小镇，云南省有3个上榜[2]。

云南是边疆民族文化大省，少数民族人口占全省人口的1/3，人口数量在5000人以上的世居少数民族有25个，其中，15个民族为云南独有，16个民族跨境而居。云南民族文化历史悠久、丰富多彩。在云南的3个中国特色小镇、21个全国特色景观旅游名镇（村）及云南省首批确立的60个旅游小镇中，除少数几个汉族历史文化小镇外，基本为少数民族特色村镇。被裹挟进入旅游开发浪潮中的云南少数民族特色小镇获得了什么机遇？又受到了哪些威胁与挑战，暴露出什么问题？在未来发展中，云南少数民族特色旅游小镇建设需要注意什么问题？应该坚持哪些原则？本文将对这些问题进行探讨。

2. 旅游给少数民族特色小镇带来的机遇

（1）优化生产生活环境，推动城镇化进程

云南省旅游小镇建设以城镇体系规划为指导，依托交通设施建设，把发展旅游与发展小城镇结合起来，加大旅游基础设施、旅游公共服务体系、旅游经营服务设施的投入和建设的同时，引导小镇住房、道路、给排水、供电、通信、教育、文化、环卫、医疗等公共基础设施合理分布，促进商业贸易、物资交流，实施民族特色小镇净化、亮化、绿化、美化工程，大大改善、提升了当地群众的生产条件、生活环境，有力推进了少数民族特色村镇的城镇化建设。历史上的大理古城，街道两旁的沟渠里终年流淌从苍山流下的雪水，可谓家家泉水、户户垂柳、茶花满院，但早年间，泉水没有了，沟渠变成了污水沟。为提升古城的旅游环境，增加古城的休闲游憩空间，2003年，大

1 第一批（2010年）入选6个，分别为建水县临安镇、大理市喜洲镇、丽江市束河古镇、昆明市官渡古镇、景洪市曼景法村、丘北县普者黑村；第二批（2011年）入选6个，分别为腾冲县和顺镇、宁蒗县落水村、建水县团山村、盐津县豆沙镇、景洪市勐罕镇、石林县长湖镇；第三批（2015年）入选9个，分别为玉龙县石鼓镇、镇沅县九甲镇、大姚县石羊镇、红河县迤萨镇、宁洱县那柯里村、沧源县翁丁村、广南县坝美村、宾川县朱苦拉村、鹤庆县新华村。

2 分别为红河州建水县西庄镇、大理白族自治州大理市喜洲镇、德宏州瑞丽市畹町镇。

理市政府斥巨资恢复古城的水韵景观，梳理沟渠，重整街道，重新将苍山溪水引入城内，古城重现流水潺潺、柳绿花红的昔日景致。

（2）拓宽投融资渠道，带动民族村镇城乡经济协调发展

民族村镇通过旅游小镇建设项目，不仅可以获得各级政府政策、资金支持，而且能够吸引社会资金的投入，引来外部企业的投资和经营。少数民族特色旅游小镇的发展，可增加新的就业岗位，为农村富余劳动力向城镇和非农产业转移创造条件。一方面，促进农业和农村产业结构调整，带动农村第三产业发展，使农村经济得以繁荣，农民收入得以增加，农民生活水平得以提高；另一方面，使少数民族特色旅游小镇周围“乡脚”的农民“离土不离乡”，实现在家乡就业，避免了背井离乡赴外地打工产生的家庭矛盾、孩子教育、乡村空心化等社会问题。此外，少数民族特色小镇旅游业的发展，可以促进城乡之间的沟通与交流，带动人流、物流和信息流的合理流动，促进城镇建设与区域经济发展，实现城乡经济社会的协调发展。

（3）为民族传统文化的现代生存寻找出路，促进少数民族特色小镇保护

少数民族特色小镇形成于长期的生产、生活实践之中，蕴含着当地民族对所处的自然地理环境、社会人文关系及外部交往互动的理解与依赖，汇聚着当地的民族传统文化、建筑艺术、村镇空间格局理念，寄托着一地民族共同的文化认同、心理情结和空间记忆，是一个地方最为地道鲜活、最能撩动旅游者心灵深处缕缕乡愁的因素所在。但是，在工业化、全球化、现代化的冲击之下，在国家经济建设的快速步伐中，在近十余年来的新农村建设及近几年的“美丽乡村”建设中，民族传统文化受到前所未有的冲击，彝族的土掌房、哈尼族的蘑菇房、傣族的竹楼等各具特色的云南少数民族传统民居逐渐被无差异化的钢筋砖混楼房取代，越来越多的民族村镇正在消失。在这样的时代背景之下，旅游业的介入无疑为民族传统文化的现代生存与发展带来一种契机。少数民族传统文化、民俗风情对旅游者所具有的强大吸引力，使其展现出新的价值，从而得以在现代化浪潮中存活下来。而旅游业发展带来的可观经济效益，不仅为传统建筑的修缮、民族传统技艺的传承、传统民俗活动的开展提供了资金保障，而且给当地政府、民族群众保护和传承传统文化注入强有力的精神动力，提高了文化创造者、传承者保护和继承发扬自身优秀民族文化的主动性、积极性。从而，长期濒临湮灭的历史建筑又得到维护和管理，之前被人们嫌弃的传统民居建筑又得到重视和重新利用，一些已被遗忘的民间宗教仪式、传统习俗、民俗节庆、文化活动得以恢复和开发，传统手工技艺、民间工艺品、民族服饰、神话传说、民族音乐舞蹈、民族体育项目等民

族传统文化又重新受到重视和发掘。西双版纳、大理古城、丽江古城、香格里拉、哈尼梯田、纳西古乐、纳西象形文字、泼水节、火把节、长街宴等，这些代表着中国云南和云南民族文化的符号，正是借力旅游开发浪潮一飞冲天，驰名中外，有力验证了“民族的，就是世界的”这一说法。

（4）激发民族群众的文化自觉和民族自信

“文化自觉只是指生活在一定文化中的人对其文化有‘自知之明’，明白它的来历、形成过程、所具有的特色和它发展的趋向，不带任何‘文化回归’的意思，不是要复旧，同时也不主张‘全盘西化’或‘坚守传统’。自知之明是为了增强对文化转型的自主能力，取得为适应新环境、新时代而进行文化选择时的自主地位。”[1] 民族自信是文化自觉和民族自我意识的重要组成部分，它建立在对本民族文化特质的肯定性评价的基础之上。这种自信表现在与异文化接触时，能够理性认识、正确看待本民族传统文化与异文化，通过对本民族传统文化的重构、新内容的注入而使其具有新的活力，从而实现传统文化的良性变迁而不是传统文化的丧失[2]。元阳县新街镇箐口村哈尼族传统蘑菇房现代变迁中的传承，是一个较典型的文化自觉实践案例。元阳县新街镇箐口村为云南省首批确定的 60 个旅游小镇之一，处于红河哈尼梯田世界遗产的核心地带。近几年来，箐口村哈尼族木构土墙的传统蘑菇房基本被钢筋混凝土结构的“现代蘑菇房”取代，但在后者身上，还是可以找到来自传统的元素[3]：在民居的物质文化部分，把外立面刷成土黄色，在水泥平顶上加盖草顶，用“穿衣戴帽”手法使现代新式民居从远处看依然形似传统蘑菇房；在民居的精神文化层面，“现代蘑菇房”移植了传统蘑菇房的“神龛”和“中柱”，并根据环境条件的改变和文化主人自身的需要，将它们进行适当创新[4]。前者是村民接受当地政府基于旅游发展、提升旅游文化含量而做出的“屋外要有民族风格”的指导原则和设计方案的结果，后者及与之相关的宗教祭祀仪式“贺新房”“立中柱”的传承和调适，是箐口哈尼村民出于文化自觉意识下的文化自觉行为。

1　费孝通 . 重建社会学与人类学的回顾和体会 [J]. 中国社会科学 ,2000(1):37-51.

2　陈燕 . 现代旅游大潮中的民族传统文化——以云南旅游发展中的傣、纳西、哈尼文化为例 [J]. 云南大学学报 (社会科学版),2014(6):102-108.

3　陈燕 , 尤伟琼 . 箐口村哈尼族“蘑菇房”现代变迁中的传承 [J]. 思想战线 ,2016(2):31-35.

4　相较于传统蘑菇房，“现代蘑菇房”中神龛的形式、材料、安放空间等发生了变化，更为丰富；“现代蘑菇房”的“中柱”为一根碗口粗的木头，立于客厅一角，仅仅是一个象征符号，不再具有建筑学功能；原本于房屋建造期间举办的“立中柱”祭祀仪式和房屋建成搬新家时举行的“贺新房”祭祀仪式被合并，于乔迁新居时一起举行，统称为“贺新房”仪式。

3. 旅游开发对少数民族特色小镇造成的挑战

（1）饱和超载，环境污染

超过小镇及周边乡村人口几倍，甚至更多的旅游者涌入旅游小镇，必然带来人员数量的饱和与超载，致使空间显得狭小拥挤，造成“人的污染”。这一现象在旅游旺季、黄金周时更为突出。而“人的污染”将连带产生一系列其他后续问题，环境污染就是其中之一。根据旅游业的经验，旅游者在旅游生活中对物资、能源等的耗费往往高于在其日常生活中的耗费。少数民族特色旅游小镇常年接待大量外来旅游者，产生的旅游垃圾、生活污水、噪声、汽车尾气等，大大超越了小镇的自然承载能力和自我修复能力，如果没有一套科学、有效的处理措施，将最终导致环境污染。

（2）开发变味，百姓权益受损

大量旅游者常年源源不断到来，与本地居民一起共享当地资源，加大了物资需求量，从而改变当地物资的供需比率，造成少数民族特色旅游小镇的物价上涨。民族特色小镇搞旅游开发本是一件利国利民之事，但很多地方在建设过程中，路子走着就走歪了，民族特色旅游小镇变成旅游地产大展宏图的舞台，地产商霸占公共资源、围湖圈地、开山毁林，建起洋房、别墅、产权酒店、度假区，外来购房者纷纷涌入，房价飞涨，本地居民却买不起，生活压力加大，经济利益受损。同时，当地旅游资源被外部利益集团控制，发展旅游产生的经济效益绝大部分落入外来投资商、经营者的口袋，当地老百姓却难以从旅游业发展中受益，还要承受旅游发展带来的诸多负面效应。本地人权益受损直接导致其对旅游业的不满甚至憎恨，随着旅游业的纵深发展，当地群众与开发商之间、东道主与旅游者之间的矛盾越来越大[1]。

（3）空壳化，原生气息丧失

在云南十余年的民族特色旅游小镇发展的繁荣的背后，出现了小镇空壳化现象。一些民族特色旅游小镇在开发之初，就将原住民全部迁出，引进外来经营者充斥其间。而更多的民族特色旅游小镇是在旅游业快速发展过程中，越来越多的原住民逐渐搬离祖祖辈辈生活的小镇，小镇成为外来经营者、旅游者的活动空间，小镇文化被旅游商业、旅游娱乐业、旅游文化取代，失去了小镇原本的由传统生活、生产、商贸、消费、饮食、

1　据道科西（Doxey，1975）“刺激指数”理论可知：旅游地居民对旅游发展的态度将随旅游开发的深入、游客数量的增多，以及物价上涨、环境污染、犯罪率上升、文化准则遭受破坏等负面效应的出现经历一系列不同阶段，即从最初的愉快心情、积极欢迎阶段，转为冷淡、恼怒阶段，最后到敌视阶段。

语言、服饰、节庆等要素营造出的生活气息、民风民俗氛围，成为一具徒有民族特色小镇建筑、布局外在而无民族文化内涵之实的空壳。小镇空壳化现象以丽江大研古镇、束河古镇最为严重。

（4）过度利用，建设性破坏

旅游业的乘数效应和可观经济收益，使各项资本趋之若鹜，但在对民族特色旅游小镇和旅游资源进行大规模开发的过程中，过度利用、超负荷接待等现象比比皆是，甚至不乏建设性破坏、“杀鸡取卵”式的掠夺性开发。近几年来，大理旅游炙手可热，推动了无数外界资本前来环洱海沿线的双廊、喜洲、才村等古镇、古村落投资经营客栈、酒吧、餐馆，大大加剧了洱海沿岸水域的富氧化程度，严重威胁洱海水质。某些地方政府为了土地增值，大力发展房地产商业，以打造旅游名品、提升旅游形象、扩大旅游收入的名义，将真正的历史老街拆除，而耗巨资建造所谓的历史文化民俗风貌街区，毁掉了真正的历史文物，建造起伪文物、伪民俗。

（5）市场混乱，传统价值破坏

少数民族特色旅游小镇的开发、旅游业的发展会对当地传统的社会生活、社会风气、社会关系、价值观念造成消极影响。这种社会污染表现为：一是扰乱当地旅游市场，败坏传统的良好风气。旅游者的蜂拥而入，旅游业的规模化发展，带来无限商机，少数民族特色旅游小镇的一些居民在与不同旅游者长期频繁接触、参加旅游经营的过程中，慢慢沾染上不良商人的坏习气，通过服务缩水，甚至弄虚作假、宰客等方式不择手段追逐经济利益，败坏了民族地区传统的淳朴民风。二是破坏当地社区内部的传统社会关系、行为准则、价值观念，促使社会变迁。在传统的少数民族社会里，社会成员平等享有参与社会公共活动的权利与机会，但现代旅游业进入少数民族社会，带来了市场原则和竞争机制，使优胜劣汰成为必然，贫富分化自然加剧，民族社区新的社会矛盾进而产生，原来邻里和睦、乡风朴实的风气遭受破坏，行为失范、社会治安等问题日益凸显，当地的传统价值体系和价值观念被逐渐改变，这一切，将最终促发民族地区的社会变迁。

（6）民族文化庸俗化，不正当商品化

由于旅游业的经济性、市场性，民族文化难免在开发利用过程中被不正当商品化，乃至庸俗化。本来有着特定时间、地点、场合、内容、组织者、参与者等要求的传统民俗事项和节庆活动，在旅游开发中被市场化，变成为取悦游客可随时搬上“舞台”的商品。于是，有了西双版纳傣族园的“天天泼水节”；哈尼族本为“娱神”和民族内部自娱的“长街宴”，不仅被开发为旅游产品，还纷纷被他者复制与效仿。同时，根据市场喜好倾向，原有的文化内涵被弱化、忽略，而游客喜欢的娱乐、狂欢、社交等本是次要的部分却被无限放大与强调。甚而，为博取眼球，或为满足某些游客的低俗需求，旅游开发商在利用当地的婚恋文化习俗时，不是正确合理地去表现其美好的一面，而是给其贴上艳遇等标签，不仅破坏了旅游的“舞台真实”，而且中伤了民族传统文化，引起文化主人的强烈不满，加剧民族旅游地群众对旅游业、游客的反感。旅游开发会在无意间给民族传统文化衍生出一条变迁之路，这是无法回避的事实。旅游业对民族传统文化的开发也是一种“文化生产”和“文化再生产”，所以，纵使是多么“真实”的舞台产品，也不可能是传统文化的“和盘托出”，无法保持其原汁原味、原模原样，而是必然存在一定程度的变异。

4. 少数民族特色旅游小镇未来发展思考

小镇是乡村之首、城市之尾，是连接城市与乡村的纽带，小城镇的发展对农村发展具有重大影响。纵使有着各种各样的问题，云南省率先探索和实施的旅游小镇建设战略，不仅是云南旅游“二次创业”的新亮点，也是中国新型城镇化的新路子。少数民族特色旅游小镇是云南旅游小镇的主体和特色优势资源，在未来发展中，需要坚持必要原则，科学建设，从而实现小镇良性循环与可持续发展。

（1）厘清建设思路，明确发展目标

笔者在此处提建设思路、发展目标，旨在强调民族特色旅游小镇在具体建设实践中必须清醒认识自身特色和任务，做到正确定位，确立并践行自身建设思路和发展目标，避免在发展中出现迷失方向、开发变味、损害广大老百姓合法权益等情况。

（2）正确认识自我，不盲目跟风

在云南三十多年旅游发展、十多年旅游小镇建设中，可谓几家欢喜几家愁。一些民族地区、民族城镇迅速崛起，成为知名旅游目的地，旅游业取得巨大经济效益，成长为地方支柱产业；而一些地区不温不火，旅游发展成效一般；还有一些地区不管多么重视旅游业，坚持把旅游业作为地方支柱产业进行培养，但旅游业发展就是不见起色，老百姓从旅游业中获得经济收益的期盼一直是“水中月，镜中花”。云南是旅游资源大省，但并不等于说云南的每一个地方都有条件、皆适宜发展旅游业。理论研究及实践经验表明，资源（包括自然旅游资源和人文旅游资源）、资本（经济）、市场乃影响旅游城镇发展的三个基础性因素，是旅游城镇化的原生性动力。属于“底资源、底资本、底市场”的地区显然并不适合走旅游城镇化道路的模式。

（3）科学务实规划，不盲目跟从

加强小镇规划，强化规划的龙头作用，以科学规划带动民族特色旅游小镇的建设。在此需要强调的是，城镇化并不是简单复制城市里的东西，“城乡一体化”并非“城乡一样化”。我们的规划师在对某一少数民族特色旅游小镇编制规划之前，务必深入学习、研究这一民族建寨习俗、民居建筑、宗教信仰、生产生活等民族文化；同时，应吸纳该民族文化精英、部分民族群众代表参与到规划团队及民族特色旅游小镇建设中来。因地制宜，因势利导，坚守本土，深挖文化，遵循文化发展规律，才能保住民族文化，凸显民族特色，彰显地域风光，避免“千镇千村一面”现象，打造独具魅力的民族旅游小镇，留住乡愁。

（4）保护性开发，兼顾自然人文

少数民族特色小镇连接着一个民族的过去、现在和未来，承载着一地民众的空间记忆、现实生活和未来期许，我们有责任让其按自身规律可持续发展。同时，在工业化、城市化、现代化步步紧逼的大趋势下，在经济和信息全球化的强力冲击中，在进城务工潮、乡村空心化的时代背景里，也不可能对民族村镇传统文化进行冻结式的保护。所以，在对民族特色小镇进行经济开发、旅游利用时，必须坚持“保护性开发，开发性保护”原则，实现“在开发中保护，在保护中开发”。不仅要保护具体民族文化项目，还要保护民族文化赖以产生、存在的自然与人文生态环境，保护本土文化意境。

（5）多规划融合，全域发展

一方面，云南少数民族特色旅游小镇的规划、开发、建设须与新农村建设、美丽乡村建设相融合，与党和国家的阶段性战略部署、方针政策保持一致性、连贯性。另一方面，实施旅游小镇战略，推动云南少数民族特色小镇的旅游开发和保护，也是对社会主义新农村建设、美丽乡村建设的有益探索和创新实践，是适应中国国情的新型城镇化途径之一，既达到缩小城乡差距的目的，又能保持民族地区的传统特色风貌风情，能够有效避免村镇建设中的无序化、无差异性和传统文化要素的缺失等问题，实现民族文化的现代传承与可持续发展。同时，云南少数民族特色旅游小镇应以全域旅游的视野和标准为要求，将整个镇区及周边乡村作为功能完整的旅游目的地加以建设、运行，追求通道功能旅游化、传统设施再深化，改善村镇自然生态环境、生产生活环境，不仅让游客满意，也让当地老百姓生活得更舒心；以旅游资源为主要依托，以旅游业为特色优势产业，实现资源有机整合、产业发展融合，以旅游产业带动云南少数民族特色小镇发展，促使镇区内及周边乡脚农民能够就地就业及市民化，实现富裕、提升素养、增强发展能力，最终促进云南少数民族特色村镇经济、社会、生态、文化、城乡协调发展。

（6）惠民利民，共同富裕

民族特色旅游小镇开发建设的初始目的和核心原则是造福一方，让地方民族群众获得更多就业机会，增加收入渠道，享受更好的生活环境、发展机遇。但在实际中，不乏“大企业吃肉，小企业喝汤，当地群众汤都喝不上”的情况。还有，在民族特色旅游小镇建设中，由于所谓的规范管理，把当地民族群众赖以生存的小生意之路给堵死了。此外，在云南民族特色旅游小镇十余年的发展中，一直是以“上帝”旅游者的需求和地方经济发展为核心，而忽略了当地民族群众的真实诉求。在未来的民族特色旅游小镇发展建设中，地方政府在引进开发资本的同时，要充分考虑到当地民众的正当需求、合法权益，真正做到旅游共建共享。同时，在民族特色小镇旅游发展中应该改变以旅游者数量增加和旅游收入增长为衡量标准的方式，而从旅游产业在整合民族地区经济体系、产业结构、使当地群众受益等角度出发制定衡量标准。（注 3）

四、现代农业型特色小镇的腾飞路径

农业是我国国民经济发展的基础，作为承接城市和拉动农村发展的部分特色小镇，是在农业产业基础上发展而来的，除具备典型的农业生产功能外，还具有促进乡村可持续发展、传承历史文化等多种功能，呈现出农副产品提供、农产品加工、农业科技创新、农业社会化服务等形式，体现了我国农业进入新阶段之后在发展理念及模式上的创新[1]。十九大报告高度重视“三农”工作，首次提出要实施乡村振兴战略，并把解决好“三农”问题作为全党的重要工作，“三农”问题是关系到国计民生的根本性问题，因此必须坚持农业农村的优先发展[2]，推进农业与旅游、教育、文化、健康养老等产业深度融合。我国传统农业大镇向休闲农字号特色小镇的转变发展，呈现出休闲农业、生态农业、有机农业、循环农业、都市农业等多种农业发展类型，具体表现为农业休闲观光园、农业生态示范园、有机农业绿色园、农业科技示范园等多种表现形式[3]。回

1　吴奶金，陈高威，林珊，陈施惠，刘飞翔．基于新型业态变化的农业特色小镇理念与构建[J]．云南农业大学学报，2017,11（3）：7-12.

2　韩凯．振兴乡村共赴小康 [N]. 新农村商报 ,2018-01-03(A07).

3　韩长赋．大力实施乡村振兴战略 [J]. 中国农业文摘 - 农业工程，2018,（1）：3-4，35.

顾农字号特色小镇的发展历程，农业特色小镇作为乡村振兴的强有力龙头和载体，需要把乡村多种资源要素在空间上作为一个有机整体，把小镇融合到乡村中，从根本上增强乡村的内生发展力。

1. 政策背景

我国传统乡镇农业发展基础教育薄弱，农民科学文化知识匮乏，整体发展水平较低，涉农合作社规模小、效益低。1956 年政府首次提出农业现代化，工业各部门要求拖拉机下乡，以乡为单位集中土地；1992 年的产业资本下乡，使得农业变成产业化农业；2006 年政府提出了农业的多功能性；2008 年提出资源节约型和环境友好型农业，发展节时、节地、节水、节能、高效低耗的集约化农业和以循环农业为中心的清洁农业生产体系。2015 年，温铁军教授等人提出了农业 4.0 模式，即在土壤改良、农产品零农残的基础上，借助互联网等技术手段，实现“社会化生态农业”[1]。

在经济新常态和供给侧结构性改革的引领下，浙江省于 2015 年首次提出了特色小镇的新概念，即在整合特色资源的基础上，通过进一步优化产业结构，打造“小而精”的区域发展模式[2]。

为了促进农业特色小镇的发展，2016 年 12 月，国务院下发了《关于进一步促进农产品加工业发展的意见》一文，该文明确指出将加快建设农产品加工特色小镇，实现产城的融合发展[3]。国家发展改革委随后召开新闻发布会，提出要坚持推进农村产业融合发展，鼓励各地依托自身要素禀赋以及资源比较优势，因地制宜地推进产城融合发展，集中打造一批农字号特色小镇[4]。

2017 年 3 月，发展改革委发布了《关于深入推进农业供给侧结构性改革的实施意见》，提出扎实推进“百县千乡万村”试点示范工程，加大资金支持力度，努力解决农村产业融合发展用地难的问题。该意见发文后，农字号特色小镇建设被正式提上日程。

2017 年 8 月 7 日，农业部专门下发通知，将在全国范围内开展农业特色互联网小镇的试点工作，并力争在 2020 年试点结束前，建设并运营 100 个农业特色互联网

1 韩凯 . 振兴乡村共赴小康 [N]. 新农村商报 ,2018-01-03(A07).

2 基于新型业态变化的农业特色小镇理念与构建 [J]. 云南农业大学学报 (社会科学),2017,11(03):7-12.

3 宗锦耀 . 以农业供给侧结构性改革为主线推进农产品加工业发展 [J]. 农村工作通讯 , 2017(20).

4 刘保林 . 国家发改委举行新闻发布会介绍农村一二三产业融合发展有关情况 [J]. 中国产经 ,2016(12):40-51.

小镇[1]。

2017年10月，习近平总书记在十九大报告中提出了“实施乡村振兴战略”，该战略重新解读了我国的城乡关系，乡村与城市是平等、互为促进的关系，乡村振兴与新型城镇化也并非一对矛盾体[2]。农业特色小镇是城市与乡村的连接体，作为乡村振兴的有力载体和重要推手，有利于加强乡村生态环境整合、发展特色农业产业、传承特色民族文化、提升村民生活水平等，既可吸引城市资源要素和城市消费力的流入，又可与乡村联动发展，从根本上增强了乡村的内生发展力。相关政策的陆续出台，推动了我国村镇发展现代农业特色小镇的热情。

2. 概念解读及建设意义

（1）农字号特色小镇的概念

农业是人与自然多样性结合的一种独特文化。农业特色小镇为消费者提供的是一站式的农业产业服务，包括从田间生产到搬上餐桌所涵盖的原料、种植、养殖、食品加工、采购、贸易、物流、分销、品牌推广等多环节构成的完整产业链系统[3]。本文提出的农字号特色小镇是建立在区域特色农业资源基础上，吸收当前农业最前沿的理念、技术和管理模式，从供给侧结构性改革的角度，发展“宜居、宜商、宜业、宜养、宜游”的空间新平台。农字号特色小镇集特色产业生产、地域文化传承、多功能服务、生态可持续等优点于一体，在发展优质农业的同时，结合农产品的季节性特征，积极探索“三产融合”发展模式和农业生态环境保护，打造理念新、机制新、产业优、结构合理的新型农业创新平台[4]。

（2）农字号特色小镇的建设意义

农字号特色小镇是破解城乡二元结构、推动城乡一体化发展的重要实践方式，农字号特色小镇多依托自身的自然环境条件，通过发展特色产业、搭建创新创业平台、深入挖掘地域传统文化，进一步实现要素集聚和差异化发展，推动新型城镇化的建设与发展。综合分析农字号特色小镇的建设意义，主要有以下几个方面。

① 有利于推进城乡一体化发展。我国的小城镇多由“乡”转变而来，乡镇发展较

1　佚名. 全国将建百个农业特色互联网小镇 [J]. 农业工程技术, 2017(24):1-1.

2　中央农村工作领导小组办公室主任韩俊解读“实施乡村振兴战略”[J]. 农村经营管理, 2017, (11):7-8.

3　http://epaper.gmw.cn/gmrb/html/2017-03/24/nw.D110000gmrb_20170324_8-01.htm?div=-1.

4　吴奶金，陈高威，林珊，陈施惠，刘飞翔. 基于新型业态变化的农业特色小镇理念与构建 [J]. 云南农业大学学报，2017,11（3）：7-12.

快，而偏远村庄发展往往有所滞后；而农字号特色小镇与之有所不同，多依托村庄建立，有助于村庄发展，并将城镇和农村紧密联系在一起。农字号特色小镇可使城市文明和城市生活方式更好地传递给农村，重构现代乡村文化，推动城乡两者资源要素的互通流动，缩小城乡差距，实现城乡一体化发展。

② 为精准扶贫提供载体。农字号特色小镇的建设能带动区域发展，解决农民就近就业，并通过基础设施建设及公共服务设施的完善，推动城乡公共服务的均等化，进而使村镇居民共享新型城镇化发展带来的红利。我国贫困地区可因地制宜，发展特色产业，形成生态农业、现代农业园区、工业园区以及乡村旅游相融合的生态产业链，打造三产融合发展的农字号特色小镇，为精准扶贫提供载体，带动贫困偏远地区农民脱贫致富[1]。

③ 解决“三农”问题、促进乡村振兴。农字号特色小镇以解决“三农”问题为导向，主要针对农业地区的村镇，形成农村第二、第三产业发展的载体。对接党的十九大部署的乡村振兴战略和脱贫攻坚战，发展农字号特色小镇不仅能给农民带来新的就业机会和经济收入来源，而且能够促进农业发展在市场、组织等多方面的现代化，带动农村基础设施和生活环境的改善，从而有利于一揽子解决“三农”问题，促进乡村振兴。

3. 核心要素

（1）产城融合是“农字号”特色小镇的发展理念

产城融合是在我国新型城镇化转型升级的背景下提出的一种发展思路，是要求产业与城市功能融合、空间整合，产业与城市共生共利[2-4]。因此“农字号”特色小镇若没有现代农业产业支撑，不利于城镇建设可持续发展；若没有生态宜居的城镇建设，产业所需的人才、资金、信息等集聚缺乏有效保障和发展空间。

（2）资源集聚是“农字号”特色小镇的建设原则

转变发展方式，优化产业结构，构建农村现代产业，培育农业农村新经济，需要将现有农村生产、生活、生态各类资源集约整合，由分散布局向集群发展转变，创建产业集群和融合发展区，才能有效节约土地资源、空间资源，提高产业产值，解决效

1 唐磷．基于都市休闲农业的全产业链经营模式研究 [D]. 大连：大连海事大学，2013.

2 郝华勇．特色小镇助推农业供给侧结构性改革：内涵、机理与路径研究 [J]. 天津行政学院学报 , 2017, 19(4):42-48.

3 刘瑾，耿谦，王艳．产城融合性高新区发展模式及其规划策略——以济南高新区东区为例 [J]．规划师，2012（4）：58-64．

4 宋冬芳．产城融合视角下特色小镇规划策略探讨 [J]. 低碳世界 , 2017(22):183-184.

率问题，形成核心竞争力。

（3）以人为本是“农字号”特色小镇的实现目标

特色小镇的建设目标是为城乡居民创造更好的生产、生活、生态环境，满足人们不断提升的各类需求[1]。“农字号”特色小镇的建设有利于推动农业的转型升级，并进一步改善农村基础设施建设，提升农民生活质量。通过新科技的引入和技术人才的培训，真正提高劳动者的素质，拓展新的就业空间，为居民增收创造环境和条件，明显增强特色小镇吸纳周边农村剩余劳动力就业的能力[2-3]。

4. 发展现状

（1）我国特色小镇的类型和建设成效分析

我国第一批特色小镇的具体名录由住房和城乡建设部于 2016 年 10 月正式公布，共囊括了 127 个小镇。本文根据该批特色小镇的名单，对其类型进行分析归纳，总结出了 6 种类型：旅游休闲型、历史文化型、工业发展型、农业服务型、民族聚居型和商贸流通型，其中旅游休闲型小镇在第一批特色小镇中占比最多，为 50.39%；其次是历史文化型小镇，占比 18.11%（图 4-8）。从结果可以看出，随着需求的多元化和消费意识的升级，以资源禀赋和休闲集聚功能为主导的旅游休闲小镇成为第一批特色小镇建设的主要内容，旅游型特色小镇的建设正如火如荼地进行。

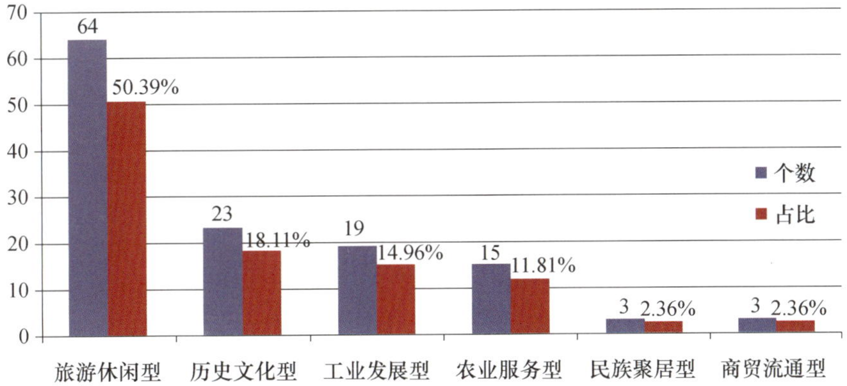

图 4-8 第一批全国特色小镇分类及占比

（资料来源：住房和城乡建设部《关于公布第一批中国特色小镇名单的通知》）

1 张鸿雁 . 论特色小镇建设的理论与实践创新 [J]. 中国名城丨特稿 ,2017:1-4.

2 侯小伏 . 农业特色小镇建设的探索及建议 [J]. 中国国情国力 , 2017(6):13-16.

3 颜佳 , 任子奇 . 美丽乡村与特色小镇的协同性研究 [J]. 农业工程技术 , 综合版 , 2017(1):2-5.

我国首批特色小镇名单公布后，特色小镇的建设引起了各界的广泛关注。尤其是农业特色小镇，因为其农业休闲业、高附加值农产品加工业发展的显著优势，成为特色小镇建设的热点。2017 年全国第二批 276 个特色小镇的功能类型主要涵盖旅游发展型、农业服务型、工贸服务型、历史文化型、复合产业型五个类别，其中，农业服务型特色小镇为 71 个，占比最多（图 4-9）。随着我国鼓励农业向二产、三产融合发展，一批原为农业镇的小城镇开始结合“互联网 +”“旅游 +”等趋势探索三产融合的转型发展路径，发展农字号特色小镇，并逐渐形成了集农业、休闲、生态、旅游、消费等于一体的产业集群，即“产城乡一体化”的新型城镇化模式。

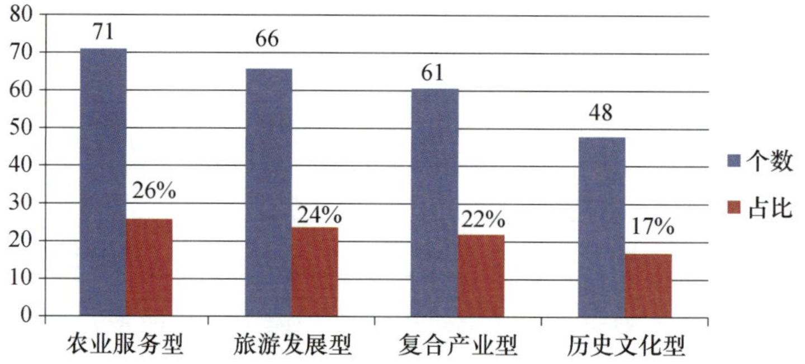

图 4-9　第二批全国特色小镇分类及占比

（资料来源：住房和城乡建设部《关于公布第二批中国特色小镇名单的通知》）

从对第一批和第二批全国特色小镇的分析来看，旅游休闲型和现代农业型特色小镇备受青睐，对产业的培育要求更高，更加突出特色鲜明和带动效应。在实践过程中，更加注重文化资源的运用，促进“农旅文产”的融合发展。

根据相关数据反映，我国的第一批特色小镇已经取得了明显成效。根据住房和城乡建设部信息，截至目前，第一批特色小镇带动的新增企业就业人口多达 10 万人，平均下来，每个小镇新增的工作岗位近 800 个，当地农民的人均纯收入比全国平均水平高三分之一，小镇产业和经济发展发生了巨大变化；此外，九成以上的特色小镇已实现了自来水 90% 的普及率，大多数的特色小镇生活垃圾处理率达到了 90%，特色小镇的基础设施也得到了进一步完善；另外，基本上每个小镇都配有满足居民需求的金融网点、购物中心、快递网点以及文化活动场所等，特色小镇的公共服务能力得到较大提升；还有，鉴于 85% 的小镇拥有省级以上非物质文化遗产，因此，大多数小镇会定期举办民俗活动，并保留其独具特色的民间技艺，使当地传统文化得到较好的保护和传承；与此同时，九成以上的特色小镇还探索建立了规划建设管理机构以及“一站式”综合行政服务机构，八成以上的小镇还设立了综合执法机构，体制机制创新方面取得了实质性进展[1]。

（2）我国农字号特色小镇的现状分析

从前两批特色小镇类型来看，农字号特色小镇的数量大幅增加，休闲农业的发展进入了火爆时期。玉米小镇、水稻之乡、茶叶小镇、葡萄小镇、蓝莓小镇、薰衣草小镇等依托优势农产品打造的特色农业小镇应运而生，这些小镇部分是传统特色农业乡镇的转型升级，部分是重新规划，统一部署。农字号特色小镇在实现地方经济发展、城乡融合发展方面具有积极的纽带作用，大大推动了农业提升、农村发展和农民增收。通过整合农业、城镇、科技、文化、创新等要素，构建“产、城、人、文”四位一体、农旅双链协同发展的综合体，是农业经济发展的新引擎，是现代农业发展的新平台，是推进农业供给侧结构性改革的有效路径。

农字号特色小镇快速发展的同时，也出现了缺少科学的规划与产业布局、规模化优势不突出、融资难度大、基础配套设施不完善、有效劳动力供给不足等问题。要以特色农业产业为主导，深入结合当地深厚的民俗文化、历史文化和自然资源，科学规划、统筹部署，发挥好特色小镇的产业聚集优势，延伸特色农业的产业链条，凸显规模化生产优势。同时要多渠道破解资金难题，大胆创新农业金融产品，加强基础设施建设，完善特色小镇功能。此外，特色小镇建设还要重视当地专业人才的培育，并通过优惠政策引入优秀人才，提升从业人员的技能水平及整体素质，形成健康良性的创业创新空间，进而推动农字号特色小镇的可持续发展。

5. 规划思路与方法

农字号特色小镇的规划应站在区域城乡统筹的高度，充分研究确定“以农为特色”的现代产业体系，以“产城融合”为发展理念，以“资源集聚”为建设原则，以人为本，在城镇产业空间、居住空间、生态空间进行因地制宜、科学合理的布局落实，提出特色小镇的发展目标、总体布局、建设内容、基础设施、公共服务以及实施建议等内容。

（1）客观确定发展目标方向

农字号特色小镇的规划不能脱离国家发展和市场经济发展的趋势，应在把握宏观经济政策的前提下，结合所在地方经济社会发展的要求，分析小镇建设的产业、人口、

1 http://www.sohu.com/a/209946015_778107.

基础设施、生态环境等综合条件[1]，以及未来发展存在的问题和制约因素，从高角度、全方位综合、客观地确定小镇的发展目标和方向定位。

（2）提出现代特色产业体系

特色小镇的规划关键点是确定小镇的支柱产业[2]。现代农业产业的研究确定对农字号特色小镇至关重要，关系到小镇的可持续发展能力和经济活力。农业产业发展不同于工业、旅游等产业，受到自然条件、市场情况、政策变化等诸多不确定因素的影响，其单位效率相对较低，投入回收期相对较长，但综合来看，却具有稳定和长远的发展价值。因此确定小镇农业产业的方向，应分析区域产业基础，立足于城乡居民的市场消费，着眼于未来社会发展要求，重视新技术、新装备、新业态的应用，引入建立符合市场需要的新型农业经营主体，实现三产融合创新、生产方式优化、生产效率提升的目标。确定具体产业时，除产业本身产业化、延伸产业链外，还应注重老龄化、亲子教育、城市减压等城乡发展的新问题、新需求、新机遇。

（3）落实产城空间布局

农字号特色小镇的空间布局，应在研究现代农业各类产业在布局、土地、方式等方面落地空间要求，严格保护基本农田的原则下，重点考虑三产融合所需的用地规模，充分利用荒坡、荒地、河滩地等[3]，统筹村镇经营性集体建设用地，为新兴产业或植入产业留出空间。土地利用布局模式应坚持集约、高效的原则。村镇空间布局应尊重历史脉络，保护地域文化，优化居住、商业、公服、绿地等布局，通过建筑风貌改造、标识系统建立、小镇景观绿化、科技信息共享、经营管理运行等提升措施，与特色产业发展互融互促，共同塑造农字号特色小镇的鲜明形象。

（4）制定操作性强的保障措施

农字号特色小镇是推动农村现代化的一种新形态，因此针对特色小镇的目标定位，政府应针对产业体系、生活体系、生态体系、运营体系等方面，提出引导政策、扶持资金、支持项目、组织方式、利益联结、机制创新等措施，这些实施措施和政策的拟定可借鉴先进地区做法，结合本地情况制定可行方案，具体实施建设可采用政府拨款和社会资本引入相结合的方式，共同推进特色小镇建设。

1 张鸿雁．论特色小镇建设的理论与实践创新 [J]. 中国名城｜特稿 ,2017:1-4.

2 侯小伏．农业特色小镇建设的探索及建议 [J]. 中国国情国力 , 2017(6):13-16.

3 宦建新．打造更有活力的创业创新生态系统 [N]. 科技日报 ,2015-03-12(5).

6. 规划案例介绍

农字号特色小镇的灵魂是文化，核心是产业，吸引力是生态，要按照创新、协调、绿色、开放、共享的发展理念和宜农则农、宜工则工、宜游则游的根本原则进行规划设计。在规划设计和后期建设运营上，应因地制宜，大力发展乡村旅游，通过乡村旅游带动特色农产品销售，促进农村就业，提供回乡创业空间，增加农民收入。

（1）河南省濮阳市班家耕读小镇

班家耕读小镇位于河南省濮阳市城乡一体化示范区西端，属于非建制镇，规划总用地约 550 公顷，核心区约 53 公顷。项目临近高速路口及教育园区，区位优势明显，交通条件良好。规划范围涉及 7 个村庄，户籍总人口近 6500 人。

小镇整体的规划，是以田园城市为肌体、耕读文化为灵魂、水渠和绿道为脉络、文化创意和休闲康养为主导产业，打造集文化体验、创意创新、农旅休闲、科技示范等功能为一体的具有中华农耕文化及创意艺术氛围的濮阳农桑文旅名镇。通过研究神农野老、农桑衣食撮要等内容，提炼山、水、林、桑、鸟、人、径等多种耕读文化要素（图 4-10），确定整体的空间布局环境，构建独特的生活方式。规划布局通过村庄的合并调整，科学构建城乡统筹背景下城乡一体化的镇村体系及农村居民点结构，使得农业用地向适度规模经营集中、偏远居住向中心村镇集中、产业发展向园区集中，并促进经济结构的优化调整（图 4-11、图 4-12）。

图 4-10 班家耕读小镇格局提炼分析图

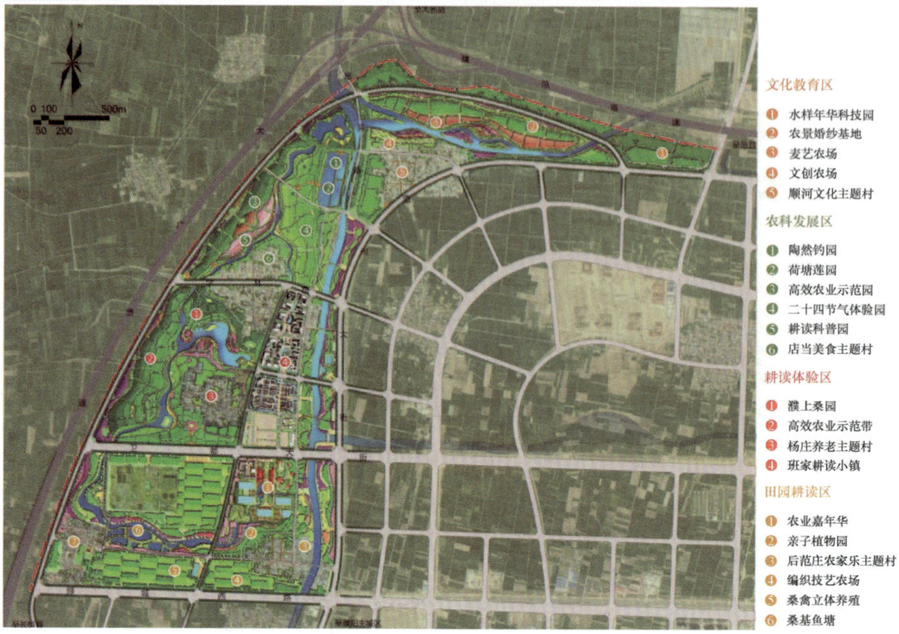

图 4-11　班家耕读小镇总平面图

图 4-12　班家耕读小镇整体效果图

（2）阜阳市新村镇芦蒿小镇

阜阳市阜南县新村镇芦蒿小镇的规划范围涉及新村镇 5 个村庄的用地及镇域中心区域，涵盖镇区面积约 3.4 平方千米，辐射带动全镇 62 平方千米的产业发展。阜南县 2007 年被评为全国唯一的农业循环经济示范试点；新村镇拥有丰富的历史底蕴，康养文化氛围浓厚，有“无蒿不成席，无蒿不过年”之说，文化与芦蒿产业融合发展特色明显。

小镇规划理念为“以产筑地”和“以旅促产”，通过构筑小镇产业内核、注入产业融合引擎，助力城镇一体化发展格局（图 4-13）；在“三品一标”体系建设中，塑造本草芦蒿的农业品牌。规划采用“寻源，通脉，活络，聚气”的构思手法，将芦蒿与其他作物有机结合，发展轮作、间作套种等方式，体现循环农业的特点。同时变农田为景观，变劳作为体验，变产品为礼品，打造芦蒿养生名片，结合海绵城市理念，将水渠连通，梳理水系，旱时防旱，涝时蓄水，做到田间有水，水中有景（图 4-14）。此外，抓住新村镇示范带动作用，策划优势项目，通过项目引爆点聚集游客人气，在小镇内部打造公园节点，提升风貌，聚集居民活力（图 4-15）。

图 4-13　芦蒿小镇规划布局图

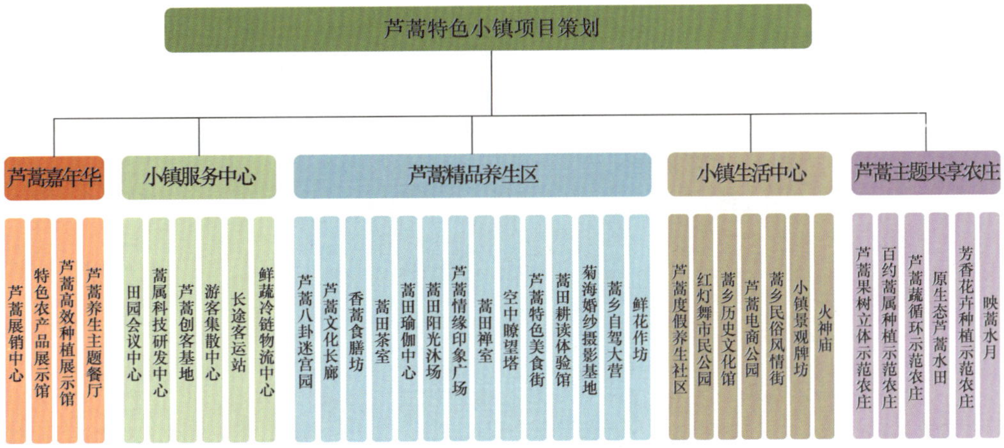

图 4-14　芦蒿小镇项目策划图

图 4-15　芦蒿小镇效果图

（3）河南省濮阳县汤泉小镇

汤泉小镇位于引黄入冀补淀工程示范带南段中部，涉及朗寨村东部、朗寨村北部及朗寨村两条主要街道及沿街村庄用地，规划范围总用地面积约为 93 公顷。充分利用温泉资源，建设美丽乡村示范村，成为代表河南旅游小镇形象的名片。

小镇规划立足濮阳本地市场，辐射京津冀及中原经济区，以引黄入冀示范带为依托，以温泉、民宿和生态休闲农业园区为特色，以特色餐饮为引擎，建成具有品牌影响力的主题旅游服务小镇。整个项目主要包括健康农园规划和村庄街道风貌整治两大板块，其中健康农园由特色水产观光区、市民休闲娱乐区、设施农业采摘区、生态渔业休闲体验区、莲塘观光主题区、生态农业体验区六大片区组成。充分利用温泉资源，建设美丽乡村示范村，成为代表河南旅游小镇形象的名片（图 4-16、图 4-17）。

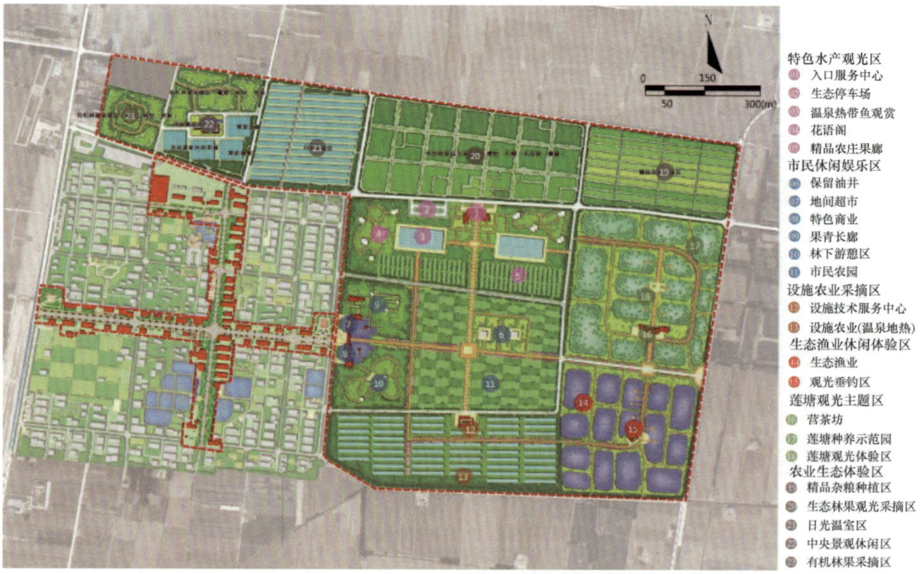

图 4-16　河南省濮阳县汤泉小镇平面图

图 4-17　河南省濮阳县汤泉小镇效果图

（4）新疆阜康天池农业特色小镇

天池农业特色小镇处于新疆阜康国家农业公园的中心位置，其地理位置如图 4-18 及图 4-19 所示。特色小镇主要为九运街镇和古城中心村等村域用地，规划用地面积约 14000 亩，距离天池核心景区 40 千米，距离乌鲁木齐市 64 千米，距离昌吉回族自治州 93 千米，是承接阜康市新区、工业园区居住服务区、景区休闲度假区和生态屏障区的核心区域，其周边旅游资源丰富，如图 4-20 所示。阜康市围绕天池景区已打造一系列“天池 +”旅游项目，并取得初步成果。小镇临近天池，应发挥区位优势，灵活运用品牌延伸，形成区域项目捆绑营销效应，进一步扩大景区影响力，带动其他产品发展。

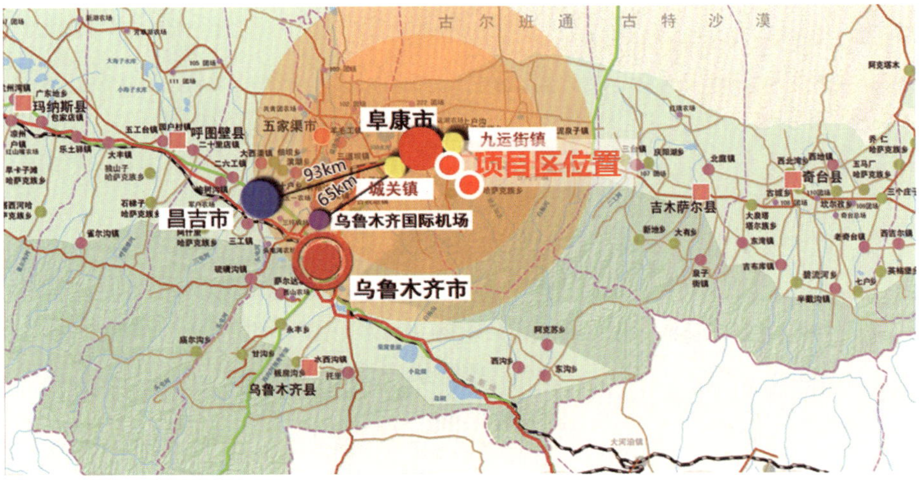

图 4-18　天池农业特色小镇地理位置图

图 4-19　阜康国家农业公园范围及天池农业特色小镇的位置关系图

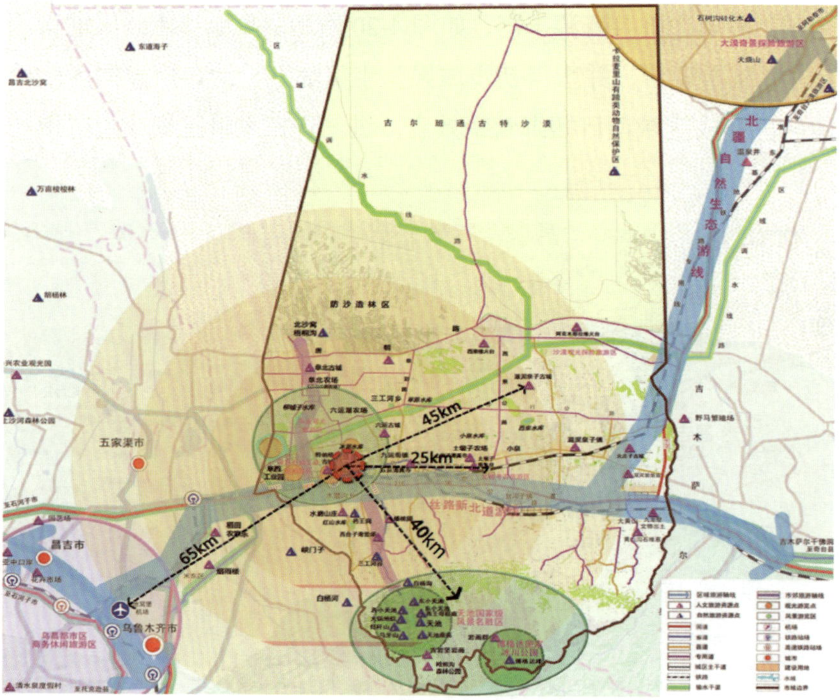

图 4-20　小镇周边文化旅游资源分析图

对阜康市 2012—2016 年的旅游情况进行分析，如图 4-21 所示，发现其游客量呈稳定上升趋势，未来具有很大的旅游发展潜力。其中，以天山天池的游客量占比最大，且多集中在每年的 6—9 月份游玩，因此，规划时需重点考虑与天池景区的联动作用。

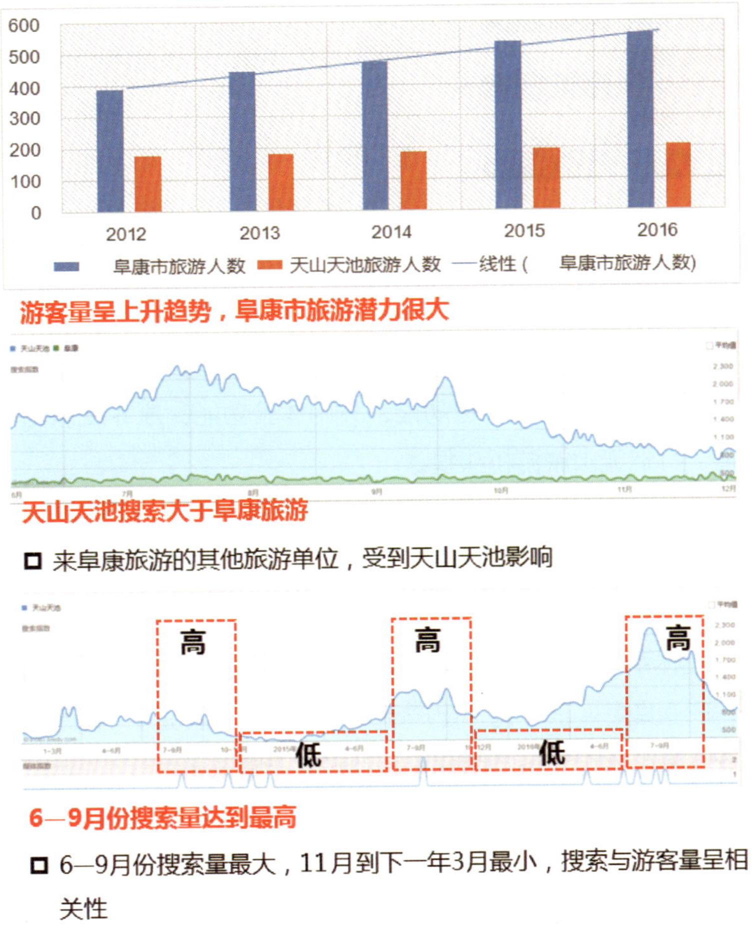

图 4-21　阜康市 2012—2016 年的旅游情况

① 天池农业特色小镇的发展思路

天池农业特色小镇位于阜康国家农业公园的中心位置，阜康国家农业公园是以“瑶池仙境，王母之乡”为文化主题，以“国家农业公园＋特色小镇＋美丽乡村”为重要抓手，以“都市型现代农旅三产融合项目”为核心爆点，打造的“天山天池·西域五彩农业城”。计划建设成为国家级农村三产融合推广示范区、全国休闲农业与乡村旅游示范点、西部新型城镇化建设示范区、新疆绿色品牌农产品供应基地、乌鲁木齐都市休闲农业后花园。

而天池农业特色小镇作为阜康国家农业公园的引爆点，可借力天山天池自然风景区，以新业态项目作为游客吸引，以特色文化作为旅游支撑，以天池特色小镇为主题，以王母文化、花儿文化、西域文化作为精神内涵，设置不同主题板块，以村庄居民点、主题庄园、主体小镇，分层重点打造，按模块化运营，统一激发活力，通过“科技＋文化＋农业＋旅游”叠加，实施“互补天池、品牌捆绑、功能复合、创意业态”等措施，打造整个区域的亮点。其构建模式如图 4-22 所示。

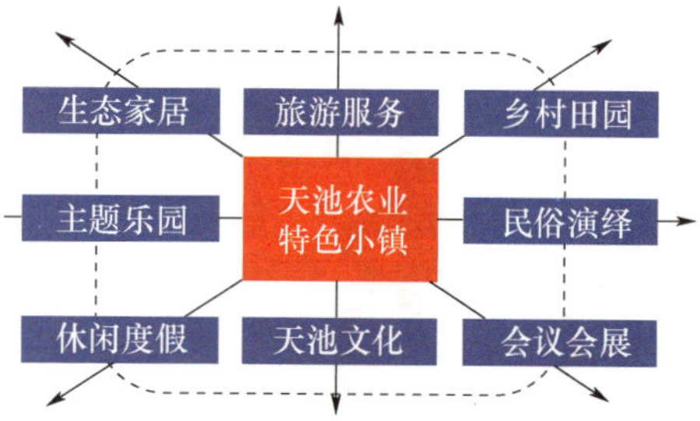

图 4-22　天池农业特色小镇构建模式图

② 天池农业特色小镇的规划策略

小镇处于天池风景区入口门户位置，应在旅游业态和运营路径上无缝衔接，重点突出旅游服务功能，并体现餐饮文化功能、休闲体验功能、康养度假功能以及文化旅游产品推介功能，打造天山旅游桥头堡。

小镇属于阜康市近郊区，应加强与城区的城乡统筹发展，在功能互补支撑、基础设施建设、城市生态绿廊构建、交通网络衔接、地域文化融合等方面力争达到一体化统筹衔接。

小镇目前产业体系单一、层级较低，缺乏核心动力。应借力区位优势，通过产业规模示范引导，产业集聚展示展销，让产品走出去；以“农业＋”构建旅游产业业态，农旅融合的理念，强化旅游服务品牌建设，让游客走进来。

充分保护与利用小镇的水资源条件，引入海绵城市理念，以蓄水养地、储水活业方式促进生态田园格局构建；通过天山水源，挖掘水文化旅游品牌，打造宜居宜业、安全绿色的生态田园。

③ 天池农业特色小镇的空间布局方式

由于项目区内村庄、各产业业态分散，结合发展现状，需重新塑造产村单元结构。围绕整体规划定位，充分融合阜康市的城乡建设，形成路衔接、绿关联、地统筹的总体布局，使结构布局、交通路网、产业片区、空间特色相统一，并建立分层管理系统，整体营销，统一品牌，资源集聚。

布局基于霍华德的“田园城市”理论，如图 4-23 所示，结合四个村落围合一个生态城的意向，舒展“城”的空间布局，中心规划天池农业特色小镇，成为承载园区综合功能的核心载体。通过“绿色项链”“水脉相连”“乡村镶嵌”的布局手段打造天池农业特色小镇。

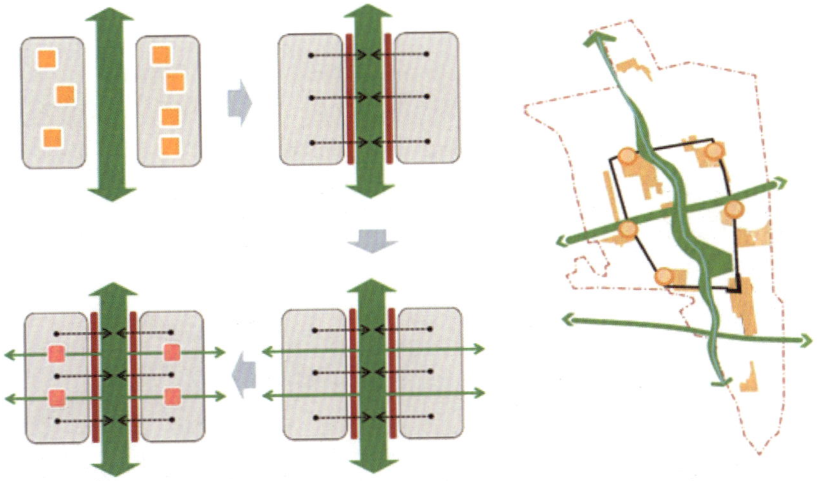

图 4-23 空间布局模式图

“绿色项链”：串联各个现代农业产业片区，形成主题突出、功能复合的主题农业风情环道。

“水脉相连”：三工河、黄渠水流入城中心，与周边形成完整的水系网络。

“乡村镶嵌”：美丽乡村散布在园区内，围合中间的特色小镇，形成“众星捧月”的农业城格局。

在项目规划方面，天池农业特色小镇规划设置西域农产品奥特莱斯、农业迪士尼、水漾年华、瑶池仙居、阜康文化美食街等项目，如图 4-24 ～图 4-27 所示。通过将西域等文化符号赋予小镇的建筑、景观中，形成具有阜康地域特色的活力形象。

图 4-24 天池农业特色小镇总平面规划图

图 4-25　天池农业特色小镇鸟瞰效果图

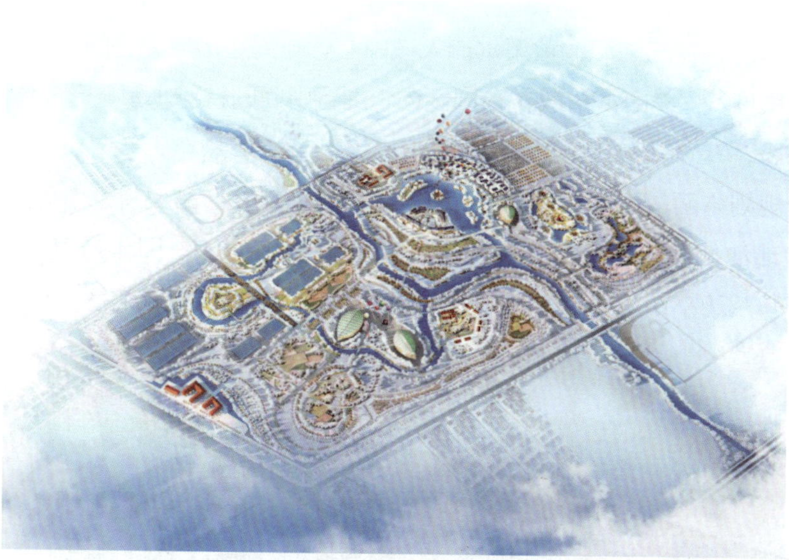

图 4-26　天池农业特色小镇雪景鸟瞰效果图

图 4-27　天池农业特色小镇沿河效果图

④ 天池农业特色小镇的用地模式

天池农业特色小镇在土地利用模式上，采取“产城一体、用地复合、高效集约”的理念。由于原有村庄建设用地，分为保留及拆迁安置，规划通过集中安置民居用地方式，节约土地资源，腾出村镇建设用地指标，置换成产业配套设施用地指标。新建建设用地通过内部消化，不需要另外增添指标，其土地利用模式如图 4-28 所示。

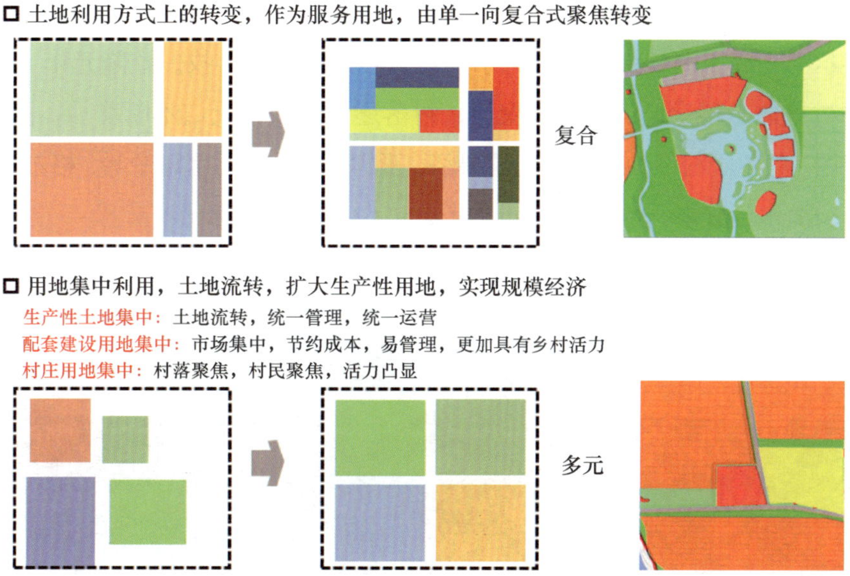

图 4-28 天池农业特色小镇土地利用模式图

天池农业特色小镇是借助天山天池世界级自然遗产的影响力和旅游客源来发展的“农字号”特色小镇，规划结合地形地貌气候自然特点，展现王母文化、花儿文化、丝路文化、西域文化，推进传统农业产业转型升级，深度拓展绿色农产品和休闲农业需求，实现产、城、人、文间的互动。

在明确了村镇体系统筹基础上，对居住环境、配套设施、休闲产业发展、生态保护、文化传承等方面进行了科学统筹规划。在现代农业发展方面，对农业产业的规划布局、发展方向、重点发展项目等进行了全域范围内的统筹协调，并对市政基础设施进行统一协调规划。通过“现代农业＋小城镇”的发展模式，计划构建产城一体、农旅双链、区域融合发展的“农字号”特色小镇。（注 4）

五、高原风情小镇的文化内涵

1. 日月·阳光科创小镇的创建

（1）日月藏族乡概况

兔尔干村（图4-29）为湟源县日月藏族乡政府所在地，是全乡政治、经济、商业、文化、交通中心。109国道穿村而过，距离湟源县城约23千米，距省会西宁市约70千米，境内东科尔河、药水河蜿蜒而过。兔尔干古属西羌地，宜游牧。乾隆元年（1736年）在兔尔干村重建东科寺，群众渐次聚集，村落逐步形成，人口不断增加，汉、藏、蒙多民族聚居。兔尔干村经109国道南至果洛、玉树到四川，西至德令哈、格尔木到西藏，东至西宁、海东到甘肃，地理位置十分重要。

图4-29 兔儿干村全景

（2）日月藏族乡（日月小镇）发展愿景

日月小镇，最初起步于2012年的兔尔干新型农村社区（异地扶贫搬迁）示范建设规划，当时规划设计单位就结合当地自然资源，历史文化资源提出“日月山下第一镇”的概念，其规划一直在持续的实施当中，为特色小镇打下良好的基础。当时规划中针对产业就是旅游服务产业的发展，规划中为当地产业发展留口甚大；日月特色小镇的创建设想，是在已有规划和建设的基础上，对用地予以扩大，对产业予以扩充和提升，使之符合并满足国家相关要求。

以日月山文化为背景，以旅游服务为先导、以科技创新产业为目标，积极引进人才，创新体制，深度挖掘和整合日月山周边各类资源，再现汉藏文化交融之地的辉煌与壮美。按照产、城、人、文为一体的发展思路，最终实现日月小镇为宜居、宜创、宜业、宜游、宜享，极具高原地域特色的日月风情小镇。

（3）日月小镇面临的问题

保护与发展的问题：2016 年兔尔干村被列入国家级第四批传统村落，2017 年由青海省评定为省级历史文化名村，基于此，对日月藏乡村落的保护和历史文化的弘扬提出了更高的要求。

民族融合：日月乡位于日月山下，是汉文化与藏文化的分界线，是汉、藏等民族经济、文化交流的重要集聚地，是多元文化的融合之地，民族融合问题亦是日月特色小镇创建的重点方向。

产业方向、产业融合与产业转型升级、定位：发展才是硬道理，在经济发展新常态下，如何改变日月藏乡经济发展现状，成为日月乡发展亟待解决的问题，找到突破点寻觅新动力引擎是必然之路。2015 年 12 月底，习近平总书记对“特色小镇”建设作出重要批示：“抓特色小镇、小城镇建设大有可为，对经济转型升级、新型城镇化建设，都大有重要意义。”国家推出的生产、生活、生态“三生融合”，产、城、人、文“四位一体”特色小镇，彰显产业特色、凸显人文底蕴、引领区域创新发展，以政府为主导、以企业为主体、社会共同参与的创新模式恰逢其时。在此情况下，日月阳光科创小镇应时而生，成为日月藏族乡乃至西宁市重要的建设新平台。

2. 日月阳光科创小镇规划

（1）日月小镇项目考量

日月小镇在资源整合、产业转型、区域发展等方面进行过详细的分析论证，定制了一条符合自身特点、适合自身发展的特色之路。如何推动这一战略转变，依照现有资源，确定符合实际情况的产业项目，让村民能够“妇姑荷箪食”，“丁壮在南冈”，家家安居乐业，是其关键所在，旅游宜民，科技强镇成为必然的选择。

自然禀赋：日月藏族乡太阳辐射强度高，光照时间长，年平均日照时间 2900 小时，年总辐射量可达 6000 ～ 7600MJ/m^2（兆焦每平方米），其中直接辐射量占总辐射量的 67% 以上，是我国太阳辐射资源最丰富的地区之一。这是太阳能科技创想园区设立的基础。

生态环境：青草如茵的滩地草山，丰沛清澈的东科尔河、药水河，山花烂漫，富饶的农田，省级文物保护单位东科寺，县级文物保护单位火神庙，厚实古朴的庄廓院落，共同构成了山、水，林、寺、村和谐共生的日月小镇。

地理交通：小镇位于我国季风区与非季风区的分界线上，地处黄土高原与青藏高原的叠合区，是青海省内外流域的天然分界线，划分了农耕文明与游牧文明。藏语叫日月山为“尼玛达哇”，蒙古语称“纳喇萨喇”，都是太阳和月亮的意思。日月山，历来是内地赴西藏大道的咽喉。早在汉、魏、晋以至隋、唐等朝代，都是中原王朝辖区的前哨和屏障，故有“西海屏风”“草原门户”之称。北魏孝明帝神龟元年（公元518年），僧人宋云自洛阳西行求经，便是取道日月山前往天竺。日月山自古就是历史上“羌中道”“丝绸南路”“唐蕃古道”的重要通道。南北朝时期，由于河西走廊丝绸之路堵塞而开辟的“丝绸南路”，即经日月山、青海湖，过柴达木盆地通往西域。唐代开辟的“唐蕃古道”更是由东北入境从西南出境前往河源去拉萨，贯穿海南藏族自治州腹地。日月山曾经是会盟、和亲、战争以及“茶盐”“茶马”互市等众多历史事件的见证。

人文资源：日月藏族乡位于日月山下，有着悠久的历史，日月山古称赤岭，是唐蕃古道重要的节点，著名的唐蕃古道和丝绸南线从日月山经过。日月藏族乡也是王母故里，据专家考证认为，境内的野牛山是昆仑神话中的昆仑山，宗家沟石窟群是西王母石室，是昆仑文化的重要发祥地之一，也是三千多年前西王母的主要巡游牧驻地和西王母国的政治经济中心。

历史文化：在历史上，日月山还是唐朝与吐蕃的分界线。公元7世纪，以松赞干布为首的吐蕃雅隆部落，兼并了其他部落后，在一个叫逻些(拉萨)的地方建立了吐蕃王朝，与当时的唐王朝就以赤岭为界。日月山古代历史上有许多发生在农牧区交接地带的互市，开元二十一年(733年)，唐与吐蕃定点在赤岭互市，以一缣易一马。唐肃宗以后开展了“茶马互市”，青海大批的马牛被交换到内地；内地的茶、丝绢等同时也交换到了牧区。

军屯文化：特殊的地理位置，造就了军事重镇的历史地位，从西汉以来，这里就战火纷飞、硝烟弥漫，历代王朝修筑城堡，设置军事据点，为兵家必争之地。日月山周边就有临羌城、克素儿城、北京台城、哈拉库图城、古营盘台、石堡城等六座古城堡及军事设施遗址，充分展示出湟源地区波澜壮阔的军事画卷。其间发生了赤岭会盟、文成公主和亲等事件。

昆仑文化、农耕文化、牧业文化、军屯文化、宗教文化等各种文化在这里相生相长、交汇融合，不同信仰、不同民族、多种文化的交融互动，形成了日月山独具特色的地域文化，我们将其总结为日月山文化，有很高的旅游开发价值。日月小镇是环青海湖旅游圈、大西宁旅游圈的重要组成部分，唐蕃古道旅游线的重要节点，是旅游资源的富集带，留存着众多历史传说、文物古迹、宗教圣地和民族民俗文化，形成了湟源县多元融合的文化形态最为集中的地带（图 4-30）。

图 4-30　日月・阳光科创小镇鸟瞰图

（2）发展理念与模式

特色小镇的成功与否与“特色”和“产业”休戚相关，“特色”和“产业”是特色小镇的基石，小镇必须“以产立镇、以产带镇、以产兴镇”，才能使特色小镇兴旺发达、居民安居乐业。特色小镇包含了生产、生活、生态“三生融合”的内容，促进从小镇资源到小镇产业，小镇产业到小镇经济，小镇经济到小镇发展，最终实现产镇一体、协调发展，为小镇健康发展提供持续可靠的动力和支撑。

对小镇成功发展的模式普遍观点认为是“产业＋旅游”，认为成功的小镇不仅要选址准确，还一定要加入旅游元素！并认为有旅游的小镇未必能成功，但是没有旅游的小镇一定是成功不了的，众多的特色小镇发展也验证了其正确性。

由此我们认为日月乡的发展之路也应是“特色产业＋旅游”，概括为文化的特色、产业的特色、旅游的特色发展之路。

依据日月乡自然资源及人文资源，提炼概括出资源优势：地理位置优越、日照时间长，太阳能资源丰富；农耕游牧文化交融，人文资源丰富多彩；交通便利，是旅游干线上重要的服务区。

据此确定日月乡生产、生活、生态“三生融合”形态，形成文化＋产业＋旅游＋生活的产、城、人、文“四位一体”特色小镇，其模式为双产＋旅游模式，定位为：日月·阳光科创小镇（图 4-31）。

图 4-31　总平面规划图

以日月山文化为依托、基于交通便捷为基础，整合周边军屯文化、昆仑文化、藏传佛教文化、地理历史文化资源，结合夏天模式、冬天模式的全季产品。

即：旅游带动＋高原康养特种康养（藏医药、体能适应与补充）＋科技体验（试验、示范、教学实践）。

（3）科技体验

充分利用太阳能资源，在日月乡打造科技体验区，体验区分为五大板块：光伏、光热、材料、农牧业、众创基地。

以国有大型央企、上市公司为龙头，以光伏绿色能源合作组织 PGO、中科院电工所太阳能光热国家重点实验室、国家住宅与居住环境工程技术研究中心、中科院青海盐湖研究所、相变蓄热材料与镁质复合材料研究与应用中心、青海省高原绿色建筑与生态社区重点实验室、高原自然建筑研究中心、乡村建筑工作室联盟等研究部门先期进入，以太阳能技术研究、太阳能产业研究、实验、示范与应用、产业服务和相关延伸产业，构成了对可再生能源产业的板块的构架，形成行业内的高地（图 4-32）。

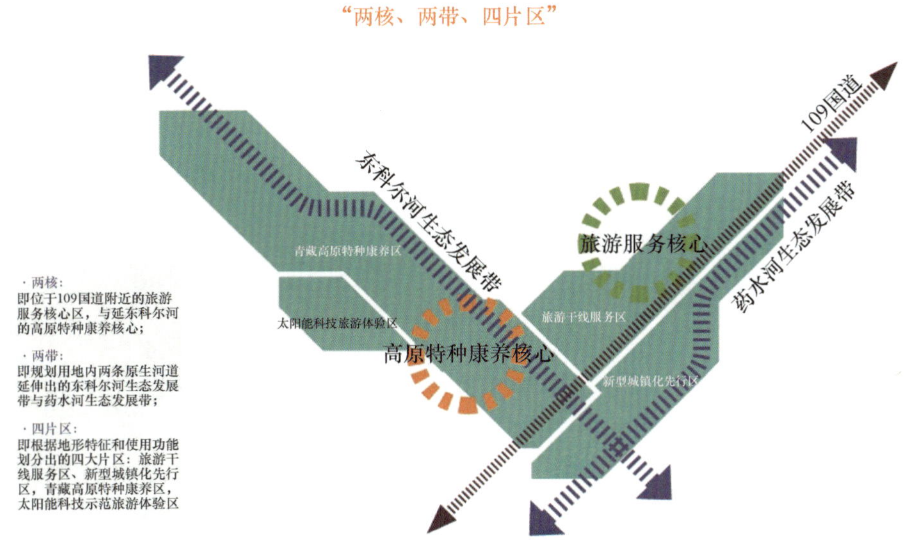

图 4-32　空间结构规划图

打造“产、学、研、用”（产品展示中心、产品体验中心、产品发布中心、产品推广中心）一体化平台，科技成果转化平台、建筑科技创新论坛等信息发布、传播平台。

大众创业万众创新，加快发展新经济，培育发展新动能，打造发展新引擎，建设双创示范基地，扶持一批双创支撑平台，突破一批阻碍双创发展的政策障碍，形成一批可复制可推广的双创模式和典型经验，重点围绕创业创新重点改革领域开展试点示范（图 4-33）。

（4）高原特种康养

在特色小镇规划高原特种康养区，康养区位于小镇的西部，由高原特种康养保健中心、藏式温泉药浴中心、高原体能适应与补充基地、禅修疗养体验区、敬老与养老社区及高原康体运动公园组成。高原特种康养区北依东科尔河、南靠河拉大山、西至寺滩村、东到互动式体验农场，四周青山绿水、植被繁茂、鸟语花香、俱寂静谧，非常适合作为康养项目用地使用。

青海省人民医院院长吴世政的研究表明，同一血管闭塞下，高原人群有更强的脑储备力，有更小的梗死面积及更轻的临床表现，适度间歇性暴露于高原低氧环境，可能会成为保护和提高脑储备力的有效方法。

图 4-33　功能结构规划图

中国工程院院士吴天一、青海大学高原医学重点实验室主任格日力的相关研究证明，海拔 2000 米至 3000 米的林区或植被丰富的地区，最有利于激发人体的生理机能而又不至于造成低氧损伤。

业界建言：在世界“第三极”青藏高原建养生之都，建国家高原康养产业发展试验区。长风破浪会有时，直挂云帆济沧海。可以毫无疑问地说，高原旅游、高海拔康养已得到社会的认可、成为社会共识。

（5）旅游带动

旅游是特色小镇不可或缺的产业项目，在日月小镇量身塑造吃、住、游、购、娱项目，带动日月小镇的发展（图 4-34、图 4-35）。

图 4-34　局部实景

图 4-35　细部设计

吃：在小镇建设汉藏文化风情小吃商业街、地方土特商业街区，在依托现有庄廓院民居基础上，打造藏文化风情街，融入古朴、自然的汉藏融合的文化元素，做到一户一方案、一家一风情。或黄或白的墙壁，镌刻“八吉祥图案”、牡丹、祥云等图文，精雕细刻的大门及檐口、独具特色的牛角窗，完美契合了建筑群的整体风格。石板铺砌的小巷，挥动长袖的雕塑，路边的转经筒，使风情街处处体现藏文化的整体风格。处处有文化、到处皆风景，人与自然和谐相处、厚重文化与多姿建筑浑然天成，大力发展日月乡地方产品、特色餐饮、旅店、小吃等行业，展示青海的各种美食。

住：在小镇建设精品度假酒店、生态民宿聚落，整合农家庄廓院，精品度假酒店是以接待休闲度假游及过路的高端客人为主，为休闲度假游客提供住宿、餐饮、娱乐等服务功能。酒店从当地民俗风情、古代传说、名人故事等方面挖掘文化内涵，并将文化要素融入酒店风格、室内装饰、餐饮全方位整合，以提升酒店“娱乐与游乐”的吸引力，向旅游者们传达着不同区域、不同民族丰富多彩的地域文化、历史文化等。让游客身心体验高原文化和藏文化，了解这里曾经发生的唐蕃之战、茶马古道、文成公主进藏等历史画卷。生态民宿聚落与农家庄廓院以体验当地特有的庄廓院建筑，了解当地的民风民俗，体验当地村民住火炕、喝熬茶的边地生活。

游：在小镇打造藏文化园区、东科寺、东科河生态公园、药水河生态公园、七色花海“梯田景观”。规划的藏文化园区位于109国道西侧，黑山余脉的山坡上，地理位置非常醒目，南来北往的车流都可容易清晰地看到，不仅是小镇的平面形态中心，在高度上也是小镇的视觉中心，是小镇地标性建筑。藏文化园共分为问鼎逐鹿、公主进藏、民族瑰宝、藏地风俗、文化艺术五个展区，分别介绍展示相关内容。小镇四周群山起伏，草山梯田相映成趣，兔儿干农田每年至少拿出一半的土地种轮换植油菜花，规划引进油菜花最先进的变色技术，让七彩油菜花构成绚烂的独一无二的风景，粉黛、紫红、雪白、金黄、粉白、紫叶白花等交相映衬，五彩缤纷。泥土的清香和菜花的香味弥漫于群山沟壑，乡村田园，让人沉醉。游客漫步其中，定会拥有别样的空间体验。

购：一院一品、一户一业，重点突出在青海众多的特色产品资源中，真正具有独特性的特色产品优势，可以概括为“高原、绿色、环保无污染的有机食品”，要在这方面下足功夫，广泛宣传有机食品的优点，让游客认识高原有机食品，产生购买的欲望，达到销售的目的。

娱：在小镇建设民俗大舞台、民俗展览馆、滨河生态演艺厅、滨河休闲小屋、互动式体验农场、非物质文化展示馆等项目，让游客在这些地方参与其中，唱起河湟的“花儿”，漫起藏族的“拉伊”，跳起欢快的“锅庄”。每天晚上这里都是灯火辉煌、笑语连天，都有“赶大集、过大年、看大戏”的欢乐气氛。

（6）项目特点

日月山作为地理标志不可复制	这里是唐朝的纥壁驿站
日月山文化不可能复制	这里是文成公主婚嫁之地
海拔独特性无可复制	这里传唱着不朽的边塞诗词
阳光（太阳能资源）不可复制	这里有西藏迁来的东科寺庙
这里是农牧分界	这里留存着西王母栖息之所
这里是汉藏咽喉	这里是旅游干线上的服务区
这里是草原门户	这里有中国第一个能源自维持的示范小区
这里是黄土高原的边缘	这里正在建设真正意义上的光伏小镇
这里是青藏高原的起点	这里太阳能资源丰富、是太阳能科技的试验田
这里是军屯的山下大本营	这里正在实施着一院一品一户一业的产业升级
这里是汉藏文化的交流融合之地	这里是典型的农牧结合带的新型城镇化示范点
这里是中国最早的茶马互市之地	这里是汉藏交融建设的成就

注 1：本文摘自《小城镇建设》，2016.11，37-41，关于民营金融机构参与特色小镇建设发展的思考，撰稿人：王新汉，金秀芳。

注 2：本文摘自《小城镇建设》，2017.07，68-74，90，旅游特色小镇成长阶段及不同阶段发展策略——以山岳旅游目的地为例，撰稿人：冯巧玲，宋国庆，谭剑。

注 3：本文摘自《小城镇建设》，2017.08，48-53，简析旅游开发中的云南少数民族特色小镇，撰稿人：陈燕。

注 4：本文部分内容摘自《小城镇建设》，2018.09，73-78，“农字号”特色小镇规划设计技术浅谈——以新疆阜康天池农业特色小镇为例，撰稿人：曾永生，李国新，郑岩，潘丽。

塑造篇

细数如何做特

第五章　规划设计

一、特色小镇规划设计的五大板块

1. 特色小镇的发展历程

到目前为止，浙江省特色小镇的发展历程，大致经历了起步研究、全面启动、实质推进等三个阶段。

（1）起步研究阶段

浙江省特色小镇建设的实质性工作，起步于2014年，源自对国外诸如瑞士达沃斯、美国格林威治、法国普罗旺斯、希腊圣多里尼等地区发展经验的学习。这种具有“主题方向明确、人才资金密集、文化韵味独特、建设精致宜人”特点，实现“小空间、大产出”的发展模式，与浙江地少人多、块状经济突出的特点十分吻合，具有一定借鉴意义。

（2）全面启动阶段

2015年1月，《浙江省人民政府工作报告》将“特色小镇建设”列入省政府的年度重点工作计划，报告中提出要以“新理念、新机制、新载体推进产业集聚、产业创新和产业升级”；同年4月，省政府出台《浙江省人民政府关于加快特色小镇规划建设的指导意见》（浙政发〔2015〕8号，以下简称《指导意见》），明确了今后全省特色小镇工作的总体要求，并提出“将重点培育和规划建设100个左右特色小镇”，标志着浙江特色小镇的规划建设工作开始全面启动。

（3）实质推进阶段

2015年6月，浙江省专门成立了“浙江省特色小镇规划建设工作联席会议”及其日常办公机构，明确了特色小镇的工作组织架构。其后，相继出台了《浙江省特色小镇创建导则》（浙特镇办〔2015〕9号文，以下简称《创建导则》）等一批关于特色小镇创建工作的实施细则，并公布了两批共79个省级特色小镇的创建名单。2016年1月，李强省长发表“特色小镇是浙江创新发展的战略选择”一文，首次系统总结了特色小镇的建设经验。至此浙江的特色小镇建设已从“纸上概念”全面走向“落地实施”

阶段。

2. 特色小镇的内涵解读

《指导意见》中对特色小镇的定义是“相对于独立市区，具有明确产业定位、文化内涵、旅游和一定社区功能的发展空间平台，区别于行政区划单元和产业园区”。李强在“特色小镇是浙江创新发展的战略选择”一文中提出，特色小镇其产业定位不是“大而全”，力求“特而强”；功能叠加不是“散而弱”，力求“聚而合”；建设形态不是“大而广”，力求“精而美”；制度供给不是“老而僵”，力求“活而新”。

综合来看，笔者认为特色小镇应是一种创业创新生态圈的空间载体。这种创业创新生态圈是产业生态圈概念的扩展，即以某种根植于当地、具有极强发展潜力的特色主导产业的核心环节为主体，以领军型团队、创新型人才和高端创业要素集聚为核心，以地域人文底蕴演化形成的创业创新文化氛围为纽带，以完善的公共服务、优美的宜居环境、精致的建设风貌为外在表现的，“产、城、人、文”四位一体、高度融合发展的“复合生态系统”。它具有以下几个特征：

（1）特色小镇具有紧凑而明确的空间范围（3 平方千米左右），是优势主导产业发展的集聚地，因此它区别于行政区划中包含城乡区域的“镇”的概念。

（2）特色小镇尽管是以发展产业为主，但与以往“经济开发区”“产业园区”“风景区”等“区”的概念不同，它不仅仅追求产业生产环节的总量，不强调产业链的全覆盖，而是更强调“转型”和“创新”的含金量，因而它所集聚的是整个产业链中一部分高端的核心环节，以及与主导产业相互关联、共存、促进的各种创新功能、服务功能、社区功能、文化功能等延伸功能。

（3）特色小镇是新型城镇化的新型载体，“以人为本”是其核心理念。因此，它的社区功能打造，不仅面向外来的创新创业人才、团队，也聚焦于为本地原住民提供更多、更好的就业岗位，并通过文化功能塑造，营造统一的社区归属感。

（4）特色小镇把文化功能作为“内核”，但不仅仅限于对地域优秀传统文化的挖掘、展示，更强调对传统文化的活化利用，赋予其时代精神，形成凝聚特色小镇的新的文化氛围。

（5）特色小镇的空间呈现，在满足小镇居民产业、居住、游憩等功能的基础上，更强调的是精细、美观而具有地域辨识性，它是城乡空间建设与生态文明建设相融合的产物。

3. 特色小镇规划的编制方法思考

规划是引领有序发展的重要手段，特色小镇作为一项新生事物，是涵盖产业、生态、空间、文化等多个领域的系统性工程。因此，特色小镇规划是一项各种元素高度关联的综合性规划，不能照搬现有某个单一领域的规划方式和方法，而应在“多规合一”的基本理念下，针对特色小镇特点开展的创新型实践。

从目前浙江省第一批、第二批 79 个省级特色小镇的申报创建经验看，全省各地编制的规划名称有实施方案、实施规划、创建方案、创建规划、概念规划等多种，并无统一范式。我们认为，特色小镇规划应是一种“创建概念性规划”，内容上应采用“务虚 + 务实”相结合方式，既要有作为顶层设计的战略性研究，又要有概念性空间设计和建设项目实施计划，并在主要的规划内容上与所在地的国民经济社会发展规划、城乡规划、土地利用规划和生态功能区规划进行充分对接。

特色小镇创建概念性规划（以下简称“小镇规划”）的编制框架上，可围绕“主题选择”“小镇选址”“功能定位”“空间布局”“实施计划”等五个主要内容开展，并在此基础上汇总形成小镇创建期的各项规划目标，具体内容如下：

（1）选择特色主题

“特色主题”是特色小镇冠以“特色”之名，并实现小镇产业定位“特而强”目标的根基，也是小镇规划首先要解决的问题。从规划角度看，“特色主题”包含了两个方面的概念，一是大方向上主攻“7+1”产业体系中哪个门类；二是在大方向下，某个特色小镇所具有的“独特性”细分领域。一般而言，确定某个特色小镇的特色主题，可以从小镇所在地、更大尺度范围的区域角度入手，立足“特色产业、资源禀赋、文化底蕴”这三个要素，梳理、提炼、总结小镇具有的特征，再将其与“7+1”产业体系进行综合考量确定。这一阶段中，主要与所在地的国民经济社会发展规划和相关产业规划进行对接。其中，特色优势产业因素应是最核心的要素，浙江现有列入创建名单的 79 个特色小镇，其主题选择多是以特色优势产业为切入点（图 5-1~ 图 5-3）；或是以过去具有影响力的历史经典产业，如“文房四宝”中的“湖笔”之于南浔善琏湖笔小镇；或是以当前优势主导产业，如“皮革服饰设计”之于海宁皮革时尚小镇；抑或是以未来极具潜力的新兴产业，如“互联网 +”之于余杭梦想小镇等。特色主题的独特性，还体现在即便主攻同一产业，也是通过差异定位和细分领域，来实现错位发展，比如同为信息经济类的云栖小镇、梦想小镇，前者以发展大数据、云计算为主题，后者主攻“互联网创业 + 风险投资”。

图 5-1　平阳宠物小镇概念设计图

图 5-2　平阳宠物小镇总体鸟瞰图

（2）确定小镇选址

小镇规划在特色主题的确定阶段，实质上回答了两个问题：一是小镇所属区域具有建设特色小镇的必要性；二是小镇今后总体发展的方向性。而“小镇选址”则是回答“小镇建在哪里的可行性”问题。这一阶段，主要通过进行“区位比选、周边影响、多规衔接”等三类分析，综合研究确定规划小镇的合理位置与具体范围。其中：①“区位比选”分析，侧重于考量因小镇开发建设可能形成的正向效应，即该选址对本区域特色优势的发挥程度；②“周边影响”分析，侧重于考虑小镇建设对周边区域整体发展的负面效应，即该选址对周边地区发展可能存在的不利影响程度；③“多规衔接”分析，侧重于考量该选址在3～5年内实施开发建设的可行性，主要通过将3平方千米左右的小镇规划红线范围，与已有涉及此区块的法定城乡规划、土地利用总体规划和生态功能区规划等之间进行合规性比对。

图5-3 平阳宠物小镇“小镇客厅”鸟瞰图

（3）研判功能定位

“功能定位”是基于小镇特色主题的深化与细化，是小镇长远的目标愿景，目的是实现特色小镇功能叠加“聚而合”要求。这一阶段，可考虑结合《指导意见》中对特色小镇概念的定义，以规划小镇为对象，从“文化”“旅游”“产业”“社区”四个不同维度，采用“先分项、后整合”方式，确定小镇具体细化的目标定位，并提出相关功能建设的发展策略。其中：①进行多角度的分项研究和分析，提出不同角度下，小镇可能具有的相关功能内涵，及其可实现的作用地位；②将多维度的分项结果进行整合，保留可共存、可融合，并能产生叠加效应的部分，完成小镇的规划功能定位研判；③立足确定的功能定位，分别对产业、文化、旅游、社区等功能建设，提出相应发展导向、发展重点和发展路径等内容。

（4）组织空间布局

“空间布局”是塑造特色小镇特色主题和功能定位的空间组织手段，目的是实现小镇建筑形态“精而美”的要求。在空间布局整个过程中，可考虑遵循“风貌控制、功能组合、场地拟合、形体设计”四个步骤来实施。其中：①立足特色主题，针对小镇的历史文化传统和未来主导发展方向，筛选、提炼并确定相适宜的建筑风格、环境风貌，作为空间布局的设计导则；②立足各项功能定位，进行功能空间形式的细分，并按照复合集约利用的导向，将其中可整合、叠加、聚集的功能空间类型进行归并设置，采用复合型建设方式，以期达到资源利用效益的最大化；③立足场地环境特点，围绕场地自然环境与开发现状，布置各类功能空间，构建内外交通联系便捷，功能区块呼应紧密的功能布局总方案；④在三个步骤基础上，按照小镇风貌控制要求，落实总体性的概念设计方案和重要节点的意向效果，塑造完整、连续、有辨识性的小镇形态风貌。

（5）制订实施计划

特色小镇注重与实体经济紧密结合，强调有效投资和可实施性，因此“实施计划”是小镇规划的重要环节。我们认为，实施计划应包括建设项目策划、确定建设主体、安排建设时序、制订运营方案等四个部分。其中：①建设项目的策划，依托规划的功能定位与导向，结合空间布局要求，确定创建期内各具体项目的内容、规模、选址和建设意向；②建设主体的确定，按照目前招商引资引智的实际情况予以明确，并应区分政府性和市场性的投资主体；③建设时序的安排，主要考虑建设主体的投资意愿和土地供给的可能性等因素，安排每个项目的年度投资和供地计划；④运营方案的制订，可围绕开发模式、资金平衡、效益分析等方面展开，按照“政府引导、企业主体、市场化运作”的基本原则，结合每个小镇的实际情况，提出针对性的运作方案。（注 1）

二、多规融合与多元目标的设计创新

随着特色小镇创建工作的全面推开，关于特色小镇的规划建设问题成为近期规划界讨论的热点，也是各地方政府迫切需要破解的难题。新事物，需要新的思维、新的方法和手段，特色小镇的规划建设也不例外。本文结合笔者接触到的特色小镇规划设计案例，尝试从规划视角对特色小镇内涵及规划创新方向进行思考，与同行探讨。

1. 规划视角下特色小镇的内涵理解

特色小镇的出现，打破了规划界关于规划对象的常规界定。按李强省长在《特色小镇是浙江创新发展的战略选择》一文中的诠释，特色小镇不是行政区划单元上的“镇”，也不同于产业园区、风景区的“区”，而是按照创新、协调、绿色、开放、共享发展理念，结合自身特质，找准产业定位，科学进行规划，挖掘产业特色、人文底蕴和生态禀赋，形成“产、城、人、文”四位一体有机结合的重要功能平台。

这一描述性的界定使特色小镇显得更加不同寻常。严格意义上讲，这是一种关于目标的描述而不是对象的定义。对于习惯于面对具象实体的规划师而言，厘清特色小镇的内涵与需求是进行有效规划设计的重要前提。回顾浙江省一年多来的实践，笔者对特色小镇的内涵与特征勾勒如下：

（1）特色小镇是新的发展主体

特色小镇“既非简单地以业兴城，也非以城兴业；既非行政概念，也非工业园区概念”，也不是传统的“镇”“区”“园”相加的“大拼盘”。它与原有行政边界没有对应的关系，而是一种发展的新的主体形式。从创建条件看，特色小镇有明确的空间规模界定和投资规模要求。空间规模上，规划面积一般控制在 3 平方千米左右，建设面积控制在 1 平方千米左右；经济规模上，原则上环保、健康、时尚、高端装备制造等四大行业的特色小镇 3 年内要完成 50 亿元的有效投资，信息经济、旅游、金融、历史经典产业等特色小镇 3 年内要完成 30 亿元的有效投资（均不含住宅和商业综合体项目）。此外，建设标准方面，所有特色小镇要建设成为 3A 级以上景区，旅游产业类特色小镇要按照 5A 级景区标准建设。由此可见，特色小镇是不同于“镇”或“区”的新的发展主体。

（2）特色小镇是新的产业平台

浙江省提出特色小镇定位聚焦于信息经济、环保、健康、旅游、时尚、金融、高端装备制造 7 大万亿产业，以及茶叶、丝绸、黄酒、中药、青瓷、木雕、根雕、石雕、文房等历史经典产业。特色小镇创建将围绕单个产业来打造完整的产业生态圈，以此培育具有行业竞争力的“单打冠军”。我国产业平台从最初功能单一的工业区到功能复合的开发区，再到功能综合的产业新城，大致经历了三个阶段。而瞄准精细化的万亿产业，提出有效投资指标，重视完整的产业生态，目标行业龙头，同时又强调生产、生活、生态融合的特色小镇，无疑将成为超越产业新城的更高阶段的产业平台（图 5-4）。

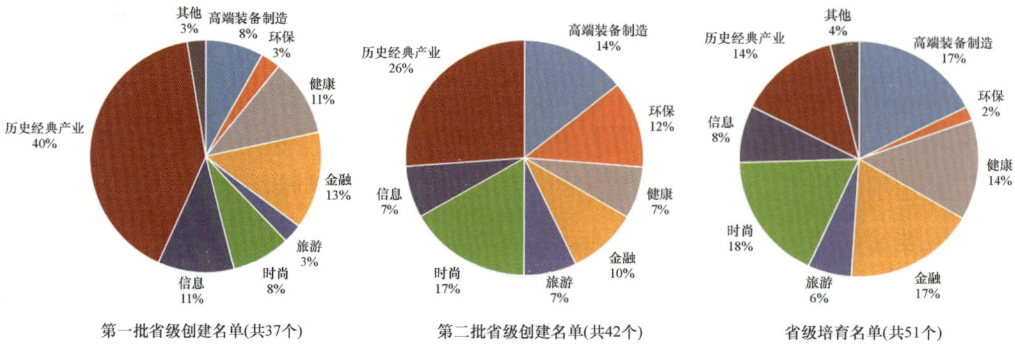

图 5-4　浙江省特色小镇产业类型统计图

（3）特色小镇是新的和谐家园

作为浙江创新发展的战略选择，特色小镇要体现“产业特色鲜明、人文气息浓厚、生态环境优美、兼具旅游与社区功能”，“产、城、人、文”和谐一体，这也是浙江省在经济新常态下，对于破解浙江空间资源瓶颈、有效供给不足、高端要素聚合度不够、城乡二元结构，改善人居环境的重要抓手。特色小镇应当是有山、有水、有产业、有人文、有品位，是一个让人愿意留下来创业和生活的和谐家园。

（4）特色小镇是新的制度探索

不同于传统的审批制，特色小镇采用“创建制”，这是对地方管理制度创新的重要探索。特色小镇创建对象名单的产生经过严格的标准筛选，确保入围的特色小镇要符合“7+1”产业定位范围、四至及规划面积清晰、产业文化旅游社区功能叠加、投资主体明确、项目具体可行、有效投资额达到规定目标以上。进入创建名单的特色小镇，只有在年度考核合格或验收命名后，才能获得土地和财政方面的优惠政策支持。对如期完成年度规划目标任务的，省里按实际土地使用指标的 50% 或 60% 给予配套奖励，对三年内未达到规划目标任务的，加倍倒扣省奖励的用地指标；创建期间及验收命名后，其规划空间范围内的新增财政收入上缴省财政部分，前三年全额返还，后两年返还一半给当地财政。

（5）特色小镇是新的理念引领

虽然从现有实践看，特色小镇是基于浙江的经济特点与社会背景应运而生的地方探索，但其发展理念不仅迎合当前我国社会经济转型的宏观需要，而且契合国家新型城镇化的发展方向。特色小镇强调产业“特而强”，制度“活而新”，是全新的产业平台和经济体，体现创新与活力；特色小镇强调功能“聚而合”，形态“精而美”，将成为城乡空间转型与形象提升的示范区。同时，特色小镇创建也符合政府理念转型的需要。在前阶段经济发展和城市化“双快”的驱动下，政府部门普遍浮躁，某种程度上务虚多于务实。特色小镇体块小、周期短，为政府转变理念、真抓实干提供了理想的平台。

对于规划行业来说，特色小镇的创建为规划创新提供了契机，为城乡规划提供了理念转型的试验地。特色小镇的短周期、高标准设置既为规划设计师出了一道难题，同时也为规划设计师实现理想、实践落地规划提供了很好的舞台。但是，作为规划的创新必然要面对一系列的挑战。

2. 多元复合下特色小镇规划面临的挑战

相比传统规划对象，特色小镇在空间载体、特色内涵、外部条件，以及规划内容、实施要求等方面具有明显的多元、复合特征，这也正是特色小镇规划的难点和创新出发点所在。

（1）空间载体的多样性

特色小镇是以现有的城乡空间为载体进行的目标创建，现有城乡空间的差异决定了特色小镇的空间载体具有多样性。从已有特色小镇创建名单看，有以产业园区或产业集聚区为载体的，如温州瓯海智创小镇，现状为梧田工业园的一部分，目标是将功能单一、产业低端的工业园区经过更新换代转换为功能综合、宜居宜业宜游的特色小镇；有以镇区或传统村落为载体的，如湖州丝绸小镇部分空间依托南浔区荻港渔村，目标是打造集桑蚕丝绸原生态旅游、桑蚕丝绸、文化展示、古村生态旅游等于一体的特色小镇；也有以旅游景区为载体，如淳安的乐水小镇、文成森林氧吧小镇等。基础迥异的空间载体决定了特色小镇不同的创建路径，必然对规划创新提出了更高的要求。

（2）特色内涵的差异性

特色小镇各有各的“特”。从被列入浙江省创建名单的特色小镇看，“特色”的挖掘各不相同。有以文化或生态资源为依托打造以旅游功能为主的休闲度假型小镇，如天台山和合小镇；以和合文化为主题，打造集文化旅游和休闲功能为一体的特色小镇；有基于已有优势产业，进行上下游延伸和多元复合，强化产业特色，如以大唐袜业为依托的诸暨袜艺小镇；打造集袜艺体验旅游、展示博览、市场物流、创意研发、娱乐休闲为一体的特色小镇。总体来看，不同于传统规划的“千镇一面”，浙江省创建名单中的特色小镇无不个性鲜明、差异明显，这既是资源禀赋差异所决定的，也是差异化发展的客观要求。这就要求特色小镇的规划要有更深入的研究，更精准的判断，积极挖掘地方资源与潜力，合理引入创新点，通过规划的强化和延伸打造独有的小镇特色。

（3）外部条件的复杂性

从破解土地资源瓶颈和城乡二元结构的目标出发，特色小镇往往被选址在城市边缘地区，用地条件普遍较为复杂。或受交通分割，或地形起伏变化，现状居民点、工厂企业散乱分布，加之边界不规整，对规划设计形成很大制约。如杭州机器人小镇选址萧山区东北部边缘，地块受杭甬高速、绕城高速及机场快速路所穿越割裂，并带来视觉、空气、噪声等方面的影响，破坏了区块的整体品质。同样地，温州生命健康小镇选址温州老城区南部边缘，地块内甬台温高速、金丽温高速和温瑞大道贯穿，对用地造成严重分割。外部条件的复杂性需要规划不断创新思路加以应对，寻求突破（图 5-5）。

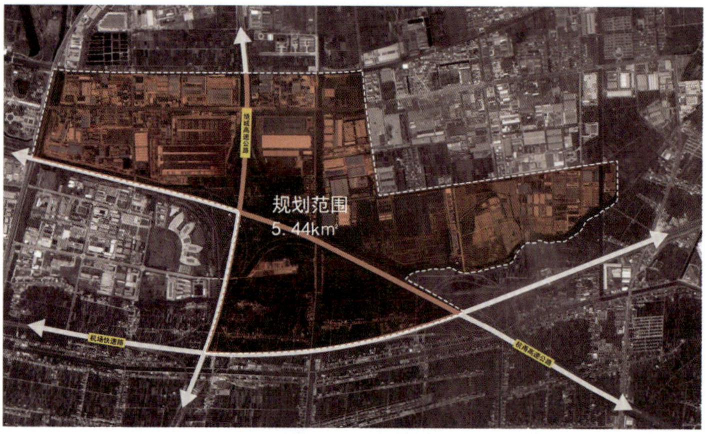

图 5-5　杭州机器人小镇现状用地及四至边界图

（4）规划任务的紧迫性

特色小镇的创建有明确的时间目标与考核标准，实行“优胜劣汰”的原则和“追惩制”。以 3 年为限，要满足建设、投资、品质等多方面的要求，否则将面临指标倒扣。这对规划编制工作来说，意味着任务紧、压力大。因此，要求规划编制过程中，不仅要考虑空间布局内容的可实施性，还需兼顾到后期项目落地甚至招商引资方向。这样一个极其综合且充满创新的创建工程，对于习惯中长期思维的城乡规划而言无疑是一个非常大的挑战。

（5）规划内容的综合性

不同于传统城乡规划，特色小镇规划是一项没有明确规划任务书的任务。但特色小镇的创建目标，决定了其规划具有高起点、高标准和综合性、落地性的内在要求。这对规划的深度与广度也提出了新的挑战。从层次上看，既要有概念策划、总体规划、控制性详细规划，又要有城市设计和建筑、景观设计；既要有空间功能布局，又要有可落地实施的项目，甚至包括运作模式和招商引资意向，需要综合的全套解决方案。

从内容上看，除了常规的空间规划内容之外，还包括产业规划、社区规划、旅游规划等，同时需突出生态、文化等功能。浙江省提出，特色小镇规划必须坚持多规融合，突出规划的前瞻性和协调性。结合特色小镇的资源禀赋条件，联动编制产业、文化、旅游“三位一体”，生产、生活、生态“三生融合”，工业化、信息化、城镇化“三化驱动”，项目、资金、人才“三方落实”的建设规划。

因此，特色小镇规划是典型的多层次规划交融、多专业规划综合的“多规合一”，是目标导向下各种元素高度关联的综合性规划和落地性规划。

3. 基于目标导向的特色小镇规划创新思考

面对特色小镇特殊的规划需求，亟须对传统的城乡规划从思维、理念、方法、内容及工作机制方面进行创新应对。

（1）规划思维创新——目标导向下的规划路径选择

城乡规划编制的思维方式一般分为两类：问题导向型思维与目标导向型思维。其区别主要在于规划技术路线设计中对于切入点的把握，前者以核心问题的判断为切入，后者以明确的发展目标为切入，规划的策略与路径是基于现状基础与目标之间的差距而设定。通常在存量规划编制中，由于规划编制的需求主要来自空间发展的问题与矛盾，规划思维多以问题导向为主、目标导向为辅。而在增量规划编制中，多以目标导向为主。特色小镇虽大多属存量规划，但其性质决定了其具有强烈的目标导向性。因此，特色小镇规划是典型的目标导向型规划，是不同空间载体在“特色小镇”目标引领下的规划实施路径探索（图 5-6、图 5-7）。

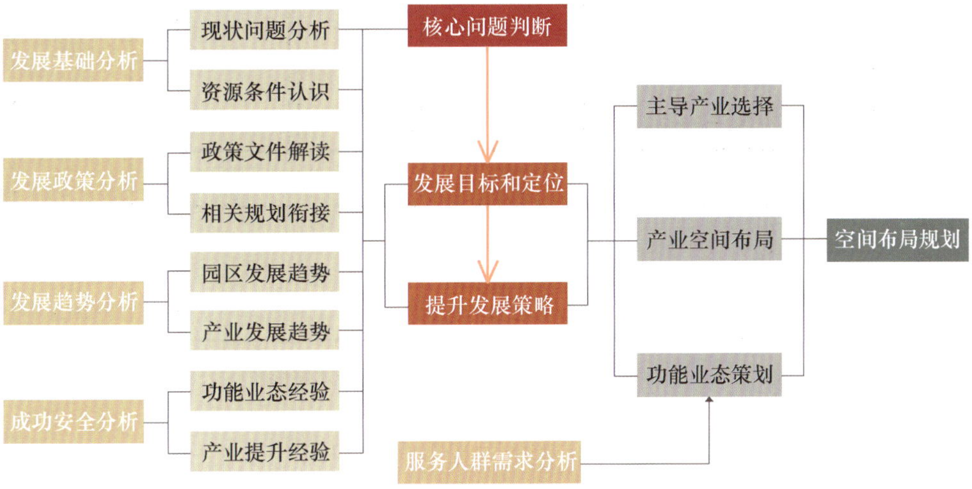

图 5-6 问题导向型思维下的规划技术路线图

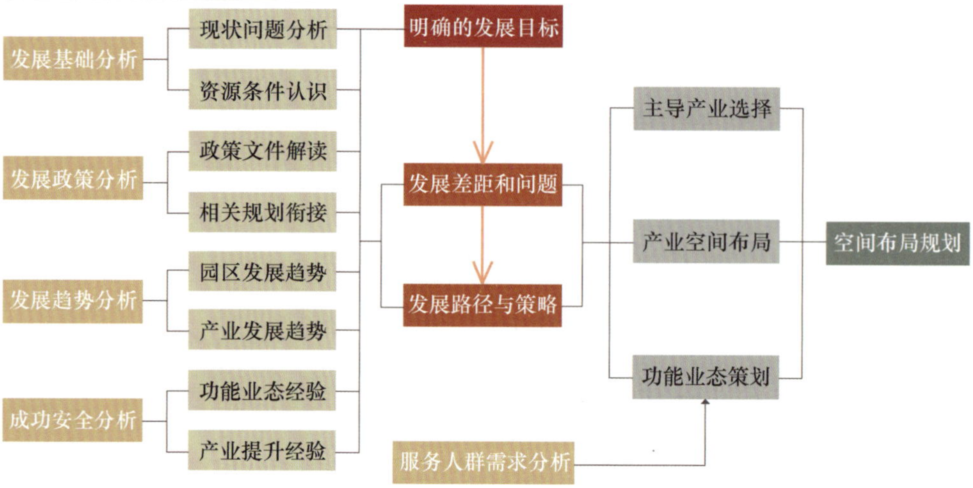

图 5-7　目标导向型思维下的规划技术路线图

以温州智创小镇规划为例，规划的目标是助推功能单一的产业园区向“产业特色鲜明、人文气息浓厚、生态环境优美、兼具旅游与社区功能”的特色小镇转型。基于现状基础与目标的差距，规划针对性地构建了产业重构、功能植入、空间重塑、环境修复、文化再生及保障措施等六大策略与路径。在温州探索以特色小镇创建为目标引领产业园区的转型升级，对同类产业园区转型升级具有重要的示范意义（图 5-8）。

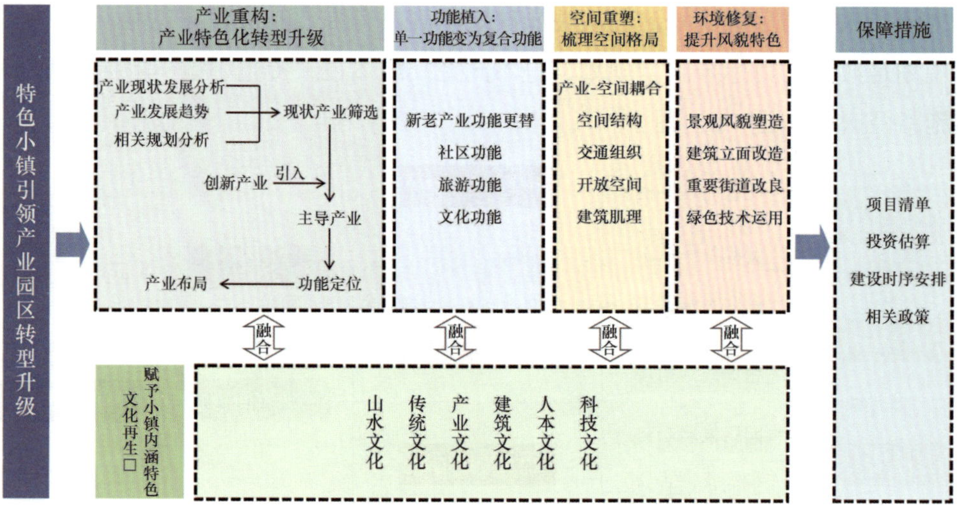

图 5-8　特色小镇引领产业园区转型升级技术路线图

（2）规划理念创新——产业引领下的功能空间组织

特色小镇规划区别于传统城镇规划的关键在于强调产业规划的核心地位，而区别于传统产业园区规划的关键在于强调对于环境、文化、资源的友好态度，以及对于社区、旅游功能的兼顾，实现“产、城、人、文”的融合。因此，特色小镇规划理念的创新主要体现在四个方面：一是强调产业在激发空间活力方面的作用，以产业规划、项目策划引领空间规划，避免“空城”“死城”的出现；二是强调功能的复合，产业＋社区＋旅游，打造宜居宜业宜游的活力功能体；三是体现人文关怀，通过生态保护、文脉传承及空间尺度的把握，营造真正人性化空间；四是体现弹性，特色小镇创建强调市场与企业的主体地位，因此规划必须为市场的不确定性留出调整的空间，要懂得留白。

如温州智创小镇规划，聚焦传统产业的转型升级，从产业研究切入，以产业引领空间布局，并提出产业 - 空间耦合的规划方法。杭州云栖小镇规划，在“创新、科技、人文、生态”四大理念下，提出建设易就业易创业的生态云小镇的规划目标，规划完整的云服务产业生态体系。在这一规划理念的引导下落实各项规划内容，并采取了用地复合、小尺度街区、共享庭院空间、面向企业员工的配套设施体系等新的规划思路（图 5-9）。

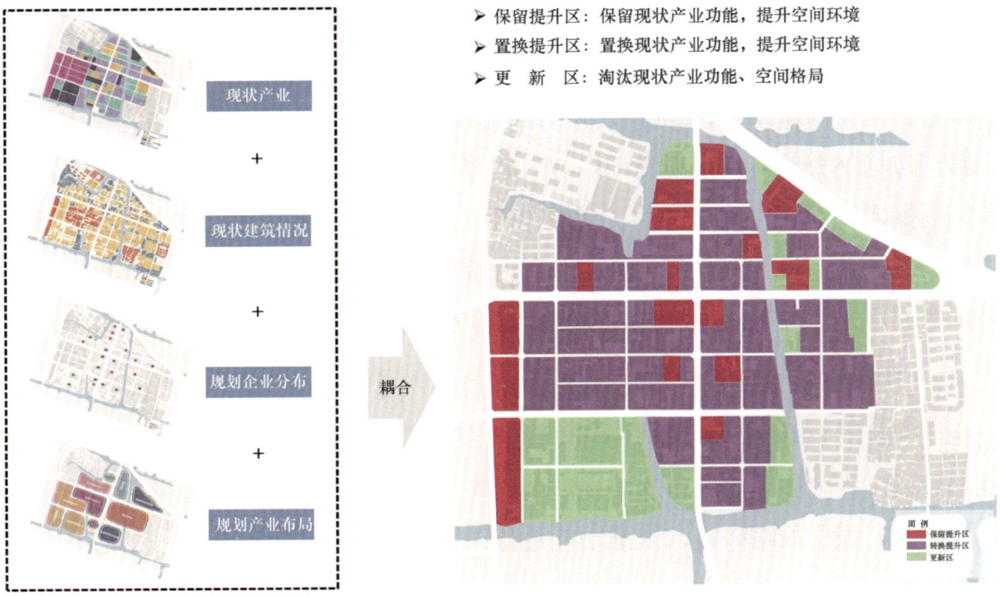

图 5-9　温州智创小镇产业 - 空间耦合模式图

（3）规划方法创新——多规融合下的技术路线探索

目前，特色小镇规划主要分为两个层面，前期是以培育或创建为目标的概念性规划（创建规划），主要任务是制订创建方案，明确特色小镇的四至范围、产业定位、投资主体、投资规模、建设计划等；后期是以验收为目标的实施性规划（建设规划），主要包括规划范围约 3 平方千米控制性详细规划和核心区约 1 平方千米的城市设计。但在实际操作中，从利于小镇有效实施的角度并不建议过于强调规划层次界限。就地方实际发展需求而言，特色小镇规划不宜拘泥于创建目标，而应从规划整体性与延续性考虑，将概念性规划与实施性规划纳为一体，编制包括概念策划、空间规划、项目计划、资金筹划“四划叠加”的综合性方案，真正实现“多规融合”，同时也有利于节省规划编制周期与经费（图 5-10）。

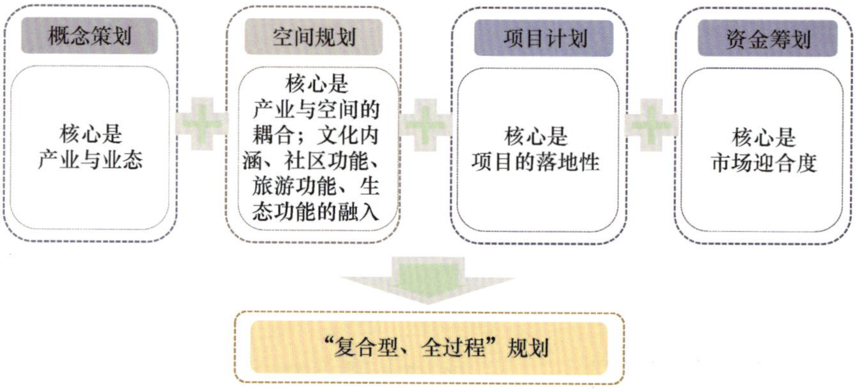

图 5-10　特色小镇“四划叠加”技术路线示意图

本着探索与创新思考，一些特色小镇前期的概念性规划已经直接做到城市设计深度，甚至包括部分建筑、景观设计内容。如温州智创小镇概念性规划，围绕前期创建申报和后期实施需要，规划构建了从产业研究、项目策划到空间规划、城市设计、建筑立面与景观改造设计的“多规融合”综合解决方案。同时，围绕规划落地性要求，将后期的项目计划与资金筹划也纳入规划统筹考虑。

（4）规划内容创新——多元目标下的内容体系构建

相比传统的城镇规划，特色小镇的规划内容要求更多元、更复合、更联动，也更落地，因此需要通过内容体系的创新来实现规划的多元目标复合。在内容体系上：一是基于前瞻性要求，强化战略研究，找准功能定位，为小镇选择“特而强”的核心产业提供充足的背景支撑；二是基于产业平台的定位，强化产业研究，以产业（项目）引领小镇的功能组织与空间布局；三是基于 3A 旅游景区的创建目标，强化旅游规划内容，借此挖掘、整合小镇的特色自然与人文资源，并与小镇的生活、生产功能及环境空间有机融合，提升环境品位；四是基于落地性要求，强调以项目为抓手内容体系组织，从产业、项目到空间再回到项目，因此在成果表达上除了传统的一套文本、一套图则之外应强调实施项目年度计划表的重要性，形成“图、文、表”三位一体。

此外，由于小镇特色与需求的差异性，需在规划内容的构成、篇章内容的研究深度、规划重点的选择上进行创新，打破传统规划格式化的内容体系安排，针对小镇特色的差异性做到有所侧重。如天台山和合小镇规划中，针对和合文化的主题定位，侧重强调文化的挖掘及文化产业化的研究内容；杭州基金小镇规划中，针对基金产业的特殊性，侧重于将金融企业的业态与空间需求作为研究重点；在杭州机器人小镇的规划中，针对外部交通条件的复杂性，规划重点强调交通组织的综合解决方案，创造性地引入“时光隧道”和“森林小镇”的概念，既突破交通包围、营造了环境，又紧扣产业主题，使之成为方案设计的亮点（图5-11）。

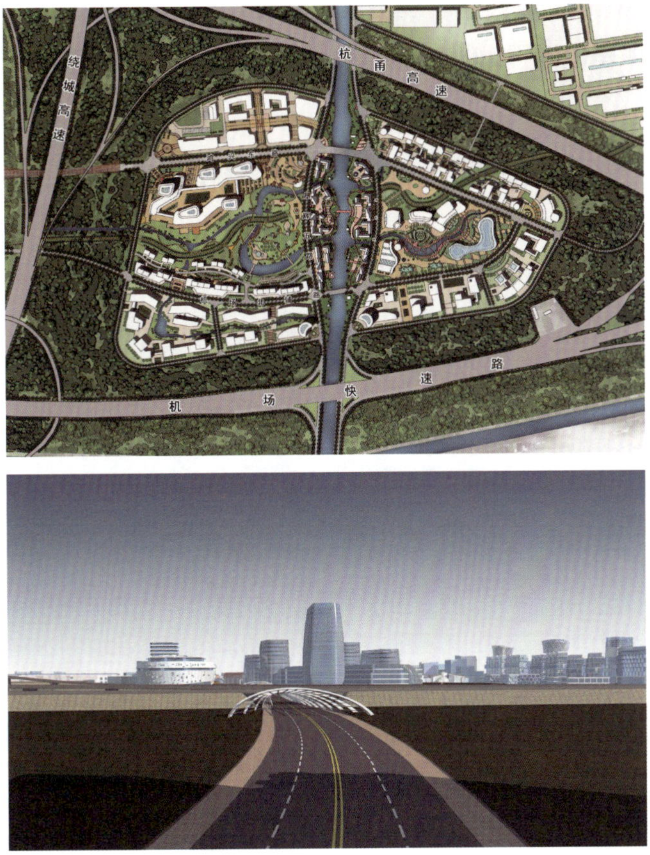

图 5-11 杭州机器人小镇规划以“时光隧道”和绿色屏障应对交通割裂影响

（5）工作机制创新——跨界协同下的专业团队架构

针对特色小镇规划的目标多元性和内容复合性特点，规划编制需要在团队的组织模式上进行创新，采用多专业组合、多团队协作的模式，实现“跨界”合作。这将打破规划设计机构中常规以专业项目组为单元的团队架构。在天台山和合小镇规划中，规划方打破业务部门界限，从策划研究中心、城乡规划所、农业生态规划所、建筑景观分院、交通规划分院等抽调人员，组成跨部门、跨专业的项目组，并以定期例会形式促进多部门协同。这在未来的特色小镇规划中必将成为常态化的组织模式。此外，从政府管理角度，特色小镇的规划建设涉及发改、规划、建设、旅游、财政等多个部门，需要跨部门的紧密合作与协同支持。而在规划实施过程中，由于特色小镇创建实行“政府引导、企业主体、市场化运作”的模式，政府、企业、社会的协同也同样不可或缺。

此外，除了思维、理念、方法、内容及工作机制等面临转变之外，特色小镇规划尚需技术手段方面的创新探索。特色小镇规划的综合性与落地性要求，对规划的基础调研与分析的广度与深度提出了更高的要求，其前提是要读懂宏观背景、读懂市场需求、做实基础调研、做透业态分析、做深空间设计，这都需要规划技术手段的同步创新。（注2）

三、社会形态与物理形态的技术融合

1. 认知特色小镇

特色小镇不是行政区划概念，也不是产业园区概念，而是一个具有明确产业定位、文化内涵和旅游功能的产业发展空间载体。也就是说，它是以浙江“块状经济”为建设主体，聚焦信息经济、环保、健康、旅游、时尚、金融、高端装备制造等支撑浙江省未来发展的七大产业，兼顾历史经典产业。它坚持产业、文化、旅游的“三位一体”，坚持生产、生活、生态的“三生融合”。

关键条款一：特色小镇规划面积一般控制在3平方千米左右，核心区控制在1平方千米左右。

解读分析：围绕高端人群和创业者的需求，特色小镇一定要符合“十分钟步行工作生活圈”的空间特征，避免盲目扩张和贪大求全，凸显“小空间大集聚、小平台大产业、小载体大创新”的特点。

关键条款二：特色小镇原则上3年内要完成固定资产投资50亿元左右（不含住宅和商业综合体项目）。

解读分析：确保产业核心和项目载体，避免“房地产开发进乡镇”。

关键条款三：所有特色小镇要建设成为3A级以上景区，旅游产业类特色小镇要按5A级景区标准建设。

解读分析：良好的生态环境是所有高端产业的产业要素之一，可确保产业发展的生态、绿色和可持续，以3A级景区标准确保高端人才的生活配套，但对旅游人次和收入等数据没有任何考核要求。

关键条款四：采用“宽进严定”的创建方式，通过3年左右考核，验收合格后被认定为省级特色小镇。

2. 改建并存的杭州梦想小镇

梦想小镇核心先导区位于杭州余杭未来科技城，用地面积29.6万平方米，现存建筑 695 栋，总面积 19 万平方米，居住人口超 2700 人。南方设计院在 2015 年年初接到邀请，对梦想小镇项目正式立项。当时我们面临这样的情况：一是没有任务书；二是建设时间短、建设要求高；三是没有可借鉴的建设经验。

面对一个位于城市附近的典型江南集镇,具有一定历史文化积淀和传统建筑遗产，但自然和无序发展至今（图 5-12）。我们到底应该怎么做?

图 5-12　仓前老街航拍鸟瞰图

问题一：除了必须保留的历史保护建筑，其他建筑要不要拆掉?

问题二：整个项目采用什么风格，徽派民居还是现代中式?

问题三：将来每栋建筑承载什么功能?

这些问题让我们深深地意识到规划设计在项目里必须承担设计之外的很多责任，如何负起这个责任?我们不断地思考，互联网创业是什么，需要怎样的建筑和环境，放在这里合适吗?在这么短的时间里，需要怎样的工作方法才能完成规模这么大的项目，并且如何判断设计是“好”的，而不是造成更大的破坏?

（1）整合资源，组建团队

面对如此复杂的项目，我们深知必须迅速整合各方面的资源，才能在如此短的设计时间里少犯错误，更高效地完成任务。南方设计院投入梦想小镇项目中来的团队共计 17 个，外加外部合作顾问团队 6 个，参与项目的设计师 108 名（图 5-13）。

（2）大项目制 + 互联网式的工作营模式

我们采用大项目制，设立技术委员会、项目执行总负责、项目经理、整体控制团队、其他专业主创团队进行分工合作。此外，通过互联网式的工作营模式来提升工作效率：建立项目微信群，全面共享所有信息；每周 2 ～ 3 次主创头脑风暴会；每周 1 次以上项目技术审核会；和政府保持及时与不间断沟通，确保信息完全共享。

图 5-13　团队精神

（3）调研及现场踏勘

确定了团队人员和工作方式，我们就开始进行详尽的调查。在为时 1 个月的调查过程中，我们一共制作了 3 个整体工作模型，进行 12 次航拍，五百多人次现场踏勘，拍摄超过 11000 张现场照片，与四百多位当地居民深入访谈，为 695 栋建筑建立完整的建筑档案（图 5-14）。

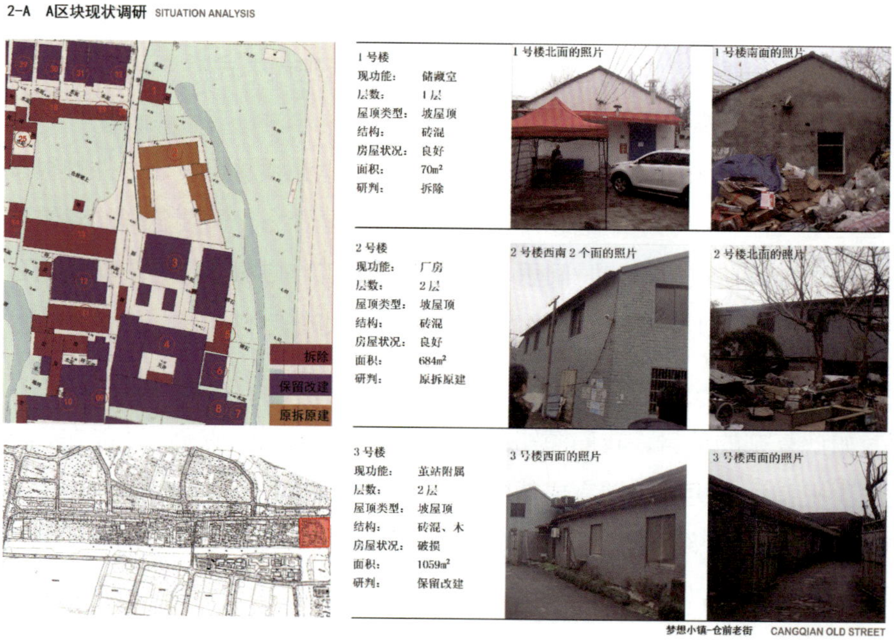

图 5-14　部分调研成果

（4）深入的项目研究

通过深入讨论和研究，我们理解了项目真正的意图：以小镇较低土地成本和较大场地空间，制定各项优惠政策，降低创业创新的工作、生活成本及风险，依托附近阿里巴巴和学校资源打通创业创新的通道，引入天使投资等基金公司增加创业创新的激励机制，从而扩大创业创新的人群基数。

通过与蜂巢等众创机构的交流，我们了解了互联网创业的基本模式、建筑空间和环境要求。

通过和“青年公寓”专业运营机构的沟通，我们了解了年轻创业者的居住、生活、交流、交友和出行等各方面的需求。

通过航拍技术和工作模型让我们对项目有更加直观、全面和整体的认识。

通过详尽的调查和研究让我们知道每栋房子的建筑质量、空间布局、居住和产权情况，知道每个居住者对于搬迁和经营上的想法，也知道发生在仓前老街里的各种古老而有趣的故事，使得设计在项目未来实施中具有更好的操作性。

通过对项目将来社会形态的研究，使得我们建立良好的尺度感与工作边界。

（5）工作思路

完成以上四步基础工作后，我们终于有依据、有条件回答开始做项目时提出的三个问题了，并能够根据产权情况与居民意愿，设计拆迁策略与实施方案；根据建筑质量和居住状况，确定每一栋建筑的改造措施。

问题一：除了必须保留的历史保护建筑，其他建筑要不要拆掉？

尽可能少地拆除建筑，因为大部分建筑通过改造就可以满足互联网创业者的需求，同时使原住居民分享改造和发展的成果。最终拆除3万平方米危房、违建房和少量民房，同时设计新建6万平方米集中办公和公共配套用房。

问题二：整个项目采用什么风格，徽派民居还是现代中式？

尽可能保留符合本地建筑自然演化规律的建筑与肌理，尽量营造促发创新发生的丰富、开放和自由的氛围，把改造目标集中在道路、巷弄、景观、标识和建筑颜色、材料及构件上。

问题三：将来每栋建筑承载什么功能？

创业和创新是成功率极低，也是无法通过规划设计达成的事物。我们必须以包容灵活的空间和态度，配置创业创新所需要的公共配套和整体环境，让市场来决定每栋建筑的具体功能。

（6）制订总体策略

金缮：每个类似的小镇项目都像是破裂残缺的古旧瓷器，尤其是老建筑与老街区，就像具有一定文化意义，但无法承载新功能的碎片。我们希望让项目形成具有新使用功能的整体，就像一个“金缮”作品。

织补：如何更好地解决保护和发展的冲突、过去和现在的冲突、老建筑与新建筑的冲突、原住居民和未来创业者的冲突、原有产业和互联网产业的冲突，我们决定通过“织补”在冲突间达成平衡，同时让冲突的张力成为创业创新的动力（图 5-15）。

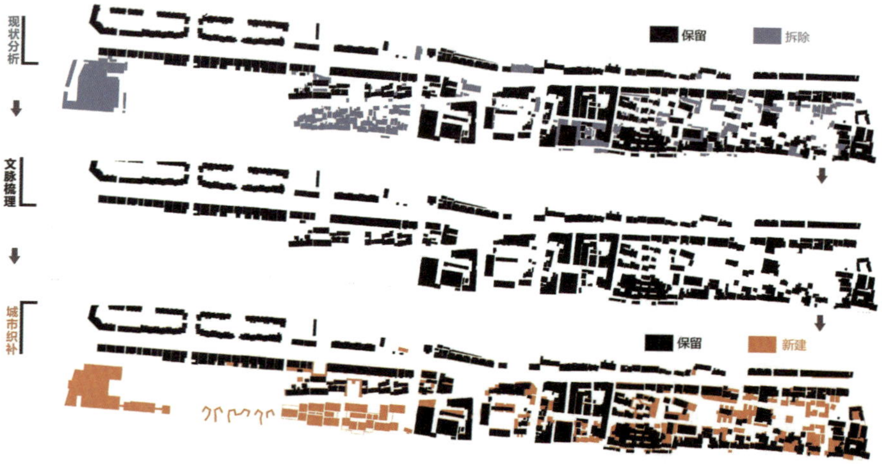

图 5-15　织补

图 5-16　共享

共享：共享是互联网 2.0 时代的核心，作为互联网的众创办公基地，新仓前老街既是工作空间，更是思想与理想的碰撞空间，人才与技术的交流空间、新老文化的融合空间、服务器等公共资源的共享空间，新的仓前老街为创客们构建一条梦想之路与共享平台（图 5-16）。

（7）设计实施

塘河沿岸，延续过去；仓兴街，立足现在；处于其中的梦想之路代表未来。设计师通过公共空间构造小镇的活力，使原住居民与互联网创客通过梦想之路共融共生（图 5-17）。

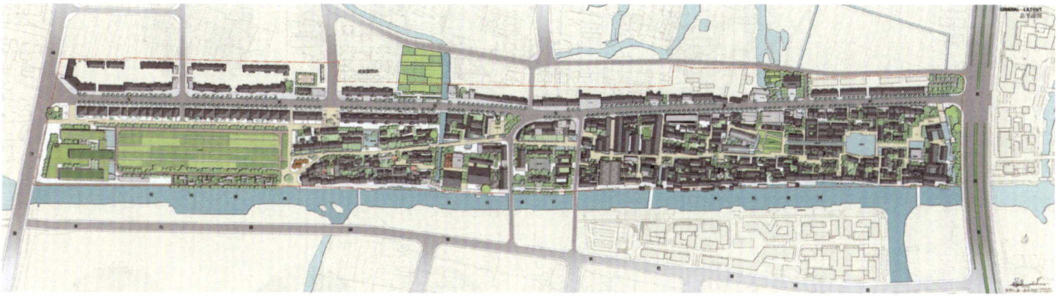

图 5-17 梦想小镇仓前老街规划总平面图

我们打造的新仓前老街即有生活、有生产、有生态，以及集聚产业服务、产业配套、产业办公多元一体化的产业创新及服务平台。承载着仓前历史文化的记忆，以及对互联网创客构筑梦想的激情。新的仓前老街将为创客们构筑一条梦想之路与九大共享平台，最终实现创业者们的梦想。

节点一：拆除并搬迁产权属于政府居委会的建筑，形成项目精神核心与聚会场所——太炎广场（图 5-18）。

图 5-18 太炎广场

节点二：太炎广场保留和补种入口的大树，置换原有企业厂房，自然形成最主要的入口空间。

节点三：把自留菜地、垃圾堆场、污水沟、空地、水塘变成九个共享公共空间（图 5-19）。

节点四：保留种植水稻和麦子的 35 亩农田，变成运动锻炼场所（图 5-20）。

节点五：菜市场保留结构框架，变成了创意集市（图 5-21）。

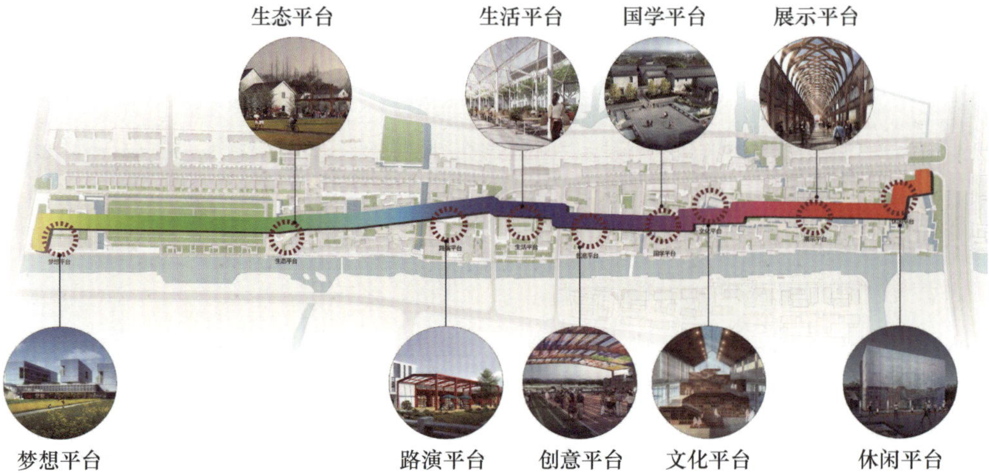

图 5-19　仓前老街共享公共空间

图 5-20　筑梦空间效果图

图 5-21　创意集市效果图

节点六：政府办公楼变成了小米公寓式的“有间客栈”，政府大院变成“壹家食堂”（图 5-22）。

图 5-22　壹家食堂效果图

节点七：电影院经过维修改造，拓展出展览和时尚发布功能。

（8）项目小结

梦想小镇作为南方设计特色小镇系列的代表作品之一，从破题到完成，历时 10 个月，我们通过该项目得出这样一个结论：用互联网的工作方式来解决互联网时代的问题。在多团队合作过程中，每个团队思考问题的角度、方式和专业能力的侧重点不同，让这个项目面临的复杂问题得到充分的呈现和考虑，并体现出足够丰富的活力和想象力。而工作营模式和信息的充分共享，保证了项目在一定程度上的整体性和连贯性。

3. 美好未来

特色小镇，独具产业“特而强”、形态“小而美”、功能“聚而合”、文化“特而浓”的特点，被寄予了推进供给侧结构性改革和新型城市化的厚望。

一个个小镇，就像一个个产业创新升级的发动机，又像是一个个开放共享的众创空间，既集聚了人才、资本、技术等高端要素，又能让这些要素充分协调，破解经济结构转化和动力转换的现实难题，释放出创新动能。（注 3）

四、山区旅游型特色小镇总体规划编制

2012 年年底，中央经济工作会议提出“新型城镇化”概念，根据《国家新型城镇化规划（2014—2020 年）》，明确提出有重点地发展小城镇。对于具有特色资

源、区位优势的小城镇，要通过规划引导、市场运作，培育成为文化旅游、商贸物流、资源加工、交通枢纽等专业特色镇。在国家新型城镇化大前提下，对于山区旅游特色城镇的规划编制需要结合自身的优劣势，打造成为个性鲜明、具备自身特色的城镇。

1. 发展现状与趋势研判

（1）发展现状

通过对现阶段的山区旅游特色城镇的调研，总结出较突出的普遍问题如下：

特色带动明显，但更多是以镇区或特色资源的“点式”发展模式，不足以带动全镇域发展；整体发展速度缓慢，受到地形地貌、交通条件限制较大，产业以一产为主；特色资源深入挖掘力度不够，未能充分展现特色资源最优化；采取“平原城镇”的建设模式，大挖大填，生态环境破坏严重；城镇景观风貌未充分体现当地特色，部分甚至有所破坏。

（2）趋势研判

《国家新型城镇化规划（2014—2020年）》中明确提出具有特色资源培育成为各种专业类型特色镇；《国务院办公厅关于改善农村人居环境的指导意见》中提出改善人居环境、营造特色乡村，并对其作出具体的工作要求：在新型城镇化进程中城市与乡镇谋求差异化发展，乡镇地位作用会越来越明显；同时传统村落保护与发展可能会成为乡镇发展的重要载体之一。从上述城镇发展趋势研判可以看出，山区特色城镇的总体规划编制中应突出山区特色、改善人居环境、统筹镇村发展、注重传统村落等特征。

2. 编制方法思考

（1）城镇认知

通过以下四个方面对山区旅游特色城镇认知，指导下轮总体规划的编制：明确城镇在区域中承担的职能分工，梳理区域交通条件；厘清“特色资源优势明显、交通条件受限制、空间呈线性和点状布局、发展受自身影响较大”等现状；着重体现特色资源的挖掘与有效利用的特色认知；加强对总规、土规、“十三五”规划等相关规划解析，尤其是总规实施绩效评价。

（2）价值研判

通过对已利用资源、待开发资源、潜力较大资源等各类资源分析，分别从资源等级评价、资源潜力评价、竞合分析（含区内与区际）、特色价值等方面进行深入挖掘研判，分析哪些资源是有序地、持续地对城镇的发展有影响的。

（3）规划策略

主要从以下六个规划策略来打造山区旅游特色城镇。①保护历史文化：结合历史文化遗迹，从全镇域范围进行保护，从“镇域保护—镇区保护—世界文化遗产地保护—历史文化遗迹保护—非物质文化遗产保护”五个层面提出保护措施。②挖掘特色资源：通过阐述山区城镇特殊地域性、生态环境优良、历史文化保护等内容，强化地域识别型。同时通过价值研判，转变发展模式，形成以特色价值资源为主导，其他一般价值资源作为补充，充分发挥资源最优化带动城镇发展。③尝试多规融合：要遵循土地利用总体规划，在近期建设规划中用地满足土规要求，远期为调整土规提供依据；结合国民经济和社会“十三五”发展规划，在规划编制中近期规划与国民经济、产业引导等规划相统一；同时考虑其他地方性规划与总体规划编制的融合。④注重镇旅统筹：以镇域为研究对象，统筹旅游资源，加强与周边区域旅游业协调发展，塑造“大旅游”的概念。⑤完善镇村设施：以特色资源为切入点，镇域空间布局、公共设施（含旅游服务设施）、基础设施等围绕特色资源统筹布局。⑥落实近期建设：结合相关规划，分期建设，按建设年份统筹安排建设项目，在文本、图纸中详细表达。

3. 黟县西递镇总体规划简析

（1）城镇认知

西递镇位于黄山市黟县东南部，处于省“两山一湖”黄金旅游经济圈内，是世界著名的旅游胜地和世界文化遗产地，是典型性的以旅游、文化为依托，以旅游项目建设带动城镇的发展。对外交通由 S218 从西递镇西部通过，往南至 S326，西递境内有 X031 专用旅游公路，通过这三条主要公路连接周边黄山、齐云山等，交通优势明显。

世界文化遗产地：世界文化遗产对突出普遍价值 OUV 提出了六条标准，对应西递村，其突出普遍价值体现在创造价值、典范价值、美学价值。

地域文化特色：保存了完好的村落格局与传统风貌，体现了原汁原味的徽州风貌；同时保持富有特色的民俗文化，透出浓厚的文化底蕴，展示了徽州地域文化的独特性。

历史价值特色：在整个城镇发展史中呈现比较完整的连续性，最直接地反映出徽州明清历史时期人们的生活状况、经济体制、生产力、生产关系等社会状况，以及传统哲学思想、道德伦理观念等深层次的文化内涵，为研究人类文化发展提供了重要史料依据，具有高度的历史价值。

特色旅游资源：除西递村为代表外，还有西递石林、古石窟群、鸳鸯谷等特色旅游景点，与周边相比，为差异性旅游资源，特色资源明显。

（2）价值研判

从表 5-1、表 5-2 可以看出西递镇旅游资源丰富、类型多样，为资源型城镇。其中西递村为五级旅游资源，作为世界自然遗产地，具有创造价值、典范价值和美学价值，资源等价高，发展潜力大（图 5-23 ～图 5-25）。

表 5-1 旅游资源等级评价表

分值	旅游资源等级	旅游资源
76~100	五级	西递村
75~89	四级	鸳鸯谷景点、西递石林
60~74	三级	西递古石窟群、燕山自然森林公园、利源传统村落、珠坑传统村落
45~59	二级	八都河
30~44	一级	善禾基地、姐妹松、田园度假村、迎神庙会等

表 5-2 旅游资源潜力评价表

潜力等级	旅游资源
五级	西递村
四级	西递石林、西递古石窟群、鸳鸯谷景点、1407（非物质文化传承）
三级	燕山自然森林公园、利源传统村落、珠坑传统村落、八都河

图 5-23 西递村

图 5-24 鸳鸯谷

图 5-25　西递石林

从地缘关系角度对黄山周边古村落分析可以看出：黄山周边的古村落数量众多，相互之间尤其是徽元素的同质性强，对于西递镇来说，区内竞争大于合作。

从旅游地属性角度来说，对国内主要古村落分析，同时与西递镇周边县区旅游资源比较可以看出：区际竞争压力较大，西递镇以“青砖、黛瓦、马头墙”为特色，为典型皖南徽派建筑代表，与江南古镇风格有显著差异，从空间角度上说合作关系大于竞争关系。故西递镇与周边既有合作，又有竞争关系，更多的是竞争大于合作关系，从旅游的良性发展角度来说，同质化的资源要充分利用，差异化的资源要加强利用，形成差异化区域协调发展。

（3）规划策略

结合世界文化遗产地等从镇域范围进行保护，从“镇域保护—镇区保护—世界文化遗产地保护—历史文化遗迹保护—非物质文化遗产保护”五个层面提出保护措施（图 5-26）。

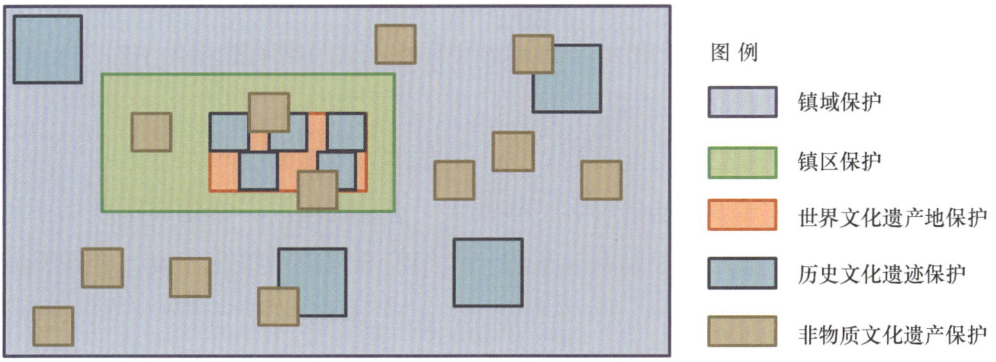

图 5-26　保护历史文化全域覆盖空间模型图

镇域保护层面：确定山水格局、传统聚落、历史建筑等保护要素，构建镇域历史遗产保护网络体系，明确镇域山、河、港、城、村、文物、古迹、地下文物埋藏点、历史建筑等的保护措施。

镇区保护层面：着重对西递村轮廓、山水格局、街巷格局、人文景观、河湖水系、高度控制等提出保护措施。该层面强调西递村物质文化保护。

世界文化遗产地保护层面：依据现有《皖南古村落西递保护规划》指导保护工作开展，分遗产核心区、遗产缓冲区、文物保护范围和控制地带三个层面重点保护。

历史文化遗迹保护层面：结合国家及安徽省传统村落保护发展规划，按照核心保护区，建设控制区和环境协调区三个层面对镇域内其他遗迹如利源、珠坑等传统村落进行整体控制。

非物质文化遗产保护层面：根植于乡土环境的非物质遗产应当以“镇志”或“镇非物质遗产名录”的形式记录在案，并制定相应鼓励保护与传承的保障机制。

通过对西递镇旅游资源等级评价、旅游资源潜力评价、黄山周边古村落竞合分析、西递镇周边旅游资源竞合分析、旅游资源价值研判可以得出西递镇的特色旅游资源如下：西递村、西递石林、鸳鸯谷景点、西递古石窟群、八都河山水长廊等。这些特色旅游资源通过融入安徽及长三角区域旅游体系，共享旅游客源市场。培育西递村品牌优势，以西递村为龙头，形成旅游品牌吸引物和核心竞争优势。同时重点突破，对特色旅游资源进行重点开发。强调旅游综合效益，通过旅游开发彰显区域文化，提高生活品质，促进城镇发展。

产业发展与西递镇国民经济和社会“十三五”发展规划结合：重要经济指标如生产总值 GDP、财政收入、全社会固定资产投资、人均农民纯收入相结合。

用地建设与西递镇土地利用总体规划契合：依据《西递镇总体规划（2005—2020年）》，西递镇总体规划中至 2020 年近期城乡居民点建设用地总量为 1.8 平方千米，同时为镇域空间管制规划提供依据。

开发强度与安徽省主体功能区规划统一：根据《安徽省主体功能区规划》，西递镇位于安徽省限制建设功能区（属于省重点生态功能区），以生态系统保护和生态产品生产为首要任务，应限制西递镇进行大规模高强度城镇化开发，合理开发旅游资源。

根据以上及相关规划对西递镇空间管制区域进行划分。通过对重点发展区、引导发展区、限制保护区及相关等高线的界定，划定四区：禁止建设区、限制建设区、适宜建设区、已建区（图 5-27）。规划形成以西递村为核心，以传统村落、西递石林、古石窟群、鸳鸯谷景点等多处景点资源为支撑，以八都河沿线原生态的山水长廊为绿带，以自然村庄为补充，构建“点 - 线”的西递镇的整体空间布局（图 5-28、图 5-29）。

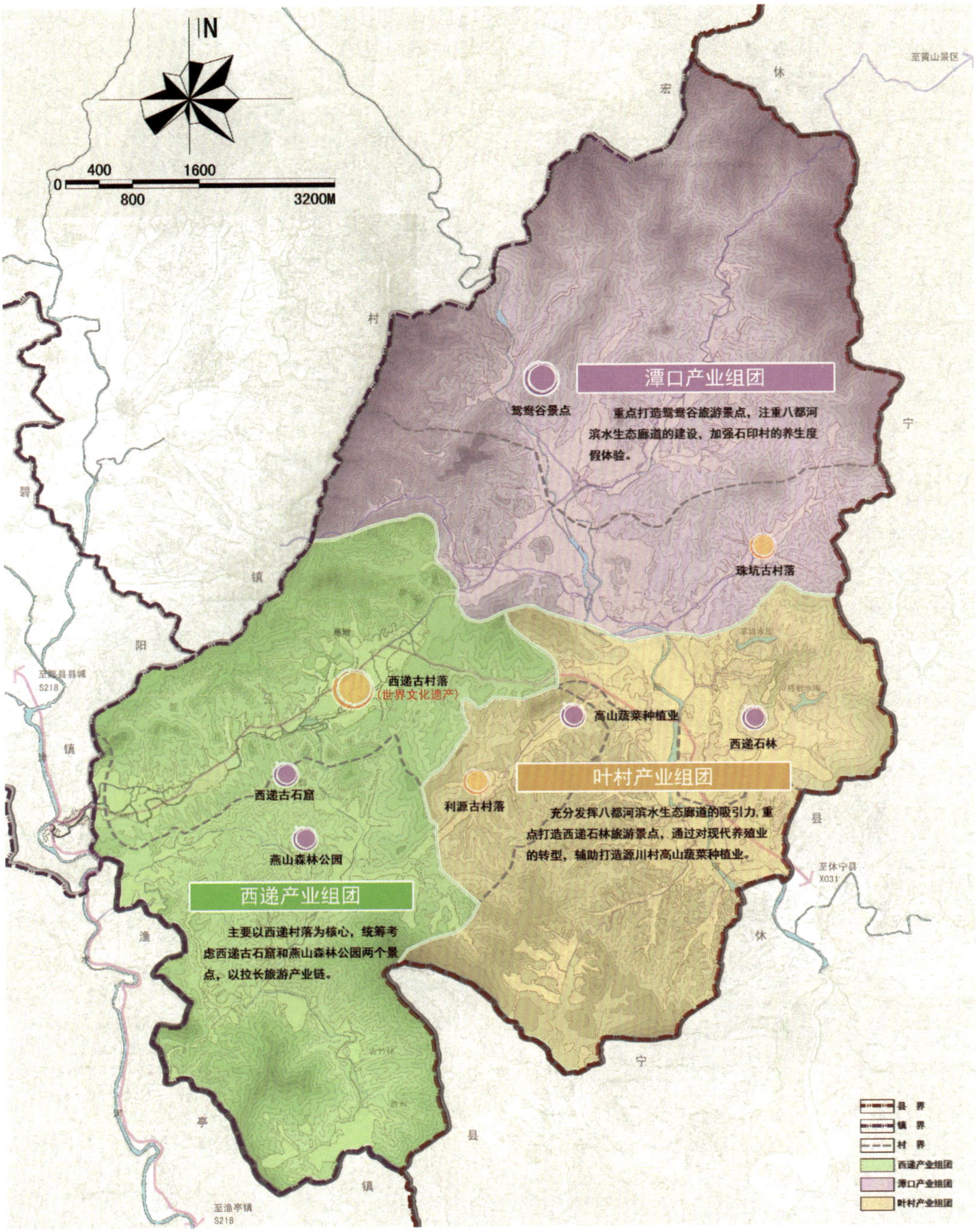

图 5-27　镇域空间管制规划图

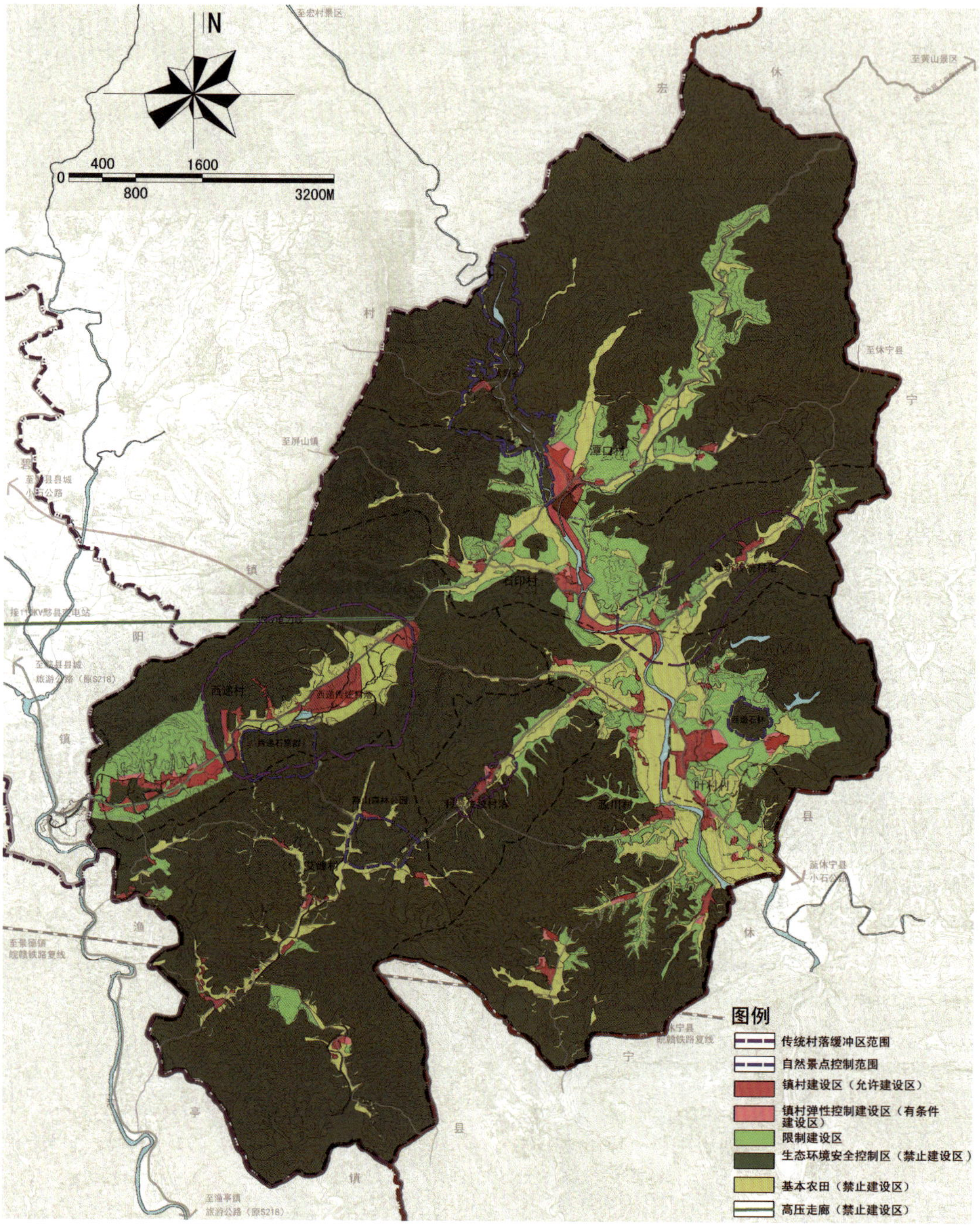

图 5-28　镇域产业发展引导图

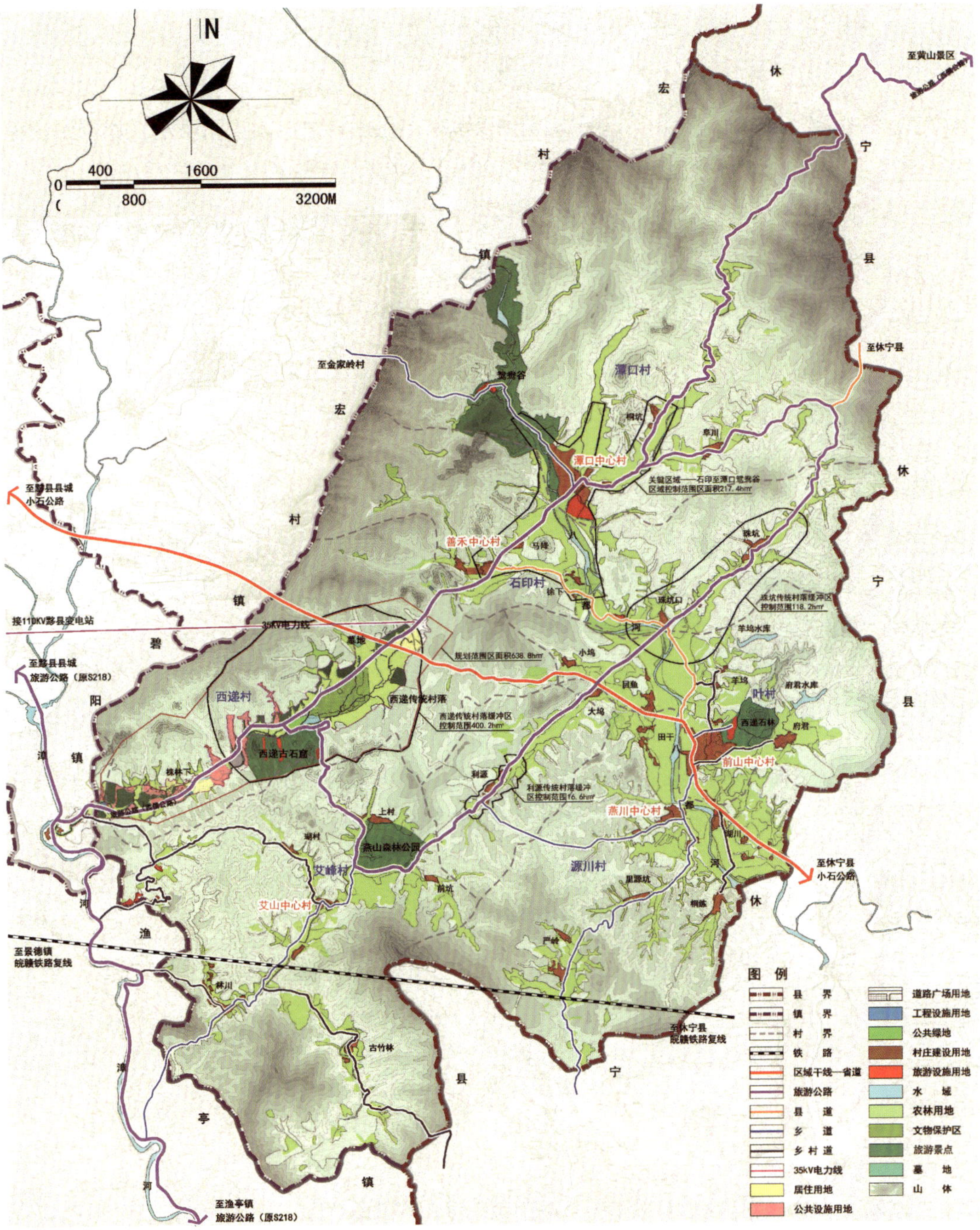

图 5-29 镇域用地布局规划图

从生态保护及土地利用规划来说，东部为西递文化遗产缓冲区范围，不适宜用作建设区，城镇建设不适宜过多向东发展；从镇区空间形态演变来说，镇区呈以西递传统村落为核心，沿旅游公路呈线性向西发展的特征，未来的镇区建设将遵循次演变规律向西发展；从西递村旅游环境容量预测来说，镇区合理旅游日承载容量为2000人次；从四线控制分析来说，划定镇区基础设施黄线、绿地绿线、河流蓝线、文物保护紫线（图5-30～图5-32）。故主要在镇区西部适当布置点式旅游度假设施用地，不开山挖山。镇区东部结合西递镇国民经济和社会“十三五”发展规划适当布置居住用地、教育机构用地、医疗保健用地（图5-33）。

图5-30　2005年空间形态

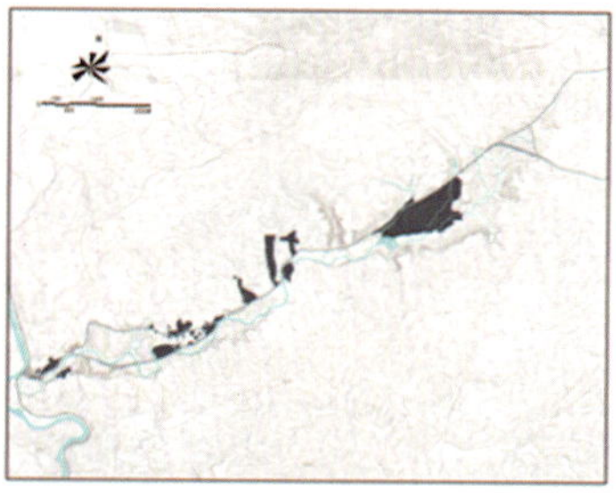

图5-31　2006—2010年空间形态

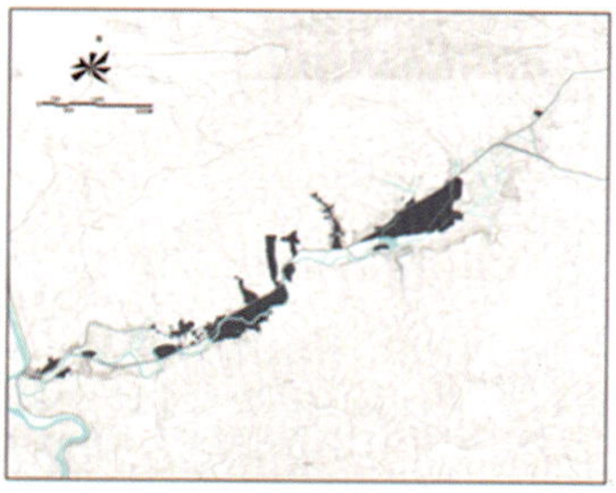

图5-32　2011—2014年空间形态

从全球范围来说：世界文化遗产地、国际乡村休闲旅游重镇。从区域范围来说：徽州非物质文化遗产传承地、华东地区重要的文化旅游胜地、以皖南古村落文化体验和观光为主的旅游度假区。

旅游购物设施、旅游娱乐设施的用地结合旅游住宿、餐饮等用地，按照旅游设施用地要求进行规划，规划镇域旅游设施总用地40.6公顷，而乡村旅游服务设施结合村庄布局，不单独设置用地（表5-3）。

表5-3　西递镇旅游设施用地统计表

位置	面积
镇区	22.8公顷
西递石林	1.4公顷
鸳鸯谷景点	1.9公顷
八都河	0.8公顷
潭口高端农庄	5.9公顷
古石窟群、燕山森林公园	3.2公顷
珠坑传统村落	0.3公顷
利源传统村落	0.3公顷
其他旅游节点（主要结合现有的村庄建设用地）	5.8公顷
总计	42.4公顷

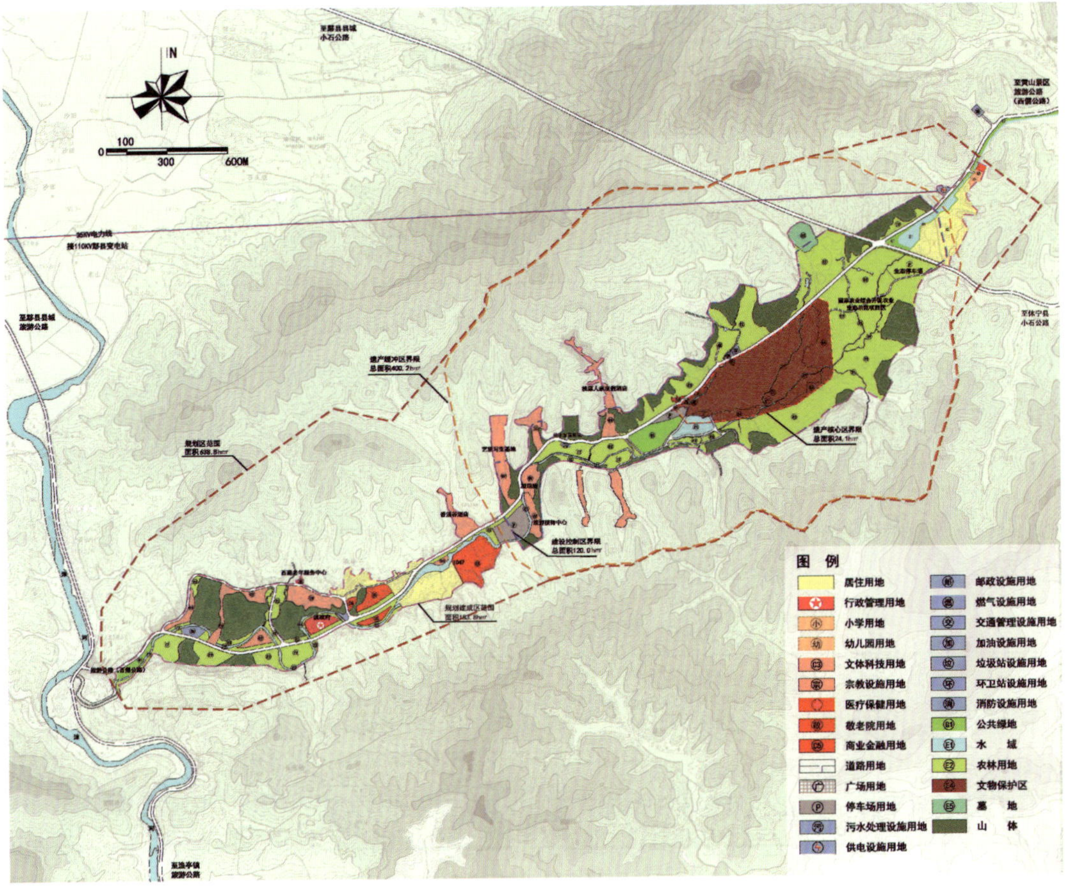

图 5-33 镇区用地布局规划图

根据旅游景区用水量估算指标，估算西递镇旅游用水量为 2630 吨 / 天，水源与镇域供水系统统筹考虑。根据《风景名胜区规划规范》（GB 50298—1999），对西递镇游客用电负荷量进行计算，西递镇旅游总用电负荷为 2447.7 千瓦 / 天，由西递镇 35 千伏变电站供应。

西递文化体验区：西递村进一步完善优化住宿接待体系；1047 商贸区设置青年旅社、经济型快捷酒店等住宿设施；石窟群开发特色的石窟住宿设施；靠近燕山森林公园的上村进行特色民宿的开发。

潭口生态休闲区：鸳鸯谷景区规划开发休闲度假性质的旅游住宿设施；潭口村南部以休闲农庄、农家乐为主；八都河沿线规划开发徽州特色民宿型酒店。

叶村养生度假区：开发以养生度假为主题的精品酒店，周边则以具有徽州特色的精品民宿为主（表 5-4）。

表 5-4　西递镇各村床位数及宾馆用地预测一览表

分区指标	西递文化体验区			潭口生态休闲区			叶村养生度假区		
	西递村	艾峰村	合计	叶村村	源川村	合计	潭口村	石印村	合计
游客规模（万人）	63	7	70	15	7	22	21	7	28
床位数（张）	1800	200	2000	428	200	628	500	200	700
建筑面积（公顷）	45	3	48	6.4	3	9.4	7.5	3	10.5

西递文化体验旅游区：西递村中重点发展徽式特色餐饮，推广传统美食和地方小吃；1047 街区设置同庆楼等酒店式餐厅，将便携式地方小吃与酒店式餐饮相结合。

潭口养生度假区：以珠坑村腊八豆腐为特色，以民间土菜、河湖鱼鲜和本地绿色食品为主，发展特色农家餐饮。

叶村生态休闲区：依托高山蔬菜种植业，发展以高山蔬菜为主的养生餐饮（表 5-5）。

表 5-5　西递镇各村餐位数预测一览表

分区指标	西递文化体验区			潭口生态休闲区			叶村养生度假区		
	西递村	艾峰村	合计	叶村村	源川村	合计	潭口村	石印村	合计
游客规模（万人次）	63	7	70	15	7	22	21	7	28
餐位数（张）	583	65	648	139	65	214	194	65	259

对于西递镇域内的主要景点，主要从住宿配套、餐饮配套、购物配套、娱乐配套、其他配套设施考虑（表 5-6）。

表 5-6　西递镇主要旅游设施配套一览表

景点	主要配套设施	
西递村	住宿设施	星级宾馆饭店、非星级宾馆饭店、社会旅馆和家庭旅馆等
	餐饮配套设施	传统食品餐饮店、当地特色快餐服务店、大型宴会餐厅
	购物配套设施	购物街区、纪念品店等
	娱乐配套设施	展览馆、表演场
	其他配套设施	景区集散中心、停车场、护栏、指示牌、售票处、景区管理处、洗手间、电话亭、游客中心、观光电动车、垃圾箱等
大周山石林	住宿设施	非星级宾馆饭店、社会旅馆和家庭旅馆等
	餐饮配套设施	传统食品餐饮店、当地特色快餐服务店
	购物配套设施	纪念品店等
	娱乐配套设施	展览馆
	其他配套设施	停车场、护栏、指示牌、售票处、景区管理处、洗手间、电话亭、游客中心、观光电动车、垃圾箱等

续表

景点	主要配套设施	
鸳鸯谷景区	住宿设施	非星级宾馆饭店、社会旅馆和家庭旅馆等
	餐饮配套设施	传统食品餐饮店、当地特色快餐服务店
	购物配套设施	纪念品店等
	娱乐配套设施	展览馆、表演场
	其他配套设施	停车场、护栏、指示牌、售票处、景区管理处、洗手间、电话亭、游客中心、观光电动车、垃圾箱等
八都河山水长廊	住宿设施	社会旅馆和高档家庭旅馆等
	餐饮配套设施	传统食品餐饮店、大型宴会餐厅
	娱乐配套设施	小型演艺广场
	其他配套设施	护栏、指示牌、洗手间、电话亭、游客中心、观光电动车、垃圾箱等
古石窟群	住宿设施	乡村旅馆、乡村客栈等
	餐饮配套设施	山地特色咖啡吧、乡村微旅馆
	购物配套设施	微店、纪念品店
	娱乐配套设施	表演场
	其他配套设施	停车场、护栏、指示牌、售票处、景区管理处、洗手间、电话亭、游客中心、观光电动车、垃圾箱等
燕山森林公园	住宿设施	非星级宾馆饭店、家庭旅馆、生态旅馆等
	餐饮配套设施	传统食品餐饮店、当地特色快餐服务店
	娱乐配套设施	室外运动竞赛场地
	其他配套设施	停车场、护栏、指示牌、售票处、景区管理处、洗手间、电话亭、游客中心、观光电动车、垃圾箱等
长演岭古驿道	住宿设施	社会旅馆和家庭旅馆等
	餐饮配套设施	当地特色快餐服务店
	娱乐配套设施	展览馆、表演场、室外休闲场地
	其他配套设施	护栏、指示牌、洗手间、电话亭、游客中心、垃圾箱等
利源传统村落	住宿设施	社会旅馆和家庭旅馆等
	餐饮配套设施	传统食品餐饮店、当地特色快餐服务店
	购物配套设施	纪念品店
	娱乐配套设施	表演场
	其他配套设施	停车场、护栏、指示牌、售票处、景区管理处、洗手间、电话亭、垃圾箱等
珠坑传统村落	住宿设施	社会旅馆和家庭旅馆等
	餐饮配套设施	传统食品餐饮店、当地特色快餐服务店
	购物配套设施	纪念品店
	娱乐配套设施	表演场
	其他配套设施	停车场、护栏、指示牌、售票处、景区管理处、洗手间、电话亭、垃圾箱等

区际旅游线路：主要打造以西递、宏村等古村落观光产品为核心的“徽州印象”，以黄山风景区为核心的“黄山仙境”，以名城—名湖—名山为主题的“山湖城村”三条路线（图 5-34 ～图 5-36）。区内游线 ：主要以大西递旅游为核心，有效梳理镇域旅游资源，打造“徽州文化体验”“自然风光生态”“乡村田园度假”“徒步探险”“文化教育”五条主题游线。

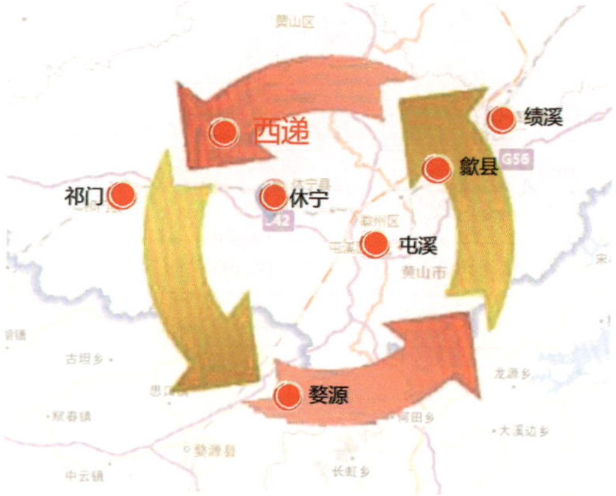

图 5-34 “徽州印象”线路图

图 5-35 “黄山仙境”线路图

图 5-36 “山湖城村”线路图

道路：西递镇公路交通分为区域干线（省道）、旅游公路、县道、乡道、乡村道五个等级，整个道路系统呈“两横一纵”大框架。

公共交通：结合公路客运站布置公交首末站，占地用地 0.25 公顷。规划公交线路分为两个层次：第一层次为西递与周边城镇联系的城际公交；第二层次为西递镇村公交。

静态交通：依托已建好的西递镇公路客运站，按照三级客运站标准提升，同时在潭口中心村、叶村中心村、西递石林、鸳鸯谷、古石窟群等处增加 8 处停靠点（图 5-37、图 5-38）。

图 5-37　镇域道路交通规划图

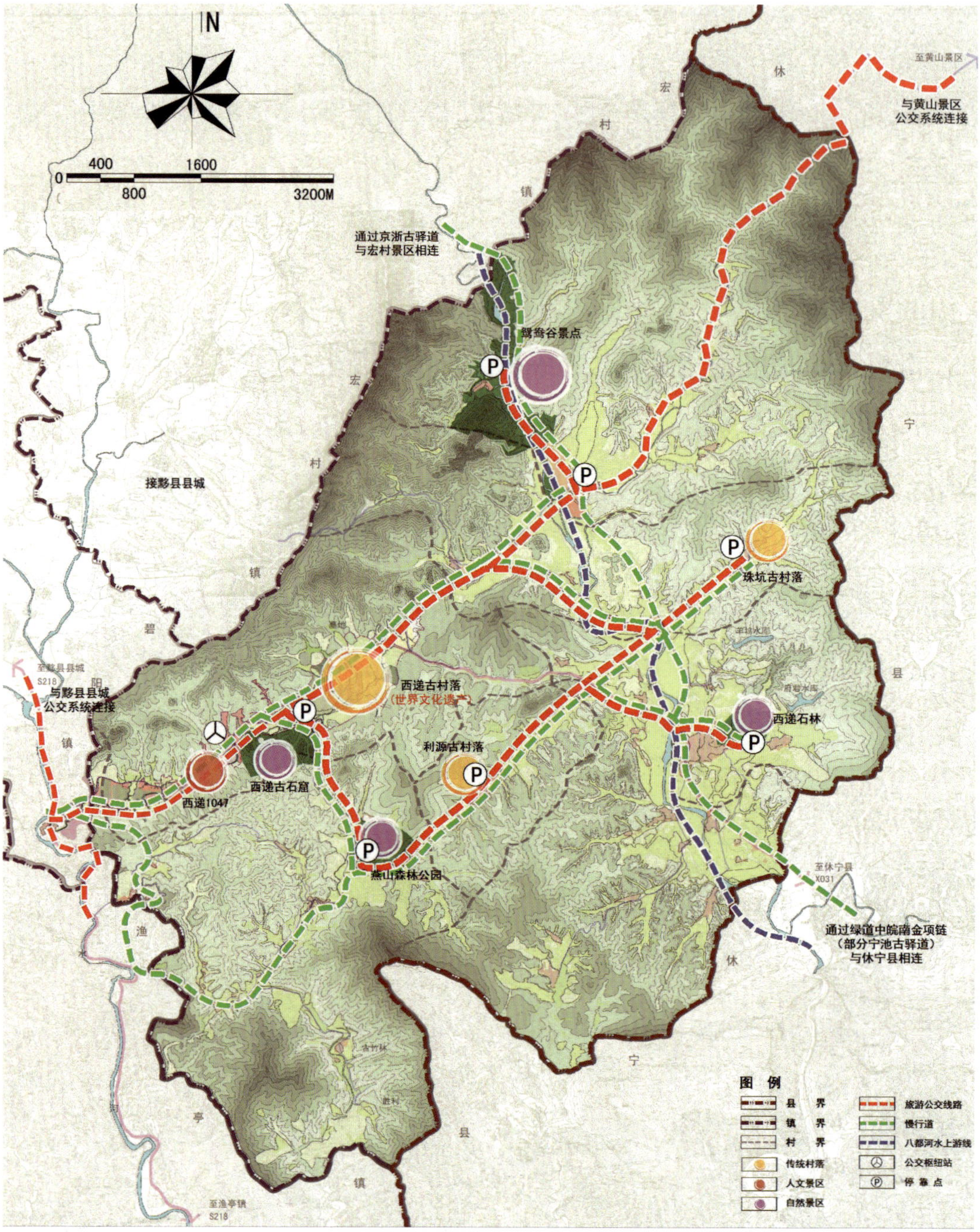

图 5-38　镇域公交及慢行系统规划图

西递镇公共服务设施主要结合《安徽省村庄规划编制标准》及旅游景点配套设施合理布置，同时要和旅游设施统筹考虑（表 5-7）。

表 5-7 西递镇中心村公共服务设施配置一览表

类别	配置主体	序号	配置项目	备注
公共服务设施	政府配置	1	公共服务中心	村域共享
		2	小学	结合县域教育设施布点
		3	幼儿园	根据规模需求
		4	卫生所	可与公共服务中心合建
		5	图书室	可与公共服务中心合建
		6	文化活动室	可与公共服务中心合建
		7	养老设施	村域或多村共享
		8	健身活动场地	可与公共服务中心广场结合
	市场配置	9	乡村金融服务网点	根据市场需求
		10	邮政所	根据市场需求
		11	农资店	根据市场需求
		12	便民超市	根据市场需求
		13	农贸市场	根据市场需求
备注	政府配置的公共服务设施项目需要明确配置建设标准，公共服务设施项目可以结合现状房屋进行使用功能改造，同时可以结合集体经济投入；市场配置的给予建设标准指引			

给水：镇域用水量约为 0.305 万吨 / 日。镇区水源接黟县自来水厂，沿主路增加设给水管，实现双线供应，其他行政村水源各自接高山蓄水点。

雨水：主要边沟自排，在镇区段西儒公路两侧、古村落周边等设置雨水沟渠。村庄结合地形地势设置雨水沟渠。

污水：分三大片区由艾峰中心村、潭口中心村、前山中心村新建污水处理设施处理达标后排放，镇区的污水管线接黟县污水处理厂处理。

供电：全镇由镇区东部 35 千伏变电站供给，电力线呈闭合网状。

电信：镇区设置一处邮政局、电信局，其他结合中心村及重要旅游景点新增邮政网点、电信点。

燃气：在镇区西部规划一处燃气储气点，主要供应镇区。

加油站：设置三处加油站，分别位于镇政府西部、潭口中心村、叶村中心村。

公厕：镇区内布置 5 处公厕，其他中心村及重要景点适当布置。

垃圾处理：每个行政村及重要景点各新增一处垃圾收集站，每个行政村及重要景点各设置一处环卫站。西递村与石印村交界处规划一处垃圾处理站，集中预处理全镇垃圾后，经垃圾转运车统一送至黟县垃圾处理站处理。

防灾指挥中心以镇政府为依托，世界文化遗产地西递村防洪达到 20 年一遇标准，重点地段八都河建设防洪堤，加固和疏通主河道、支流，达到10年一遇标准。依托区域干线及旅游公路形成西递镇救援通道系统框架。各个中心村及重要景点新增1处疏散场地和消防站。

结合西递镇国民经济和社会“十三五”发展规划及近期旅游开发设想，通过对西递镇近期建设项目进行规划，以及对开发进度进行安排，落实近期建设规划。主要从以下几个方面着手：用地布局的详尽安排；旅游项目的落点；旅游设施的配套；基础设施建设，尤其是道路建设；村庄服务设施的合理安排；河流及其周边环境整治。（注4）

五、特色旅游小镇空间布局优化方法

特色小镇是世界主要发达国家产业竞争力的一种重要载体，也将成为中国新时期产业升级的主要载体之一。

1. 研究文献回顾

国外早期城镇旅游的研究是从城市分类研究中派生出来的。随着不断的城镇化及城市工业的发展、用地的拥挤，越来越多的人选择去郊区旅游，这时城市旅游逐步向城镇旅游扩散，城镇旅游随之崛起，渐渐地旅游城镇成为一种主流的城镇形态之一[1]。研究结果证明：在大多数国家城镇旅游被认为是阻止农业衰退和增加城镇收入的有效手段[2]；大多数政府懂得通过发展旅游业来整合国家或当地的经济体系，较好地权衡各方利益。旅游城镇的旅游发展规划必须与当地城镇发展规划相融合，并且具有可持续发展性和一致性[3]。中国的城镇旅游研究最早始于20世纪80年代，秦学较早对中国小城镇建设和旅游开发建设问题进行研究[4]。2005年在旅游资源特别丰富的云南率先实施了中国旅游小城镇战略并且根据不同的划分标准对我国的旅游城镇进行了分类[5]。2015年通过红色旅游文化品牌，对土地农业资源与企业资金、技术力量进行优化整合，统一规划，统一风格，建立新的农业产业，形成村镇的快速转型和可持续发

1 李伯文．国内外城镇旅游研究综述[J]．旅游学刊,2010,25(6):88-89.

2 Rachel A,LowengartO,MilmanA.RuraltourisminIsrael:Service quality and orientation[J].TourismManagement,1999,21(8):58-62.

3 Costa C. An emerging tourism planning paradigm and comparative analysis between town and tourism planning[J].International Journal of Tourism Research,2001(3):425-441.

4 秦学．中国城市旅游研究的回顾与展望[J]．人文地理,2001,16(2):73-78.

5 云南省人民政府．云南省人民政府关于加快旅游小镇开发建设的指导意见[Z].2005.

展[1-2]。2016年通过引入“形态完整”理念，强调旅游小镇城市设计应注重功能完善、生态优先、文脉延续、时间连续及形态良好，从功能、生态、文化、时间和形态五个维度进行旅游小镇空间规划与设计控制[3]。特色小镇就是全域旅游提质增效的重要载体[4]。在旅游城镇的研究上我国的研究内容比国外的更加细化[5]，涉及经济、环境、规划等，但从城镇空间布局角度去研究的相对比较少，多数是从旅游空间布局、产业空间布局等角度去谈[6]。少有专门针对特色旅游小镇或单种城镇类型的空间布局优化的研究。

2. 城镇空间布局的因素

（1）自然环境是海会镇城镇空间布局的前提条件

庐山市海会镇是著名的旅游乡镇，素有“赣北旅游第一镇”的美誉。先后被评为全国亿万农民健身活动先进乡镇、江西省小城镇建设示范镇、江西省卫生镇及全国发展和改革小城镇示点镇。海会镇地处江西省九江市东郊，东面是烟波浩渺的鄱阳湖，西面有风景秀丽的庐山，位于五老峰和三叠泉脚下，是庐山山体的重要组成部分。海会镇优越的地理位置使其西面有三条山路可以登上庐山：其一，从海会寺到五老峰背南；其二，从三叠泉途经五老峰背北最后到青莲寺；其三，经白鹿洞、观音桥、太乙村，最后到含鄱口。另外海会镇是九江市至星子县的一个重要中心镇，这就决定了海会镇的主干道环山公路及绕城高速公路都是朝着南北走向，然后由其主干道朝着东西方向布局次干道。海会镇西高东低的地形地貌决定了其今后的发展趋势必定是朝着鄱阳湖平原方向扩展。以环山公路为界越往西坡度越大，越往东地势越平坦。海会镇目前旅游发展用地多处于西面国家森林公园以南，石牛山水库的周边，旅游接待中心沿环山公路建设，居住点多分布于地势平坦的东面。

从空间结构上看，海会镇旅游资源沿环山公路两侧分布；地文景观、水域风光、生物景观等自然景观资源多分布于西部；遗址遗迹多分布于东部；建筑与设施等人文

1 陈建设，朱翔．县域旅游空间布局模型构建研究[J]. 经济地理,2012,32(12):163-168.

2 屈培青，闫飞，等．陕西照金红色文化旅游小镇规划设计[J]. 建筑学报,2015(9):14-16.

3 陈可石，袁华．“形态完整”理念下的旅游小镇城市设计实践[J]. 规划师,2010,6(1):45-48.

4 陈津．探索以“特色小镇”为载体带动全域旅游发展的新思路——以仙居神仙氧吧小镇为例[J]. 小城镇建设,2016(3):95-98. doi:10.3969/j.issn.1002-8439.

5 张红贤，杨青生．基于MCDA的乡村旅游开发布局与新农村建设[J]. 人文地理,2009(3):75-79.

6 蔡卫民，熊翠．湖南省温泉休闲度假旅游空间布局研究[J]. 经济地理,2010,30(4):688-692.

景观资源多分布于南部。人文活动资源紧邻环山路，空间上沿东北方向分布。区域周边分布大量高品质的遗址遗迹、宗教设施和人文景点，以及大面积水域风光。

旅游资源对海会镇的功能分区有一定影响，旅游资源是海会镇城镇空间布局的发展基础，海会镇的旅游资源数量多、种类丰富，被评为国家5A级景区，吸引众多游客前来游玩，但还是存在开发力度不够，产品结构单一、核心旅游产品竞争力不强，景区配套服务不够完善、服务质量比较差，周边资源整合开发力度不够，旅游活动空间受限等问题。这些问题的存在直接导致海会镇游客量相对少且停留时间短，不利于拉动海会镇的餐饮业、娱乐业等旅游相关行业的经济发展，最终导致海会镇空间布局功能分区不明显，旅游接待中心形同虚设，未能发挥其真正作用。目前海会镇可接待游客的景区多分布于西部，主要还是依靠庐山的名气来吸引游客，东部几乎没有可接待景区，所以海会镇的旅游服务区多偏向于西面庐山脚下。

旅游资源对海会镇的商业活动分布也有一定的影响，目前整个海会镇旅游业的发展主要是靠三叠泉景区的带动，所以海会镇的商业活动分布多是朝着为三叠泉景区提供更好旅游服务的方向去发展。成立于1991年的海会镇三叠泉旅游有限公司经过十几年的发展，已经成为集旅游、度假、会务、购物、娱乐为一体的多功能综合服务体。后又相继修建镇政府和庐山五老峰两条通往山叠泉的道路及三叠泉宾馆、双濂饭店、海龙山庄等。开发得比较好的景点都设有商亭，能够满足游客一般需求。

（2）旅游产业发展是海会镇城镇空间布局的新型动力

不同主导产业下的城镇布局会呈现不同的发展特征[1]，在传统小农经济影响下的城镇空间布局大多会呈现出小规模村庄布局杂乱、没有功能分区的区域特征，而在大工业经济的影响下，带来的将是人口的集聚和村庄的集中整合。不同经济生产方式和不同的主导产业都将对城镇空间布局产生不同的影响。

旅游业是拉动海会镇经济增长的主要动力，一直以来由于海会镇独特的区域地理位置对其建设定位是滨湖和庐山东麓片区的旅游服务基地，以及鄱阳湖旅游与庐山旅游的中转站。近年来，在三叠泉和碧龙潭先后投资开发三叠泉和冰川谷漂流项目，并且产生了一定的经济效益。海会中心小学、环卫所、海会中心卫生院等，以及投资过亿的庐山东门服务区都已经投入使用。这些项目的建设不仅较大限度地改善了海会镇

1 张红贤，杨青生．基于MCDA的乡村旅游开发布局与新农村建设[J]．人文地理，2009(3):75-79.

的城镇人居环境，而且完善了海会镇的旅游服务功能，提升了海会镇的整体旅游形象，逐渐推动海会镇产业转型，最终使旅游产业由支柱产业转型为主导产业，并由最初的农业集镇转型为旅游小城镇。

旅游业与农业的不断融合是推动空间布局优化的重要力量[1]，以前海会镇的农业都是个体农业，产值不高。为充分发挥海会镇旅游产业优势，在政府的引导和支持下大力发展农业休闲观光业，将农业与旅游业紧密结合，既增加农民的收入又拉大海会镇的旅游框架。近几年来，海会镇党委、政府一直把大力引进和扶持休闲农业作为经济工作重要抓手，千方百计引进农业项目，目前已经有一大批项目落户，相继建成了高产油茶、果业等种植观光项目。休闲观光体验农业的发展推动海会镇农业与旅游业紧密融合。除此之外海会镇的居民还通过帮扶、自我发展等方式，发展多家集餐饮、住宿、休闲、娱乐为一体的“农家乐”。

（3）交通基础设施推动海会镇城镇空间布局的结构改变

海会镇交通区位优良。对外交通主要是有两条，一条是环庐山一级旅游公路，对海会集镇的空间布局有着决定性的影响，为了出行方便，海会镇的空间布局由以前的沿道路一边发展到现在的沿其两边扩散发展。此外它还是三叠泉景区与外界联系的唯一一条主干道；另一条是绕城高速，是一条具有观山、观湖、观景功能的城市生态景观大道，对海会镇境内的鄱阳湖旅游资源开发建设具有十分重要的影响。集镇内部除了有一条通往三叠泉景区的道路外，还有在建的鄱阳湖大道和通往长岭村的道路，使中心镇区有更大的吸引范围，将集镇与海会镇优秀旅游景点相连接，更利于海会镇旅游资源的开发，同时也标志着集镇将朝着东面鄱阳湖不断拓展，从而有可能改变城镇在空间上的分布。

3. 空间布局优化

海会镇早期一直发展小农经济，没有明确的功能分区，近几年随着庐山东门及商业街的修建，才有一定的功能区形成，但依旧不明显。海会镇的发展目标是特色旅游小镇，旅游休闲区包括北部以海龙山庄为核心的旅游度假区和中部以旅游服务中心为核心的旅游集散中心，西南部以商业街为核心的商业区及环山公路以东的集中居住区。

---

1 吴可欣．特大城市地区外围城镇旅游发展规划研究——以永清县为例[J]．小城镇建设,2016(2):47-52.doi:10.3969/j.issn.1002-8439.2016.02.014.

（1）镇区功能区结构优化

从海会镇用地现状可以看出，除了有一座小学外其他全是分散的居住点，存在着“东一户，西一户”的布局。这样的空间布局存在着很大的弊端，基础设施不好配套，在规划改造方面也存在困难。从居住“建筑”单体来看，其建筑质量等级不同，在风格方面也存在着不协调的问题（图5-39）。由于大多数居民点人口数量不大，可以将张家湾、朱家湾等小规模的居民点进行拆迁并集中安置于新建的居住区内，形成新的居住片区。除此之外还应将分散的海会中学和幼儿园搬迁至小学所在地形成教育机构集中区解决居民后代教育问题，这也更加利于促进居住区的集聚。同时还可以将集贸市场进行搬迁并扩大以满足居民日常生活的基本需求。在建筑风格方面要突出海会镇旅游小镇特色并与其他建筑风格保持协调（图5-40）。

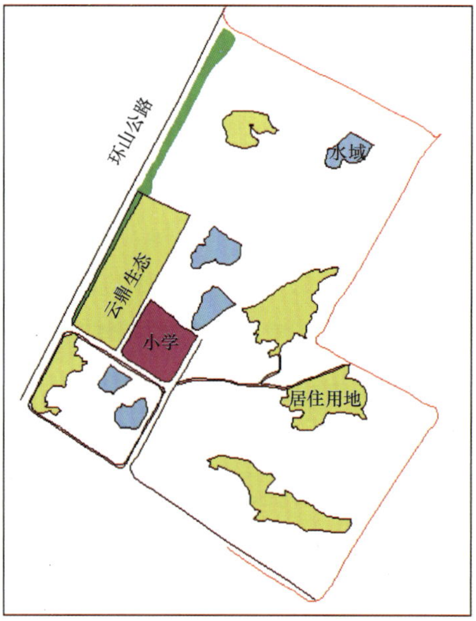

图5-39　居住区用地现状图

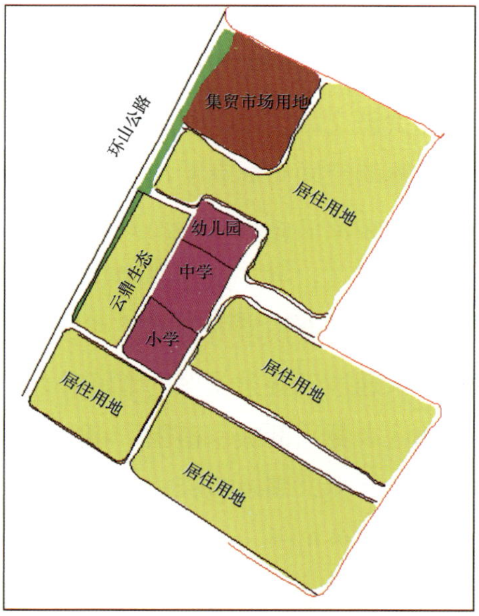

图5-40　居住区用地优化图

该功能区因其坐落在三叠泉脚下，紧邻石牛山水库，背靠国家森林公园，具有良好的地理位置。目前已开发的只有海龙山庄等较为高档的农家乐，以及存在少量石材厂工业用地，其余全是空地，开发空间大（图5-41）。石牛山水库周围单调没有可观性。所以在今后的建设中需要将石材厂搬迁，对石牛山水库周围需要建设绿化带，对其进行美化增强可观性。在打造特色海会旅游度假村时需要注意突出自身特色，最终形成集餐饮、食宿、娱乐为一体的度假村。除此之外在其建设时还应该考虑停车场等公共服务设施（图5-42）。

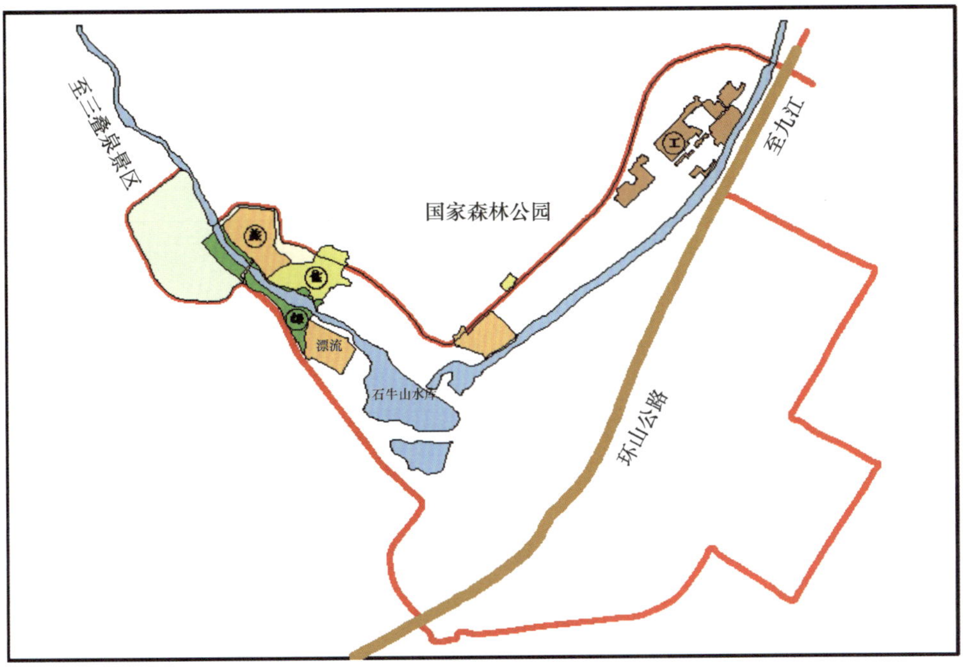

图 5-41 旅游度假区用地现状图

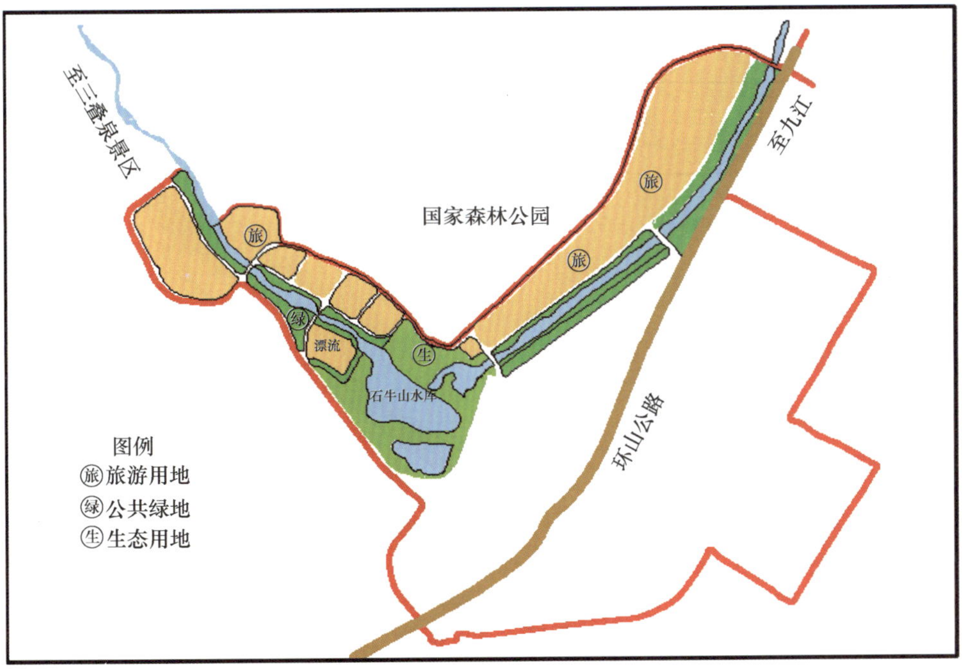

图 5-42 旅游度假区用地优化图

旅游集散中心区里有一部分分布相对集中的居住区，但边缘难免会有零星独立的居住建筑，可以依据具体的用地情况对其拆迁整合或保留原样（图 5-43）。另外庐山东门服务中心的后面有一排居民区目前被当地居民用作简易家庭旅馆，针对这类旅馆政府可以进行统一规范装修运营，一方面可以满足消费能力比较弱的游客，比如以散客形式前往海会镇旅游的学生等，另一方面还可以鼓励海会镇居民参与到建设特色海会旅游小镇中来（图 5-44）。

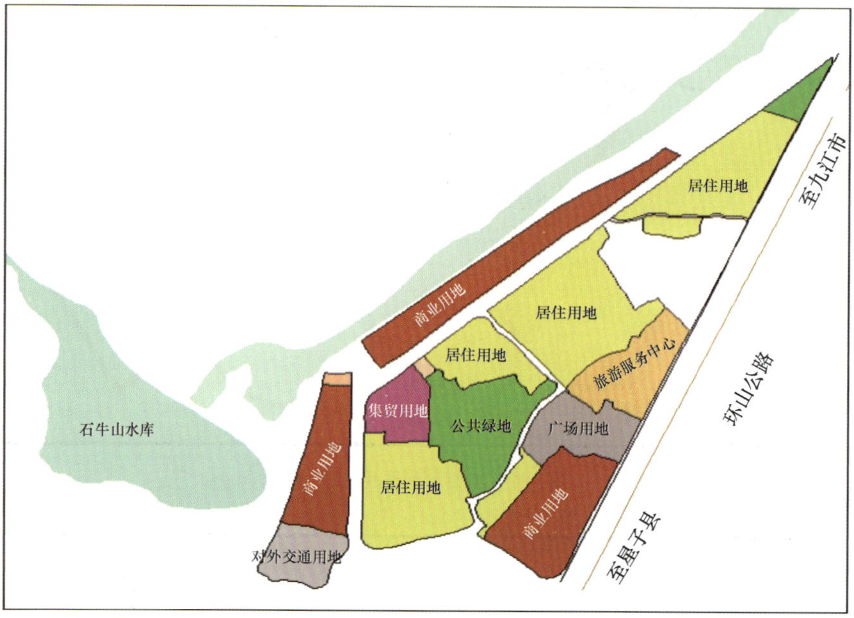

图 5-43　旅游集散中心区用地现状图

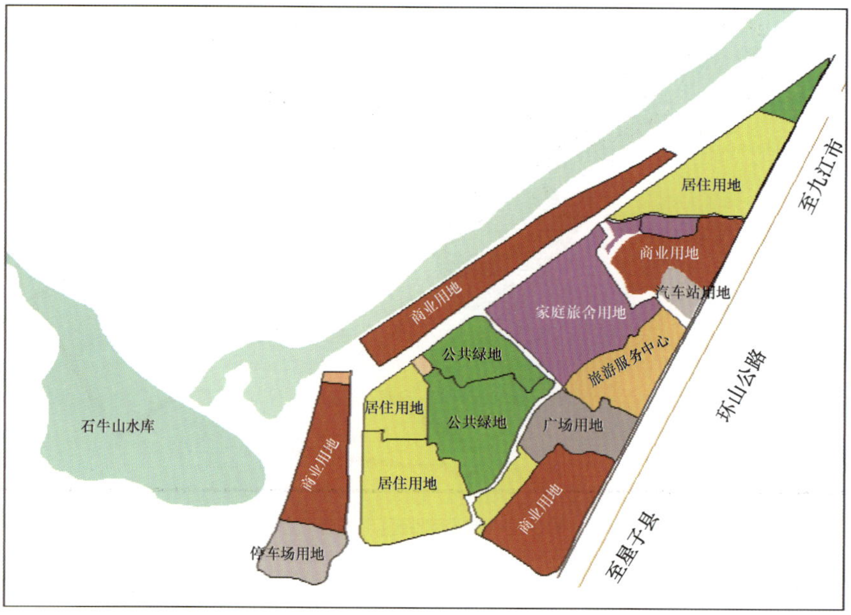

图 5-44　旅游集散中心区用地优化图

海会镇目前可以购买特产的地方只有一个超市，位于从海会镇前往三叠泉的路口，构建一个合理的商业区是很有必要的（图 5-45）。针对海会镇目前的状况可以对现有的商业街向西南面进行扩展，由现在的环山公路西面扩展到东西两面开发建设，最终形成海会镇一个规范的商贸交易中心，既为海会镇居民提供集贸交易平台又为游客提供购买海会镇特色产品的场所（图 5-46）。

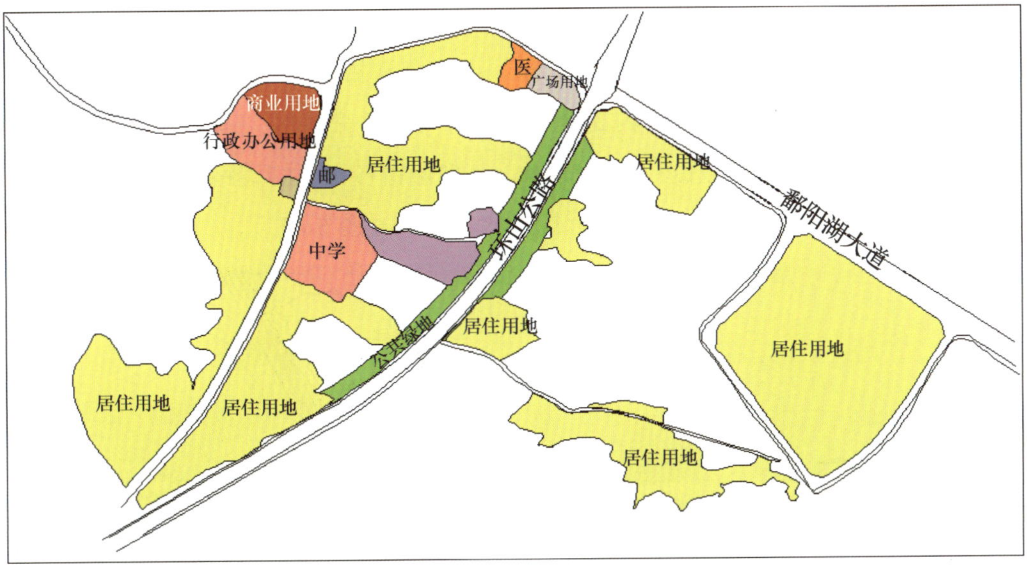

图 5-45　商业区用地现状图

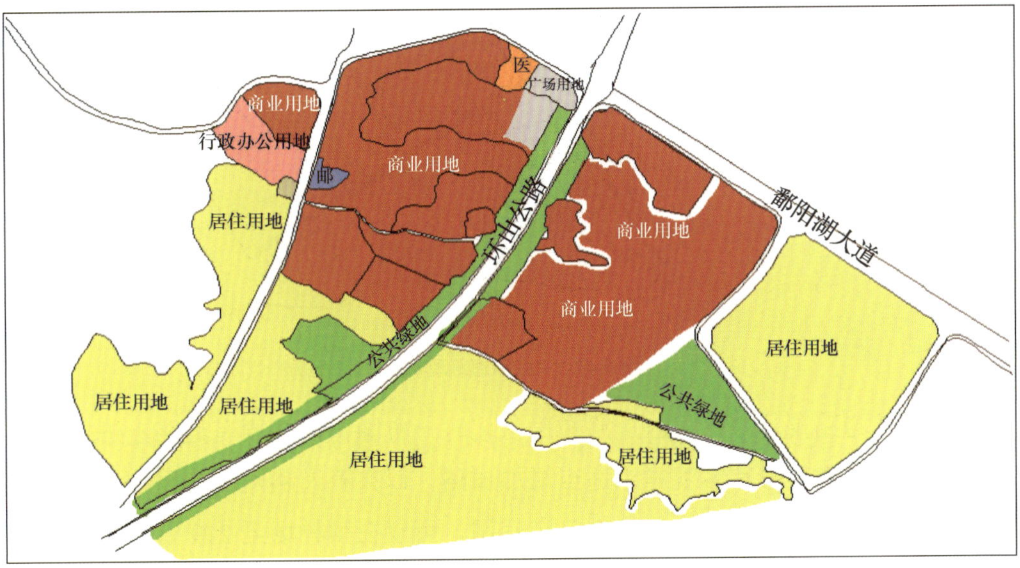

图 5-46　商业区用地优化图

（2）镇区景观游憩空间布局优化

海会镇拥有丰富的旅游资源，但其旅游产业所创造的收入并不高，一些集镇上的旅游服务设施仍然处于空置状态。目前大多游客路线只限于碧龙潭—三叠泉—白鹿洞书院，鲜有游客停留于海会镇。这表明海会镇的旅游资源开发需要进一步加强。针对每个开发区域设置相应风格的旅游基础设施，主要包括小商亭、旅游安全急救设施、导游标志、景区介绍牌、路线标识牌、警示牌、服务指示牌等。

海会镇镇中心南距庐山市中心 10 千米，北距九江市 20 千米，是通往庐山东门三叠泉景区的必经之路。镇域范围内其他道路除连接三叠泉景区、高垅社区、碧龙潭景区的道路宽 7 米，海会社区主干道宽 18 米，其他连接各村组的道路宽 4 ～ 7 米，部分道路破损严重或为土路。除此之外缺乏规整的停车场（图 5-47）。

图 5-47　海会镇道路现状图

从海会镇道路现状来看，对道路布局优化时一方面可以在原有道路上进行修整，另一方面依据自然地形和客观需求适当增加道路，以完善道路网，加强核心区与边缘区的联系。例如为便于开发镇林场的旅游资源，可以在镇林场至 219 省道之间规划一条旅游公路；考虑与鄱阳湖水上旅游线路的联系，可以规划一条从镇区通往长岭村的旅游公路。在核心区，环山公路旁需要新规划一处汽车站，便于管理和组织人流、车流，汽车站站级按三级站规划，形成镇区的客运换乘中心，将原有的汽车站改建为停车场。在通往旅游度假区北面规划一条道路直接连通通往三叠泉的道路和环山公路。在旅游专用道靠近 219 省道的入口处规划游客接待中心，形成镇区游客接待服务中心；规范并延长至长岭村的道路作为专门的旅游通道，并在长岭村临鄱阳湖建设游客接待中心，形成镇区水上入口游客接待服务中心，使游客能够直接从度假区通往鄱阳湖景区（图 5-48）。

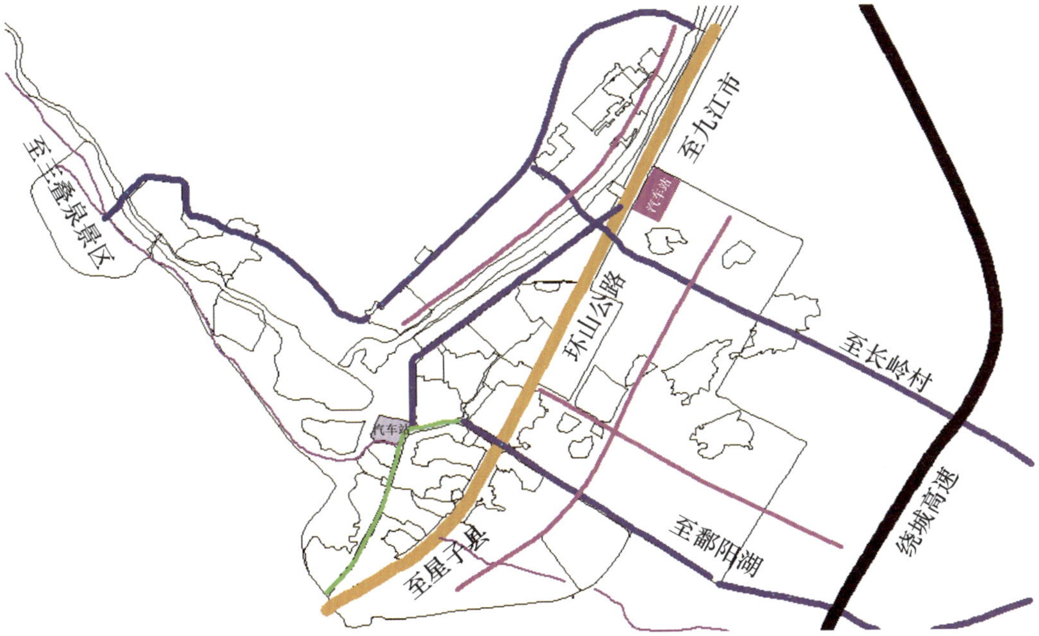

图 5-48　海会镇道路优化图

4. 空间布局优化调控对策

（1）着力打造全国性休闲特色旅游小城镇

海会镇一直都有“赣北旅游第一镇”的美誉，并且在国内城郊型自然景观保护与城郊旅游地开发尤其是城郊型休闲度假区开发中具有典型性。但从知名度的角度来讲，海会镇目前还是主要依靠庐山的名气来吸引游客，并没有形成自身独具特色的吸引力，目前在国内的知名度不高，所以必须通过政府主导，不断更新完善规划建设，充分利用海会镇自身优势，分阶段打造成全国性的休闲特色旅游小城镇。

（2）重塑门户提高山湖旅游中转站的功能

海会镇位于庐山市和九江市之间，是庐山风景区到鄱阳湖最佳路径的必经之地。

鄱阳湖海会镇区水上入口游客接待中心、古镇码头、鄱阳湖大道的修建将海会镇与鄱阳湖有机结合起来。海会镇区内鄱阳湖旅游的开发将利于通过水道将湖口县旅游、庐山市旅游及都昌县旅游巧妙地连接成一体，最终形成庐山、庐山市、湖口县、都昌县旅游一体化发展。

（3）以项目为抓手加快旅游综合体建设

目前海会镇处于旅游小镇发展初期，交通设施、餐饮业、商业等建设还需要大量资金的投入。但像海会镇这类没有工业支撑，自身经济循环能力比较薄弱的旅游小镇，非常需要政府部门通过大力的招商引资来推动旅游业的发展。项目的引进一方面能解决海会镇目前旅游开发建设初期资金周转困难的问题，另一方面能完善海会镇旅游综合体的建设。

影响特色旅游小镇空间布局的因素主要有地理位置、自然环境、旅游资源、产业发展、区位交通因素等。在对旅游资源性城镇空间布局优化的过程中要充分考虑居民点用地、旅游发展用地和交通用地之间的相互影响。对特色旅游小镇空间布局的规划必须与城镇建设总体规划相统一，并且要特别注重以人为本鼓励当地居民积极投入旅游产业中，在互利中共同推进城镇化建设。与海会镇类似的经济不发达特色旅游小镇，前期基础设施和服务设施的完善必须主要依靠政府的规划。旅游资源的开发主要需要政府积极的招商引资，引进一些大型优质的项目来拉动旅游产业的发展。（注 5）

注 1：本文摘自《小城镇建设》，2016.03，34-37，浙江特色小镇规划的编制思路与方法初探，撰稿人：宋维尔，汤欢，应婵莉。

注 2：本文摘自《小城镇建设》，2016.03，42-48，基于目标导向的特色小镇规划创新思考——结合浙江省特色小镇规划实践，撰稿人：厉华笑，杨飞，裘国平。

注 3：本文摘自《小城镇建设》，2016.03，25-30，社会形态与物理形态的高度融合——南方设计关于特色小镇规划设计与实践经验浅谈，撰稿人：姜晓刚。

注 4：本文摘自《小城镇建设》，2016.06，78-86，基于山区旅游的特色城镇总体规划编制方法探讨——以黟县西递镇总体规划（2014—2030）为例，撰稿人：程堂明，汪方胜，汤龙。

注 5：本文摘自《小城镇建设》，2017.12，98-103，特色旅游小城镇空间布局优化研究——以庐山市海会镇为例，撰稿人：马成程，李松志。

第六章　特色塑造

一、“四态融合”的新型特色小镇

特色小镇建设源于浙江，产生于浙江转型升级、结构调整大背景下，是浙江省立足本身块状经济特点和新型产业发展趋势，提出的区域产业升级的新载体，可以将其看作区域产业转型升级的重大方法创新。特色小镇的概念第一次提出是在2014年的杭州云栖大会，2015年1月，在浙江省政府工作报告中，正式提出了特色小镇建设目标，并提出利用三年时间重点建设100个左右的特色小镇，在产业上主要聚焦信息、环保、健康、旅游、时尚、金融、高端装备制造等七大产业，同时兼顾浙江省传统的经典产业。浙江省针对特色小镇创建，制定了一系列的政策措施，包括《关于加快特色小镇规划建设的指导意见》《浙江省特色小镇创建导则》《特色小镇评定规范》等十几项政策措施，在特色小镇的培育、创建、监督、考核等方面探索出了一套行之有效的方法。截止到2017年年底，浙江省共开展了三批特色小镇的创建培育工作，共涉及116个特色小镇，并开展了两次特色小镇的考核工作，真正达到特色小镇建设的“特色目标”。如图6-1所示。

在浙江特色小镇经验、成效的基础上，习近平总书记等中央领导就浙江特色小镇建设做了重要批示，提出各地应因地制宜借鉴浙江特色小镇的创建经验。2016年7月，住房城乡建设部、发展改革委员会发，财政部联合发文，提出到2020年，培育1000个左右各具特色、富有活力的不同类型的特色小镇，并针对特色小镇培育制定了一系列的扶持政策，这些扶持政策的出台立即在全国引发特色小镇建设的高潮，如图6-2所示。

随着特色小镇建设在全国推广，在浙江深入推进，国内专家学者对特色小镇的特色研究日益重视。如产业特色方面，徐梦周、王祖强通过梦想小镇的实践案例探索，探讨了特色小镇创新生态系统的构建[1]；安诣彬从上城玉皇山南基金小镇的历史沿革和产业形成过程出发，探讨了小镇产业特色构建的路径[2]。生态特色方面，赵炜对山地类

1 徐梦周，王祖强．创新生态系统视角下特色小镇的培育策略——基于梦想小镇的案例探索[J].中共浙江省委党校学报，2016(05):33-38.

2 安诣彬．城郊地带可持续的有机更新实践——以上城玉皇山南基金小镇为例[J].小城镇建设，2016（03）：72-74.

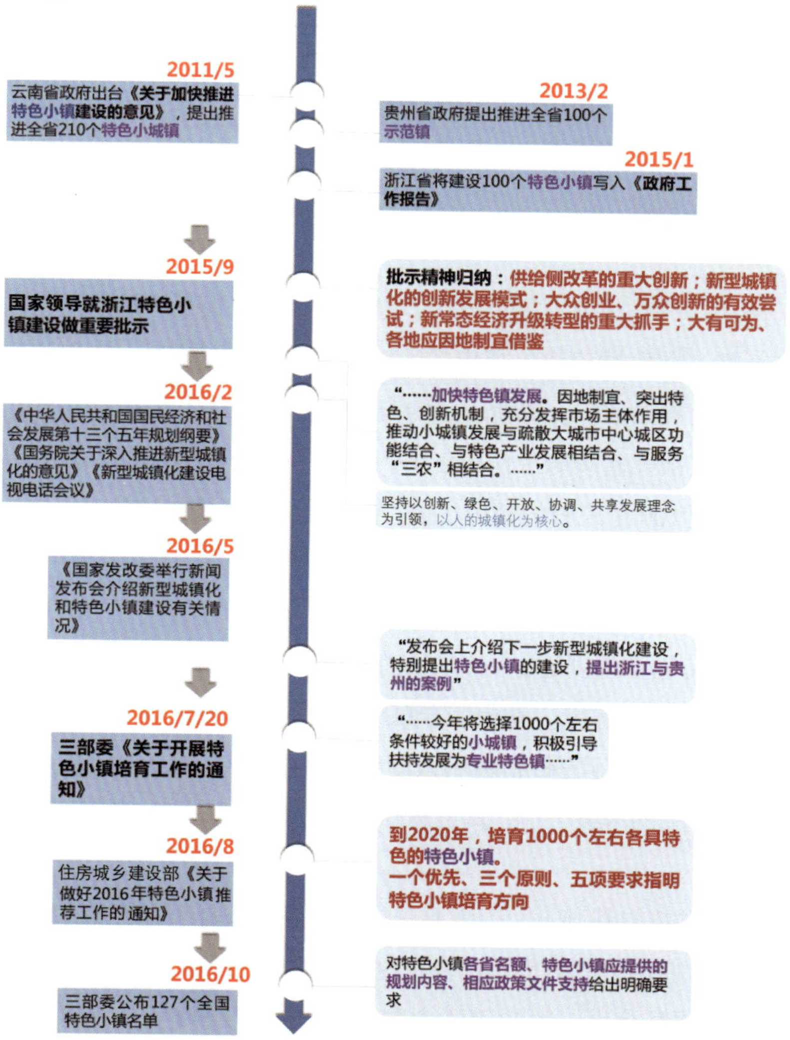

图 6-1　特色小镇的政策历程（来源：作者自绘）

型特色小镇的生态安全格局、地域文化价值的特色构建要求进行了探讨[1]。文化特色方面，郭湘闽、杨敏等人对文化型特色小镇规划营建方法进行了探讨[2]。形态特色方面，陈前虎、龚强等以嘉善巧克力甜蜜小镇为例，对特色小镇的空间组织特色进行了研究[3]。但上述研究大多是对特色小镇某一方面特色相对孤立地探讨，对特色小镇“特色塑造”的综合性研究和系统阐释尚为缺乏。由于特色小镇是文旅结合、城乡融合、产城融合的新型聚落空间，其业态、生态、文态、形态的融合发展对特色小镇的特色塑造、品质打造具有重要意义。

1. 业态特色是基础

从国家层面看，在全球科技革命和产业变革的背景下，形成了我国产业转型升级

1　赵炜 . 山地特色小镇规划中的历史性景观保护与利用 [J]. 城乡规划，2017(12)：55-60,68.

2　郭湘闽，杨敏，彭珂 . 基于 IP(知识产权) 的文化型特色小镇规划营建方法研究 [J]. 规划师，2018(01)：33-38.

3　陈前虎，龚强，董翊明等 . 浙江特色小镇战略背景与空间组织——以嘉善巧克力甜蜜小镇为例 [J]. 浙江工业大学学报 (社会科学版)，2017(01)：10-16.

的倒逼机制，我国开展了以工业 4.0 为代表的工业转型升级以及以互联网 + 为特点的服务业转型升级，依靠自主创新和提升价值链，完善供应链，推动产业转型升级。特色小镇依靠小而精的产业发展平台，立足于特色创新与产业转型升级，是落实国家产业转型升级要求，推动传统产业转型升级，探索新产业、新模式、新类型发展的新平台、新载体。

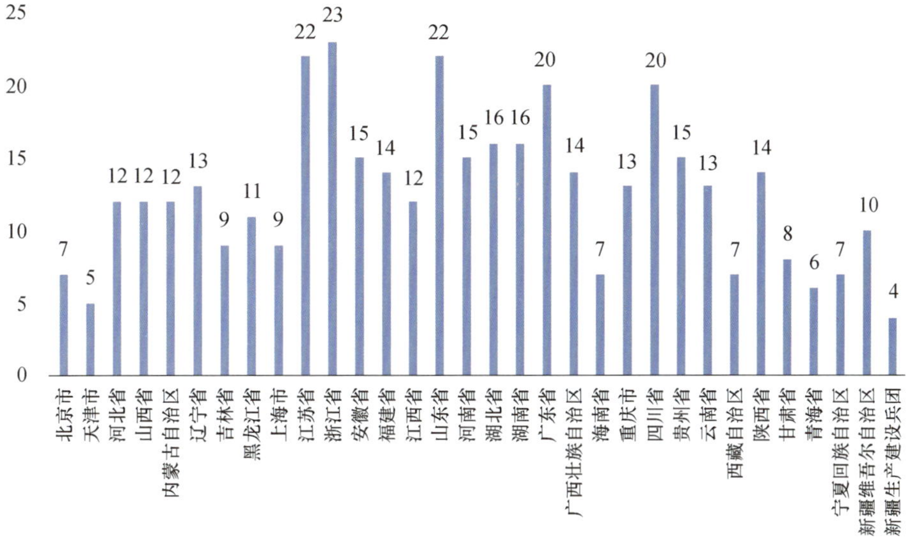

图 6-2　全国特色小镇数量统计（来源：作者自绘）

从区域层面看，特色小镇的创建立足于区域产业基础，以区域的产业转型升级为主方向，通过吸引资金、技术、人才等高端要素的集聚，打造区域特色产业的创新中心和服务中心，以特色小镇的小空间带动区域产业的大转型。如在浙江特色小镇的创建过程中，各地区特色小镇与城市所在区域的产业发展特色相一致，杭州、宁波等大都市周边集聚了全省 80% 以上的信息类小镇、70% 以上的金融类特色小镇，台州、温州等传统产业集聚的区域以机械与装备制造业、服装时尚产业等传统产业转型升级为基础，通过加强传统产业的创新能力，延长产业链条，加快向产业价值链高值区延伸，不断提升区域块状经济的竞争能力，推动传统产业转型升级，实现腾笼换鸟和凤凰涅槃。

从特色小镇发展看，特色小镇立足于内生型的产业发展，与地域特色密切结合，在产业发展上，要聚焦创新能力建设和产业生态系统的培育，要立足于区域产业特色和发展优势，处理好创新型企业孵化和培育壮大的关系。原则上特色小镇以中小科创型产业为主，形成良性的竞争氛围。产品方向上立足产业特色，突破关键产品和关键技术，不搞大而全，专注小而精。

通过明确产业定位和方向，确定产业门类，为用地布局奠定基础。并通过对产业功能的研究，将产业对空间资源的需求转化为产业空间布局的具体形态，也就是处理好由产业发展转化为业态和项目需求，再由业态和项目需求转化为用地的布局，以产业对空间的需求指导特色小镇的空间安排，并进一步落实好分期建设及年度建设项目。

2. 生态特色是本底

党的十八大、十九大报告均站在全局和战略的高度，把生态文明建设与经济建设、政治建设、文化建设、社会建设纳入新时代中国特色社会主义事业总体布局，“山水林田湖草是一个生命共同体”，“绿水青山就是金山银山”，生态发展成为生产力和竞争力。特色小镇作为疏解城市功能、破解城市增长难题的重要载体，要求走生态化建设发展的道路，决定了其建设发展的品质和质量。特色小镇依托优美的自然生态环境，深入践行“两山”理论，发挥比较优势，促进要素集聚，走“生产、生活、生态”融合发展的道路，成为治疗“城市病”、改善农村环境质量、推进产业转型升级的重要平台。

特色小镇应把生态文明理念和原则全面融入特色小镇建设的全过程和各领域，协调小镇与周边自然环境，实现小镇与生态环境、人与自然环境的和谐共荣。特色小镇在建设过程中要结合具体环境特征，采用生态设计方法和低冲击式的开发建设模式，突出生态、绿色、节能主题，集约节约利用土地、倡导绿色交通，打造生态宜居环境。特色小镇在产业选择方面也要突出绿色产业的发展，提倡发展文化旅游、健康养老、休闲度假、智能制造、“互联网＋”、体育运动等业态，在生产过程中贯彻清洁生产理念，保护好小镇的生态自然本底和生活环境质量。

3. 文态特色是灵魂

文态是特色小镇规划建设的灵魂，尽管特色小镇是一个相对独立的产业功能平台，但其不同于以往的开发区和产业新城，要突出对文化的传承和创新，塑造符合小镇特色的新文态。在特色文态构筑方面，特色小镇需要重点处理好传统地域文化精神的重构、有形的物质文化载体如历史建筑等的保护利用、无形的非物质文化遗产的整理利用，近现代产业文化、企业文化的挖掘等。发挥生态、产业、文化、旅游等多种功能的乘数效应，强化特色小镇的特色发展。

在特色小镇的建设内容方面强调多元的文化体系构建，包括地域文化和产业创新文化，塑造传统与现代融合的文化体系。在文化表达方面，以特色小镇的整个空间作为其文化的载体，注重传统和创新的结合。对于地方传统文化特别是非物质文化遗产要深入挖掘，做到有传承、有保护、有发展，并将文化的要素应用到特色小镇设计的各个层面，通过有形的建筑、公共空间、雕塑、小品等来表达对传统文化的挖掘；要注重新文化的表达，对于产业文化、企业文化、互联网文化等新的文化要积极引导，并与小镇的发展更好地结合。

4. 形态特色是载体

特色小镇之所以叫“小镇”，其最初的考虑就是希望在开发建设上能与原有的城乡形态不同，“小镇”既有别于传统的高密度高层为主的城市开发形态，又有别于配套不足、服务水平低下的乡村开发状态，特色小镇强调城乡的融合发展。特色小镇布局在大城市郊区或各类产业功能区，就是希望能够通过特色小镇自身特色建设，建设“生、产、城、人、文”五位一体的新型产业功能区，为我国新型城市化提供更丰富的空间形态和发展模式。从特色小镇自身的功能和形态布局看，特色小镇符合城市功能形态的转型要求，符合现代人追求的小镇尺度、小镇情怀、小镇生活，回归以人为本、亲人尺度、绿色生态、宜居生活。

因此，特色小镇的空间组织与形态设计应从产业特点出发，对项目性质、空间组织做针对性研究，实现精准的形态设计，在设计时要重点考虑融入自然的整体格局、人性化的空间尺度、小街区密路网的交通模式、对建筑景观风貌的引导控制、地域特征标识符号设计、景观环境设计、低碳环保系统设计等方面内容。既要避免大城市过高的密度，形成钢筋混凝土景观，又要避免低水平的农村景观风貌环境，而是通过精准化、在地化的设计，形成独具特色的小镇形态。

5. 以杭州云谷小镇为例

云谷小镇位于杭州市西湖区双桥区块，杭州城西科创大走廊的东端，东邻浙大科技城（浙大紫金港校区和西湖科技园），南邻未来科技城，西邻杭州西站枢纽（规划），北邻良渚居住组团，是杭州城西科创大走廊上的重要节点（图 6-3）。

该区域紧邻杭州主城区，属杭嘉湖水网平原，地势低平、河渠纵横、水网密布，拥有山、水、林、田等丰富的自然景观风貌和典型的江南田园水乡地貌特征（图 6-4、图 6-5），是杭州西湖区仅存的未开发的一处“绝版宝地”。

图 6-3　云谷小镇区位

（来源：杭州云谷单元控制性详细规划，浙江省城乡规划设计研究院）

图 6-4　云谷小镇的生态联系

（来源：杭州云谷单元控制性详细规划，浙江省城乡规划设计研究院）

图 6-5　云谷小镇基地生态特征

（来源：杭州云谷单元控制性详细规划，浙江省城乡规划设计研究院）

在已批复的《杭州市西北部生态带保护与控制规划》中，对该区域的定位为杭州西北生态带向主城区的延伸过渡地带，宜进行低密度、高产出、优环境的小镇模式开发，并充分利用该区域周边的创新资源条件，打造成为三生融合的新型智慧产业平台。自2015年以来，随着杭州阿里巴巴云计算大数据产业园、杭州云谷国际公学、西湖大学等重要项目的拟选址入驻，本区域凭借其优越的区位条件、优美的自然环境和优惠的政策支持，已经成为一片吸引创业人才、创新人群、创投资金的发展热土，并于2015年11月成功申报列入省级特色小镇培育名单。

因此，云谷小镇的发展目标就是要依托杭州城西科创走廊的智慧产业优势、西北生态带的生态环境优势、阿里巴巴等的项目机遇优势（阿里巴巴在云计算、大数据方面的核心产业优势，还包括西湖大学的尖端科研优势[1]），打造以云计算、大数据及其相关应用产业为特色的核心产业板块，成为集前沿尖端技术研究和云计算大数据相关应用产业于一体的生态型、组团化、花园式特色小镇。

（1）产业特色塑造

云谷小镇作为以云计算、大数据核心技术及其相关应用开发为特色的产业区块，产业发展及业态选择是规划面临的首要问题。通过对杭州城西创新产业发展的观测发现（表6-1），目前城西区块已集聚了阿里巴巴淘宝城、海创园、梦想小镇等众多创新平台与载体，但由于云计算基础设施和相关企业主要分布于杭州转塘区块（云栖小镇），目前城西尚缺少数据分析工具等核心产业环节的支持。而云谷云计算大数据产业园的入驻恰好可以弥补这一空白环节，并作为产业技术创新源推动行业技术应用的蓬勃发展，进而带动产业大生态圈的发展。为此，规划在阿里巴巴已有产业发展设想的基础上，提出了云计算、大数据产业大生态圈的概念，即在阿里巴巴的云计算、大数据基础产业环节上，重点发展云计算大数据的平台、研发、应用及增值服务产业（图6-6）。通过云谷与云栖小镇、梦想小镇、淘宝城等联动发展，共同构成城西云计算、大数据产业网络，参与全球产业竞争。同时，云谷通过在产业网络中集聚开发工具、数据分析工具两个环节的企业，担当城西大数据产业技术源支持，形成"新事物/新业态"的发源地。并以此为龙头构建上下游产业链，带动相关中小企业、小微企业和独角兽

1　西湖大学选址于云谷小镇北侧，根据习近平总书记批示，西湖大学将建设成我国历史上第一所民办的、含理工生命等多个学科的小而精、综合型、剑指世界一流的高等研究院，未来将成为重要的高端研究人才培养摇篮，首期占地面积约50.72公顷（761亩）。

企业发展[1]，如图 6-7 所示。

表 6-1 城西主要创新载体产业发展观测

序号	创新载体	产业发展
1	梦想小镇	大学生创业，发展电商、软件设计、大数据、云计算等互联网相关领域
2	海创园	—
3	淘宝城	发展电子商务，网络经济等功能，打造国际零售和创新创业基地
4	西溪谷	科技产业、文化创意
5	西溪谷互联网金融小镇	以互联网金融为主导，联合发展电商、信息软件、旅游等五类产业
6	紫金众创小镇	依托浙江大学，作为中小企业和师生联合创业基地 高新技术成果转化 创新设计、信息经济、智能装备三大产业技术研发
7	西溪科技园	发展研发与技术服务、信息软件、电子商务、股权投资、设计服务、旅游休闲六大产业
8	云栖小镇（转塘区块）	云计算

（来源：杭州云谷单元控制性详细规划，浙江省城乡规划设计研究院）

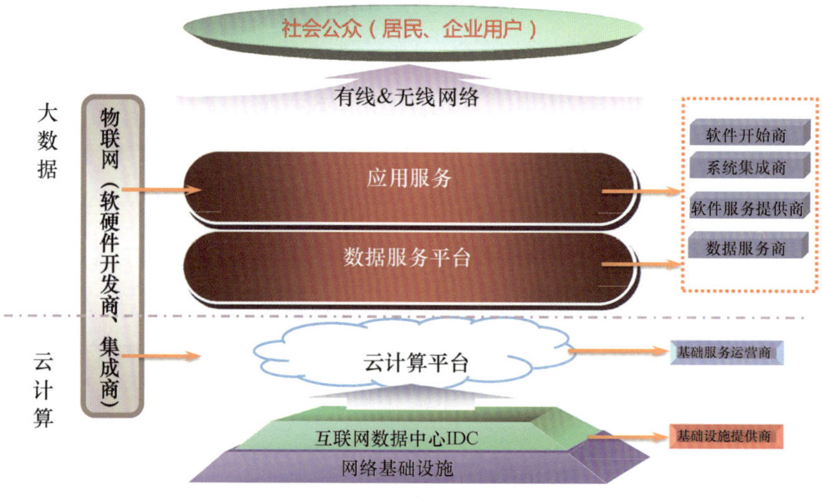

图 6-6 云计算大数据的产业构架

（来源：云谷产业发展构想，阿里巴巴）

参考硅谷的发展经验，发现大学研究机构、创业孵化土壤、人力资源储备和弹性、灵活、共享的企业空间是创新产业集聚发展的重要驱动要素。云谷的建设，应为创新人才提供从 20+ 创建期—30+ 成长期—40+ 成熟期全年龄段的产业服务和生活服务配

1 此处借鉴了深圳南山区的发展经验，南山区已形成一批以腾讯、华为、中兴为代表的龙头企业和数千家中小微企业百花齐放的企业集群格局；尽管缺乏大型学府的支撑，他们更强调通过跨区域合作和交流，会聚全球的相关服务与人才。

套，应对不同年龄层次的差异化需求。在此基础上，规划提出了“满足全生命周期的多元创新人群需求”的服务配套建议，并在空间上予以保障和预留。

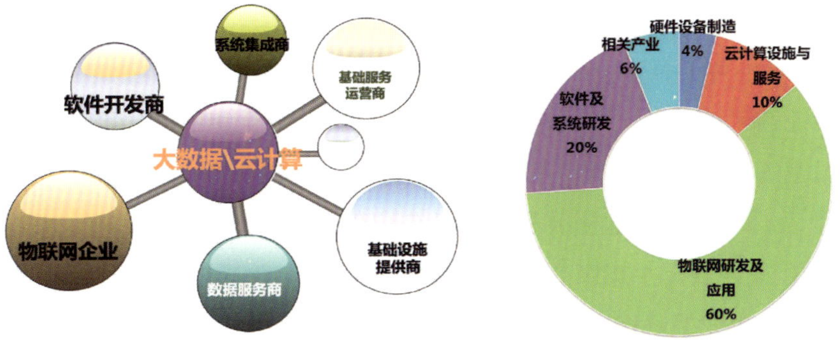

图 6-7 云谷产业内容分析

（来源：杭州云谷单元控制性详细规划，浙江省城乡规划设计研究院）

在产业的空间组织和布局方面，由于单纯的功能分区规划已经很难对区域进行科学把握和合理开发，必须以弹性衍生规划为补充，突出小区块、分领域的详细规划。依据国际发展经验，建议设置“大学实验室和研究所园区”“旗舰企业总部园区”“开放式产业集群”“创新社区”4 种产业空间类型，提供多元选择，支持不同类型的企业或产业发展（图 6-8）。

其中，旗舰企业总部倾向于独立设计园区，依据不同的企业文化理念及品牌形象，园区形态个性化特征明显。所以规划设计的参与度低，对于此种类型的产业空间不涉及园区内部空间组织方式及布局设计，本方案仅提供地块选址建议。

开放式产业集群和创新社区是规划最能发挥影响的两类产业空间，也是云谷最重要的企业集聚地。两者的差别在于，开放式产业集群的发展关键词为“产业 + 生产性服务”，以塑造产业领导力为目标；而创新社区的关键词为“多元功能混合”，

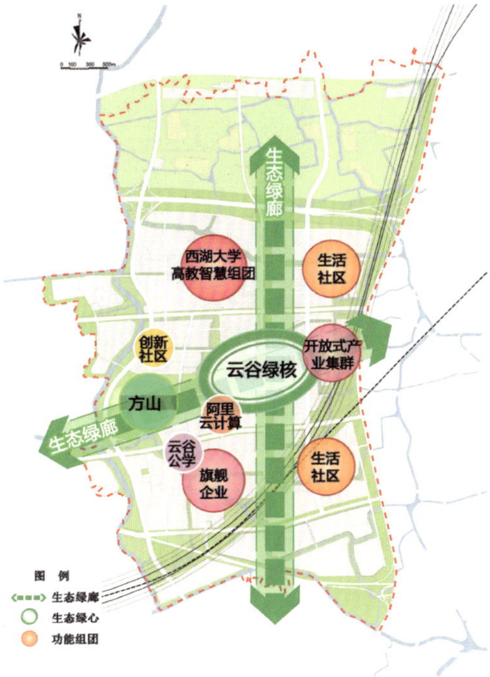

图 6-8 云谷小镇产业空间组织

（来源：杭州云谷单元控制性详细规划，浙江省城乡规划设计研究院）

不仅是发展产业功能，更强调休闲生活、文化娱乐、教育等多种功能的融合发展。

此外，为了符合大数据产业爆发性的变化特征，云谷亦应预留高价值的地块，以供成功突围的企业新贵落户。这一点，需要在规划中留有充分的弹性和余地。

（2）生态特色塑造

云谷所处的区域自然环境优越，山水林田湖构筑起优美的田园风光，是杭州生态环境资源优越的城市边缘区域。其中，方山是基地内唯一的山体，位于基地西侧，高度约 80 米，山体有大量林地植被覆盖，具有较高的生态价值。基地内水系众多，各个水系相互连通，同时兼具生态廊道和行洪蓄洪功能。规划除通过常规生态敏感性评价外，还借助无人机技术发掘基地隐藏的生态本底特征。在此基础上选取具有重要生态价值的生态斑块和廊道，作为地区发展的基本生态保障，包括区域生态廊道、方山、不小于 5 公顷的林地斑块、河道水网廊道和斑块（河道水体及其两侧缓冲区）、河道交汇口的湿地斑块以及基本农田斑块（图 6-9）。

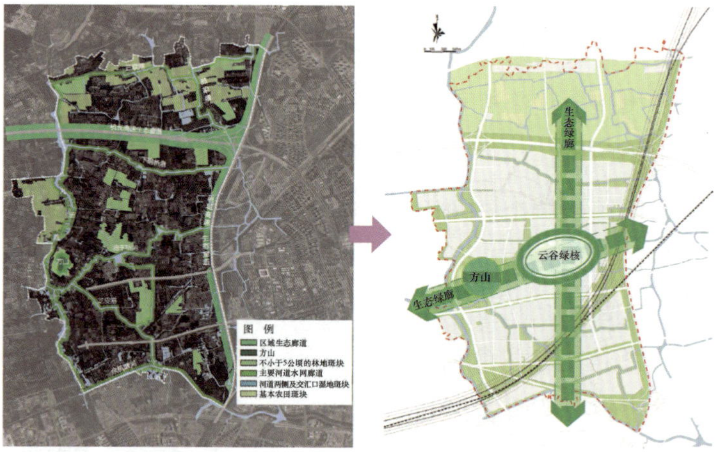

图 6-9　云谷小镇生态空间组织

（来源：杭州云谷单元控制性详细规划，浙江省城乡规划设计研究院）

此外，由于本区域地势低洼，需防范洪涝威胁。规划通过 GIS 分析不同条件下的洪水淹没范围发现，基地内 65% 的用地都处于 20 年一遇的洪水淹没风险区域，针对这一基本情况，规划提出开发建设要遵循海绵城市建设理念，通过对自然本地的低影响开发，保证基地内部乃至整个区域的防洪安全。首先，规划建议保留或建设必要的防洪工程设施。其次，规划要求构建生态型的自然蓄洪体系，提升基地内部整体蓄滞洪能力，减少洪涝灾害对整个区域产生影响。同时，尽量规避对洪水淹没的高风险区域的用地进行开发，优先考虑作为生态湿地及公园绿地，减轻基地内部的防洪压力（图 6-10）。

（3）形态特色塑造

云谷位于杭州西北生态带向主城渗透的延伸过渡地带，宜进行低密度、高产出、优环境的小镇模式开发。

在云谷城市设计和控制性详细规划中，规划提出保留现有重要的河塘水系、农田景观和丰富植被，以中部的方山和乌龟漾为生态核心，形成组团化的布局结构和田园型城市形态。并围绕生态绿核形成西湖大学高教智慧区（科研高教组团）、阿里巴巴战略合作区（旗舰企业组团）、独角兽产业区（开放式产业集群）以及创新社区等多样化的发展组团。并且依托远期预留的轨道交通站点进行TOD复合开发，提升小镇功能活力和生活魅力。

图6-10　云谷小镇河道水系及生态绿地规划图

（来源：杭州云谷单元控制性详细规划，浙江省城乡规划设计研究院）

在具体形态特色塑造上，规划充分提炼现状在地资产，延山蓄水，通过指状渗透的绿色结构将已有的方山景观资源引入城市，连接基地周边的绿色斑块，并利用现状密布的水网，形成城市向自然，自然向城市，相互渗透，共融发展的空间关系。

云谷小镇形成以方山、乌龟漾为核的云谷绿心，周边环绕多个景观节点公园，形成绿化核心向四周积极渗透的公共开放空间体系。以通向方山的主要水系廊道作为视线引导，创造从基地主要入口与发展核心区眺望方山的直达视觉廊道，营造“望得见山”的基地第一印象。以方山的高度80m作为制高点，确保在各个主要视点都能至少望见20%的方山山坡，以此控制建筑高度。环绿心的建筑以中低强度为主，建筑互不遮挡，并且增加了与绿心的可视化面积。同时以阶梯式的高度结构与绿心融合过渡。在绿心中严格控制建设高度以形成核心绿谷的空间形象（图6-11）。

围绕绿心周边的各个板块设计地标建筑，目的一是针对不同创新板块打造具有各自特征的形象代表。另外，每个板块的地标也提供了地区的方向感。在基地的对外出入口节点，布置具有可识别性的地标建筑，分别对应良渚、紫金、未来科技城及城西枢纽出入口。

图 6-11　云谷小镇整体空间形态效果

（来源：杭州云谷小镇城市设计，ARUP）

（4）文态特色塑造

云谷小镇的文态塑造着重把握创智文化和田园文化的营造和传承。

在云谷中，工作生活一体化的创意办公集群，很大程度上吸引了年轻有创意的初创办公人群，为云谷的创意提供动力。设计将研发创新与生活高度混合，布局在对外联系最便捷的基地外围，将创新人员的经验分享、思想碰撞、生活启发的行为布局在基地的核心，长久可持续地支持云创企业的创新发展。

与常规的产业研发园区不同，云谷带来的是未来的气息，未来将是以人的感受为主，以自然生态为底，以开放、共享为精神。小镇保留了绿心周边的绿林和水岸，延续村落的肌理，挖掘江南水乡特色肌理，唤醒水乡记忆，并结合现状水系，方山脚下的小体量坡屋顶建筑充分传承杭州的建筑特色，让小镇的每一个居民和游客都能望得见山，看得见水，记得住乡愁。都市农田赋予农业以新的活力，综合教育、展示、有机蔬菜体验、DIY 制作、有机食品研究以及特色美食体验等功能融入农业，形成综合参与的都市农业新场景。将创意活动和办公从室内引向室外，使得创新城市空间与田园气息完美共融，打造全新的与自然相联系的创新空间（图 6-12）。（注 1）

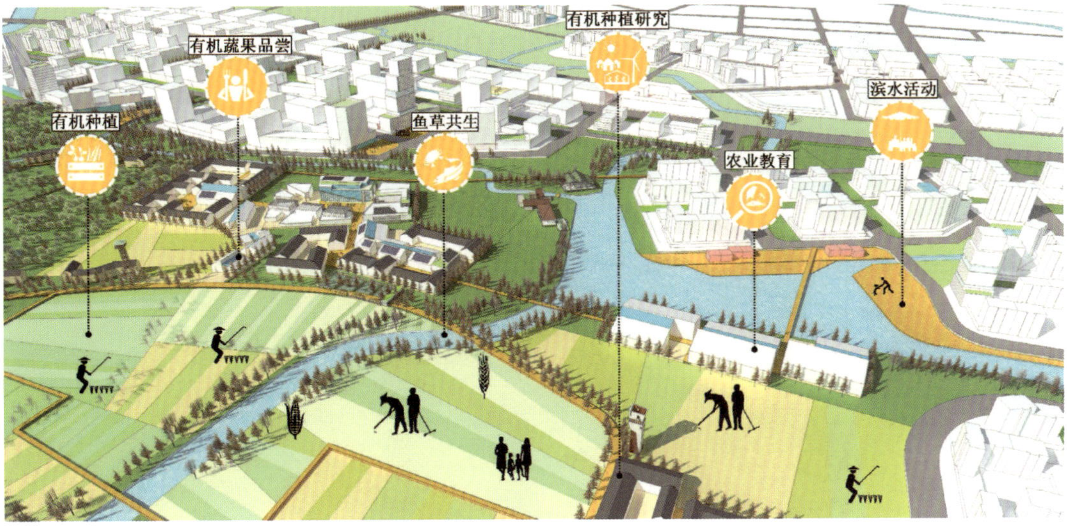

图 6-12 创智文化与田园文化的结合方式示意图

（来源：杭州云谷小镇城市设计，ARUP）

二、“五大特色”让小镇与众不同

平湖九龙山航空运动小镇位于浙江省嘉兴市平湖市域东南部，规划面积 3.45km^2。综合考虑利用山海自然资源、具备开发建设潜力、兼顾产业项目布局、完善健康产业体系、带动整个旅游度假区等因素，选址九龙山旅游度假区核心区块规划建设航空运动特色小镇。

平湖地处“长三角城市群”的地理和交通中心，是浙江省接轨上海的桥头堡。九龙山处于上海—杭州、苏州—宁波黄金走廊的十字中心，与四大城市车船行程在一两小时以内，交通十分便捷。随着高铁、地铁、城铁的建设和开通，长三角一小时核心城市生活圈的概念也逐渐得以实现。小镇依托九龙山旅游度假区，具备吸引、承接、服务上海、苏南及环杭州湾区域消费者极佳的区位交通条件（图 6-13）。

1. 定位特：主攻运动健康，打造“浙江省第一家运动 / 体育主题”的特色小镇

九龙山作为省级度假区申报之初是考虑主攻旅游特色小镇。但是课题组认为九龙山作为以运动为特色的度假区，应当充分挖掘其发展健康产业的可能性和必要性。产业选择决定小镇未来，必须紧扣产业升级趋势，锁定产业主攻方向，构筑产业创新高地。

图 6-13　平湖九龙山航空运动小镇区位示意图

九龙山旅游度假区作为平湖市现代服务业发展的重要载体，是浙江省级旅游度假区和省级运动休闲基地、全省首批运动旅游休闲示范基地、全省现代服务业集聚示范区及嘉兴市“十佳旅游景区”和首批文化产业园。目前已开发了以运动健康为主题，特色鲜明的各类运动休闲项目。因此课题组提出“健康产业特色小镇”是九龙山特色小镇创建的首选方向。这也符合当前国家和浙江省支持健康产业发展的政策背景。国务院 2013 年出台的《关于促进健康服务业发展的若干意见》里明确提出支持发展养生、体育和医疗健康旅游。浙江省更是在出台《浙江省人民政府关于促进健康服务业发展的实施意见》之外，将健康产业列为七大万亿产业之一。

此外，与第一批健康产业类特色小镇相比，如奉化滨海养生小镇、桐庐健康小镇均以偏静态、慢生活方式的养老养生为核心功能，而九龙山健康产业的特点在于“体旅联姻、动静结合”，它以动态的健身休闲和户外运动方式为主，通过运动休闲产业来带动相关的康复、疗养、养生及度假、会议、文化等功能的发展，有条件打造为“浙江省第一家运动 / 体育主题”的特色小镇，具有真正鲜明的产业特色和资源的异质性。

2. 产业特：“山海为体、文化为魂”，构建以健康运动为龙头的综合产业体系

以“体旅联姻、动静结合”为导向，以山海资源为支撑，推动产业、旅游、文化“三位一体”，平湖九龙山航空运动小镇突出运动养生特色，构建以健康运动为龙头、

以健康养生产业为主导、联动发展健康旅游、完善生活服务业的产业体系。

（1）突出品牌优势，做特做优健康运动产业

依托九龙山山海资源优势、毗邻上海区位优势及运动休闲产业基础，加快推进九龙山体育园、航空运动基地、赛马马球赛车运动体验园、山地自行车体验园等一批特色产业项目，加快构建航空体育运动、水上运动、高尔夫、赛车、赛马、马球、自行车、瑜伽、禅修及各种球类运动等"水陆空""动静结合"的运动体系，进一步完善运动健身、运动体验、运动培训、赛事举办、文化交流等综合服务功能。

（2）依托生态资源，大力发展健康养生产业

凭借九龙山良好的生态环境和便利的交通条件，加快发展健康养生、健康养老、文化禅修和保健康复。特别是积极寻求和浙江省体育局开展合作，引入专业康复团队，依托九龙山各类场馆设施，利用已有建筑新建康复中心，重视专业护理人才教育与培训，提升服务品质，支持特定群体（运动员）康复、专业康复等新型康复服务的产业化发展。发挥九龙山航空运动基地的空中医疗救援、应急救险功能，为小镇健康产业发展和平湖市医疗事业提供空中应急保障。

（3）联动旅游度假区，深度开发健康旅游产业

突出海洋文化、九龙山旅游文化，积极发展文化体验旅游、商务度假旅游、休闲游憩旅游。以海滨音乐节、铁人三项赛等文体活动为平台，开发蓝色文化和滨海旅游，促进体育娱乐与休闲旅游的融合发展，为游客提供独特体验的旅游基地。依托九龙山会所、马会、高端品牌集聚的优势，开发"九龙山休闲博览会"及时尚品牌秀场等交流活动，展示国内外高端品牌的文化魅力，举办各种时尚新品的发布会；依托九龙山中高端收入人群集聚的优势，开展各种创意设计项目，突出参与型和互动性的特色，如"创意市集"和创意 DIY 活动，让游客在创意活动中获得主动和体验的乐趣。

（4）体现三生融合，完善生活配套服务业

着重完善小镇内社区服务等相关配套功能，加快完善医疗、卫生、银行、邮政、购物、教育、中高端居住等配套功能，重点推进海航城人才公寓、阿平汉国际学校项目，吸引各项运动教练、培训师、营养师、健康服务及俱乐部高端经营人才入驻，为小镇产业发展提供硬件保障，提升小镇基础服务配套的国际化水平，完善健康生活体验区配套功能（图 6-14）。

图 6-14　小镇功能设置分析示意图

3. 风貌特：确定山地滨海小镇风格，建设“高颜值”小镇

九龙山小镇依山傍海，兼蓄青山、阔海、翠林、长滩的自然风光，还有普陀禅院等丰富的人文景观，生态环境宜居宜游。规划通过梳理和提炼基地内原有自然地形特征，强化特色小镇的“山海”特性并加以巧妙利用，与规划的功能区块相互渗透，成为营造区内开敞空间的重要元素，构筑小镇“一心五区”的总体空间框架，“一心”即一个公共服务核心，“五区”即户外运动休闲区、生态康体健身区、滨海文化静养区、商务休闲度假区、航空运动体验区。

小镇未来三年还将围绕基础设施建设、游览设施与服务、接待设施与服务、文化娱乐设施与服务、安全卫生设施、社区配套建设等方面开展各项工作，从而打造一个硬件条件佳、服务配套优、生态环境美的宜玩、宜居、宜游的健康生活小镇（图 6-15）。

4. 运作特：充分发挥市场作用，以企业为主体推进支撑项目建设

平湖九龙山航空运动小镇的创建开发拥有强大的企业背景支撑保障。九龙山旅游度假区由上市公司上海九龙山旅游股份有限公司的全资子公司浙江九龙山开发有限公司负责实施区域整体开发。而世界 500 强企业海航集团是上海九龙山旅游股份有限公司第一大股东，将其作为集团旗下旅游休闲度假区开发与经营的主要平台。小镇实行整体开发，便于区域基础设施及各类配套服务设施统筹规划、协调开发、共享共用，避免了多主体投资的重复性建设。

积极寻找有实力的投资建设主体，通过自筹、参股、控股等形式投入资金，以企业为主体推进支撑项目建设。例如，引进北京天度益山投资控股集团有限公司投资星

海湾国际安养基地项目、海航实业集团有限公司投资海角城堡养老养生基地项目。以平湖九龙山航空俱乐部有限公司、平湖九龙山赛马运动服务有限公司等上海九龙山旅游股份有限公司下属控股子公司为主体加快推进航空运动体验园、赛马马球赛车运动体验园项目等支撑项目建设。

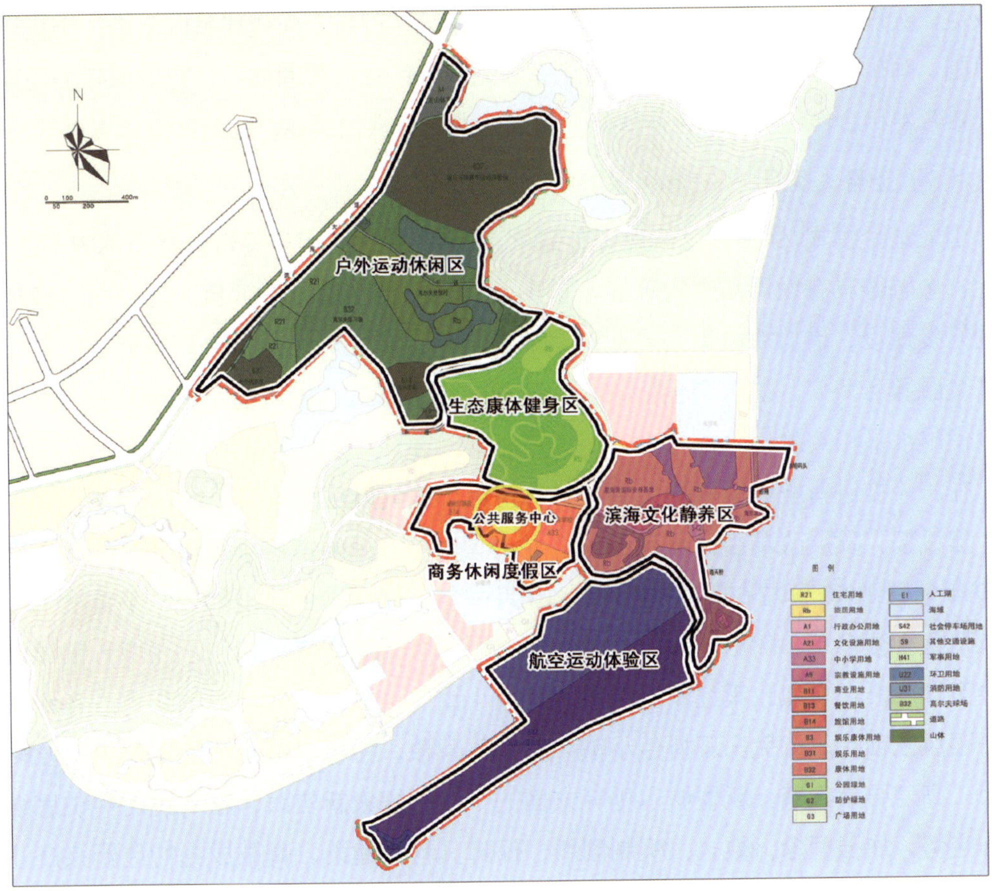

图 6-15 小镇布局框架示意图（未修改原图）

5. 业态特：模式创新，形成线上线下加金融的共融共生商业形态

（1）线下九龙山——小镇运营

关注健康消费热点，培育健康新型业态。依托优越的自然环境、丰富的休闲运动资源及与日俱增的旅游人气，抓紧推进区内各支撑项目的建设运营。通过开展浙江省运动休闲旅游节活动、长三角运动休闲体验季、PGA 美巡中国赛、上海 & 华东自行车联赛、全国高校微电影大赛、大学生明信片设计大赛等大型九龙山品牌活动，创造文化体育活动舆论热点，利用节庆活动热点爆发效应，积极提升航空运动小镇的品牌形象与影响力。

（2）线上九龙山——网络平台

加快应用以互联网为核心的新信息技术，搭建九龙山网络平台，将业务代理、服务预定逐步切入，配套发行产品卡，逐步实现分时度假与积分兑换功能；通过运动休闲、健康养生、旅游度假产品权益交换，实现产品证券化，投资者可转让收益或到期获取回购收益，实现投资的功能，完成九龙山线上转型。在现有合作伙伴基础上进一步拓展合作范围，固化合作关系，搭建客户信息库，完善合作业务管理体系，有效保障公司项目的长效开发和合作；引入新合作伙伴，丰富九龙山投资信息库，助力九龙山发展建设。

（3）金融九龙山——金融服务

引入基金模式，保障开发建设资金需求。募集资金主要用于投资包括但不限于旅游、文化、金融等具有发展潜力的项目，首期侧重于投资小镇支撑项目，促进航空运动小镇的开发建设。借力海航集团产业链资源优势和资金优势，由母公司与海航财务公司签订金融服务协议，加强资金保障、管理与控制，降低和规避经营风险，进一步提高资金使用水平和效益。

在深入推进新型城镇化的大背景下，特色小镇建设逐渐升温。2016 年 7 月，住房城乡建设部、发展改革委、财政部决定在全国范围内开展特色小镇培育工作，提出到 2020 年培育 1000 个左右的特色小镇。10 月中旬，住房城乡建设部公布了首批 127 个中国特色小镇名单。随后，国家发改委发布了《关于加快美丽特色小（城）镇建设的指导意见》。在多项政策红利支持下，特色小镇建设成为各方关注的焦点。各地不能盲目跟风上项目，以免出现特色小镇“不特”现象。特色小镇是浙江省关于产业转型升级、高度要素集聚、新型城市化等方面的一次新探索新实践，唯有跳出传统思维和工作定势，加强理念、模式、机制创新，保障其科学建设，真正成为特色新兴产业发展的新载体。（注 2）

三、风貌塑造的“形”与“魂”

特色小镇是按创新、协调、绿色、开放、共享发展理念，结合自身特质，挖掘产业特色、人文底蕴和生态禀赋，形成的“产、城、人、文”四位一体有机结合的重要功能平台[1]。“城”是小镇的空间载体，“人”是小镇的出发点和落脚点，而“产”和“文”则是特色小

1　李强 . 特色小镇是浙江创新发展的战略选择 [J]. 今日浙江 ,2016(1).

镇的特色内涵所在。

传统的城镇风貌规划偏重于对物质空间的设计，对于产业、文化这两大特色要素关注不足，往往导致城镇面貌的趋同。针对特色小镇的特色风貌塑造要求，在由自然景观、人造景观、人文景观等方面构成的传统城镇风貌规划内容框架以外[1]，还需要重点考虑产业和文化两大要素对城镇风貌的影响，通过产业特色和文化特色的塑造，体现城镇的特色风貌，避免陷入“千城一面”的尴尬。本文在系统分析产业、文化与城镇风貌内在关系的基础上，提出了基于文化和产业视角的特色小镇风貌设计方法，并以青田县石雕小镇为例，详细说明该方法的具体运用。

1. 产业与文化——特色风貌塑造新载体

城镇的特色风貌，既包括看得见的“风景”，又包括看不见的“风习”，因此需要全面认知产业与文化对城镇风貌的影响，充分利用产业特色的打造和文化特色的传承来支撑整体风貌特色的营造，打造真正独一无二的城镇整体风貌景观。

（1）特色产业丰富城镇风貌的“形”

产业特色与城镇风貌之间存在着千丝万缕的联系，影响着城镇的风貌基调、空间格局、空间形态等。

主导产业指在产业结构中，处于主要的支配地位，比重较大的产业。依据主导的产业类型将城镇分为工贸型城镇、商贸型城镇、田园型城镇、旅游型城镇等。不同主导产业的城镇具有不同的建设重点和空间资源的利用形式，导致不同的城镇整体风貌特征[2]。工贸型城镇注重工业园区的建设与发展，呈现工业景观风貌；商贸型城镇重点建设城镇市场体系，呈现商业景观风貌；田园型城镇则侧重打造田园乡野、都市农业景观风貌，创造田园城镇风貌；而旅游型

图 6-16　产业对城镇形态的影响

1　林玲 . 周至县城城镇风貌控制导则研究 [D]. 西安 : 西安建筑科技大学 ,2013.

2　李松杰 , 李兴华 , 肖绚 . 基于符号学的景德镇产业聚落景观的变迁——以瓷茶互动为视角 [J]. 农业考古 ,2012(5):41-45.

城镇重点关注旅游资源的合理开发应用，由旅游资源控制和引导城镇风貌（图 6-16）。

产业布局与城镇功能分区高度耦合，通过产业功能的集聚，形成特定的城镇功能区，影响城镇的空间格局，呈现出不同的风貌特点，进而形成不同的风貌分区。对于镇一级的聚落来说更是如此，一些重大产业项目的布局甚至会彻底改变城镇的空间格局，产生新的特色风貌空间。

由于产业的集聚效应和延展效应，城镇的产业发展往往会围绕主导产业功能，向上下游相关的产业功能延伸，由此带动不同空间形式、不同功能的配套设施的发展，从而衍生出不同的辅助空间，形成不同的城镇风貌。例如浙江义乌小商品市场与小商品制造业相辅相成，梦想小镇的信息技术产业衍生出会议会务等功能空间，西湖龙坞茶产业小镇衍生出休闲体验农业等特色空间。

城镇空间形态是构成城镇风貌的关键要素。产业业态潜移默化地改变空间形态，主要体现在建筑形态、城市肌理、街道形态三个方面。

由于在生产经营（组织模式、生产工艺、生产流程、经营方式、客户定位等）中有不同的要求，不同业态的建筑会呈现不同的建筑外观、建筑体量，并形成不同的形体组合。例如机械化、流水线式生产模式的制造业需要较大规模的单体建筑和简洁、高效的外观，多个单体集聚，形成规模化的产业园区；而规模较小、集聚要求不高的手工业生产，则往往可以与生活空间有机融合，与古镇古街等传统空间肌理和谐共融。街道空间形态同样受此影响，在不同的生产经营要求下，有着不同的交通需求特性和交通方式，从而产生不同的路网体系、路网密度、路幅宽度和断面形式，以及不同的街道高宽比、贴边率、街道绿化等。不同的业态下滋生的特色产业空间，为城镇整体风貌的特色塑造提供基础。

（2）特色文化塑造城镇风貌的“魂”

文化特色具有本土性、历史性和地域性等特点，是城镇特色风貌营造的根基和源头，城镇文化不仅包括物质空间文化，还包括历史文化、民俗风情、生活习惯、宗教信仰等，这些都是城镇文化的具体表现形式。特色风貌的营造应与文化特色处处相融，无论是城镇的整体形象，还是细节表达，都应成为文化特色的窗口，应在文化特色的保护和传承视角下进行控制和规划。唯有如此，城镇风貌才能形成独一无二的地方特色[1]。

一方面，城镇的文化特色是在长期的历史积淀和人文精神培养的基础上慢慢形成

1　喻文益 . 文化资源塑造城镇风貌 [N]. 中国文化报 ,2013-07-06(2).

的，并保留至今，在居民的心中有着高度的认同感，逐渐凝聚形成独具特色的城镇性格魅力、形象定位。另一方面，城镇的文化风俗也会对生活在其中的居民产生影响和感召力，使其生活方式、精神面貌、性格特点等刻上特色的文化烙印（图 6-17）。

图 6-17 围绕阴阳鱼生长的城镇空间——浙江兰溪八卦村

文化资源具有信息传承与文化标志价值，城镇的文化资源对于市民精神的调养和城镇的可持续发展有重大意义。特色文化资源是构成城镇特色空间的关键要素。一方面，历史文化遗存、文化活动场所等特色文化资源往往形成城镇空间的标志或节点，是城市意向的重要组成要素；另一方面，在制订城镇发展规划的过程中，文化资源又是影响规划的决定性因素之一，城镇风貌的塑造应在充分尊重城镇原有的空间格局和建筑形式基础上，进行合理的规划与更新，又进一步强化了特色文化资源的空间意向，增添了城镇空间的特色。

文化符号是地方文化的抽象体现，是文化内涵的重要载体和形式，在传达地域文化、建立特色形象中起到重要作用。包括城镇的形象标识（LOGO、雕塑等）、特色建筑元素（建筑色彩、建筑样式、建筑构件、建筑材质等），都使得城镇的特色形象更加丰满。

（3）基于产业和文化的特色风貌塑造策略

由于产业和文化与城镇风貌之间紧密的内在联系，在城镇风貌规划设计中必须重视产业与文化对风貌的影响，从产业和文化角度对现有的风貌规划设计方法进行丰富和完善。

对于产业方面来说，一是要对城镇的主导产业和特色产业加以明确和提升，强化特色产业的品牌塑造意识，增强产业的特色性与群众熟悉度，增加人们对于城镇风貌基调的认同。二是优化城镇产业布局，依据具体的特色产业特点和发展需求，合理选址，优化城镇土地利用整体布局，形成聚散有序的产业空间布局。三是延长产业链，开发和扩展特色产业的上下游产业，打造更加完整的特色产业链，完善与特色产业配套的相关产业发展，丰富特色产业的衍生空间。四是丰富特色产业业态，使其以更加丰富的形式、更加多样的空间融入我们的生活，同时也为城镇特色风貌景观的塑造提供形式多样的特色产业空间。

对于文化方面来说，一是城镇风貌规划必须顺应特色小镇的历史文化脉络，贴近当地居民的风俗习惯，因此要对小镇所在区域的文化脉络和风俗习惯进行梳理，结合城镇形象展示和城镇性格塑造的要求，提出小镇的形象定位，为小镇的特色风貌确定基调。二是做好文化遗产的挖掘与保护工作，应系统梳理区内物质与非物质文化遗存，根据保护等级和遗存价值，确定保护措施和利用方案；对于物质文化遗存，通过合理划定其周边环境的管控范围、制订管控措施，来协调其城镇发展之间的关系，从而控制并引导城镇整体特色风貌的塑造；对于非物质文化遗存，则要探究其与城镇性格的内在关系，强化其与特色主题空间塑造、特色产业间的联系，力争实现“产、城、人、文”的融合。三是强化文化符号在城镇风貌中的运用，通过构建标志体系，制订特色风貌导控措施来强化城镇特色风貌，使城镇的文化特色与城镇空间深度相融（图6-18）。

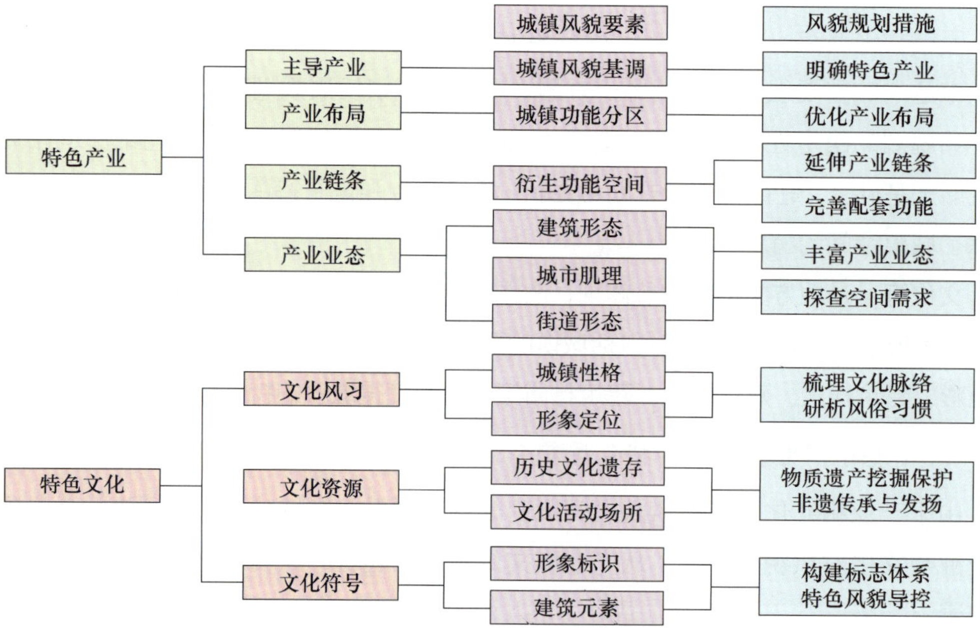

图6-18　基于产业和文化的城镇风貌塑造策略

2. 浙江青田石雕小镇景观风貌规划案例

（1）小镇概况

青田石雕小镇位于浙江省青田县城西南的山口镇，是浙江省首批 37 个特色小镇创建对象之一，主要发展传统经典产业——石雕产业。山口镇产业特征十分明显，“世界石雕看青田，青田石雕看山口”，石雕产业是其当之无愧的核心产业，在山口、青田乃至全国都具有重要地位；其石雕产业包含了从原石的开采到原石交易、雕刻创作、生产加工再到石雕销售的全产业链，并且向旅游业拓展，依托山水资源形成了 4A 级景区——千丝岩景区，以及石雕购物旅游[1]。

山口镇的历史文化同样源远流长，是著名的石雕之乡、华侨之乡和名人之乡。其中石雕文化距今已有六千多年的历史，曾获得国内外多项荣誉，被世人广泛认可并收藏，形成了“青田石雕”这一独特的文化品牌；名人文化也与石雕文化相伴相生，青田全县现有国家级工艺大师 6 人，其中有 5 人生活在山口镇；省级工艺大师 22 人，其中 13 人生活山口镇。此外，山口还是青田华侨的发源地，是著名的华侨之乡，全镇 80% 以上都是华侨家庭，镇区的“花旗街”以多层、宽阳台、回廊等建筑样式，成为华侨文化在山口最典型的物质表征。

山口镇在不断发展的同时，也面临着种种问题。一是产业结构过于单一；二是石雕企业规模化、集聚化程度不足；三是原石储量日减、生态保护压力、技艺传承等带来的产业发展不可持续；四是石雕文化与侨乡文化不够突显，石雕之乡原本的生活方式因城镇化冲击而遭改变。表现在城镇风貌上，则突出体现为城镇特色形象不突出、景观体系不明确、城市意象缺失、活动空间缺失、产业空间单调无趣、特色空间不够彰显、整体风貌杂乱无章等问题，亟待通过规划建设对小镇的风貌品质加以提升（图 6-19）。

（2）产业和文化视角下的城镇风貌规划

规划从产业与文化挖掘入手，通过特色文化梳理和挖掘、特色石雕产业和特色旅游两大特色产业的发展引导，指导特色风貌规划，力争塑造独具特色的小镇风貌（图 6-20）。

由于山口的主导产业和特色产业较为明确，规划的工作重点就变为产业链条的延伸、产业业态的完善和产业布局的优化。

1 浙江省城乡规划设计研究院 . 浙江青田石雕小镇景观风貌规划 [Z],2016.

图 6-19　整体杂乱无章的现状风貌

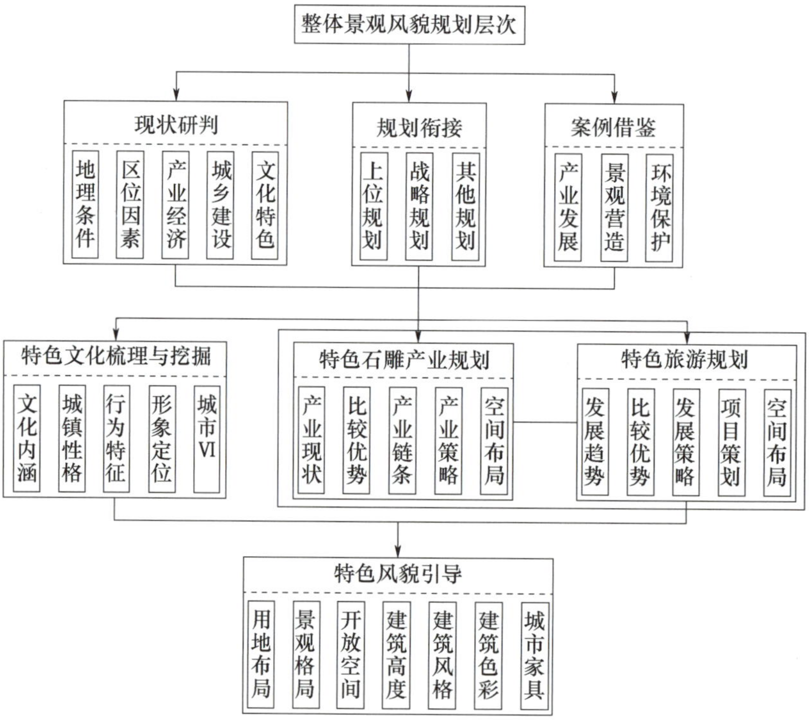

图 6-20　规划技术路线图

首先，通过产业链条的延伸，在镇域范围内形成多样化的产业空间，丰富小镇的城镇风貌。规划基于石雕产业链条进行延伸，促进石雕产业精品化、高端化、特色化；

同时将其与旅游、养老、文创产业相结合，形成侨乡文化体验游、石雕文化主题游、养生休闲度假游等旅游产品，丰富产业功能的广度（图 6-21）。

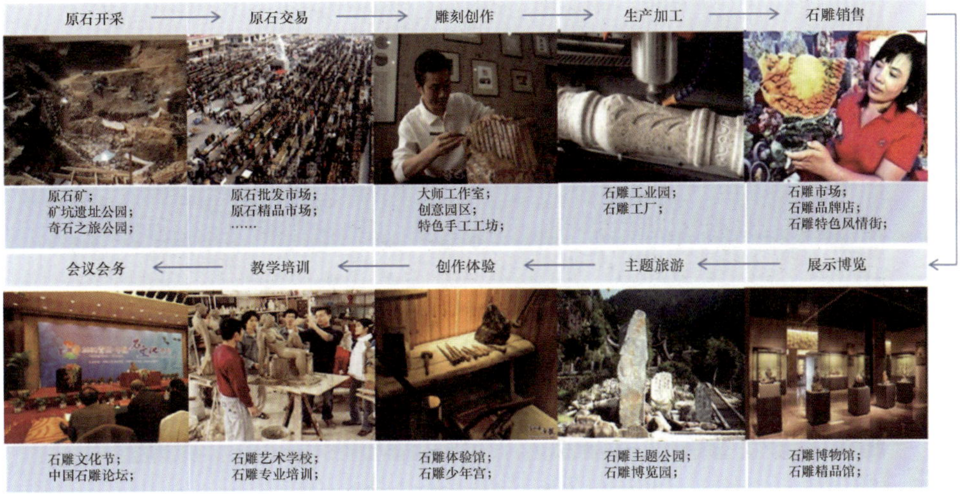

图 6-21 特色产业链条示意图

其次，规划将石雕特色旅游业态进行细化，形成旅游服务、文化展示、生产体验、文化社团体验和传统宅院民宿五大类型功能，丰富产业业态（图 6-22）。

图 6-22 特色小镇业态引导示意图

最后，规划结合产业功能和城镇功能，将山口特色小镇分为侨乡风貌区、传统中式风貌区、山水宜居风貌区、现代中式风貌区等四大风貌区，并对其风貌提出分区引导措施，从而形成产城融合、秩序有机的特色风貌（图 6-23）。

图 6-23　特色小镇整体景观风貌意向图

首先，确定特色小镇的形象定位。规划通过问卷的形式，对居民的行为特征及其对山口城镇的性格认知进行调查，分析城镇的性格和形象。调查发现，居民普遍认为山口的城镇性格具备“憨厚朴实、富有内涵、充满活力”等特征，认为城镇形象特征为“生态环境好、文化底蕴深厚、风土人情有魅力、具有地域特色”。因此，在形象定位中，除了体现“石雕”“侨乡”等文化要素，还需展示上述城镇性格特征。规划将山口镇的城镇形象定位归结为“欧风古韵，山水石都”（图 6-24）。

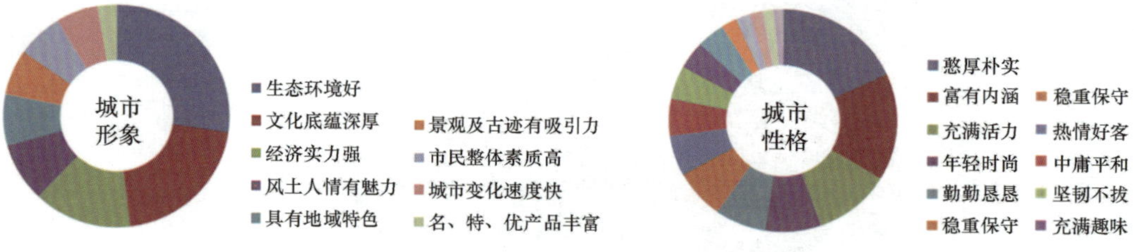

图 6-24　居民对山口城市形象和城市性格的认知

其次，强化文化资源的保护和利用。规划除了保护林宅、陈辰月百岁坊等文保点外，还通过整体风貌的整治和协调、文化活动与产业及旅游有机结合等措施，加强文化资源的活化利用，营造整体和谐的景观风貌。

最后，凸显文化符号的展示作用。一方面，规划引入城镇 VI（Visual Identity）设计，形成了三个城镇 LOGO，集中体现山口镇的石雕、侨乡、山水生态等核心文化要素，与其形象定位相呼应；另一方面，规划对侨乡建筑风格进行研究后，提出侨乡建筑风格“混搭、兼容”的本质特点，并对建筑立面提出改造引导。通过文化符号图形化的重复出现，深化人们对山口特色风貌的印象（图 6-25、图 6-26）。（注 3）

图 6-25 山口特色小镇 LOGO 设计

图 6-26 典型建筑立面改造示意图

注 1：本文摘自《小城镇建设》，2018.08，113-121，浙江省特色小镇的特色塑造研究——以杭州云谷小镇为例，撰稿人：杨晓光，赵佩佩，江勇，刘彦。

注 2：本文摘自《小城镇建设》，2016.11，42-45，特色小镇如何做“特”——以平湖九龙山航空运动小镇为例，撰稿人：汤培源，吴骏毅，俞翔，童相娟，刘堂福。

注 3：本文摘自《小城镇建设》，2017.06，93-98，基于产业与文化的特色小镇风貌塑造——以《浙江青田石雕小镇景观风貌规划》为例，撰稿人：何苏明，蒋跃庭，赵华勤。

第七章　运营管理

一、管理制度建设与创新

发达国家早在20世纪20年代以来，特色小城镇就已经发挥了产业集聚、高新技术集聚和高端人才集聚的功能[1]。我国自古以来就有小城镇特色发展的社会传统，尤其宋以后商品经济不断发展促进了小城镇的勃兴。中华人民共和国成立后实行严格的计划经济，小城镇失去发展的经济土壤。改革开放后小城镇发展开始得到官方认同，如1980年国务院提出“严格控制大城市，合理发展中等城市，积极发展小城镇”的城市发展方针[2]，小城镇的发展走势首次得到官方确认，并被认为是城镇化顺理成章的选择。费孝通先生1983年9月在《瞭望》杂志的“小城镇大问题”、1984年5月2日《新华日报》第四版的“小城镇再探索”以及递交中央的几万字调研报告引发学术界的讨论[3]。

20世纪90年代，乡镇企业异军突起，东南沿海小城镇发展迅速，虽然邓小平认为以小城镇发展为载体的乡村工业化道路，是实现城乡互动、缩小城乡差别的重要途径[4]，但国家并未有实质性的促进举措。也有专家认为发展小城镇是城乡经济要素不能一体化和资本短缺条件下被迫的选择。积极发展小城镇并非由于小城镇效率高，而是因为小城镇对国家的积累模式冲击最小[5]。

进入21世纪，国家宏观经济由生活必需品阶段进入耐用消费品阶段，党中央、国务院就发展小城镇作出了一系列的战略部署，如2000年6月专门下发了《关于促进小城镇健康发展的若干意见》，中央历次农村工作会议以及有关农村工作的文件中反复提出要搞好小城镇建设[6]。近几年国家正式肯定特色小镇概念，地方实践风起云涌，学界讨论层出不穷。笔者认为特色小镇的官方认可、学界重提主要基于物权保护、金融

1　张鸿雁 . 论特色小镇建设的理论与实践创新 [J]. 中国名城 ,2017,31(1):4-10.

2　国务院批转全国城市规划工作会议纪要 [J]. 中华人民共和国国务院公报 ,1980,27(20):646-652.

3　沈关宝 .《小城镇大问题》与当前的城镇化发展 [J]. 社会学研究 ,2014,29(1):1-9,241.

4　邓小平 . 邓小平文选第 3 卷 [M]. 北京 : 人民出版社 ,1993.

5　赵燕菁 . 制度变迁小城镇发展．中国城市化 [J]. 城市规划 ,2001,25(8):47-57.

6　仇保兴 . 当前村镇工作的若干问题 [J]. 小城镇建设 ,2005(11):17-19. doi:10.3969/j.issn.1002-8439.2005.11.007.

危机背景下的城市发展出现瓶颈，过度行政化的乡村实验缺乏依托，而有着行政化影子、市场化底子和社会化基础的镇在行政干预较少、自生自灭的发展过程中发生巨大分异，一些具有发展特色的小镇异军突起。

1. 特色小镇发展概念属性

（1）特色小镇发展基础

小城镇是城乡链接的纽带，具有城市和乡村的复合特征。目前大多数小城镇发展仍然具有空间建设较为粗放、利用效率不高、原生环境破坏、基础设施滞后、管理相对缺乏等问题，特色小城镇的提出被视为引导小城镇建设的实验探索和时代案本。浙江是国内最早开始特色小镇实践的地区，2014 年杭州云栖大会上首次提出“特色小镇”概念，2015 年 4 月省政府出台《浙江省人民政府关于加快特色小镇规划建设的指导意见》，2016 年浙江经验在全国范围内受到关注与响应，从中央到地方纷纷出台推动特色小镇规划建设的相关政策文件，如 2016 年 7 月住房城乡建设部、发展改革委和财政部联合发布《关于开展特色小镇培育工作的通知》提出到 2020 年培育 1000 个左右特色小镇，26 个省市纷纷出台指导意见，全国上下掀起一股建设特色小镇的热潮[1]。小城镇因联系城乡发展的职能特点和广泛的空间分布，而表现出敏感反映社会经济发展与政策变化的特征，处于不同地区、不同城镇化发展阶段的小城镇在作用意义、路径选择、数量增减等方面呈现出显著的分异现象。

小城镇快速发展从来都是市场经济的选择，镇的功能变迁和惯常发展与地域市场经济发育及乡村经济转型密不可分（表 7-1）。传统中国是商业化农村社会，市镇的发展依赖于农业发展产生的交易和手工业的勃兴。中华人民共和国成立后中国发展的自有逻辑规制之一在于其现代化走向和农业传统纠葛的历史进程[2]，改革开放前，城乡之间总体呈现农产品的单项输出特征，统供统销制度使得乡镇失去发展的经济土壤，造成普遍性衰落。改革开放后，经济强镇依托的农村地域的乡村性减弱，城市性增强，农业产业和生活方式城市化、现代化，表现在经济上的农业现代化、非农化。脱胎于农村地区的乡镇企业和小城镇相伴相生，形成地域共同体和政府管理与市场发展高度契合的商品化新市镇社会；而经济弱镇恰恰相反，农民种地收入低，依靠外出打工输入，当地留守人口以老弱为主，形成依赖于政府提供基本公共设施的政府服务型乡村社会。

1　住房城乡建设部，国家发展改革委，财政部．关于开展特色小镇培育工作的通知 [Z],2016-07-01.

2　徐勇．从“农村包围城市”到“城市带动乡村”——以新城市建设引领新农村建设 [J]. 东南学术 ,2007,20(2):35-39.

进入21世纪，乡村功能发生变迁，由农副产品提供单一功能转化为生态功能、游憩功能、农产品提供、文化功能以及生活功能等复合功能，乡村主体出现变化，除了大量养老的农民，未来的乡村主体包括原有的种田能手、衣锦还乡的农村年轻人、告老还乡的中产阶层等三部分。从与乡村社会的产业转型和主体改变相对应，小城镇建设可能到达了一个历史机遇期（表7-1）。

表7-1　不同经济社会背景下镇演进一览表[1]

城乡关系阶段划分	经济特征	社会特征	功能变迁
中华人民共和国成立前城乡融合阶段	以农为本、工商为末、重农轻商、尚本除末，商业地位不断提高，乡村经济平稳发展	礼制农村社会：告老还乡、科举制度，乡绅精英，人财物双向同步流通机制畅通，乡土社会稳定有序，乡土文明承继弘扬	经济重心、军事重心
中华人民共和国成立后—改革开放前重城轻乡发展阶段	计划经济，剪刀差，农产品单项输出，双系统运行	政治管制社会：根红苗正、政治精英，财物流通系统基本封闭，城镇化仅有升学、当兵、招工入城三个途径，城剥夺乡，回乡路径畅通	管制职能，非经济载体
改革开放后—2004年城乡独立发展阶段	开发区、城市新区、乡镇企业同步扩展，自成一体，城市吸纳人力资本，乡镇自筹资金建设	商品城市社会：财富精英，劳动力进城，形成人进城财进村的畸形半流通系统，非农业人口回乡流通系统封闭，城为城、乡非乡	全能主体，经济载体、城镇化初级载体
2005—2015年城乡交接空间争夺阶段	建设用地总量控制与增减挂钩，城乡空间争夺，建设空间向城市集中，乡镇依靠政府项目资金建设	利益博弈社会：乡村普遍性违法建设，固守个体利益，乡村发展分异，城像乡，乡像城，镇自由发展	管理职能，文化职能、城镇化低级载体
2016年迄今城乡均衡发展阶段	规模化生产向特色化、服务化转化，六次产业融合均衡发展，建设资金多元	多元融合社会：田园城市发展理念，都市文化与田园风光融合共存，家园式生产生活体系，空间平等	服务职能、特色经济、文化职能、城镇化高级载体

（2）特色小镇概念内涵

住建系统倡导的特色小城镇和发改系统提出的特色小镇两个概念往往是混淆的，“特色”界定产业、景观等内涵的差异，“小”限定规模级别，“镇”规定类别所属。关于镇的理解有以下四种：一是行政意义上的镇。即按照宪法规定作为基层政权，2016年我国建制镇数量达到20654个，比1978年增加18571个，扣除县（旗）所在的城关镇1566个，共有19088个；二是社会意义上的镇。典型的是费孝通先生的解释，

1　郐艳丽．乡村管理走向乡村治理[M]．北京：中国建筑工业出版社，2017.

即一种比农业社区更高一层的社会实体，这种社会实体是以一批并不从事农业生产劳动的人口为主体组成的社区[1]；三是经济意义上的镇。即通过制度创设集聚各类优质要素，谋求新兴产业空间布局和组织形态的优化与创新，增强区域发展的内生动力和可持续发展能力，推动区域产业转型升级；四是政策概念上的镇。有别于大中城市（甚至小城市）和乡村的一种居民点类型，为其自身的特点和特殊的地位[2]。

特色小镇与普通镇发展存在利用主体、动力机制等方面的本质差异（表 7-2）。经济功能是特色小镇的首要功能，农业经济通过特色小镇这个窗口和平台走向大城市和国际市场，城市经济通过特色小镇这个载体和纽带链接广大乡村。这一双向沟通过程中，特色小镇因特色产业的创新、生产、销售、服务于一体的新兴产业支撑而具有与普通镇发展截然不同的空间形态和组织形式。相比较为缺失的是行政管理功能、文化教育功能和社会服务功能，也基于此，发改等系统的特色小镇的选择往往脱离建制镇设置，在人口总量、经济总量、财政投入总体均衡的情况下，凭空另设的特色小镇往往形成对普通镇的实际剥夺。

表 7-2　普通镇与特色小镇比较表

比较内容		普通镇	特色小镇
主体角度	政府	县级或乡镇基层政府	县级以上政府
	企业	乡镇企业：与城市相比，镇的管理水平最低，约束条件最少，具备低级市场和企业培育的土壤条件。通过集体土地的用途转化，利用工农业土地租金的差额作为发展乡镇企业的主要资本	地产企业：空间扩张的管理模糊区域，通过城乡土地征用与租用的价格差异占用土地，发展地产业 创新企业：小微企业，高新技术企业，对生态环境、设施保障有更高的要求
	居民	农民：城镇化方向的选择取决于迁移的启动资本和城市的门槛，对于启动资金不足的农民也会迫不得已选择门槛最低的镇	城市居民：高端人才集聚、地产类资产投资的主要方向，往往形成大量住宅闲置
动力机制		被动发展：具有与农村发展的天然关联性，就业机会不足情况下户籍制度改革对农村城镇化推动作用有限。过去发展小城镇并不是基于小城镇高效率，而是发展上一层级效率更高的城市成本太大，任由小城镇自由发展成为国家无可奈何的选择	主动发展：政府和企业的主动选择

1　王亚玲．论我国小城镇户籍制度改革 [D]. 长沙：中南大学 ,2006.

2　石楠．小城镇规划地位的历史性转变 [J]. 北京规划建设 ,2008,22(2):15-20.

（3）特色小镇基本属性

小城镇发展具有历史性特点，是中国社会现代化过程中出现的农民走上现代化和城市化道路上的重要里程碑[1]。特色小镇是国家产业发展、城镇化演进和行政管理变革的阶段性产物：一是从国家产业集聚演化角度，特色小镇是区域经济转型升级的工具。从传统产业集群、块状经济到复合经济，再演化到特色经济四个阶段，有别于工业区、经济开发区、产业新城、国家新区，被视为区域产业集聚的新型载体（表 7-3）。仇保兴认为特色小镇是 1.0 版本（小镇＋“一村一品”）、2.0 版本（小镇＋企业集群）、3.0 版本（小镇＋服务业）到 4.0 版本（小镇＋新经济体）的变迁[2]。随着工业生产由大规模、工业化批量生产、产业细分转向小规模、定制型少量生产、产业融合，特色小镇是产业生产方式变革的必然结果，形成了以创新为核心要素的新型产业空间组织形式和地域经济结构节点。二是从国家城镇化演进角度，特色小镇作为新型城镇化的一种新的思路和模式探索，是城镇化发展到一定阶段的产物，是小城镇、重点镇的升级版，作为城镇化的“综合试验区”。特色小镇的多维发展理念能有效解决传统城镇化中的发展不协调问题，是协调发展城镇体系的手段。三是从国家行政治理变革角度，特色小镇是供给侧结构性改革背景下政府的一种制度创设。体现出国家层面加强政府引领和优化区域经济社会发展的意志，同时也是地方政府公共政策供给的逻辑深化和制度创新。

表 7-3　产业功能区特征比较表

阶段	空间类型	基本职能	管理机构	基本特征	管理模式
第一阶段	工业区	单一经济区，特定经济职能，传统产业集群	政府直管	规模较小，一般小于 10 平方千米，行政事务和社会事业较少	集中统管
第二阶段	经济开发区	准行政经济功能区，特定经济职能及部分政府职能，块状经济	派出机构	规模中等，一般 30~100 平方千米，行政事务和社会事业显著增多	委托代管
第三阶段	国家新区	准行政管理区，多种经济职能及全部政府职能，复合功能	整合政府	规模较大，一般 500~2000 平方千米，行政事务和社会事业纷繁复杂	细化分管
第四阶段	特色小镇	非行政管理区、行政管理区兼有，特色经济	授权管理	规模较小，一般 1~10 平方千米	越级管理或委托管理

1　费孝通 . 论中国小城镇的发展 [J]. 经济研究参考 ,1996,18(Z1):40-43.

2　仇保兴 . 特色小镇的“特色”要有广度与深度 [J]. 建筑设计管理 ,2017,34(5):7-9,11.

特色小镇往往具备较强的政策支持、较高的技术水平和较大的知名度。目前住房城乡建设部推出的两批 403 个特色小城镇主要依托建制镇基础开展，发展改革委推出的特色小镇更倾向于概念镇，其他部门、地方政府也均有相关的理解和配套政策出现，如国家旅游局的旅游风情小镇、文化部的特色文化小镇、体育总局的运动休闲特色小镇、国家中医药管理局的中医药文化小镇、工业和信息化部的工业文化特色小镇等，这使得特色小镇具有鲜明的部门特色和地方特征，也因此特色小镇管理呈现多个名目、多头管理等问题。

特色小镇是多种功能于一体的微型创业发展平台和创新空间载体（非镇非区），不以行政区划为边界，取决于产业的区位选择，是新型产业发展的空间载体，再造集产业和生活为一体的综合区。特色小镇规划建设面积普遍较小，全国范围内一般在 1 ～ 10 平方千米不等。如浙江省首批 9 个特色小镇建设面积最大的是丁兰智慧小镇（13.44 平方千米）、桐庐健康小镇（6.0 平方千米），最小的是山南基金小镇（0.3 平方千米）、富春硅谷小镇（1.75 平方千米），其余的余杭梦想小镇（3 平方千米）、云栖小镇（3.5 平方千米）、萧山空港小镇（3.2 平方千米）、龙坞茶镇（3.45 平方千米）、余杭艺尚小镇（3.15 平方千米）等均符合《浙江省人民政府关于加快特色小镇规划建设的指导意见》（浙政发〔2015〕8 号）规定的面积，即规划面积控制在 3 平方千米左右，建设面积一般控制在 1 平方千米左右。

2. 特色小镇规划设计架构

（1）规划设计特征

目前国内特色小镇规划主要有概念规划、总体规划、控制性详细规划和修建性详细规划四种类型进行组合。地产类企业由于直接参与建设，内属设计部门或委托设计单位基于总体策划、总体规划、景观设计乃至建筑设计等整个建设流程进行设计。委托设计承担单位范围也逐渐扩大，各大规划设计院（公司）成为规划主力，一些国外设计机构也加入特色小镇规划设计行业，如梦想小镇由荷兰 NITA 设计集团规划设计。特色小镇规划类型与区位特征呈相关关系，依托城市建成区和建制镇的，一般按照控规管理，为了招商引资和景观设计的需要往往编制概念规划，依托小规模开发区或行政村的，除了编制总体规划或概念规划外，往往直接编制修建性详细规划，直接用于指导建设（表 7-4）。

表 7-4　特色小镇规划类型比较表

区位特征	代表案例	规划类型
依托城市建成区	云栖小镇（浙江省杭州市西湖区）	控制性详细规划、概念规划
依托城市边缘区	萧山空港小镇（浙江省杭州市萧山区）、广龙旅游小镇（云南省澄江县）	修建性详细规划
依托建制镇	碾庄特色小镇（江苏省徐州市）　镇总体规划、修建性详细规划	概念规划
	古井镇（安徽省亳州市）	
依托开发区	泵业智造小镇（浙江省温岭市）	总体规划、修建性详细规划
依托行政村	九色玫瑰特色小镇（云南省丽江市）、古北水镇（北京市密云区）	概念规划、修建性详细规划

特色小镇建设类型多样，因此多数成功的建设项目在规划管理方面均存在地方政策支持和管理创新。如北京密云古北水镇国际休闲旅游度假区项目（以下简称古北水镇）开工建设以来，市、区各级领导对该项目高度重视，数次到施工现场视察、指导工作。市级政府下放审批权限，区级各职能部门积极沟通、主动开展工作，提高审批效率，为古北水镇项目的顺利进行提供服务（表 7-5）。基于管理需要，规划审批形式也不断创新，一些特色小镇突破了《城乡规划法》规定的法定规划范畴，结合村庄规划管理进行行政许可，如密云区政府批复了《北京密云古北水镇国际休闲旅游度假区项目总体规划》和《北京密云古北水镇国际休闲旅游度假区项目控制性详细规划》。

表 7-5　古北水镇行政审批过程一览表

时间	支持形式	支持内容
2010 年 5 月	行政审批权限下放	市委书记主持市委专题会议，明确“古北水镇”项目组织实施由密云县牵头具体负责，凡涉及的行政审批权限，除立项、建设用地等手续外，一律下放至密云县政府统筹研究、依法依规办理，市级政府有关部门积极指导协调
2011 年 1 月	规划审批权限下放	密云区政府批复古北水镇总体规划和控制性详细规划
2011 年 1 月	土地审批权限下放	市规划委同意由密云分局负责办理古北水镇项目土地一级开发相关的审批工作
2011 年 3 月		密云规划分局核发古北水镇土地储备前期整理规划条件
2011 年 6 月		市规划委同意由密云分局办理古北水镇项目二级土地储备供应规划条件的审批工作

资料来源：根据调研总结。

（2）规划设计问题

特色小镇是产、城、人、文等多位一体的有机聚合，在发展特色产业的基础上融合社区建设、人文环境、休闲旅游等多种功能，多数特色小镇规划设计往往具有强烈的人为色彩和经济导向。在强烈的绩效动机和强大的行政权力下，设定过于僵硬、急功近利的标准，规划总体质量不高，存在两种类型：一是空想规划，忽略特色小镇资源基底、发展目标和经济社会的发展差异，缺乏实践性和可操作性；二是滞后规划，忽视产业研究、区域统筹、资金投入和运营管理的考量，缺乏前瞻性和整体性。

经济功能是特色小镇发展的关键功能，孵化、培育、发展特色产业是特色小镇建设的灵魂。现有特色小镇规划产业同质化严重，往往基于原有要素堆积拼贴，造成外在形态和发展模式雷同，产业集聚度较低，旅游发展型和历史文化型特色小镇占比较大，综合性目标预期十分有限。同时由于以产业经济导向为优先，侧重关注经济效益，片面追求建设空间开发，忽略了文化资源的保护和历史文脉的延续，产业发展与社区建设之间割裂，缺乏经济功能、社会功能、环境功能和文化功能的全面融合。

特色小镇的规模小、产业特、建设精意味着需要高标准管理，目前住建系统的特色小城镇往往依托原有建制镇实施管理，县镇管理权限不清，管理能力严重不足。同时，由于特色小镇属于新生事物，项目建设存在很多不确定的市场、环境等影响因素，实施过程中规划不得不发生变动，难免存在规划调整问题。如古北水镇项目因坐落在密云东北部山区，建设用地较分散，受地形地势限制以及开发战略调整的影响，建设项目在实施过程中边建设边调整，导致古北水镇部分项目建设后与原规划审批不符，后续出现两次重大的规划调整：第一次是 2011 年 10 月古北水镇 B 区住宅建设用地容积率由 0.5 调整到 1.05。为此密云区规划分局不得不重新出具批复、核发土地储备供应条件并办理相关规划审批手续；第二次是 2013 年 10 月因地形地势限制，导致部分项目建设位置发生位移调整，建设总量提高。为此密云区政府出具《关于北京市密云古北水镇国际旅游休闲旅游度假区控制性详细规划优化版的批复》，密云规划分局重新核发土地储备供应条件并办理相关规划审批手续。

3. 特色小镇建设运营逻辑

（1）建设运营模式

特色小镇的管理主体主要是政府和企业，按照管理力量的组合关系主要有三种模式。一是政府主导管理模式。市场经济极为发育的浙江、江苏等地一般由镇所在地的镇政府实施行政管理，其他很多地区依靠县级政府实施双重管理。二是政企合作管理模式。一般设置管委会，如浙江温岭“泵业智造小镇”实施管委会管理制度，管理机构实行交叉任职的制度机制，共有16个定岗编制，分管领导为特色小镇的副镇长[1]。三是企业主导管理模式。因参与特色小镇建设的企业一般有地产企业、旅游企业和涉农企业三种类型，以此为基础可细分为地产物业管理模式、旅游度假区运营模式和产品生产经营模式。

按照目前的土地管理制度，建设用地的合法性获取只能通过县级国土部门的土地利用指标层层分配和城乡规划部门的村镇体系规划进行控制和分配。目前浙江、山东等省对具有示范性的特色小镇有明确的用地指标奖励规定。如浙江明确规定对如期完成年度规划目标任务的小镇，按实际使用农转用土地指标的50%给予配套奖励，其中信息经济、环保、高端装备制造等产业特色小镇按照60%土地指标给予配套奖励实行特殊的政策供给[2]。多数省份也有一定的建设用地倾斜政策，但由于农用地转用成本高、低效用地规模大、存量盘活力度小等原因，特色小镇项目落地往往受土地指标的制约。

特色小镇建设投资出现三种类型。一是政府投入。大量特色小镇是依靠行政手段推动“造镇运动”，不是以产业集聚资源要素，而是以行政指令代替市场机制配置土地、资本等资源要素。政府使用传统的招商引资模式，低价供地，投入大量基础设施，承诺税收租金优惠吸引企业进入。二是企业投入。旅游类特色小镇一般由旅游企业投入资金进行建设，如古北水镇由中青旅控股股份有限公司、乌镇旅游股份有限公司、北京能源投资(集团)有限公司和战略投资者共同投资建设。三是合作模式。特色小镇对资金储备需求大，回收周期长，政府压力较大，因此也出现了BOT、DBOT、DBOO、PPP等模式。特色小镇收益分配则明显具有地方差异，总体而言，政府财政收益普遍较低，如古北水镇2016年全年营业收入达到13.6亿元，税收仅为2000万元，地方政府更为关注的是项目的社会效益、环境效益和衍生带动功能。

（2）建设运营问题

特色小镇建设过程中，地方政府往往采取强烈的外部干预形式，通过汲取型、管控型、动员型和功利性治理方式实施管控[3]。有些地区缺乏市场基础和市场化运作条件，地方政府在经济、政治多重利益驱动下越俎代庖，短期内进行“造镇竞赛”，通过行

1 赵秀玲.“特色小镇”建设与基层治理[J].江苏师范大学学报(哲学社会科学版),2017,43(5):1-8.

2 浙江省政府办公厅.浙江省人民政府关于加快特色小镇规划建设的指导意见(浙政发[2015]8号),2015-05-04.

3 史玉丁,李建军.自律与他律——特色小镇建设的伦理治理及现代转型[J].自然辩证法研究,2017,33(11):69-74.

政手段和财政资金强行建设特色小镇，从而产生新的恶性竞争和大量资源的浪费。而企业主导模式下，市场化过度运作和地方政府土地财政背景下，特色小镇往往占用新的土地空间，在国家整体性建成空间冗余、房地产库存较大的情况下，会造成土地空间无序扩张浪费、空间利益剥夺以及环境污染加剧。

镇介于城、乡之间，政策具有模糊性、兼容性。镇政府属于派驻政府，不具有审批权、财税权和执法权，缺乏维护公共利益的能力和手段，乡镇治理能力降低与失效。现行的基层治理制度设计有基层治理能力水平不足无法独立施行政府管理职责的原因，也有基层治理结构简易化的初衷，多数建制镇确实不具备独立行使一级政府的管理能力，人才吸纳能力弱，本地人才外流，外地人才吸引能力差，形成了恶性循环[1]，导致特色小镇缺乏有效的制度管理，不得不依赖上级政府，造成管理效率低下，基层干部的积极性不能得到有效发挥。

特色小镇不仅建设运营阶段内部存在诸多问题，与规划设计阶段的相互衔接往往被忽略，如规划设计未考虑土地供应、实施难度、建设成本、管理主体和运营成本等，存在规而未建、建而未用、用而未管的现实困境，由此规划设计的科学性和合理性受到质疑，因此为谁建、谁来建、怎么建、如何管等特色小镇规划与建设的本质性问题需要系统思考与统筹谋划。

4. 特色小镇发展制度建议

新的历史时期，特色小镇发展应遵循以下原则：一是尊重特色小镇的发展规律，提高系统布局和个体选址的科学性和全局性；二是遵循特色小镇的建设规律，提高规划、设计、建设、管理环节的连贯性和有序性；三是统筹特色小镇的空间、产业、文化的结构特征，提高发展格局的系统性和传承性；四是统筹特色小镇生产、生活、生态相互关系，提高居民企业的宜居性和宜业性；五是统筹特色小镇政府、企业、居民三大主体，提高推动发展的积极性和可持续性。基于上述原则，针对特色小镇发展提出具体制度建议。

（1）建立市场化选择机制

历史经验表明，以市场为基础、以商人为本、开放性的治理模式，可以带来镇自由和财富；以权力为基础，以军队和政府为主导的治理模式，镇的兴衰取决于国家赋

1　郤艳丽 . 小城镇管理的制度思辨 [J]. 小城镇建设 ,2016(5):78-83. doi:10.3969/j.issn.1002-8439.2016.05.012.

予的权力大小。特色小镇建设是长远工程，也是历史探索，因此特色小镇建设应遵循市场规律，不能急功近利、操之过急，更不能遍地开花、数量优先，应避免运动化形式给地方各级政府带来的政绩焦虑和企业的空间投机。特色小镇必须具有充分的市场基础，立足自身资源禀赋和产业优势，坚持政府主导、企业主体和市场化运作模式，充分发挥市场机制作用，引入市场竞争主体，实现多元化投资和市场化经营，推进治理主体多元化和治理手段信息化，杜绝盲目上马和为建而建，从而走入政策误区。

（2）加强区域性整体协调

由地方政府发起的特色小镇建设，既是一个地方城镇化政策的先行先试，也是一定区域范围内不同地方政府间治理协同的过程[1]。特色小镇有一定的市场半径和服务范围，产业分工不明确则会带来过度竞争，服务范围重置则会引起资源配置和空间利用不经济，因此区域层面的适当统筹是特色小镇发展应该进行的顶层设计，建议从省级层面进行统筹与协调，国家相关部门加强宏观引导和政策管控。

（3）树立内涵式发展理念

改革开放以来，我国经历了世界历史上规模最大、速度最快的城镇化进程，城乡建设用地同步扩张，城乡存量空间巨大。我国特色小镇建设存在两种模式：存量空间的改造模式和增量空间的建设模式，由于改造难度加大，大量的特色小镇建设采取后一种，使得国家整体建设空间总量继续不断增加，实质上与国家城镇化趋势和导向相悖。因此特色小镇建设设计尽可能转向存量改造、转型升级为主，依托已有建设空间和社区体系，通过合理确定建设用地规模和开发边界，强化特色小镇建设用地开发强度、人均用地指标整体控制，促进特色小镇紧凑、可持续发展。同时应加强相关主体参与社区营造的模式和资金筹措、政策保障和人才引进等机制的设计。

（4）提高服务型政府能力

我国地方差异性较大，特色小镇的根本在于长期运营，不同地区运营企业的主体价值和社会民众的根本利益是不同的，提高政府服务能力是最重要的基础保障，包括两个方面的内涵：一是基层治理能力。包括基层政府资金调用能力、行政管理能力。对特色小镇应培养乡镇干部的地方根植性和发展经济的能力，突破等级化行政管理体制的制约，通过改革赋予特色小镇在土地、财政、税收、融资等方面更为普适的自主

1 姚尚建．城乡一体中的治理合流——基于“特色小镇”的政策议题 [J]. 社会科学研究 ,2017,39(1):45-50.

权[1]；二是提高上级政府监管能力。“扩权强镇”作为组织变革形式之一，是上级政府主动应对需求的回应，除在保障建设用地供给、加强规划引导和制定人才保障制度等方面予以支持外，应加强监管，因地制宜、分类指导，建立多元化、多类型、多层次的指导标准，通过制度创新引导特色小镇发展。如将特色小镇分为综合发展型、工业主导型、旅游主导类和农业生态型四类，不同地区设置差异化的考核重点和目标评价体系。（注 1）

二、六大支撑体系构建

1. 溯源

“特色小镇”概念并不是浙江省首创，多年之前全国已有包括北京、天津、黑龙江、云南、江西和安徽等多地提出打造特色小镇。综合来看它们都是以建制镇行政边界为基础，围绕其自身职能定位自上而下提出的，因此这类特色小镇的概念是从小城镇发展战略层面衍生而来的。之所以未能取得如期效果，原因可能在于是以“特色小镇”之名来推动传统的小城镇发展模式。

北京市于 2011 年设立 100 亿元的小城镇发展基金，以全国首创的股权基金方式，引导打造旅游休闲特色镇、科技及设施农业示范镇、商务会议特色镇、园区经济特色镇、重点产业功能区配套服务特色镇五类 42 个特色小镇。

云南省 2011 年 5 月出台《关于加快推进特色小镇建设的意见》，安排专项资金重点扶持，并鼓励社会各类投资主体参与包括现代农业型、旅游型、商贸型和边境口岸型四类 210 个特色小镇建设。

江西省南昌市于 2012 年提出分批分期建设包括历史文化名镇、旅游休闲名镇和都市现代农业休闲观光名镇三类 17 个不同类型的特色小镇。

黑龙江省哈尔滨市于 2010 年 7 月提出全面提升园区型、商贸型、旅游型、历史文化型、工矿型和林地共建型六类 21 个特色小镇。

天津市于 2011 年提出在“十二五”期间围绕中心城区建设 50 个特色小镇。

安徽省于 2012 年 5 月借《安徽省建设行业科技创新联合行动计划》提出“力争在‘十二五’期间打造 200 个特色小镇”。

1 浅析当下特色小镇建设中的各种问题 [N/OL].(2011-11-08). http://www.sohu.com/a/203202515_715936.

2. 定义

浙江省提出的特色小镇是指相对独立于市区，具有明确产业定位、文化内涵、旅游和一定社区功能的发展空间平台。其具体包括以下几方面的特征：

（1）产业“特而强”

特色小镇必须有明确的产业定位，具体包括信息经济、环保、健康、旅游、时尚、金融和高端装备制造七大板块，并兼顾茶叶、丝绸、黄酒、中药、青瓷、木雕、根雕、石雕、文房等历史经典产业。各小镇原则上三年完成固定资产投资 50 亿元左右（不含住宅和商业综合体项目）。

（2）功能“有机合”

特色小镇坚持产业、文化、旅游的“三位一体”，和生产、生活、生态“三生融合”发展。通过鼓励将多种功能聚合发展，形成各类功能的有机统一。

（3）形态“小而美”

特色小镇规划面积一般在 3 平方千米左右，建设用地面积在 1 平方千米左右，一般特色小镇按 3A 景区目标建设，旅游特色小镇按 5A 景区标准建设。

（4）机制“新而活”

特色小镇要有明确的投资建设主体，由企业为主体推进项目建设。坚持用改革的思路、创新的举措来推进，鼓励和支持各特色小镇开展各类改革创新实验和试点。

首先，与其他省市相比，浙江省特色小镇概念明确，规划范围不以行政边界为限，但严格控制发展边界和规模，小镇分类与地方产业发展特色结合紧密。其次，浙江省政府通过制定完善的申报、创建、培育和挂牌奖惩政策，为社会各类投资主体自下而上参与特色小镇建设创造了实质性渠道。这是有别于以往围绕建制镇行政边界发展所提出的新型城镇化的新抓手。

3. 支撑体系

浙江省特色小镇的成功不是偶然的，离不开几个重要条件的支撑。结合参与特色小镇创建工作的经历，笔者将其总结如下：

（1）产业支撑

产业发展是特色小镇建设的核心支撑。目前经济发展正呈现出“四个转变”趋势，即经济增长由高速转为中高速，发展方式由规模速度型转为质量效率型，经济结构由增量扩容转变为调存优增，发展动力由传统增长转变为新极带动。在此背景下，结合土地供给逐年缩减的实际情况，依托大规模产业园平台集中发展产业经济的原有方式难以为继。事实也证明过去动辄二三十平方千米的产业园建设，在 3 ~ 5 年内一般也只能完成 1 平方千米左右的用地建设。

另一方面，《意见》未把文化创意产业单独列为主导产业门类，并非将其排除在外，而是认定所有产业发展都应与文创类相结合并融合发展。浙江省块状经济发展基础历来较好，已形成包括传统工业文化复兴型、公有制企业衍生型、工匠商贩引领创业型、专业市场诱导型、外商投资孵化型和产业链招商型六大类，这些块状产业经济集群经济活跃度高，为特色小镇的创建和产业发展提供了坚实的基础。

图 7-1　两批特色小镇分布及块状经济

（2）人才支撑

优秀人才是特色小镇成功建设的根本支撑。没有相应人才的会聚，就难以支撑“7+1”产业发展并形成高品质的城镇生活氛围。因此特色小镇以新兴产业导入就业岗位集聚大批中高级人才的同时，将“以人为本”理念进一步提升，强调生活、生产和生态“三生融合”的小镇建设。生活和生产融合解决目前大城市通勤时间过长，建立步行交通主导下职居平衡绿色发展新模式的尝试，这是吸聚中高端人才的基础。生活和生态融合则关注人居环境品质的建设提升，《意见》中提出所有小镇要建设成为 3A 级以上景区是因为小镇要吸引并留住优秀人才必须有高标准的空间环境，而 3A 级景区建设标准恰好能较为精准描述未来小镇的环境，这也是集聚人才的关键。

（3）土地支撑

土地是特色小镇建设的基础支撑。特色小镇为避免重走过去土地财政圈地卖房的老路，从制度设计层面就进行了刻意筛选。《意见》规定房地产和商业综合体开发投资不得纳入三年固定投资额，同时也积极出台配套政策鼓励各主体建设单位充分利用低丘缓坡、滩涂资源和存量建设用地。

浙江省自 2012 年即被列为全国低丘缓坡试点工作开展省份，利用多年摸索积累的经验进行小镇建设更是如鱼得水。存量建设用地曾是食之无味、弃之可惜的鸡肋用地，但随着特色小镇建设先行先试的以租代售式改革创新，结合新兴业态的需求改造后可以盘活大片存量资源。与如期完成年度规划目标，给予配套土地指标奖励相对应，《意见》要求对未达成年度建设目标任务的小镇要加倍倒扣土地指标。这一系列组合拳式配套政策在集约开发土地资源的同时，也为有效、按需供地提供了保障。

（4）政策支撑

政策是特色小镇建设的制度保障。首先，特色小镇审批政策明确省、市两级创建层次和创建、培育两级名单，为各地结合自身实际条件培育特色小镇提供支撑。其次，特色小镇税收政策明确小镇新增空间范围内新增财政上缴省级部分，前三年全额返还、后两年返还一半给地方，为各地积极建设特色小镇带来实质利益。最后，特色小镇土地政策上明确对如期完成年度指标的小镇按实际使用土地指标的 50% 给予配套奖励，三年内未达成规划目标加倍倒扣省奖励用地指标，这样就避免了建设主体盲目申报特色小镇的可能。

（5）资金支撑

特色小镇所确定的“7+1”产业板块大有文章：一方面《意见》选取投资强度和产出相对较高的七大绿色新兴产业不仅是三年 50 亿固定资产投资的重要支撑，也是提升小镇品质的重要保障。

特色小镇 1 平方千米建设面积，在三年 50 亿投资覆盖下，其亩均投资强度约为 330 万元，与《意见》明确引导的七大主导产业亩均投资强度基本吻合。因此，可以确定主导产业的投资强度门槛设定是特色小镇可持续发展的数据支撑，为小镇持续发展提供资金支撑（表 7-6）。

表 7-6　七大产业亩均投资强度与亩均产出数据汇总表

产业	信息经济	环保	健康	旅游	时尚	金融	高端装备制造
投资强度（万元 / 亩）	260	260	330	200	300	—	280
亩均产出（万元 / 亩）	460	460	600	400	510	—	490

注：主要数据参考杭州市工业和信息化投资项目准入指导意见。其中金融产业无法以土地投资为标准，但其产出与税率均位于较高水平。

（6）运营支撑

浙江省特色小镇是以政府主导、市场运作、企业为主的运营开发模式。自申报时就必须明确非政府类投资主体，有利于按照产业发展规律和市场化机制谋划小镇建设时序。建设启动期由政府主导基础设施和重要公共服务设施建设，通过政府先期投入来引导企业共同推动小镇建设序幕。建设中后期充分利用浙江雄厚的民营资本以市场运作方法，结合 PPP 模式建设经营性设施，为特色小镇的可持续建设和发展提供运营保障。

4. 浙江特色小镇的特殊性

浙江省提出有别于其他省市培育特色小镇的不同思路，并达到之前先行者未能实现的成就，是与浙江省自身特点休戚相关的。

（1）政策延续是基础

浙江省城镇化战略大方向与国家战略保持一致，并通过“强县扩权”来鼓励县域经济发展。浙江省是在分税制改革实施后全国唯一保留省管县财政体制的省份，自 1992 年起先后五次出台政策将大部分经济管理权力直接下放给 20 个县级政府，并有扩展到社会管理职能的趋势，其中义乌进行的单独试点使其基本具备了地级市所具有的所有权限。2014 年浙江省在继中心镇和小城市培育后，进一步推出“强镇扩权”改革，以省级中心镇为对象扩大管理权限、创新户籍管理制度和完善行政管理体制。

根据最新报告，浙江省已明确将特色小镇定位为综合改革试验区。凡是国家改革试点，特色小镇优先上报；凡是国家和省里先行先试的改革试点，特色小镇优先实施；凡是符合法律要求的改革，允许特色小镇先行突破。由于特色小镇具有明确主导产业，未来国家和省级扶持政策都将更为直接地激活县域经济发展，这类高效精准的政策接入模式，实质上也是对县镇管理权限的进一步扩充。

因此浙江省所确立的特色小镇发展思路并非一日之功，而是继强县扩权、强镇扩权之后为进一步激活县域经济的政策新延续。换言之，浙江省一贯对县域经济发展的重视支持是浙江特色小镇建设的重要基础。

（2）产业经济是核心

“七山二水一分田”的自然属性，注定浙江省是一个自然资源“贫困”省。经过多年发展，浙江省已然成为全国经济大省，社会经济发展水平和发展活力均位于全国前列。这一现象被称为浙江模式，而块状经济则是浙江模式成功的根本。

所谓块状经济指同行业或相关行业厂商不受行政边界影响在某一地域上集聚的现象。块状经济具有区域经济属性，因其形成和发展都直接与当地的自然环境相关，也被称为具有明显地方特色的区域性产业群体的经济组织形式。

近段时期，中国传统制造业正处于由“制造”向“智造”的转型阵痛期，有别于山东省的“大象经济”和江苏省的“园区经济”，浙江省因地制宜的县域特色经济，孕育出独树一帜的“块状经济”正独辟蹊径，引领向前。

从产业经济创新角度，企业只有同时具有相应的资本基础规模和有效的投资规模保障，才能有效实现产业升级，块状经济具有总体经济规模大的优势，可通过横向合作与纵向协作发挥资本集聚效应，以达到产业升级的资本基础规模水平；同时，行业科技开发服务机构则可利用研发成果，通过向块状经济中面广量大的中小企业提供科技服务，实现为呵护和扶持对产业经济创新有重要促进作用的块状经济，市场迫切需要创建更利于中小企业的培育土壤。实践证明，浙江省用非常规行政手段，围绕块状经济集聚区划定的紧凑型产城融合区域——建设特色小镇方针正是基于这一核心诉求的创新手法。

（3）文化底蕴是动力

以宁波商帮、龙游商帮和温州商帮等为代表的浙商，历来秉承功利与仁义并存的实用主义，并将“勤”“和”“诚”的精神发挥到了极致。

“勤”首先是吃苦耐劳、不畏艰苦的创业意志，其次是勇于变革，直至突破创造、再重塑的勤奋精神，大批企业家为追求利润，百折不挠创新终成功的故事层出不穷。“和”是浙商群体自古以来抱团取暖的精神核心。块状经济产生背后，正是先富者带动后人、成功者帮扶他人、共同进退的展现。“诚”作为浙商群体走遍天下的立足之本，通常易被忽略。殊不知，商人实用至上本质是对“诚信为先”这一契约精神的最佳解释。

“大众创新，万众创业”是当下产业经济发展的主旋律，是特色小镇建设的核心宗旨，而融“勤、和、诚”三位一体的浙商群体则是诠释“创新文化”和“敢为天下先”

的最佳范例，这一深厚的文化底蕴是推动特色小镇持续发展的根本动力。

浙江省建设特色小镇的成功经验，非突发奇想，也非一朝之力。它是政策、市场和文化三者交织融合后所迸发的必然结果。在其他省份尤其是非都市区边缘和中西部地区进行推广，一定要读懂其表象背后的深层内涵。只有结合各省市原生性地域文化和政策基础，摸索制定符合其产业、人才、土地、政策、资金和运营六大支撑体系发展规律的引导性政策，才能避免邯郸学步，才能将浙江特色小镇的经验真正实践于各地的转型发展。（注 2）

三、规划建设导则设计

1. 背景

从已编制的特色小镇规划来看，有的特色小镇规划内容能够达到控制性详细规划的深度，对产业发展也进行专题研究；有的特色小镇规划更侧重产业的策划，忽视空间规划的内容，更像是概念规划。现阶段的特色小镇规划的内容和深度各异，整体较为混乱，在规划前期并没有制定明确的规划编制导则。

特色小镇虽名为“小镇”，并非特指城镇地区，乡村地区产业发展良好且具有一定特色的空间载体同样可以发展成为特色小镇。但目前各地的特色小镇实践往往重城镇、轻乡村，即使乡村地区发展特色小镇，仍然采取的是城镇园区模式。在新常态的背景下，以产业发展为重要内容的特色小镇是改变城乡二元经济结构，加强城乡间经济交流与协作，实现城乡一体化发展的重要路径。以特色小镇建设为契机，乡村地区无疑可以进一步强化产业发展和特色挖掘，从而进一步缩小与城市的差距，先行实现城市与乡村融为一体。

基于此背景，本文以城乡一体化为核心导向，以南京市江宁区为例，对特色小镇规划建设导则的框架、内容、重点进行研究，以期为特色小镇发展提供一定参考。

2. 乡村地区开展特色小镇规划建设的意义

（1）特色小镇的概念

特色小镇是浙江省适应和引领经济新常态的新探索新实践。浙江利用自身的信息经济、块状经济、山水资源、历史人文等独特优势，创建一批特色小镇。李强在“特色小镇是浙江创新发展的战略选择”一文中的诠释，特色小镇不是行政区划单元上的

“镇”，也不同于产业园区、风景区的“区”，而是按照创新、协调、绿色、开放、共享发展理念，结合自身特质，找准产业定位，科学进行规划，挖掘产业特色、人文底蕴和生态禀赋，形成“产、城、人、文”四位一体有机结合的重要功能平台[1-4]。

对照特色小镇的概念，不难发现特色小镇的区位并未局限于城镇地区。对于具有特色资源和发展潜力的乡村地区，同样可以发展特色小镇。但乡村地区是否有发展特色小镇的需求，则需要从乡村发展的规律来探讨。

（2）乡村发展的阶段需求

根据发达国家和地区的乡村发展历程来看，在不同的发展阶段，乡村具有不同的需求和发展特征。

日本从20世纪50年代开始，分为三个阶段对乡村地区进行建设，第一阶段新农村建设，主要是提高农业生产技术和农村现代化水平，重在基础设施建设。第二阶段造村运动，着重村庄产业振兴，重点培育特色产业和人文景观。最为人所称道的“一村一品”就是这个阶段的产物。第三阶段村镇综合建设示范工程，从基础设施建设到产业培育，村镇联动建设，以片区为单位进行综合建设。

德国的农村建设起源于20世纪30年代，包括为农村土地整理和给排水设施建设，以新农村建设和基础设施建设为重点的村庄更新，对村庄道路交通组织和生态环境整治。而乡村建设中最重要的部分在于对农村建设融入可持续发展的理念，重视生态、文化、旅游、休闲和经济价值建设。同时，每三年举行村庄竞赛，发挥各地乡村价值的特色，形成了良好的社会效应。

台湾的社区更新开始于1949年，通过以政府主导促进农业发展带动农民收入；然后进行土地整理、基础设施建设和农业生产结构调整。2009年以后，通过培根计划、农村再生计划和农村社区土地重划进行新一轮社区更新，重点在环境改善、文化创意产业培育等各个方面。由当地组织和社会团体牵头，通过对农村社区居民的培训、引导，挖掘地方特色文化，并在农村社区更新、产业发展紧密结合，将其进一步发扬光大。

---

1 厉华笑，杨飞，裘国平．基于目标导向的特色小镇规划创新思考——结合浙江省特色小镇规划实践[J]. 小城镇建设,2016(3):42-48.

2 徐伟凝，厉华笑，朱婷媛，等．温州智创小镇产业园区转型升级路径[J]. 规划师,2016,32(7):138-142.

3 周少华．特色小镇不是“镇”[N/OL]. [2015-09-18]. http://zjnews.zjol.com.cn/system/2015/09/18/020838258. shtml.

4 詹杜颖．品牌效应下的特色小镇构建研究[D]. 杭州：浙江工业大学,2016.

从这些国家和地区的发展经验来看，乡村发展往往经历几个阶段：第一阶段是物质环境的改善，第二阶段是产业培育发展，第三阶段则是文化价值的提升。处于第二和第三发展阶段的乡村，都有发展特色小镇的需求和能力。而日本的一村一品、德国的村庄竞赛、中国台湾的社区更新都在于强化特色产业、提升人文活力，与特色小镇的本质具有异曲同工之处。

（3）江宁乡村发展阶段判读

江宁区位于南京市中南部，从东西南三面环抱南京主城，生态基底良好、乡村地域广阔。江宁区分阶段、分重点地有序推进了三轮美丽乡村规划建设：2010—2012 年，开展政府主导、重金投入、物质环境与增长统筹的第一代美丽乡村建设；2013—2014 年，强调区域统筹和差异化发展，全面开展融入多主体、激活内生性、统筹次区域的第二代美丽乡村建设；2015 年以来，关注文化和特色，突出行动导向，开展以城乡统筹与美丽乡村建设长效规划与治理机制构建为目标的第三代美丽乡村建设[1]。

为了充分了解江宁区乡村建设在空间、经济、社会等各方面的效果，本文选取了 56 个村庄，调查 280 户村民，涵盖美丽乡村建设各阶段的示范村及不属于美丽乡村建设重点的一般村，展开了全面地调研，了解自 2010 年开展美丽乡村以来的变化。

通过这些数据的分析，可以总结出：美丽乡村建设以来，乡村地区三次产业都得到了较好的发展，且带动了人均收入不断提升；从就业结构看，从事第三产业的比重在增加，第一产业持续减少，就业结构在优化。乡村建设取得了很好的效果。江宁区的乡村发展基本已完成环境提升阶段，产业发展阶段正在起步，处于乡村发展的第二阶段。因此，江宁的乡村地区完全具备发展特色小镇的需求和潜力（图 7-2 ~ 图 7-6）。

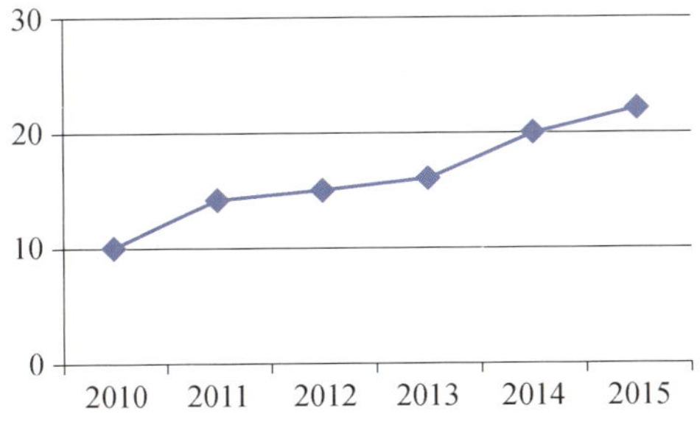

图 7-2 特色农业园区数量变化（个）

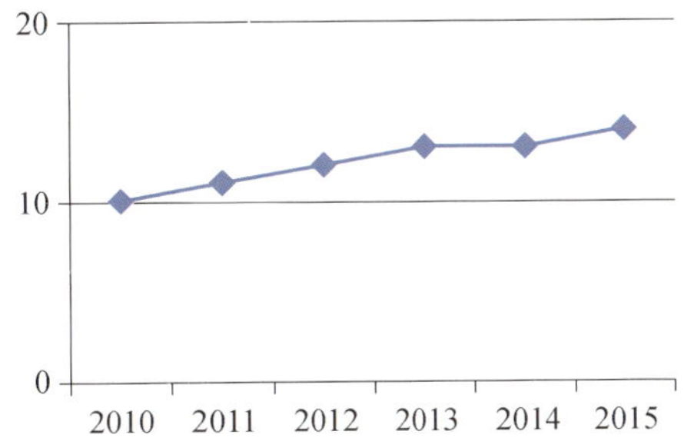

图 7-3 企业数量变化（个）

1 王红扬，钱慧，顾媛中．新型城镇化及其规划与治理创新——对南京市江宁区实践的研究 [M]. 北京：中国建筑工业出版社，2016.

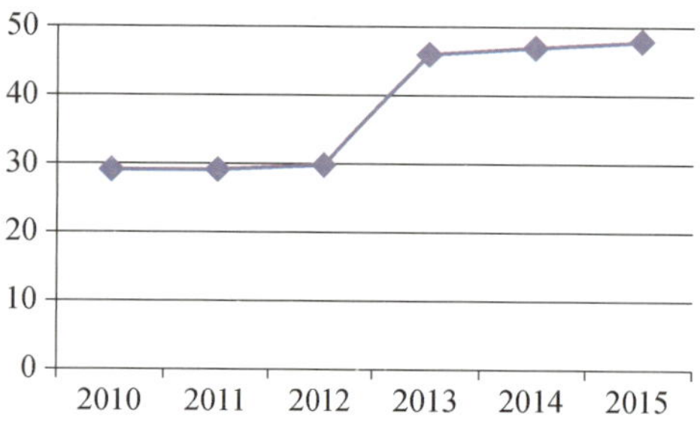

图 7-4　第三产业经营主体数量变化（个）

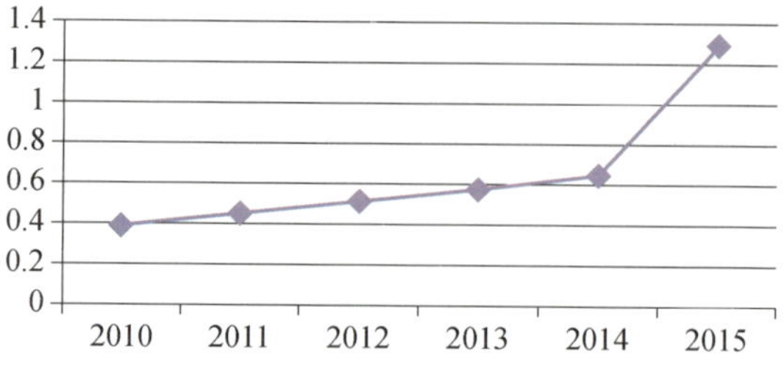

图 7-5　人均纯收入变化（万元）

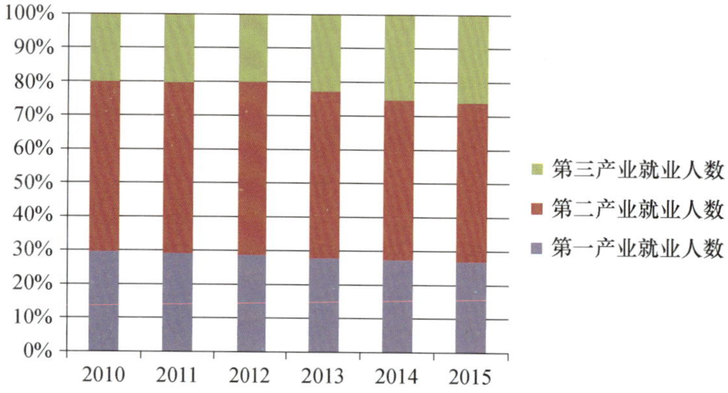

图 7-6　三次产业就业人数比例变化

同时，我们也可以看到江宁目前的乡村建设中存在的一些问题：发展效应局限在重点打造的村庄中，示范村收入水平更高、就业类型更丰富、更能留住人，示范村虽然对周边有一定带动作用，但非常有限；环境提升比较到位、产业发展初具效应，但人文效应尚未全面呈现；发展模式雷同（如农家乐全部经营餐饮），难以形成合力（图 7-7 ～图 7-9、表 7-7）。

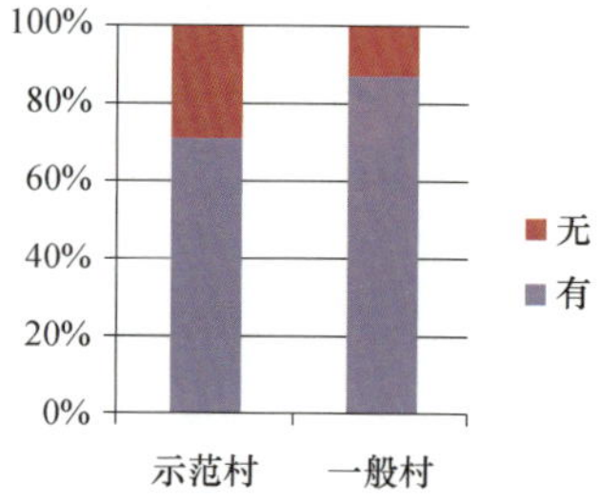

图 7-7　示范村外出打工的比例更少

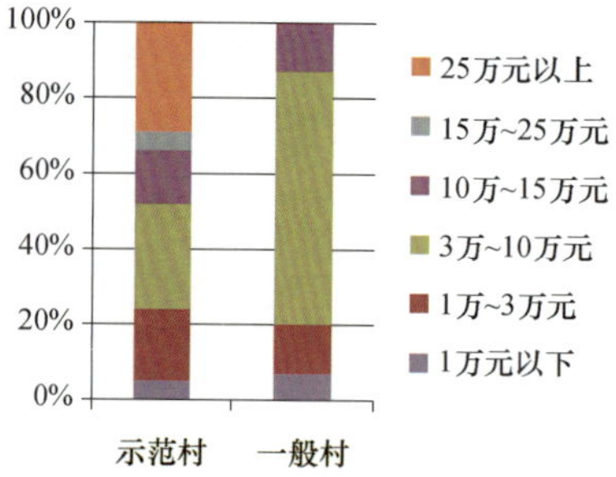

图 7-8　家庭收入对比图

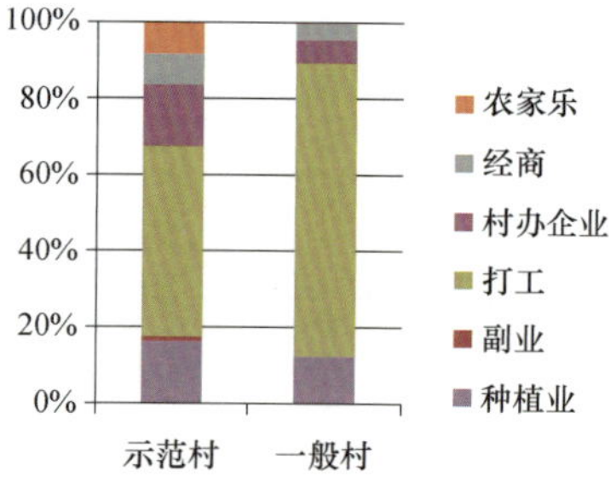

图 7-9　家庭主要收入渠道

表 7-7　农家乐经营类型一览表

经营类型	餐饮	住宿	售卖土特产或手工艺品	办一些小型活动	其他
相应农家乐数量	6	0	0	0	0

这些问题不仅仅是江宁一个地区的问题，当前各地的乡村建设往往面临相同的困局。而乡村地区特色小镇的发展，恰恰对激发乡村活力、凸显特色差异、强化产业培育、

提升人文价值具有一定助力。因此，江宁区有必要开展乡村地区的特色小镇建设。

3. 基于城乡一体化的特色小镇规划建设导则价值取向

江宁区城乡发展进入高级阶段，城乡一体化逐渐成为全区城乡发展的共识。建设特色小镇作为江宁区城乡一体化发展的新抓手，缩小城乡经济社会的发展差距、赋予城乡共同平等的发展机遇、协同城乡空间的发展水平成为任务之一。因此，有必要按照城乡等值化、城乡差异化和城乡特色化的价值取向，凸显城乡一体化理念编制江宁区特色小镇规划建设导则。

城乡等值化是实现城乡一体化的核心。其目标就是要实现城乡在不同的物质空间形态的基础上，其生产生活环境的发展品质要大致相同，要让城市居民与乡村农民能够拥有平等的发展权，创造城乡良性互动的体制机制。

城乡差异化是实现城乡一体化的基础。城乡在物质空间形态、产业发展基础、生态环境品质、社会生活习俗等方面存在着天然不同。围绕城乡等值化这一核心目标，因地制宜、差异化地合理选定城镇板块与乡村板块的产业门类、确定差异化的发展目标和发展路径，才能有效地实现城乡一体化发展。

城乡特色化是实现城乡一体化的保障。实现城乡一体化的重要途径是实现城乡良性互动，即实现人的互动、资本的互动和产业的互动等。但互动的前提是相互吸引，各自拥有对方所无法企及的优势。因此，通过规划建设，保护、提升城乡各自的特色，形成比较优势，才能真正保障城乡发挥各自的引力。

4. 基于价值取向的导则设计

为了实现城乡等值化、城乡差异化、城乡特色化的价值取向，需要针对城乡不同的发展需求，有目的地设计差异化的导则。因此，《南京市江宁区特色小镇规划建设导则》（以下简称《导则》）分为城镇板块、乡村板块两个部分，两部分内容在框架、重点上都有所差异。

（1）城乡需求差异

江宁区目前已确定首批特色小镇共 13 个，其中 9 个位于城镇板块、4 个位于乡村板块。通过对这些特色小镇发展现状的调研和对比，可以比较城乡两个板块特色小镇发展的需求差异。

总结起来，城、乡两个板块的现状问题分别为：乡村板块产业发展有待提升，实施机制有待完善；城镇板块建设细节有待完善，服务设施有待提升。其中，乡村板块由于涉及产业、机制问题，仅仅依靠建设指引很难实现提升，需要从规划层面入手。而城镇板块的问题则相对具体，可以通过建设提升弥补。因此，城、乡的发展需求可以概括为：乡村板块重规划、显特色，城镇板块重建设、补细节。

（2）城乡导则框架差异

由于特色小镇规划面向实施操作、重视建设管理，通常对应的是城镇控制性详细规划的层次。由于城镇板块的引导重点在于建设提升，且城镇规划体系相对成熟，因此，城镇板块规划建设导则的框架从以下几个层面建立：

① 特色策划：提出规划要求，主要是对控制性详细规划所缺内容的补充。

② 建设提升：从总体要求、道路交通、公共服务、标识系统、绿化景观、公用设施几个不同层面提出建设提升要求。

③ 实施保障：提出保障规划建设实施的相关策略。

考虑到部分特色小镇已经完成控制性详细规划的编制，《导则》提出，补充编制“特色小镇建设规划”，作为实施各项建设的指导。特色小镇建设规划成果主要包括规划文本、图纸、设计引导图则和说明书。其内容和深度不做强制要求，而是比照控规成果及导则要求，有针对性地补充缺项。

与城镇规划相比，乡村规划的体系和规范性还有一定差距。《城乡规划法》中虽然明确了乡村地区的两项法定规划“乡规划”和“村庄规划”，并没有真正明确其范畴和重点，更没有详细划分其类型和要求。各地在实践中却往往绕开法定规划不编，而是百花齐放、各出奇招，用各类名称、做重点不同的规划。例如南京市江宁区在村域这一层面就存在美丽乡村规划、村庄规划、村庄概念规划等不同名称。

为了避免乡村地区特色小镇规划缺乏规范要求和指导，《导则》建立了乡村板块特色小镇规划成果体系，包括规划文本、图纸、图则、说明书和专题报告。其中，主要内容包括以下几个方面：

① 特色策划：对应宏观层次规划，包含目标与定位、产业发展等宏观层面需要加强策划引导的内容。

② 详细规划：对应微观层次规划，包含用地布局、道路交通、绿化景观、设施配套、建设引导。参照城镇地区详细规划成果内容，针对乡村特点，提出能够有效指导建设的规划内容。

③ 实施运营：对应行动计划，包含实施计划、实施建议、实施保障。通过制订特色小镇3～5年行动计划，明确建设目标，以及项目的实施地点、实施内容、投资主体、

投资规模、用地指标等，使特色小镇的建设更具抓手。

在此基础上，参照控制性详细规划要求，制定规划管理图则，明确每个建设地块单位的开发建设要求。同时，考虑乡村特点，要求图则包含非建设用地的生态保护、产业发展要求。

（3）城乡导则重点差异

针对城镇板块特色小镇建设空间有限、公共空间缺乏的现状特征，《导则》提出“针灸式”的开发模式，即通过拆除或改建部分建筑、综合整治消极空间来解决建设条件有限地区的开发利用。

合理拆建，塑造活动空间。拆除特色小镇原有建成区内不合理及废弃建筑，通过整治提升或者局部扩建的方式，重塑开敞空间；结合功能定位，对原有建筑进行改建以满足新的功能使用需求，如可选择交通便利的核心地段改建一处建筑风貌特色鲜明的“小镇客厅”，作为特色小镇的公共服务中心和游客中心。

鼓励沿街形成多样性的空间。通过对街道转角、沿街建筑之间等消极空间的综合整治，增加休闲活动设施，设置街道休憩空间。此类空间宜“精而美”，不宜“贪大求洋”，以彰显小镇特色，提升活力[1]。

按照特色小镇功能复合化发展要求，《导则》鼓励复合利用空间，鼓励产业空间与其他功能复合利用，加强服务空间、交流空间的共享，满足高端人才和创业人群的休憩、交流、激发灵感的需求。

《导则》鼓励城镇板块的特色小镇在改建或新建区域建设现代化设施，加强生态建设，树立江宁区的先行示范。

海绵城市建设。特色小镇基础设施应遵循绿色生态理念进行建设，新建改建地区贯彻落实海绵城市建设要求。根据当地实际情况，合理选取总体控制目标，并结合控制性详细规划分解总体控制目标，确定地块的综合径流系数、下沉式绿地率、下沉式绿地的下沉深度、透水铺装率、雨水调蓄设施五项单项指标。

综合管廊建设。新建改建地区宜确定综合管廊或管线共同沟建设，最大限度减少建设过程中“拉链路”情况的出现。

智慧设施建设。根据自身产业特色，选择构建以制造、贸易、物流、能源应用、公共服务、交通为基础的智慧小镇体系，形成“人—信息—物”相互反馈的智慧平台，

1 芦原信义 . 街道的美学 [M]. 天津：百花文艺出版社 ,2007:53-66.

建设先进的网络设施和导览设施，打造绿色、数字化、无缝移动连接的生态、智慧型特色小镇。

《导则》在产业选择、空间布局、用地规划、道路设计、绿化景观、风貌引导等内容中，注重对乡村特色的体现，避免乡村地区特色小镇的建设产生城镇化趋势，使城镇与乡村各美其美。

凸显乡村独特魅力的主导产业选择。《导则》要求乡村板块特色小镇主导产业围绕“美丽乡村+”，聚焦文化休旅、软件和信息服务两项现代服务业，兼顾历史经典产业及地域特色产业。产业的功能重点以高附加值农业（如科技农业、休闲农业等）、互联网+、文旅产业、养生产业、美食艺术产业等为主。这些产业均是适合乡村地区发展，且乡村更具优势的。

注重乡村发展、关怀原住居民的空间布局。《导则》重视乡村发展，加强对特色小镇内村庄功能引导和农业发展引导，鼓励原住民利用现有住宅有组织地参与服务产业。允许有条件地区发展特色手工业、休闲服务业等产业，但应严格控制污染产业发展；有条件发展观光农业的地区，应注重合理配置观光游线，避免观光游客对农业种植的干扰。

注重非建设用地规划。考虑到乡村地区的特色小镇规划范围内通常涵盖了一定的非建设用地，《导则》规定严格执行生态保护相关的法律法规及规划要求，梳理规划范围内的山、水、田、林等主要生态空间，提出保护措施和控制要求，建立特色生态景观安全格局，保障农业发展基底和非农业生态空间。

体现乡村特色的细节设计。在道路设计方面，《导则》要求道路铺装突出特色化、乡土化和生态化要求，合理美化，鼓励采用生态型材料、地方传统材料与工艺；道路线型应延续乡村空间肌理，结合旅游线路和游览需求设计；道路空间应尺度宜人，景观与地方特色相结合，形成生态长廊、文化长廊，且宽度不宜超过10米。在绿化景观方面，绿化品种应符合居民的实际使用需求和地域的乡土风情，首选乡土适生的树种，避免使用大面积草坪。在风貌引导方面，原则上新建建筑高度不应超过3层，改建建筑高度不应突破原有建筑高度，保持与乡村地区整体风貌的协调；保持原有村庄肌理，保护自然环境特征，结合产业发展和旅游服务要求，合理确定建设用地容积率和建筑密度。

针对江宁区乡村发展模式雷同、内部竞争等问题，《导则》强调区域协调、差异发展，主要体现在特色旅游规划中。

《导则》要求特色旅游规划应加强区域协调，开展必要的区域旅游线路总体策划，注重与沿线特色小镇的差异发展。引导不同村庄承担差异化的服务功能，对不同村庄的发展主题和配套功能进行引导，对于承担同一配套功能的多个村庄，需要划定不同的主题及消费层次。

特色产业是特色小镇的灵魂，小镇规划的各个方面都应围绕主导产业，对其起到支撑作用。《导则》在特色文化、绿化景观、公共服务等方面，强化了对产业的支撑。

特色文化：分析主导产业文化内涵，评估文化特色价值。围绕主导产业，与旅游策划相结合，提出特色小镇文化主题，确定传承和培育文化的路径。结合产业项目和旅游产品设计，具体策划各产业功能区的文化内涵与项目。

绿化景观：注重景观与产业发展相结合，结合特色农作物、经济林果等的种植，根据特色小镇不同产业类型和文化，有针对性地进行差异化规划设计，营造特色。

公共服务：设置“小镇客厅”作为特色小镇的公共服务中心和游客中心，并提供产业服务功能。“小镇客厅”建筑体量、色彩、风格应与主导产业特色、周边乡村环境相协调，有个性特色。

作为全国首个特色小镇规划建设导则，江宁区并没有简单套用一般导则的形式与内容，而是基于对全区整体发展条件和阶段认知的基础上，以目标为导向，针对城、乡特色小镇发展基础，强调特色，提出了差异化的规划建设要求。总结起来，主要从三个方面做出了有益的创新探索。

目标价值创新：《导则》没有简单套用浙江现有创建培育特色小镇的内容和思路，而是结合江宁的实际，强调对乡村价值的提炼，按照城乡等值化、城乡差异化和城乡特色化的价值取向编制导则，更好凸显江宁的大都市近郊的区位特征、全国乡村领先发展的优势特征。

内容框架创新：《导则》打破了一般规划导则泛而全的内容框架，强调特色要求。针对城乡不同建设现状和发展需求，《导则》以特色策划为龙头，围绕产业特色，服务产业发展。

成果形式创新：《导则》创新地提出了乡村特色小镇的规划成果形式与要求。有别于以往乡村地区规划，结合内容框架，提出了图则制定要求，强调了对建设用地和非建设用地全域管控。

当然，作为全国范围内的第一个特色小镇导则，《南京市江宁区特色小镇规划建设导则》是领先的、探索式的，但同时也缺乏依据和参考，其是否适用、存在问题都需要通过实践来检验。我们也期待着通过这一先行先试，为全国的特色小镇发展、美丽乡村建设提供新思路与借鉴。（注 3）

四、智慧小镇综合解决方案

在《国家新型城镇化规划（2014—2020年）》《“十三五”全国农业农村信息化发展规划》的引导下，2015年，浙江省政府出台了《关于加快特色小镇规划建设的指导意见》，全省124个特色小镇建设迅猛开展，产业集聚和产业创新的升级迫切需要小镇的智慧化建设。特别是G20杭州峰会成功举办以来，“城市双修”的经验逐渐引进到了小城镇建设当中；2016年9月底，浙江省委省政府出台《浙江省小城镇环境综合整治行动实施方案》，要求以规划设计引领、卫生乡镇创建、道乱占治理、车乱开治理、线乱拉治理和低小散块状行业治理等6个专项行动为重点，全面启动小城镇环境综合整治工作，同时为了提高管理水平，建立健全小城镇环境综合整治长效管理机制，鼓励有条件的小城镇积极开展智慧城镇建设。为贯彻落实省委省政府关于实施全省小城镇环境综合整治行动战略决策，加强技术指导和支撑，浙江省住房和城乡建设厅制定了详细的《浙江省小城镇环境综合整治技术导则》，其中第5.6.3条中明确要求开展智慧城镇的建设，并提出了具体建设内容。同时，“最多跑一次”的管理创新也被列为浙江省政府的重点工作，要做好“最多跑一次”，就需打造最智慧平台，统筹规划，把智慧政务、智慧城管等平台真正整合到一起。综上，各方面的政策引导和管理需求使得智慧小镇的建设有了迫切需求。

1. 浙江省小城镇信息化和智慧化现状

随着浙江省小城镇建设步伐的不断推进，城镇间发展不均衡的问题逐渐暴露出来。2014年，夏南凯教授在《浙江省城镇化指数型评价体系研究》中指出，浙江省在城镇化质量上不够均衡，除杭州市区、嘉兴市区和嘉善县外，其他地区城镇化质量普遍较低。根据《浙江省2014年统筹城乡发展水平评价报告》数据显示，浙江省仍有10个县处于基本统筹阶段。《2016年浙江省区域两化融合发展水平评估报告》则提出，参与评估的97个县级地区在两化融合发展水平和发展模式上存在较大差异。截至2016年年底，浙江省共有1191个小城镇，其中包括180个省级中心镇、465个一般镇、272个乡（集镇）、151个仍具备集镇功能的原乡镇政府驻地及123个独立于城区的街道（图7-10）。这些小城镇前期由于缺乏统一规划，导致通信、电力、市政等各类项目建设分散，存在重复建设等问题。不仅占用大量土地资源导致资源极大浪费，各类线缆交叉凌乱、形如蜘蛛网、杆柱林立、强电弱电同路，还存在巨大的安全隐患。各个应用系统之间没有进行整合，不能实现数据共享，存在信息孤岛现象及信息安全风险。此外，

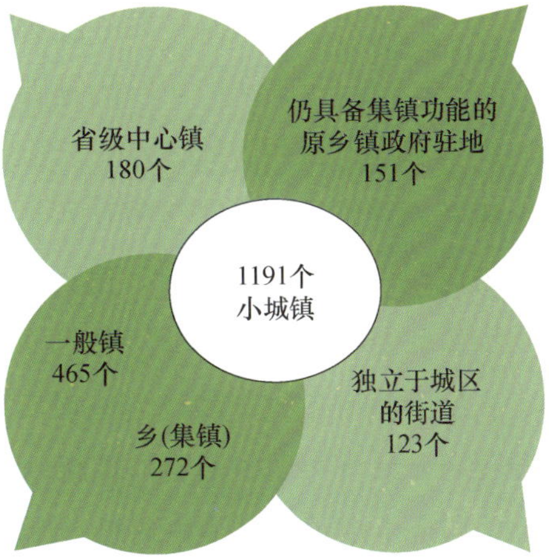

图 7-10　浙江省小城镇类型

部分城镇经过前期的环境整治工作，虽然城镇“面子”有所提升，但“里子”工程有所欠缺，距离《浙江省小城镇环境综合整治技术导则》中提到的“开展智慧城镇建设：（1）提升信息化水平。以政府为主导、企业为主体、市场为导向、产学研用相结合推动智慧城镇建设。加快有线、无线、宽带骨干网及相关接入网建设，建设 4G、Wi-Fi、卫星等多种制式综合服务的无线通信体系，推动三网融合，促进最后一千米入户网端共建共享模式的试点与推广工作。（2）建立数字城管平台。整合规划、建设、市政公用行业、环卫行业等与乡镇管理相关的人力资源、设施设备、网络系统、视频监控系统和基础数据，实现跨行业、跨部门的综合应用和数据共享，建设标准统一、资源共享、适应不同乡镇管理要求的数字城管体系，使之成为乡镇日常管理和应急处置的有效平台及惠民利民的服务体系”的具体要求相距甚远。

2. 智慧小镇的建设步骤和总体框架模型

根据浙江省的实际情况，本文提出以规划为引领的“两阶段、三步走”的智慧小镇建设步骤（图 7-11）。

图 7-11　智慧小镇规划、顶层设计和建设步骤

第一阶段主要进行“线乱拉”等乱象的治理工作。以规划引领的顶层设计，编制智慧小镇总体规划、“线乱拉”整体整治规划，并且进行工程设计和施工，打造小镇的“面

子”。通过始于“线乱拉”等乱象的治理，实现“洁净小镇”。

第二阶段是在第一阶段的基础之上，超越“线乱拉”治理，打造小镇的“里子”，通过智慧化的应用，推进小镇产业发展，实现富村、富民的智慧便民服务。其实现过程如下：首先，以各类信息化平台的应用打造系统平台生态圈，形成“生态小镇”；之后进行平台的迭代升级，实现多平台业务融合，进一步探索数据驱动的运营模式，逐步实现创建“幸福小镇”的建设目标。

整个演进过程需要以公共设施改造为基础，融合系统性的信息化平台建设及大数据应用，最终实现乡镇管理智慧化、服务便民化、多产业协同发展。

对应上述建设步骤，智慧小镇建设的总体框架模型分为四个层面。第一层面是基础层，重点打造两张基础网络，即基础通信网络和感知物联网络，实现信息采集和数据传输的功能。第二层面是平台层，构建智慧小镇的基础融合平台，实现多种平台数据的汇聚和融合的功能。第三层面是应用层，通过对汇聚的平台数据进行分析、挖掘和模型构建，实现智慧产业、智慧旅游、智慧医疗、智慧生活、智慧运营、智慧停车等各方面应用。第四层面是展现层，将应用层的内容通过指挥中心、展馆展厅、个人计算机、手机、信息亭、户外大屏、IPTV 等方式展现，实现便捷的人机交互功能（图 7-12）。

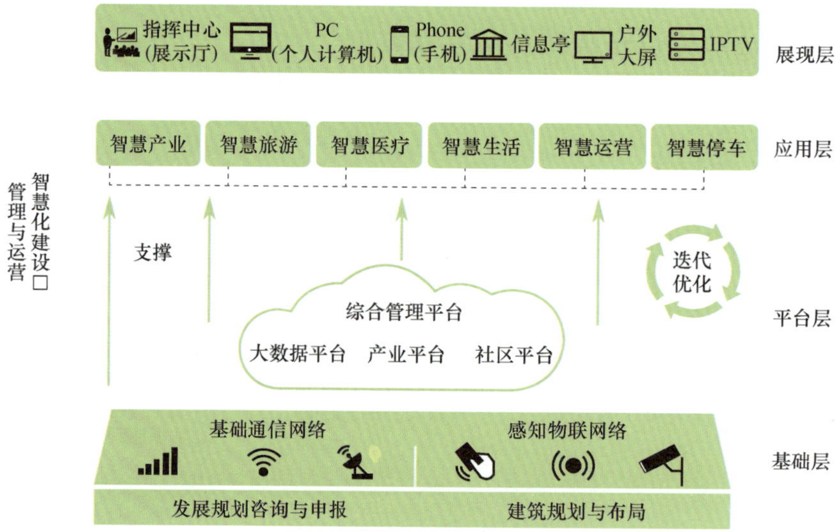

图 7-12　智慧小镇总体框架图

3. 智慧小镇综合解决方案

（1）基础层建设

基础层建设包含两个部分。其一，基础通信网络建设，包括光纤宽带网、4G/5G

移动网、NB-IOT 物联网及无线 Wi-Fi 网的建设；其二，感知物联网络建设，包括 GIS、摄像头、RFID 等各类前端数据采集设备的部署，实现前端数据的采集与传输。

在该阶段，将同时推进浙江省 1191 个小城镇按中心镇、一般镇、乡集镇三个层级开展“线乱拉”治理工作。一是主干线“上改下”，即结合不同城镇主干线的整改标准，针对主干道、次干道等道路实施线路下地工程；二是入户线“整治存量、规范增量”，即通过多网合一分纤箱等改造方式，开展“清线行动”和“清箱行动”；三是杆路“多杆合一”，即应用智慧灯杆等产品，提供监控、路灯、充电桩等多项功能，并统一控制和管理，从而完成“洁净小镇”建设（图 7-13、图 7-14）。这些治理内容将极大地促进“最后一公里”入户网端共建共享模式的试点与推广工作。

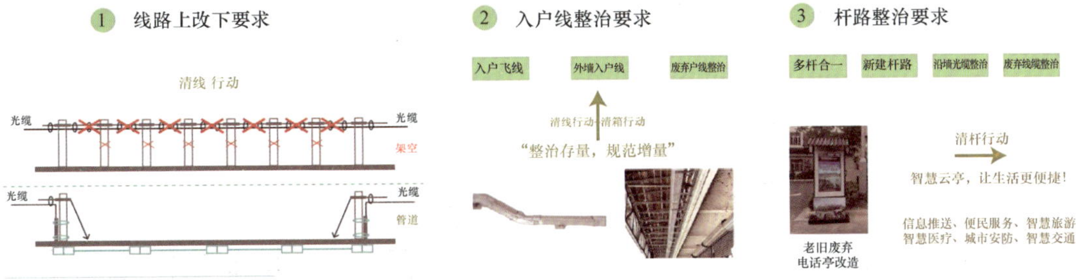

图 7-13 “线乱拉”治理的三种形式

（2）平台层建设

平台层建设以“四个平台”部署工作为基础。按照省委办公厅、省政府“大口子综合管理原则，对乡镇（街道）和部门派驻机构承担的职能相近、职责交叉和协作密切的日常管理服务事务进行归类，完善相关机制，整合工作力量”的原则，为乡镇提供标准化的“四个平台”建设服务，统一建设“综治工作平台”“市场监督平台”“综合执法平台”及“便民服务平台”，推进“一张网”建设的实质性延伸（图 7-15）。其中，综合治理工作平台承担社会治安综合治理、维护稳定、平台建设等功能；市场监督平台承担面向企业和市场经营主体的行政监督和执法功能；综合执法平台承担一线日常执法巡查和现场监督功能；便民服务平台承担基层各类公共服务和便民服务功能。平台层建设重点在于打造多业务融合平台。利用云计算、大数据等先进技术，在“四个平台”的基础上搭建行业专有云及大数据中心，建成多业务融合平台，负责统一整合、分析来自“四个平台”的大量业务数据，将所有数据资源进行集中，并通过数据共享的方式打破不同部门之间的信息孤岛，实现数据在“四个平台”中快速传递，有效减少数据的重复采集和存储，缩短业务处理流程及流转时间。多业务融合平台还具备对外开放能力，能够提供标准化的开放接口，快速搭载上层应用，支撑各类互联网 APP、服务终端及应用服务系统与多融合平台的对接。

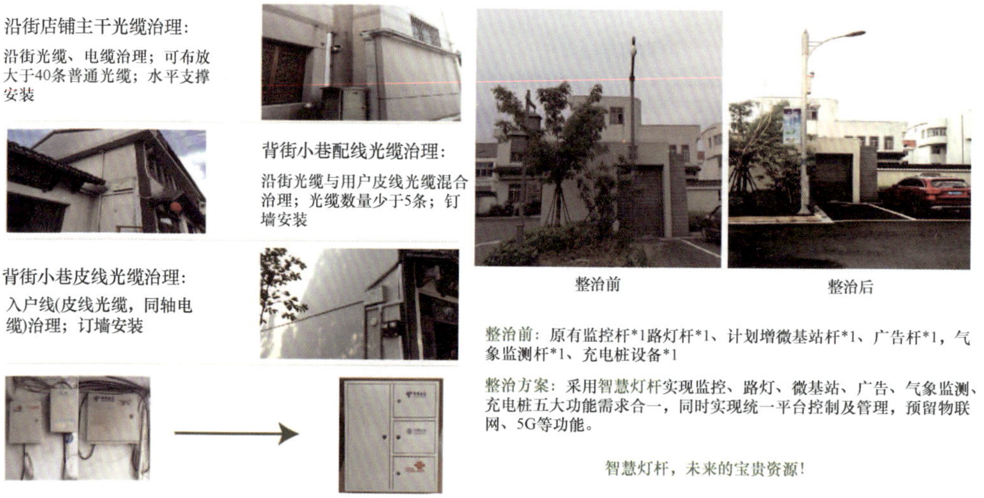

图 7-14 “线乱拉”治理前后对比图

平台层建设将《浙江省小城镇环境综合整治技术导则》中建设乡镇日常管理和应急处置的有效平台及惠民利民的服务体系和“最多跑一次”的管理创新有机融合，有力地提升浙江省小城镇信息化和智慧化水平。

（3）应用层建设

应用层建设主要是指平台层之上的智慧类应用。在全面建设智慧城镇信息化基础设施之后，逐步深化智慧应用，实现智慧小镇业务加载，通过数据分析获得增值应用（图 7-16）。

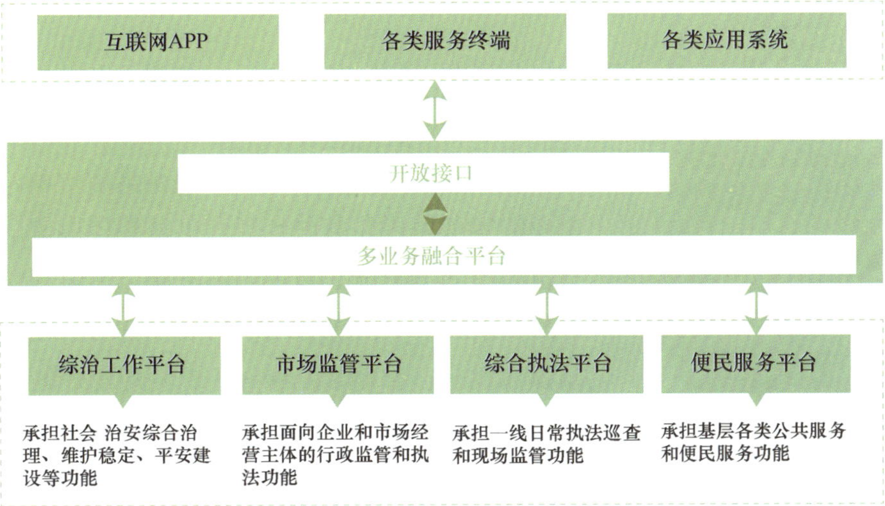

图 7-15　平台层建设示意图

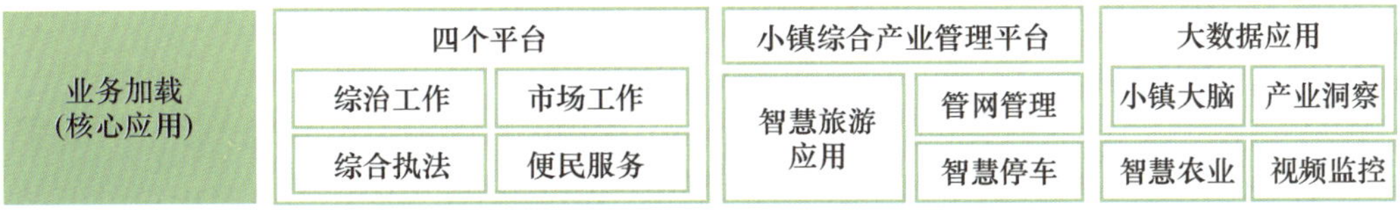

图 7-16　应用层建设示意图

整合各旅游行业应用的供应商渠道，打通旅游行业的中间壁垒，并在平台层上统一展示和部署，提供旅游行业的信息化应用服务，促进旅游行业的可持续性。该模块能够收集手机数据、监控数据、停车场数据、Wi-Fi 识别数据、消费能力数据、政府公共数据，构建社交网络、用户轨迹、用户价值、行业趋势等模型，匹配客户的各类信息，输出用户画像、客流统计、人流实时分布、消费能力分析等大数据报告，为政府和行业主管部门在精准营销、安全疏导、基础规划等方面的决策提供支撑服务。

智慧管网系统是对地下管线实体与实时运行数据实现平台化管理，综合利用云计算、物联网、大数据、地理信息等技术，通过“一张图”以全景展示的方式面向地下管线规划、市政建设、应急管理及管廊应急等方面提供全面应用服务。帮助小镇管理主体城镇政府，建立统一长效管理流程，将新建、改造管网的申请、提交、审核批复、自动入档等业务流程信息化、平台化，避免“前清后乱”，为小镇的长效规范管理提供强有力的保障。

应用层建设不仅完善了配套设施，还治理了低小散块状行业，深化“腾笼换鸟”，继续淘汰落后产能后，引入新的产业增强了小城镇自身造血功能，使得小城镇发展进入良性循环。

（4）展现层建设

展现层建设主要是将应用层的应用结果通过各类方式形象地展示和提供人机互动体验，如小型大屏指挥中心、微信公众号、电视导览、对外网站、短信推送、Wi-Fi Portal 推送等，方便政府领导、乡镇公民、投资客商、外地游客等获取信息，是小镇重要的宣传手段，有助于提升小镇整体形象。展示方式以云技术为依托，包括云端控制、云端存储、数字沙盘、大屏显示、环幕/弧幕/球幕影厅、迎宾地幕、超媒体显示、智能 VR 等方式，实现友好的人机交互和便捷的操作。

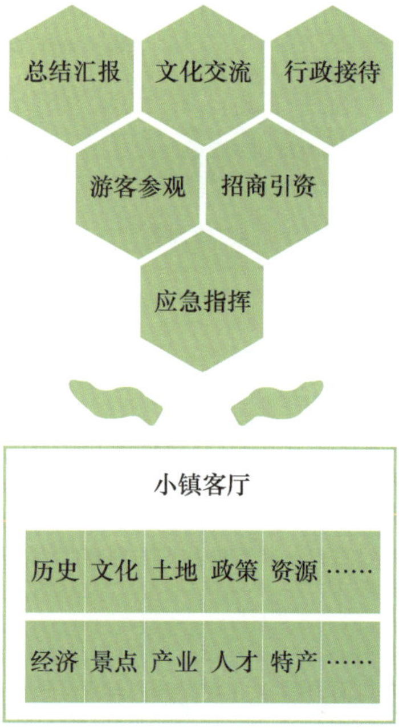

图 7-17 “小镇客厅”建设示意图

例如，目前正在积极推进的“小镇客厅”就是广受小镇政府欢迎的一种形式（图 7-17）。利用展厅将小镇的历史文化、经济发展、产业特点、招商政策、人才政策、土地储备、旅游资源、特产商品等内容以云技术为核心，突破时间和空间的限制，用一种新型、多媒体、个性化方式集中形象展示，可用于总结汇报、文化交流、行政接待、游客参观和招商引资等活动，特别是小镇内突发重要事件时，亦可用于各级政府的临时应急指挥中心。

4. 智慧小镇实施推进与长效管理

智慧小镇是未来城镇发展的必经形态，在浙江省智慧小镇建设基础上展开探索是非常有价值的。浙江省 1191 个小城镇的实际建设中，以基础层、平台层、应用层和展现层建设依次递进为纵坐标，以省级中心镇、一般镇、乡集镇不同城镇级别依次延伸为横坐标；按不同城镇级别、不同的建设层次，形成按需分级分层的推进方案（图 7-18）。

例如，对于省级中心镇，首先从顶层进行全方位的规划，为小镇制订“线乱拉”整治规划、信息化基础设施中长期规划、智慧小镇专项规划等一系列规划，发挥规划的引领作用。在实际建设中，按照分层推进的原则进行有序推进。首先进行基础层建设，包括现有线缆下埋入地，建设智慧灯杆，建设小镇千兆光网络，实现 4G 移动宽带网络全覆盖，热点区域 Wi-Fi 覆盖，搭建基于 NB-IOT 的传感网络，建设小镇数据中心等。在基础网络的基础上建设地下管网平台，为基础层的管线提供平台支撑，此外，平台层还需按照“四个平台”的建设要求，搭建融合平台。应用层则根据小镇的发展需求，建设智慧产业、智慧农业、智慧旅游、智慧停车等各类应用。展现层主要搭建“三个中心”，行政中心为小镇居民提供办事和服务窗口，游客接待中心为外来游客提供接待服务，指挥中心为小镇政府提供管理和指挥调度支撑。对于乡集镇，将优先制订“线乱拉”整治规划和信息化基础设施中长期规划，实现线缆治理、光纤千兆到镇、4G 网络、NB-IOT 网络覆盖。平台层同样搭建“四个平台”和地下管网平台。应用层建设智慧产业模块和智慧农业模块，优先促进小镇的经济发展，部分有旅游资源条件的小镇可选择开发智慧旅游模块。

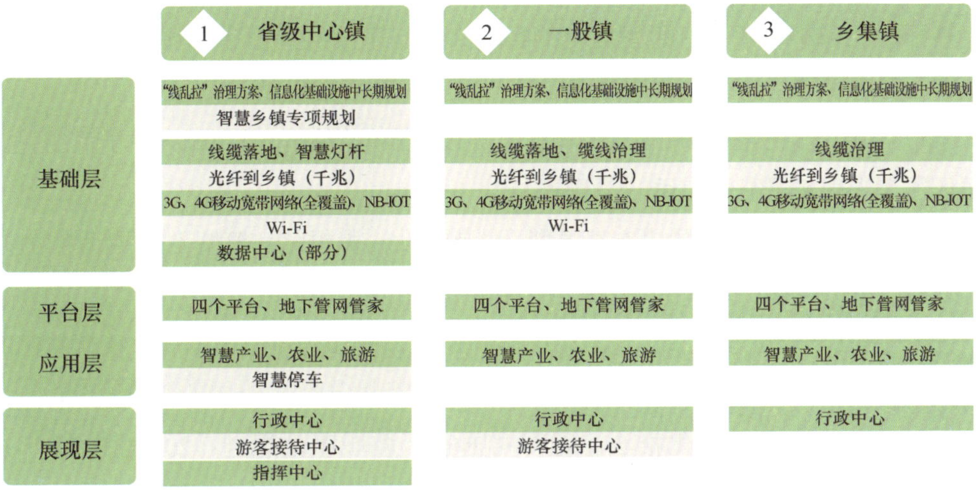

图 7-18 按需分级分层推进示意图

对于浙江省来说，规划建设流程，巩固“线乱拉”的整治成果，快速地推进小镇智慧化建设，需要配套长效的、持续的管理机制。长效管理机制首要是明确责任主体，落实规划、建设、维护、监管责任，将小镇智慧化建设推进与成果的维护落实到具体责任人或单位，并细化责任内容，将责任范围进行明确，签订责任书，逐级落实，推进流程规范化、运营维护专业化、综合执法制度化，以及企业考核自律常态化的建设。其具体措施包括成立小镇智慧建设领导小组，下设小镇管理办公室，主管部门各司其职；推进规划审批，编制小镇智慧建设审批标准，各类建设方案会审通过方允许进场；实行施工验收制，施工方案、计划报属地管理部门，审批、验收合格后可投入使用；实行联合管理，联合委托资质齐全的第三方企业共同维护各类设备管控系统；加强综合执法，建立事后监督检查制度，建立健全专职、兼职网格化执法队伍；强化企业自律，制定考核制度和规范施工承诺制度，加强服务人员、施工人员的培训等。IT 平台为长效管理机制提供技术支撑，规划审批、方案审批、考核制度的实施等加载在 IT 平台上完成，实现长效管理机制的高效运行（图 7-19）。

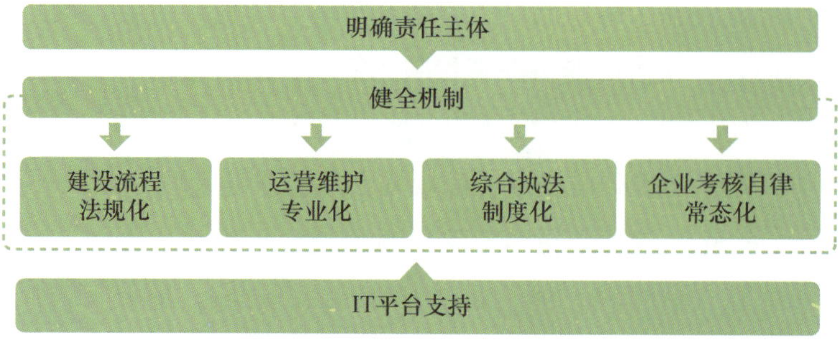

图 7-19　长效管理机制示意图

基于浙江省小城镇信息化智慧化的实践，提出了围绕浙江省小城镇环境综合整治主题的智慧小镇理念、综合解决方案模型和建立长效管理机制：

（1）顶层设计引领下的智慧小镇创新实践，强化规划引领，既满足了美丽整洁的“面子”，又充实了智慧应用的“里子”。

（2）智慧小镇的综合解决方案模型，以融合化、数据化、模型化、展示化为核心。

（3）分级分层地推进建设思路，按需推进。

（4）建立长效管理机制，整治成果得到改善，更加有效快速推进小镇智慧化的建设、维护。

小城镇信息化和智慧化推进，是对《国家新型城镇化规划（2014—2020 年）》《“十三五”全国农业农村信息化发展规划》等国家战略的践行。我们将继续进行智慧小镇的探索和实践，帮助城镇提升可持续水平，翻开城镇综合治理的创新篇章，为城镇发展增添新路径。（注 4）

注 1：本文摘自《小城镇建设》，2018.05，5-11，特色小镇规划设计与建设运营研究，撰稿人：郄艳丽，尹路。

注 2：本文摘自《小城镇建设》，2016.03，38-41，浅析浙江省特色小镇支撑体系，撰稿人：宋为，陈安华。

注 3：本文摘自《小城镇建设》，2017.07，62-67,81，基于城乡一体化的特色小镇规划建设导则研究——以南京市江宁区为例，撰稿人：梅耀林，许珊珊，汪涛，丁蕾。

注 4：本文摘自《小城镇建设》，2018.02，55-60，浙江省智慧小镇建设与实践，撰稿人：邹鹤海，黄剑琪，胡泱。

实践篇

尽览百花争艳

第八章　浙江省

一、安吉县与德清县经验总结

“特色小镇”这一新生事物的出现，使“小城镇，大战略”重回社会各界视野，并赋予了其新的内涵，让曾经是城市和农村两头“夹芯层”的小城镇迎来了历史性的发展机遇。

“特色小镇”是一项具体的小城镇建设工作，更是一种小城镇发展理念。“特色小镇”理念，一方面继承了我国从2002年党的十六大开始，小城镇发展由之前的“遍地开花”转变为有选择性地发展重点镇，即“有重点地发展”的思路；另一方面继承了塑造小城镇特色，区别于城市与乡村进行小城镇规划建设管理，即“有特色地发展”的思路。同时，“特色小镇”理念又在国家新型城镇化战略和城乡统筹发展要求的新时代背景下，融合体现了城乡统筹、镇村联动、就地就近促进城镇化等小城镇发展思路。

特色小镇发展理念在地方的实践远早于特色小镇工作的正式开展，部分地区已经积累了大量宝贵的实践经验。如浙江省湖州市，作为全国美丽乡村建设、城乡一体化建设的先试先行区，早就开始在县域工作中践行特色小镇发展理念，取得了良好成效。目前，湖州市不仅培育树立起全国各地学习的特色小镇典型——莫干山镇，也通过一系列举措使其域内的一批小城镇在产业、风貌、设施、文化等各方面得到全面提升。

1. 安吉县与德清县特色小城镇理念实践

安吉县与德清县地处长三角腹地，东望上海、南接杭州、北连太湖，区位条件优越，生态环境优美，文化底蕴深厚，产业基础扎实，在推进小城镇建设方面具有良好基础和独特优势。通过多年在小城镇发展工作上的研究、探索与积累，成为名副其实的特色小城镇理念实践先锋。

（1）安吉县对特色小城镇理念的实践

安吉县地处天目山北麓，全县“七山一水二分田”，境内重峦叠嶂，沟壑纵横，可利用土地有限，特别是县城区域空间狭小，承载力有限。这种地理环境客观上决定了安吉县推进城镇组群发展的思路。

自2011年以来，安吉县开展了“优雅竹城、风情小镇、美丽乡村”三位一体建设工作，建成“中国美丽乡村”精品村164个，天荒坪和鄣吴等10个乡镇开展了“风情小镇”创建工作。至2015年年初，10个“风情小镇”共启动实施规划编制设计、基础设施、公共服务设施、休闲旅游产业、风貌景观建设等各类项目超320项，乡镇城镇设施得到有效完善，风貌得到有效提升，特色得到有效彰显，城镇风情得到有效塑造。

安吉县把风情小镇建设作为彰显全域旅游景区内涵的特色窗口，坚持人与环境和谐、体现文化内涵、反映风情特色的原则。

成立了“风情小镇”建设工作领导小组，建立了“县领导+部门+专家团+乡镇”的“风情小镇”建设工作推进机制和联席会议制度。制订了《安吉县“风情小镇”建设五年行动计划》，配套出台“风情小镇”建设指导意见、考核指标、验收办法等系列文件，县财政为“风情小镇”建设提供专项资金与融资支持。自2011年以来，县财政通过“以奖代补”形式累计投入1.6亿元用于“风情小镇”建设，2014年起，县财政每年设立2400万元重点培育示范风情小镇专项奖励基金，推动全县示范风情小镇建设。在督查方面，则通过专家督查、信息督查、项目督查、例会督查、新闻媒体监督等五类监督，整合各类资源形成建设合力。

各“风情小镇”的镇域规划、风貌设计方案确定了三年建设项目，做到一次规划、分步实施。围绕28项考核指标和蕴含“宜居、宜业、宜文”的要求，各乡镇重点安排城镇基础设施、公共服务、旅游配套设施、建筑风貌改造、重要节点景观等项目。在项目实施中，以修复为主，有机结合改旧与立新，不大拆大建，维持自然本色。通过各级项目资源整合和引进优质项目带动创建，推进风情小镇建设。各乡镇依托项目开展招商引资，吸引社会资本、工商资本投资建设。

（2）德清县对特色小城镇理念的实践

德清县全县“五山一水四分田”，西部有中国四大避暑胜地之一的国家级风景名胜区莫干山，中部有“中国最美湿地”下渚湖国家湿地公园，东部有享有“千年古运河、百年小上海”美誉的平原水乡古镇新市。近年来，德清县借助承担13项国家级试点、25项省市级试点工作的政策优势，出台了两轮中心镇培育政策、两轮新市小城市试点工作的实施意见，建立了特色小镇申报奖励等一系列政策制度，实施了“个性化城镇魅力”“高品位城乡统筹”及“大手笔有机更新”等措施。截至2015年年底，全县城镇化率达65%，基本形成了“一核两翼，一主一副三大组团”的县域城镇发展空间格局，在浙江省率先进入城乡全面融合阶段。

按照全域城镇化的理念，以中心城市、城镇组团、中心村为节点，优化城乡整体布局，通过“四同步”“三统一”“六梳理”，绘就了一本规划、一张蓝图，实现了全县“美丽县城、美丽城镇、美丽乡村”相互辉映的城乡发展新格局。

从城镇定位、产业发展、空间布局、设施支撑等方面个性化编制城镇总规、控详规、城市设计等多层级规划，目前已实现 8 个镇新一轮总体规划修编。

建立以“1+1+N”为架构的“多规合一”信息平台，即规划协同平台＋审批服务平台＋部门服务平台，通过各类系统平台的互联互通，实现“多规”信息的集成和运用。

高标准提升城镇魅力。对县域副中心城镇新市镇开展了小城市试点工作，对其他小城镇则充分突出已有资源和发展特色，着力于优化环境、完善功能，如地理信息小镇、莫干山民宿度假小镇等特色小镇。

大手笔实施有机更新。坚持新老城区齐头并进，加快推进城镇有机更新，复兴老城功能，大力推进老小区和城中村改造，分步骤、有重点地从城市道路、生态景观、立面改造、公建设施、商业开发等方面开展旧城改造。

切实打好“两路两侧”“三改一拆”“四边三化”“五水共治”等环境治理“组合拳”。

2. 湖州两县特色小城镇规划建设管理的几点经验

（1）建立促进特色小城镇规划建设工作机制

一是建立了县指导、镇落实的统筹管理机制。德清县和安吉县都形成了一套从县到镇的工作方案、行动计划和实施保障，开展了一系列规划编制和项目实施工作，发布了本地图集图样，实施了东中西部分区指导。小城镇不仅编制了总规、控详规等法定规划，还编制了城镇风貌设计、绿地等专项规划及项目策划设计、建筑设计等相关方案，基本做到规划全覆盖。

二是因地制宜地实施了规划管理体制。如新市镇设立了功能完备的镇村规划建设办公室，并派驻了县规划分局；莫干山镇村镇建设管理部门人员数量达 15 人，为镇机关人数最多的部门。

三是形成了以大项目带动村镇发展的建设模式。天荒坪镇的“大年初一风景小镇”旅游度假综合体项目、莫干山镇的“洋家乐”民宿项目、鄣吴镇的“山与海”旅居养老项目等的建设带动了周边村镇发展和各类公共服务设施的配套（图 8-1）。

（2）促进产业转型升级，以产业发展带动村镇建设

一是积极推进“退二进三”，促进产业结构优化升级，提升城镇风貌。天荒坪镇原为安吉县工业重镇，近年来以旅游为主要产业，将大量有污染、低效益的工业企业

图 8-1　莫干山镇“洋家乐”民宿项目

图 8-2　莫干山镇文化创意园

图 8-3　鄣吴镇吴昌硕故居内的国学讲堂

迁出镇区，并在原工业用地上有选择地引进好的旅游项目或建设教育等公共服务设施。

二是促进农地流转，实现规模化种植或发展休闲农业。天荒坪镇引导鼓励农地流转，发展与旅游结合的休闲农业，种植附加值高的经济作物。莫干山镇将所有田地流转给一家企业经营农庄，形成农业旅游度假区。

三是充分利用较好的历史文化或自然生态资源，大力发展旅游、文化创意、养老、培训等特色产业，彰显城镇特色和聚集人口。鄣吴镇利用镇区周边良好自然环境和深厚的昌硕文化，积极引进国学讲堂、特色国际幼儿园等特色教育，山与海旅居养老项目等，为历史城镇注入新活力，吸纳了大量外来人口（图 8-2、图 8-3）。

（3）对老镇区实施“改造提质”

高度重视老镇区人居环境提升，进行了镇村风貌改造。

一是对闲置的国有资产（供销社、老旧国企等）、闲置私宅等进行整理、整合、再利用，对违章建筑进行拆除整理，并进行必要的基础设施改造、功能完善和环境优化。如鄣吴镇由村集体回购部分村民愿意放弃的房屋，进行建筑改造，重新植入科技馆等公共服务功能或旅游项目，完善丰富老镇区功能。

二是对老城区的停车场（位）、公共空间、健身设施等进行见缝插针的安排，逐渐完善老镇区功能配套，改善人居环境。

三是鉴于小城镇建设资金有限，对老镇区改造遵循循序渐进的原则，每次进行一段或几户的示范性改造，不进行大手笔改造。这种分阶段改造方式还有利于形成差异化的特色风貌，增强村镇活力。

四是统一规划，政府补贴，点状示范，引导居民按照规划自建自改。部分镇还对重点地段或特色风貌区统一规划并实施改造，统一美化建筑立面和街巷景观。如莫干山镇统规统建的民国风情街改造，天荒坪镇老镇区政府补贴进行的民居围栏改造等（图 8-4、图 8-5）。

图 8-4　鄣吴镇回收私宅改造为电影海报馆，原大礼堂改造为文化展示馆

图 8-5　天荒坪镇老镇区新建小型停车场、小型居民健身活动场地

（4）加强对镇区自建房建设的控制与引导

一是规定居民自建房只能一户一宅，一般只能在原有宅基地进行自建房改造或新建，特殊情况时，可按规划和具体建设要求，到指定自建房建设集中区进行新建。

二是对自建房严格控制体量，明确户均占地面积、房屋层数、建筑高度、檐口高度等指标。如新市镇在老镇区划定了 2 平方千米风貌控制区，规定房屋檐口高度不超过 7 米，对过高建筑实施降层、拆除等。

图 8-6 郭吴镇新镇区集中布置公共服务设施和农民安置房

三是加强对自建房形式的引导与控制。县规划建设部门定期更新系列标准住房建设图样图纸，免费提供给居民使用。莫干山镇要求居民新建或改造自建房必须先自行设计，设计方案通过每月一次的部门联合审批方可开工建设，建设全程中踏勘、放样、砌基、封顶等各重要环节都有专人现场勘查或验收，确保设计和施工符合城镇风貌要求（图 8-6 ～图 8-8）。

图 8-7 天荒坪镇居住区统一改造的庭院围栏、商业街统一改造的立面、店招店牌

（5）高标准、高品质、精细化、精品化的建设管理

调研各镇都十分重视城镇风貌的建设标准与品质，推行精细化、精品化城镇特色塑造，大布局、小入手，从老旧建筑改造、景观节点建设，到绿化种植、城市家具安排、

道路铺装、设施美化等，凸显了小城镇“小而精，特而优”的特色。如郭吴镇在老镇改造中对道路铺装、路灯、雕塑小品、民居窗格等细节的注意，高标准建设绿色游客集散中心、资源循环利用的垃圾收集处理站等；莫干山镇在商业业态选择、设计标准和建设标准、农房建设与改造等处处突出“精品”二字（图 8-9、图 8-10）。

图 8-8 新市镇城中村改造小区翡翠园

图 8-9 郭吴镇资源循环利用中心在完善垃圾循环处理利用功能的同时还注意了建筑的设计

图 8-10　莫干山镇城镇改造建设细节

（6）多级多元筹措资金，整合资源，形成合力保障镇村建设资金

一是积极向上争取项目，并整合不同层面的项目资源，形成合力推进特色小城镇建设。如莫干山镇多项合一，融合了省级历史文化村落（重点村）保护利用、省级农房改造示范带建设、县精致小镇建设 3 个项目；新市镇融合了国家历史文化名镇、县美丽乡村和小城市培育试点等项目。

二是积极开展招商引资，借助项目吸引社会资本、工商资本投资建设，将区位好、环境优、规模大的区块改造任务直接转移给企业。如新市镇的县级医院引入企业股份进行改造的项目。

三是有效借助集体经营性建设用地经营、国有土地出让、集体或国有建筑出租等方式，保障镇财政配套能力，支持城镇改造建设。如莫干山镇将部分国有用地出让给企业或个人，进行度假村、餐饮、文创等方面的经营。

我国小城镇的发展普遍面临诸多难题，包括建设用地指标制约、镇级财力缺乏、规划建设管理人才稀缺、自建房管控困难、缺乏产业发展动力或产业发展可持续性较差等。但从湖州两县小城镇发展的实践经验来看，从县域层面有计划、有组织、有重点、有特色、有保障地发展小城镇，能够突破发展困境取得良好成效。湖州的实践也在一定程度上证明了特色小城镇发展理念在我国现阶段的科学性与适用性。

以特色小镇发展理念进行小城镇规划建设管理大有可为。湖州两县的实践经验不仅对当前各地的特色小镇培育具有参考价值，对一般建制镇的发展也都具有一定的借鉴意义。（注 1）

二、梦想小镇：从天下粮仓到创业良仓

1. 小镇建设背景

2014 年 6 月 4 日，浙江第一批省级特色小镇创建名单正式公布，在公布的首批 37 个特色小镇中，没有以“地名 + 产业”命名的“梦想小镇”尤其特别，通过名称可以看出这里希望打造的是一个因梦想诞生的梦幻小岛。按照李克强总理提出的“大众创业、万众创新”要求，发展以互联网为核心的信息经济成为浙江着力培育新的经济增长点的重要工作。在省市大力发展信息产业、谋求经济升级转型的背景下，“梦想小镇”的建设是加速推进经济转型升级和培育经济发展新引擎的一项具有战略意义的重点工程。

“梦想小镇”位于杭州未来科技城内（图 8-11）。作为国家四大人才基地、国家级海外高层次人才创业基地、浙江省人才特区、杭州市城西科创产业集聚区的创新极核，未来科技城为梦想小镇提供了良好的产业基础、充足的人才储备和开阔的发展空间。梦想小镇作为建设载体，是科技城发展新的历史性机遇，小镇重点发展企业孵化、研发设计、技术检测、技术交易、科技金融等创新创业服务为特色的现代服务业，其发展方式、模式对于全市乃至全省的转型发展都具有重要意义。

2. 小镇建设情况

“梦想小镇”从 2014 年 10 月开工，到 2015 年 3 月包括互联网村、天使村和创业集市在内的 17 万平方米先导区块投入运营，不到 6 个月时间里拔地而起，惊人的成绩迅速引起了行业内及各地政府的关注。小镇位于杭州市余杭区未来科技城仓前区域，采用“有核心、无边界”的空间布局，其中核心区规划 3 平方千米，小镇毗邻淘宝城、杭师大、浙理工、海创园等产业孵化发展平台，依托西溪湿地的良好生态资源，具有仓前粮仓、太炎故居等极具人文气息的历史遗迹。

“梦想小镇”抓住“大众创业、万众创新”的发展机遇，通过“互联网 + 资本”的奇妙组合，锁定信息产业和金融产业两大产业门类，确立“融资融智”的产业布局。

图 8-11　梦想小镇内部环境

小镇管委会采用“边谋划、边建设、边招商”的行动机制，快速统筹推进各项工作。计划通过三年努力，集聚互联网创业者 10000 名，创业项目 2000 个，基金及投资机构 300 家，资产管理规模达到 1000 亿元，成为众创空间的新样板、特色小镇的示范区、浙江发展的新名片，致力于打造世界级的互联网创业高地。小镇新一期工程由政府主导建设，预计 G20 峰会期间投入使用；二期、三期工程将吸引社会资本来参与建设运营。“梦想小镇”通过创新载体建设、人才服务体系建设、创业金融服务体系建设和现代化城区建设，打造智慧与资本、科技与金融的结合地，实现浙江转变发展方式、调整产业结构的根本目的。

3. 小镇特色提取

（1）探索一条“互联网 +”时代创新创业的新路径

正如省长李强所说，以浙商为代表的草根经济，“创造了一个又一个‘以小博大’‘无中生有’的商业奇迹”。“自强不息、坚韧不拔、勇于创新、讲求实效”是浙江人引以为傲的精神力量，也体现了浙江自古就有的创业传统。家家冒烟、户户生产的创业景象造就了浙江繁荣的民间经济。

在经济新常态下，传统产业已现疲态，中央试图通过大众创新、万众创业培育新的经济增长点，带动区域产业升级转型。浙江的特色小镇作为块状经济升级转型的新抓手，着力于使经济的竞争点从价格竞争转变为附加值的提升，这就需要在创业的过程中增加创新性和科技含量，使产业在原有的价值链条上往前走，提升创业的品质，将中国制造转变为中国创造。浙江省在信息产业的领先地位为创业的转型提供了技术支撑。

阿里巴巴在杭州生根发芽,成就了互联网帝国,也悄然改变了杭州草根创业的方向。在梦想小镇，激情的创业之火与年轻的互联网科技相互碰撞。依托阿里的产业聚集优势和杭州的创业基础，借力“互联网+”、云计算、电子商务等现代科技手段，小镇在有限的物理空间可以配置全国乃至世界的优势资源、开拓更大的市场、创造更多的可能性，从而开启互联网时代下面向世界的高品质创新创业之路。

创新创业是科技与时间的赛跑，人才的创新能力在资金的支撑下才能转变为生产力，从而实现中央关于大众创业、万众创新作为经济增长新引擎的诉求。梦想小镇众创空间+基金小镇的布局形式在空间、时间上为资金与项目对接搭建起了最快捷的桥梁，实现互联网创业和金融的双赢共舞。

梦想小镇充分抓住互联网创业中两个关键因素：人才和资金，布局互联网村和天使村。在互联网村，入孵企业在入住阶段可享受小镇免租等优惠政策；在孵化过程中，园区配备强大的创业导师阵容，为项目提建议，为企业的发展指明方向；在加速阶段，管委会通过“育成计划”为创业者提供跟踪式的定制服务，直至并购上市。天使村针对创业的不同阶段提供给创业者不同规模、不同性质的金融服务；针对初创企业的天使基金，针对成长阶段的风险投资，针对完成初步孵化的企业提供政府产业引导基金，通过全方位金融服务满足创业需求。

梦想小镇在创立之初就传承了未来科技城以人才为核心的理念。将吸引人才、留住人才、储备人才作为小镇发展的重要驱动力。小镇在发展产业链条的同时，将构建完善的人才梯队作为小镇发展的核心竞争力。

梦想小镇同时推进“精英人才”和“草根创客”两个方向的人才建设。在选址上毗邻阿里巴巴总部，能够更好地承接龙头企业的人才溢出。小镇周边高校云集，直接对接创业的生力军和储备力量。组委会积极与龙头企业、专业机构、高校谋求合作，打造从行业风向标到创业后备军的纵向人才梯队。

图 8-12　梦想小镇青年创业社区

小镇大力搭建创业平台、完善服务体系（图 8-12）。吸引集聚以“阿里系、浙大系、海归系、浙商系”为代表的“新四军”创业，扩大创业群体的宽度，追求创新创业的多样性。通过吸纳不同背景、不同专业的创新创业人才实现小镇发展的多样性。可以说“梦想小镇”开创了一曲以“人才”为音符的协奏曲，唱响浙江、感染中国、面向世界。

李强省长在梦想小镇的开启仪式上充满激情地说：“这是最好的时代！政府负责搭台，你们实现梦想！”

梦想小镇转变办园思路，腾笼换鸟，从园区的主导方转变为“店小二”式的服务方，将政府办园转变为企业办园。通过搭建平台、提供服务等方式促进企业提高自身的活力。政府引进有投资能力和能成为创业导师的成熟孵化器企业。将园区的主导权交到企业自己手中，企业会根据市场规律筛选创新团队。这样的创新产业运作模式更直接地面向市场，更有竞争力。

小镇在培育企业的过程中从传统的税源培育转变为创新主体、创新力的培育，考核机制也由传统的税收、产值考核转变为综合表现企业潜力的多种考核标准，从而真正实现将创新创业培育成经济增长的新引擎、产业升级转型的新抓手的目的。

小镇管委会采用“专业的事情让专业的人才去解决”的服务理念，委托财务、法务、人力资源、知识产权等专业机构，快捷专业地解决创客遇到的问题。小镇通过创新券这种虚拟货币的扶植方式，保证政府的投入有效地用于企业的发展。

在梦想小镇，每年有三百多场不同的创业交流活动。创业者、投资人在这里碰撞出思想的火花。创业导师针对不同的企业给予专业的指导意见，帮助成员成长。创业先锋营入驻选拔赛为小镇注入新鲜血液，也激发了创客们提高自己的激情。

对于初创者，创业成本制约着创业梦想的实现，梦想小镇通过给予创客们租金减免、资源补贴、配套人才公寓等政策优惠，为创业者提供一个轻松的创业环境。

互联网创新产业变化很快，如果政府的办事效率无法跟进，政府将制约产业的发展。小镇通过简政放权、一站式服务、多政合一、O2O 平台等服务手段提高政府的服务效率。

梦想小镇将互联网的“共享”精神运用在创业生态的构建和政府服务的推送中，通过开放眼界、开放平台、开放产业生态链，使小镇的创新创业紧跟时代潮流，保持小镇的产业竞争力。

（2）构筑三生融合的众创空间新典范

2015年3月，“众创空间”一词进入国务院政策文件，多个城市涌现出一大批各具特色的众创空间，有侧重提供创业指导的创新工场、有以提供办公和交流空间为诉求的车库咖啡、有提供融资贷款的各类众筹平台。这些众创空间大多针对创业的某一时期和创业的某一环节进行针对性的服务，以产业的加速升级作为空间的主要诉求。梦想小镇不仅仅为创客提供一个工作空间或平台，而是要打造一个以互联网创业为核心的多维度立体产业生态圈，一个激发创客激情、帮助创客实现梦想的舞台。

政府充分认识到小镇发展的关键在于企业是否有动力、市场是否有优势。传统的以政府为主导的平台模式不能适应市场的需求，难以激发企业的激情。小镇组委会通过提供工作空间、发展人才梯队、提供配套设施、搭建交流平台、完善制度政策等手段激发创客的创新热情，促进创客与企业、创客与创客、企业之间互相合作，使创新创业产业圈内自发地进行化学反应，实现小镇发展的内生性。

创新创业是一场智慧与时间的赛跑。有生命力的企业才会追赶上时间的步伐，走在行业的前沿。梦想小镇把创客们作为拥有无限可能的幼苗，为其提供养分，帮助其发芽、生长，实现其所有可能性，让创新企业在这里拥有自己的生命力。

而梦想小镇又融入未来科技城这个大的生态系统中。在小镇外围，未来科技城进一步整合资源，为创业项目的发展壮大预留更大的平台和机会。

通过对“小镇”的借鉴和演绎，小镇在谋划之初提出“在出世与入世之间自由徘徊”的建设理念，通过绿网、水网、路网与街区之间的互通，建筑之间的连通试图给创客们提供一个远离混凝土的束缚、人与人之间自由交流的宜人环境。小镇在建设中始终坚持“有核心、无边界”的空间布局，用平和、开放的空间特征让创客们追寻内心最本质的梦想。

小镇通过一个以人为尺度的融合生活、生产、生态的空间为创客们提供一个有梦想、有文化、有自然的家。家，是一个让人放松的地方，在这里不同类型、不同创业阶段的企业都能寻找到适合自己的工作空间、合作对象和服务平台。

（3）探索存量空间与增量空间相互织补的城市有机更新方式

在粮食作为生存希望的年代，这里曾经是天下粮仓，存放着生存的种子。在创新创业引导社会前进的今天，梦想小镇选址于此，这里存放的是梦想的种子。从天下粮仓到创业良仓，这里一直存放着生存和发展的希望。出生在仓前古街的章太炎先生赋予了这片土地勇于变革的创新精神，运河文化带给这片土地自然浪漫的气质。

在中央严格控制土地财政的大背景下，简单地大拆大建对投资要求高、压力大，不具备可持续性；完全割断历史脉络的重建也斩断了原住民对乡愁的思念，使居住者失去了内心的依托。“梦想小镇”通过对仓前地区新老空间的统筹布局、建筑风貌的协调统一、老街的织补和更新、老粮仓的改造和提升向我们展示了历史与创新之间碰撞出的激情火花。

“梦想小镇”在布局谋划的时候，采用“金缮”的整体空间策略，将小镇区域内的新旧空间作为空间元素进行统筹布局，针对不同的建设情况采用不同的处理方式，通过与能够契合原有建筑空间特征的功能置换、对老建筑的改造和更新、对新老建筑风貌的统一实现区域内新老空间的有机融合。

“梦想小镇”在整体布局保留较完整、具有老街风韵的仓前古街保留灵活多变、功能复合、人性化尺度的空间特征，植入创新创业街区的新功能，通过景观设计、交通梳理、建筑功能置换等设计手法激发老街区的新活力。在仓前老街上，规划将自留菜地、水塘、空地等乡愁要素保留，植入食堂、咖啡馆、大礼堂、小广场等现代交流功能，形成具有地方记忆的公共空间，这些公共空间将成为小镇内的活力中心。

“梦想小镇”在规划中努力寻找传统空间与现代功能的契合点，对传统建筑进行详尽的调研、分析，制订完善的分类保护策略。统筹保护与开发之间的关系，在历史与未来之间寻找一个平衡点。通过“织补”的空间策略将新老建筑在风貌和风格上协调统一，空间上流畅过渡。将原住民与创业者连接起来，让小镇不仅仅成为创业者的天堂，也为原住民提供工作和生活的良好环境。小镇尽量保留原有的水系、植被，在原有的生态本底上进行嵌入式低密度开发，让创业者在这里感受乡愁。

在“梦想小镇”，存量空间通过物质改造、功能置换能够与最前沿的创新创业相互融合。小镇中 12 幢粮仓改建成的办公空间，通过加入现代建筑元素，在创新创业的工作环境中展示历史文化，营造出浓郁的人文氛围。

古粮仓是简洁而大气的。古粮仓简洁的外立面给予创新企业自主发挥的空间，使每个种子仓在整体风格一致的基础上能够通过自身的改造展现企业的特征。创新创业企业具有流动性强、机制灵活、规模差异较大等特征，粮仓内部通透的格局为企业发展的不确定提供了灵活变化的可能性，通过内部空间的自由分割能满足生产、会议、展示等多种需求和不同类型、不同规模企业的空间需求。

4. 小镇建设经验总结

小镇所在的仓前古街曾经是一个典型的江南郊县，立于大城市周边，历史上有一定的文化积淀，传统产业已经透支了发展的动力。在信息时代的洪流中，这里的生活和生产失去了方向，不知道前方的路在哪里，也不知道该怎么拾取历史的精华。这个普通的郊县所面临的困境不过是浙江省千百个小城镇发展现状的一个缩影。

如今这里是全国的互联网高地，是最富激情的创业天堂，这里有完善的互联网创业生态圈，有便利的时尚生活配套，有怡然的生态环境。在这个年轻而富有激情的小镇中，每天都有新的梦想在实现，新的创意火花碰撞燃烧。

如何盘活这些有历史积淀，但已经不适应现代生活的老建筑、老街区不仅仅是“梦想小镇”所面临的问题，也是中国很多城市在发展与更新中所面临的问题。

存量空间存在着土地功能不能满足城市发展、土地权属复杂、风貌与城市整体不协调、地区缺少发展动力等问题，在面对存量与增量并存的空间设计时，在土地上通过功能置换、多主体开发、权属整合实现区域的新活力；在交通上可以在保留传统街区的宜人尺度和自由布局的基础上梳理交通，与城市交通体系衔接，增加区域的微循环能力；在风貌上，通过整体的建筑调研，制定分类的建筑对策，采用拆除、修缮、新建、功能置换等方式实现老建筑与新建筑的有机融合；在环境上通过保留乡愁元素、增加公共空间，增加街巷的呼吸空间；在配套服务上，通过提升原有公共服务设施、增加符合现代生活的服务设施实现存量空间的生活舒适性提升。

“梦想小镇”在浙江经济寻求转型、中央大力倡导大众创业、万众创新的时代背景下，在杭州这座被阿里植入互联网基因的文化古城中创造了一个市场与资金、发展与保护、历史与未来互相融合的梦想之地。（注 2）

三、云栖小镇：园区经济的二次转型

云栖小镇是浙江省首批创建的 37 个特色小镇之一，定位在“以云计算大数据为技术核心，打造云生态，发展智能硬件产业”。特色小镇建设仅一年时间，已引进各类企业 328 家，其中涉云企业 255 家。2015 年，在小镇举办的云栖大会共吸引了来自全球两万多名开发者现场参与，云集了二十多个国家、三千多家企业，30 万开发者通过网络观看了大会直播，一举成为全球规模最大的云计算技术分享盛会。因云际会，逐梦创新，云栖小镇正在从一个普通的郊区小镇，成长为影响未来世界科技格局的全球焦点。

1. 突破城郊镇，探索园区经济的二次转型

云栖小镇今日的成绩并非一蹴而就。从农业乡镇到工业园区，从高新企业办公区到今天的全球云计算产业高地，云栖小镇的每一次成功转型，都凝聚着一个时代对经济发展的探索和尝试。

“路绕定山转，塘连范浦横”。唐诗里所描述的美景，就位于云栖小镇所在的转塘镇。因诗得名的转塘镇地处之江核心，四面环山，碧水中流，生态环境优越。1986 年设立建制镇。1990 年，生态农业让小镇第一次名扬四方，镇辖浮山村的生态农业模式被联合国誉为“亚太生态第一村”（图 8-13）。

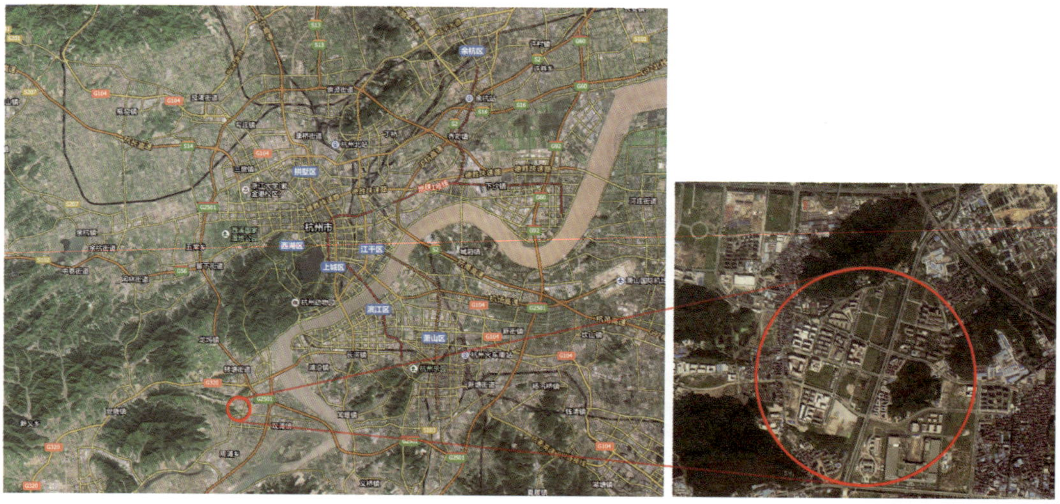

图 8-13　云栖小镇区位图

凭借生态农业带来的名誉和人气，转塘镇农工贸一体化企业迅速发展。1991 年，转塘“八五”规划中提出沿公路 10 千米两侧开发工业商业街。1992 年，之江国家旅游度假区在转塘建设。1995 年，转塘镇组建了浮山集团公司、汽车板簧厂等十余家企业。至 1998 年，先后获得省绿色小城镇、省经济百强乡镇、市小康镇等荣誉称号。2002 年，基于浮山乡镇企业的发展，于距离杭州市中心 12 千米处，建立了转塘工业园。而这里，正是云栖小镇的前身（图 8-14、图 8-15）。

转塘工业园初期面向服装厂、箱包厂、磨具厂等制造业企业，园区建筑虽然脱离了生产厂房的基础式样，但依然呈现出低、小、散的集聚形态，只是个名不见经传的城乡结合部工业园。2008 年，全球金融危机对浙商冲击猛烈，西湖区于此时提出，发展现代企业总部基地和高科技产业基地。西湖区成立转塘科技经济园区管委会，清退了转塘工业园三十余家企业，在工业园区基础上，重点发展电子信息、生物医疗、机

电一体化、环保与精细化工等高新技术产业及相应的企业总部产业。2008年至2010年，转塘科技经济园区累计引进区外资金13.44亿元，注册企业45家，累计实现工业销售产值16.4亿元，累计完成工业性投资17.68亿元，财政总收入突破亿元大关。

图8-14　云栖小镇主要建筑依然保留了工业园区的特点

图8-15　云栖小镇路边依然能见到工业企业的指示牌

2. 瞄准云计算，把握产业升级的历史机遇

假如时间定格在2010年，转塘科技经济园区和全国各地的产业园区发展轨迹并没有显著不同。若想理解云栖小镇的诞生与飞跃发展，一定要回溯到瞄准云计算这一朝阳产业的时刻。

马云断言，人类正在从IT时代走向DT（Data technology）时代。云计算成为传统互联网企业增长的新引擎。阿里、亚马逊、谷歌、微软等企业的财报都显示，云计算业务增速惊人，特别是亚马逊AWS和阿里云，2015年第四季度同比增速分别为69%和126%。阿里云总裁胡晓明曾在采访中表明，未来的云计算将是中美两国之争，具体到城市，便是杭州（阿里云）与西雅图（亚马逊AWS）之争。

那么，在杭州城市内部，这朵“彩云”又将飘向何方？

转塘科技经济园区凭借自身三大优势，无形中抢占了先机。一是区位优势。转塘科技经济园区与阿里巴巴集团所在的杭州国家高新技术开发区（滨江）隔江相邻，2010年被认定为杭州信息产业国家高技术产业基地拓展区，间接具备了发展战略新兴产业的基因。二是环境优势。转塘科技经济园区是之江国家旅游度假区的核心区块，景色优美，空气清新，拥有吸引高端就业人群的生态环境。三是建设基础。转塘科技经济园区规划面积2.27平方千米，截止到2010年征地拆迁和土地整理工作基本完成，园区主干道路通车，多家企业实现了土体工程结顶，累计在建面积79.9万平方米，在日新月异的市场环境下，为云计算产业提供了即刻入园、迅速落地的物质基础（图8-16）。

图 8-16　云栖小镇的自然环境

图 8-17　由浙江大学建筑设计研究院设计的云栖大会永久会址

图 8-18　云栖小镇街角的“飞天 5k”雕塑

2011 年 10 月，浙江省首个云计算产业园杭州云计算产业园在转塘科技经济园区挂牌。2013 年 10 月，阿里云计算公司与西湖区合作共建阿里云计算创业创新基地，阿里云与华通数据中心联合开发的“飞天 5k”数据机房落户转塘科技经济园区。同年，首届阿里云开发者大会召开，其间由阿里云、中软国际、短趣、博客园等三十多家企业发起成立了全国首个云产业生态联盟——云栖小镇联盟。联盟采用轮值召集人形式为企业提供会员制服务，而集会地点常常就在转塘科技经济园区。渐渐地，“云栖小镇”也由最初的组织称号，变成了转塘科技经济园区的代名词（图 8-17、图 8-18）。

伴随云计算产业在园区发展壮大，先期入驻的制造类科技企业或退出、或转型，转塘科技经济园区升级为云计算产业的专业性园区。2014 年 8 月浙江省省长李强来此视察，高度认可云栖小镇产业发展思路。2015 年 6 月，云栖小镇入选第一批浙江省特色小镇创建名单，小镇范围从转塘科技经济园区的 2.27 平方千米，扩大为 3.5 平方千米，管理机构仍然为转塘科技经济园区管委会（图 8-19）。

2015 年 6 月，西湖区人民政府办公室发布了《关于加快推进云栖小镇建设的政策意见》，本《意见》对鼓励企业入户、鼓励企业发展（追加投资奖励、云服务补助、金融奖励）、鼓励人才引进、鼓励企业创新、鼓励企业贡献、鼓励配套服务做出明确说明。2015 年全年，云栖小镇实现了涉云产值近 30 亿元，完成财政总收入 2.1 亿元。

3. 汇集领袖企业，打造双创时代的“基础设施”

图 8-19 记录云栖小镇变迁的宣传图版

在云栖小镇，大企业的引领作用被充分发挥，阿里、富士康、英特尔、中航工业、洛可可等一流企业云集，输出核心能力，为中小微企业打造创新创业“服务基础设施”。

2015 年 3 月，富士康与阿里云在云栖小镇合作推出“淘富成真”创客平台合作计划。“淘富成真”主要针对智能硬件创业项目，整合提供富士康工业 4.0 的设计、研发、专利、供应链、智造能力，阿里云的云计算平台和大数据处理能力，以及天猫与淘宝的互联网营销和电商支撑平台能力。

2015 年 9 月，英特尔“创客空间”落户云栖小镇。“创客空间”兼具三项功能：一是从处理器到电路板，从计算平台到模块，全面展示英特尔面向创客的最先进产品；二是集中展示诸如智能花瓶、智能茶杯、智能机器人等各种基于英特尔产品的创客解决方案；三是引进英特尔硬享公社平台，为创客们提供集线上线下资源于一体的技术支持，邀请全球顶尖的英特尔工程师来此开办免费培训课程，同时设有手把手教学的操作空间，提供设计、开发咨询和技术指导。

2016 年 3 月，云栖小镇又成立了孵化明星创客的创新平台“创星基地”。“创星基地”主要针对相对成熟的创业项目，申请者需满足产品为智能硬件或创新潮品、产品已经上市或即将上市、已申请商标、具备公司资质、团队具备技术实力等初选条件，入选后可享受由阿里巴巴潮电街提供的平台资源，“淘宝众筹 + 淘宝销售”的产品上市完整渠道服务，洛可可提供的创新设计、品牌策略、供应链、互联网营销，以及天猫与淘宝的卖家分销渠道、供应链服务商等（图 8-20、图 8-21）。

将价格的破坏者转变为价值的创造者。一个“淘富成真”平台上的项目实例可以充分说明领袖企业对于创新创业的重要意义。某预防儿童近视的智能笔项目，通过“淘富成真”得到了富士康从关键零组件、科技整合到设计的完整服务，最终产品的笔重由 25 克减轻至 10 克以下、笔长缩短 6 毫米，更加适合儿童长时间使用，从而具备了迈向国际市场的能力。

图 8-20 “创星基地”告示

图 8-21 “创星基地”路演现场

云栖小镇名誉镇长、阿里巴巴集团 CTO（首席技术官）王坚曾有过这样的展望：云计算，让每一个开发者都能与大公司站在同一起跑线上，让传统企业也拥有和互联网企业一样的创新能力。而云栖小镇正在吸引领袖企业在此搭建一个个“基础设施”平台，逐步将王坚镇长的展望变为现实。

4. 构建产业生态，集聚互联网产业的“先锋物种”

云栖小镇的建设目标是富于科技人文特色的中国首个云计算产业生态小镇。这里提到的产业生态，更为准确地讲，叫作“产业生态圈”。

什么是产业生态圈？同样表现为产业集聚，与产业链的概念有何差别？对此，云栖小镇给出了生动的诠释。首先是集聚原因。产业生态圈不再强调设施共享和成本分担，而是出于人与人之间面对面的合作需求。例如数梦工场和政采云两家企业，因为其核心业务使用了阿里云数据的底层构架，企业工程师需要长时间与阿里云工程师协同工作，由此才跟随阿里云一同入驻云栖小镇（图 8-22）。

其次是集聚要素类型。产业生态圈内企业不一定位于同一产业链的上下游，而是包含了龙头企业、孵化平台、投资基金、研发机构等多个维度，交易成本内部化的对象也从实物形态的中间产品，转变为更加虚拟的咨询、检测、推广等中间服务。云栖小镇不仅拥有阿里云、富士康、洛可可等一批领袖型企业，淘富成真、创星基地、五叶草众创空间等创新创业平台，也聚集了银杏谷资本这样专

图 8-22 数梦工场入口大厅

门投资小镇项目的民营资本，还有由省市经信委牵头、阿里和富士康联手成立的“云栖基金”；而在 2018 年 9 月，刚刚落户小镇的西湖大学也开始招收第一批博士研究生，科研项目直接与中航工业和之江医院相对接。

最后是集聚对象规模。产业生态圈的构成对象不再仅限于企业，更重要的是汇集了大量创客群体，为其提供了竞争、成长、更替的市场环境。创客视野开放、组织灵活、与用户需求联系紧密、试错成本较低，往往能够第一时间捕捉到新的创意和商机，可谓是产业生态圈的“先锋物种”。某种意义上说，创客云集可以作为判断互联网产业集群形成的标志。在杭州，定位在互联网创业的特色小镇有梦想小镇和云栖小镇，前者侧重创客的初期培育，重点对接大学生创业和天使基金；后者侧重创客的市场辅导，仅在淘富成真平台上，一年时间便举行了三十多场项目路演，吸引了三百余家创客企业，整个小镇基本形成由优秀创客项目常态化征集、杰出创客项目重点孵化、成熟创客产品商业价值转化构成的“创客项目生命全链路支持体系”。

5. 培育小镇环境，改造传统工业园的存量空间

如果说，工业园区是传统制造企业的集聚空间形式，那么与之对应，小镇则是后工业时代产业生态圈的空间载体。

小镇能够为创新型企业提供柔性办公空间，满足创客群体工作与生活的多方面需求，最为重要的是，小镇可以为人与人交流提供更为丰富的空间界面。在云栖小镇，行业领袖、技术专家、企业高管、互联网开发者的身影随处可见，很多项目路演的场所都选在“云咖啡”咖啡馆，周四下午大家又会去“云栖下午茶”坐坐，就某一行业热点话题各抒己见。

脱胎于传统工业园区的云栖小镇，在产业业态完成转型升级的同时，必然还需对存量空间进行改造和提升。如何才能将工业园区改造成小镇？在杭州市层面，出台了《创新型产业用地管理的实施意见（试行）》（杭政办〔2014〕2 号），在转塘科技经济园区管委会层面，主要开展了以下四项工作：

一是置换原有建筑的权属与功能。云栖小镇可用于发展的楼宇面积约 100 万平方米，绝大部分归属前几批进驻园区的制造业企业所有。小镇建设初期，园区管委会一度怀有顾虑，担心建筑权属会成为小镇产业升级的阻力。实践发现，“企业主体”的做法在存量空间改造过程中依然发挥出重要作用。一些资金短缺的企业主主动联系管委会申请出售房产；另一些经营能力较强的企业主，自发将建筑按照小镇风格改造装修，通过让政府回租或让政府推荐涉云企业来租用的形式，发展楼宇经济；还有一些企业

主看到小镇云产业集聚趋势，主动清退建筑内原有工厂，直接将楼宇改造成为工程师公寓或小镇配套的咖啡馆、食堂、健身房等，完成自主转型。目前在云栖小镇，政府回购、企业主改造和企业主自主转型三种置换模式共存。

二是打开主要道路沿街开放空间。出于交通运输、安全生产等因素考虑，工业园区的建筑立面单调，道路整齐划一，非常不利于营造小镇的交往氛围。意识到这一点的园区管委会委托南方建筑设计院，对小镇入口主干道进行“一路一公园”改造，提高步行空间比例，增加沿街建筑底层的经营场地（图 8-23）。

图 8-23　云栖小镇街道改造前后对比图

三是注入小镇文化内涵。浙江省在创建特色小镇时提出，要把文化基因植入产业发展全过程。对于历史经典产业小镇，小镇承载的是地域文化和历史文化；对于云栖小镇，彰显的将是中国互联网和云计算风起云涌的产业文化，以及一批又一批创业者时代弄潮的创新文化。西湖区计划在云栖小镇建设面积约 5000 平方米的 IT 信息产业历史博物馆，展示以云计算为特色的互联网产业发展历程，2016 年 4 月，展厅进入设计招标阶段。未来，园区管委会还希望凭借小镇先进的智能展示产品和顶尖的设计工程师，发展科技文化旅游和培训（图 8-24）。

图 8-24　云栖小镇随处可见的标语，是从业者的情感共鸣，也是创业者的力量来源

四是提升环境景观风貌。园区管委会编制了云栖小镇及周边范围 8.9 平方千米概念规划，对山体、水系、对外道路等空间关系进行整体梳理，作为小镇景观风貌提升依据。可以想象，云栖小镇在经历了农业乡镇、工业园区、科技园区几次转型之后，又将恢复最初的青山、连塘、花海的诗画美景（图 8-25）。

图 8-25 云栖小镇概念规划平面图

2016 年 2 月，云栖小镇作为产业先导型城镇化的代表，在发展改革委新型城镇化与特色小镇新闻发布会上向全国范围做了经验介绍。云栖小镇将自己的产业发展经验总结为“创新牧场—产业黑土—科技蓝天”，即打造草根创业者创新创业平台、助力传统产业转型升级的技术平台，问鼎科技和人才制高点。其中，“黑土”一词的使用很值得玩味。王坚镇长认为，黑土既代表了稀少、有营养，也暗含了这里有很多失败故事的沉淀。回顾云栖小镇的转型历程，无论企业还是政府，都透露出敢为时代先的少数派精神，有容乃大的气度，以及不畏放下历史包袱的勇气，而这些，似乎也与黑土特质存在着某种呼应。（注 3）

四、基金小镇：城郊有机更新典范

1. 小镇概况

上城玉皇山南基金小镇位于浙江省杭州市区南部，西湖风景区南端，钱塘江北岸，是第一批浙江省特色小镇（图 8-26）。

图 8-26　基金小镇俯瞰照片

基金小镇规划占地面积 3.2 平方千米，总建筑面积约 30 万平方米，分一期八卦田公园片区、二期海月水景公园片区、三期三角地仓库片区和四期机务段片区四个区块。重点引进和培育私募证券基金、私募商品（期货）基金、对冲基金、量化投资基金、私募股权基金等五大类私募基金。截至目前，玉皇山南基金小镇已集聚私募金融机构 402 家，管理资本规模 2000 亿元，全年税收破 4 亿元，实现了爆发式增长。

2. 历史沿革及产业形成过程

基金小镇一、二期覆盖区域掩映于绿水青山之间，自南宋迁都至杭州，这里便是皇家耕“籍田”、祈社稷的八卦田，历史遗迹众多，到近代成为人们郊游度假胜地。三、四期覆盖的范围，保留 1906 年建设的杭州第一座火车站玉皇站，以及 20 世纪后期发展起来的陶瓷制品生产和集散地，夹杂着散落的村庄，环境一度嘈杂凌乱。近年来随着产业转型，老旧铁路停运、仓库和市场也纷纷撤场，留下了城市工业时代的产物（图 8-27）。

从历史沿革上看，山南地区发展金融产业并没有天然优势，但成为基金小镇也并非偶然。首先这里区位优势明显，环境得天独厚，拥有厚重的历史文化积淀，又处于杭州市区边缘，交通非常便利，这首先为高端高智人才就业居住提供了外部吸引条件。其次，互联网时代传统污染工业早已不适应存在于大城市当中，尤其是在景区周边。杭州市多年前就启动了西湖综合保护工程，腾退出的旧厂房仓库建筑，租金低、空间大，为新兴产业提供了重要的孕育基地。起初以多类型文创产业入驻，逐步形成山南文创产业园，又因以基金产业为代表的金融产业入驻，并迅速壮大，伴随浙江省特色小镇的创建契机，逐渐升级全国第一家以基金产业为龙头、文化创意和休闲旅游复合并进的产业小镇。

图 8-27 小镇整体布局图

基金产业的迅猛发展是浙江这个民营经济大省经济发展到一定阶段市场自发形成的结果，而基金产业的聚集地落户在山南，除了这里的区位优势、自然环境优越、低廉且优质的办公环境之外，也有产业发展平台成功搭建这个必然因素。小镇创建了一个“把资本市场与实体经济对接，通过引入资本为实体经济提供血液，促进优秀企业的转型升级”的金融大平台，再加上相关部门的服务意识强、政策到位，形成了吸引投资、聚集人气的良性循环（图 8-28、图 8-29）。

图 8-28 基金小镇自然环境良好

图 8-29 基金小镇内景

3. 经验借鉴

基金小镇不是凭空创造出来的，而是在充分尊重城市历史的前提下，对已有的城市建设遗迹进行“织补”改造，巧妙地结合周边自然环境，秉承“可持续的有机更新”理念，为吸引创新企业、留住高端人才提供了必要的物质环境。浙江省基金产业能够蓬勃发展的大环境虽然很难复制，但基金小镇具体的开发建设和运营模式对类似城郊存量工业类型存量用地改造利用有较好的借鉴意义。

（1）尊重自然、传承历史、铸就未来

整个小镇三面环山、一面临江，倚靠八卦田和南宋皇城遗址，核心区 2.3 平方千米范围内有 5 座公园，林地和水系覆盖率超过 70%。如此丰富的人文、自然禀赋，再加上特色小镇“打造国家 4A 级旅游风景区”的要求，决定了小镇建筑隐逸于山林之中，朴素却富有情趣的高品质属性。规划中改变了过去大规模拆除重建的旧城改造模式，转向小规模、渐进式、分团块的城市有机更新。重新梳理固有建筑肌理，位于景区中的建筑，严格控制建筑高度和密度，不同类型的生产与生活单元以适宜的密度组团形式团簇状布局，巧妙因借山水地形、融入历史肌理，形成空间的有机聚合。而位于山脚的仓库、厂房等大体量建筑，根据功能需要，改造为商业商务兼容用地，在工业痕迹的序列化中寻求室内外的灵活变化，而铁路机务段用地则改造为工业遗址公园（图 8-30、图 8-31）。

图 8-30　旧仓库改造前

图 8-31　旧仓库改造后

小镇的规划设计，不拘泥于传统规划对片区整体风格、结构的打造，而是针对地块不同现状条件和未来功能需求采用因地制宜的改造更新手法。顺势而生的再生策略，保存并激发了由时间沉淀下来的城市空间和文化。且充分考虑发展需求，提供适应城市未来生长的可能性（图 8-32、图 8-33）。

图 8-32　旧厂房改造前

图 8-33　旧厂房改造后

（2）产业空间社区化

浙江特色小镇创建的核心内容是将块状经济、产业园区按照小镇模式打造升级，对于基金小镇来说，是高新金融产业和生态社区的结合，对理想工作和生活方式及场所的重新定义。与传统产业园区非人性街区尺度、缺乏商业和公共服务配套、不能融入正常的城市生活等多项短板相比，基金小镇强调以人为本的社区营造，以适宜的密度组团方式有机聚合生产、生活、生态要素，形成核心区 800 米辐射范围的微小镇生活圈。

除了空间丰富的办公场地，小镇还融入了住宅、商业、娱乐、医疗、体育、宗教、文化、休闲、会展等城市综合功能。小镇客厅由陶瓷品市场就地改造而成，配备中心广场、游客中心、金融展示中心、运动健身中心、酒店和酒店式公馆、图书馆、特色餐饮等内容，充分向光临小镇的游客展现小镇丰富的功能、包容的胸怀，为就业者和居住者提供家庭客厅般的舒适宜居体验。小镇规划交通系统，以公交绿色交通为主。对外以城市轨道交通与主城区无缝对接；内部有短程接驳电瓶车和公共自行车串联各个区域。沿着区域干道、公园设立慢行系统，为小镇工作生活提供多样的出行方式及健身休闲场所（图 8-34、图 8-35）。

（3）城郊“产城融合”典范

基金小镇所在区位，恰恰符合浙江特色小镇创建中，“远离城市中心、位于城郊结合部”的要求。这个要求的提出目的在于小镇在既能依托大城市丰富的服务资源发展高端产业类型，又能适当远离城市喧嚣，“栖息”于城郊相对舒适宜居的自然生态环境中，且对城市普遍存在的城乡结合部管理松散、建设环境不佳等状况进行新的尝试。从小镇选址的区位角度积极探索城乡共荣，产城融合的发展新路。

图 8-34 基金小镇休闲场所

图 8-35 基金小镇休闲步道

基金小镇兼有自然和城市的双重属性，既有自然宜人幽静的一面，也有城市生活的丰富和便利，兼具厚重的文化底蕴，且回避了城市因为过度聚集造成的一系列问题。互联网时代，实现了信息的去中心化，亿万个体都拥有平等享有信息的权利，正是这样的时代大背景，才有了在大城市郊区地带打造这样一个能够静心工作、舒适生活、为高层次人才提供新的生活方式和高端生活品质的特色小镇的可能性，实现了人才聚集并可持续的发展。基金小镇以小镇管委会为管理运营核心，搭建物质空间和政策设计的综合平台，吸引相关产业入驻，实现“筑巢引凤”，再不断结合需求完善配套，构建产业发展的“生态圈”，实现生产、生活、生态的高度融合。

4. 总结与思考

基金小镇的诞生不是依靠某一项政策或某一次投资，而是逐步吸收和沉淀来自内外部、上下游共同的需求，打造出基金和文化创意产业综合发展的生态环境。基金小镇不是单一功能的产业园区或是大型居住区，它是以特色产业为龙头，以专业团队集聚和产业链构筑为特征，兼具“三生”空间的协调发展。它拥有自然的生态环境、厚重的历史文化、特色的产业支撑、宜居的生活社区。它的建设与区域传统工业转型处于同一时期，满足了高新产业和高层次人才对于自然的环境、自主的工作和自在的生活的品质追求。

基金小镇是旅游景区、产业园区、居住区的有机融合，是山水自然和人工环境、历史遗迹、工业建筑、绿色建筑的和谐共生，是经济高度多元化互联网时代城市有机更新的创新实践。（注 4）

五、嘉善上海人才创业小镇：创业生态系统

不同于一般中心镇、特色镇等基于行政管辖范围的城镇单元，浙江省特色小镇本

质上属于产业开发平台，是“产、城、人、文”四位一体有机结合的重要功能平台（李强，2016）。从产业培育角度，浙江特色小镇可分为转型升级型、资源依托型、新兴产业型三类。转型升级型依托于传统的乡镇块状经济特色产业，通过产业结构调整推进原有平台升级，如大唐袜艺小镇、龙泉青瓷小镇、东阳木雕小镇等；资源依托型挖掘自然山水和历史文化底蕴，发展文化旅游、健康休闲产业，如武义温泉小镇、莲都古堰画乡小镇、奉化滨海养生小镇等；新兴产业型借力于创新性企业带动作用，通过孕育创业创新生态圈，吸引技术、人才、资本要素集聚，如余杭梦想小镇、玉皇山南基金小镇、西湖云栖小镇等。总体而言，上述各类小镇发端于既有的特色优势产业或大型企业集团，通过产业升级、功能融入、形态提升、环境营造等方式，使得现有平台产业结构更加高端、空间集群更加优化、环境特色更加凸显，实现了从量变到质变的跨越。

随着快速交通设施的不断完善和信息技术手段的广泛应用，区域城市空间结构进一步重构分化，中心城市人口、功能、产业加快外溢疏解，大城市外围郊区边缘城市应运而生，为特色小镇的创建提供了一种新的可能，即区位导向下由企业主体自主推进产业新城建设，完善相关服务配套，进而通过招商引资方式吸引产业集聚，带动综合发展的小镇建设路径。本文结合边缘城市理论，以嘉善上海人才创业小镇为例，对新阶段下浙江省特色小镇的区位选择、开发模式、规划定位、产业培育、空间组织、环境营造等方面提出了规划建议。

1. 边缘城市对浙江特色小镇建设的启示

（1）边缘城市概述

边缘城市理论的提出是基于美国大城市郊区化背景下中心城市以一种分散又集中的方式进行扩展，在中心城市郊区新发展起来的商业、就业与居住中心，最早由华盛顿邮报记者 Joel Garreau 于 1991 年在他的《边缘城市》一书中提出。边缘城市的形成是人口、商业及就业等多种因素综合作用的结果，其中产业的信息化、弹性化、分散化、专业化过程是边缘城市形成的重要推动力。1980 年以后，美国信息产业及高新技术产业经济成为工业发展最活跃领域，这些产业占地少、效率高，借助先进的交通、通信手段，大大降低了传统产业对中心区位的依赖程度，更加追求高品质的服务配套和优美宜人的自然环境。高新技术将更多资本、技术和人才带往交通便利的郊区，大大加速了郊区的开发力度，推动了中心城市空间结构由单中心向多中心演进，使得这种新型城市体成为区域网络的独立节点，与外围其他城市发生联系与沟通。

（2）两者异同点比较

浙江省特色小镇一般位于中心城区外围郊区，而边缘城市往往位于中心城建成区边缘主干道或郊区高速公路交会处，两者都独立于中心城区并具有较为便捷的交通条件。比较来看，特色小镇所依托的传统乡镇、县域经济板块与大城市中心区的联动较少，比较适应以加工型、分散型经济为特征的发展阶段，而边缘城市是郊区化背景下中心城区人口、产业、功能疏散作用的直接结果，更加强调与中心城区保持较好的连通关系，能够更好适应核心要素引领、产业集群化经济为特征的都市经济发展要求。在新的发展阶段，浙江特色小镇建设应当更加重视与大城市的合作疏通，争取成为大都市区域和地方空间的交界点，扮演“枢纽角色”，起到“衔接功能”，打造“中介小镇”，从而成为支撑城市群体系健康发展的重要战略节点，激活整体空间的网络集聚效益。

根据 Garreau 理论，边缘城市需要具有 500 万平方英尺以上的可租用办公楼面，以及具有60万平方英尺以上的可租用零售商业楼面，相当于区（县）级城市功能的规模，以低密度、开敞式开发为特点，具备超级商城、办公设施、工业园区、休闲娱乐设施、绿化用地、停车场、居住社区等功能板块。而浙江特色小镇建设是基于浙江省人多地少、在非常有限的空间里谋求最优的生产力布局的现实背景下提出的“小空间大集聚、小平台大产业、小载体大创新”的发展战略，规划面积一般控制在 3 平方千米左右，建筑面积控制在 1 平方千米左右，相当于边缘城市的核心区面积。在互联网和大交通时代，浙江特色小镇应当积极发挥郊区山水自然生态优势，更加注重小镇空间环境品质和城乡特色风貌的营造，构筑功能集成、品质高尚的新型社区体系，成为缓解大城市病、破解城乡二元结构的重要载体。

浙江省特色小镇聚焦信息经济、环保、健康、旅游、时尚、金融、高端装备制造等七大产业及历史经典产业，坚持产业、文化、旅游“三位一体”和生产、生活、生态融合发展。边缘城市产业也有一定的专业性，但更加讲求专业服务业对于区块经济的引领作用，其主体产业包括通信、银行、保险、法律咨询、房地产、会计、零售、批发等生产性服务业，非营利性社会性服务业及宾馆、餐饮娱乐等个人服务业，进而出现了创业型的边缘城市与公司化的边缘城市、零售业边缘城市、医疗保健型边缘城市、政府所在地的边缘城市及贸易与旅游业边缘城市等多种类型。在新的发展阶段，浙江特色小镇应当更加注重工业经济与服务业的融合发展，强化专业生产性服务业小镇的培育，不断完善特色小镇生产、生活性服务体系，有力推动产业结构向高端方向转型。

浙江省特色小镇是浙江省政府运用土地、资金等政策优惠手段自上而下推动的一项政策举措，在运作方式上要求坚持政府引导、企业主体、市场化运作，既凸显企业主体地位，又加强政府引导和服务保障。而边缘城市的形成并非来自国家干预，是当地居民的自然选择，首先取决于私人开发商和市场的推力，是城市空间重组和功能重构的产物。边缘城市居住人口以中、高薪阶层为主，在其内部又进一步空间分化为不同收入层次、不同种族的人口分别集聚于不同的地域，从而形成一个个特定收入、特定种族的居住区。浙江特色小镇的建设既要创新融资方式，探索产业基金、股权众筹、PPP 等融资路径，致力于打造满足相对专业化人群创业创新的生态氛围，又要避免边缘城市社会隔离分异倾向，实现与当地居民的充分融入和良性互动。

2. 嘉善上海人才创业小镇建设的实践探索

（1）区位导向：浙江临沪门户，长三角腹地核心

小镇选址于嘉善县高铁新区核心区块，20 分钟直通上海虹桥枢纽，无缝对接沪杭高速、高铁及磁悬浮，被誉为浙江接轨上海“第一站”，周边拥有嘉善经济开发区、嘉善 B 出口综保区、西塘电子信息产业园等各类开发平台，具有智能制造、智慧通信、电力电子生物医药等产业发展基础。同时，小镇距离西塘古镇、大云温泉旅游度假区、麦乐巧克力小镇等旅游景区均不到 10 千米，具有良好的文化旅游发展基础。

与产业导向型特色小镇相比，嘉善上海人才创业小镇的创立取决于良好的区位交通条件，是浙江推进浙沪协同发展的重要突破口，为打造上海大都市区边缘城市，参与全球产业分工创造了有利条件。小镇的建设，有利于加快上海科技成果孵化转化，构建本地创新网络，完善区域创新生态体系，带动本地产业转型升级（图 8-36）。

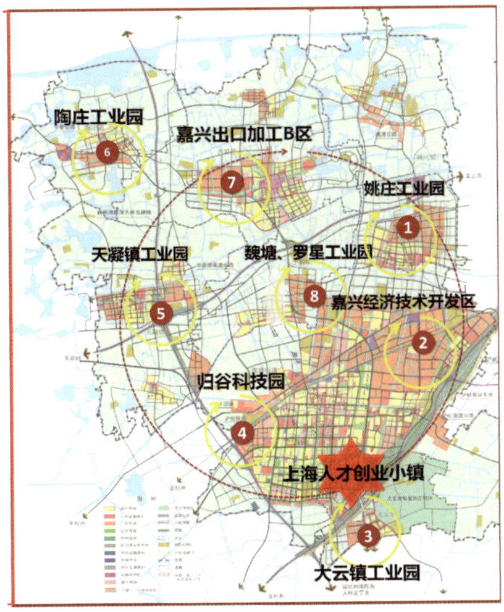

图 8-36　嘉善上海人才小镇区位及周边产业平台分布

（2）开发模式：企业主导的 PPP 综合开发

嘉善上海人才特色小镇的开发基于 2013 年嘉善县人民政府与某产业新城投资运营企业签订的《整体合作开发建设经营浙江省嘉善县约定区域合作协议》，采用“综合 PPP”模式，由该企业投资，与嘉善县政府合作成立嘉善项目公司，为整个区域提供研究定位、规划设计、土地整理、基础设施及公共配套建设、产业发展、城市经营管理等全方位服务。自投入建设以来，区块内先后启动了各类基础设施、公共建筑及产业项目 14 个，截至 2015 年上半年，已完成投资超过 42 亿元，2016 年投资将达到 43 亿元。

土地综合开发 PPP 模式区别于以往土地开发与基础设施建设运营相分离的情形，以私人企业为主体，将土地一级开发与基础设施建设项目整合在一起，政府支付投资客户前期投入成本，通过项目用地土地出让收入进行补偿，企业投资人还将获得使用权出让溢价部分及园区后期入驻企业的运营税费收益，是创新公共基础设施建设融资手段，推动体制机制变革的一次大胆尝试，有利于缓解地方政府负债压力，提高运作效率及质量，为高水平、高效率建设特色小镇奠定了扎实基础（图 8-37）。

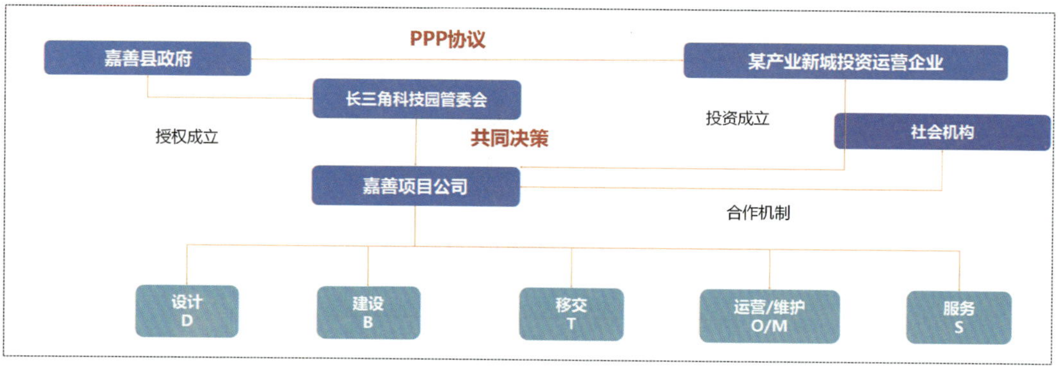

图 8-37　嘉善上海人才小镇 PPP 综合开发框架

（3）产业定位及空间组织：聚焦科技孵化的功能集成

嘉善上海人才创业小镇的总体定位为浙沪创新协同标杆地，充分接受上海人才、科创辐射溢出，强化人才、科创、信息、品质等要素的有效供给，力争打造上海人才创业创意浙沪集聚区、上海全球科创成果浙沪孵化区、浙沪信息经济融合融创先导区、浙沪“产城人文”融合先行区。

在产业导向上，坚持创业、创意、创新融合发展，依托功能平台建设与完善，借助专业运营机构开展招商引资，实施“科技孵化＋信息经济”双轮驱动，推动“电子商务、数字传媒、总部服务”三位一体高度融合，形成“2+3”的特色产业体系。以成果孵化转化和成果小试中试为核心，着重承接上海全球科创中心知识的成果溢出，积极对接张江、嘉定、漕河泾、杨浦等创新平台及研发机构，建立产业前沿技术孵化平台。

在空间布局上，围绕科技孵化种子期、初创期、加速期、成长期等不同发展阶段，设立上海人才创业孵化中心、研发中试基地、总部商务基地三大产业功能平台，包含创业苗圃、孵化器、加速器、专业园等空间载体。此外，区块内另设有文化旅游、休闲门户、生活服务等配套板块，重点推进城市门户、新西塘水街、云湖公园、人才公寓等项目建设，着力优化小镇生产、生活环境空间，总体形成“一心、两基地、三板块”的布局结构（图 8-38）。

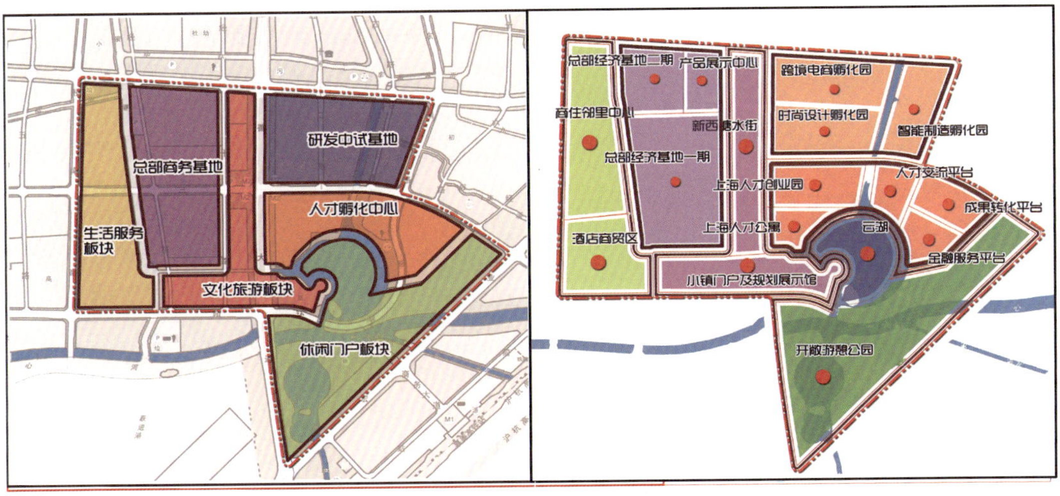

图 8-38　嘉善上海人才小镇产业功能布局及细分类型

（4）创业生态体系：人才生活中心和创新创业高地

一是着力构建公共服务体系。通过开通直达上海城区的城际班车，引入上海师范大学教育体系，建设九年一贯制学校，建设功能完善的社区中心，配套社区幼儿园、生活超市、健身中心、社区图书馆等公共服务设施及配套食堂、便利店、咖啡厅、银行等商业设施，打造小镇人才生活中心。

二是加快建立创新创业体系。通过设立人才创业服务中心，联动沪浙知名院校，建立企业人才供应及培训平台；通过完善区块内技术检验检测、成果转化、金融服务、产权交易等公共服务配套，设立政企合作成立 5 亿元产业扶持基金、贷款担保基金，引入关键资源，形成产业集聚的核心，突破产业发展瓶颈；通过创立绿色创业通道、优惠政策清单、客户经理服务制、菜单式创业培训、创业导师团队等手段，打造省级人才创业高地（图 8-39）。

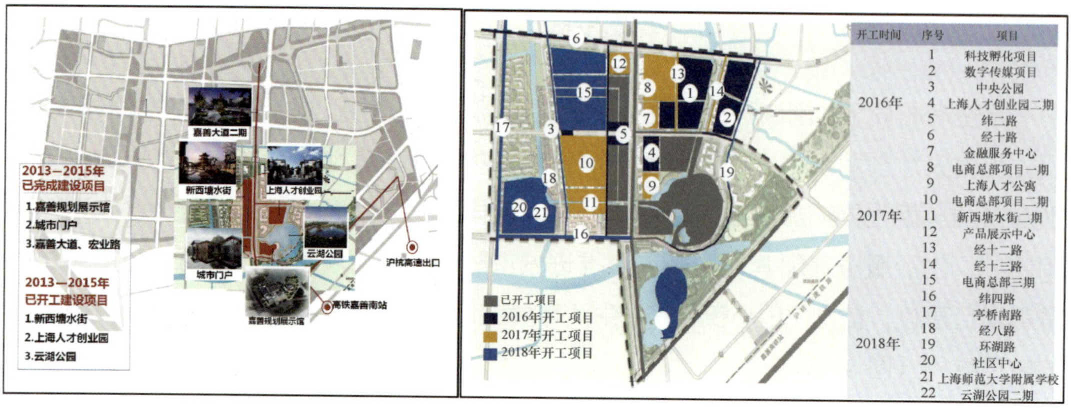

图 8-39　嘉善上海人才特色小镇已推进建设项目（左图）及未来三年计划建设项目安排（右图）

综上所述，结合边缘城市理论，区位导向型的特色小镇创建应注重以下四个方面：第一，注重与大城市之间的合作疏通，发挥交通区位优势；第二，创新引入 PPP 等综合开发模式，由企业主体参与小镇全过程开发，提供全方位服务；第三，聚焦科技孵化产业定位，推进空间板块组织的多元集成；第四，注重生态环境营造，完善公共服务和创新创业两大服务体系。本文通过对嘉善上海人才创业小镇的实践探索，提出了区位导向的浙江特色小镇建设新路径，以期为其他同类特色小镇创建提供参考。（注 5）

六、永康龙山运动小镇：以特色小镇推动小城镇建设

1. 龙山运动小镇的由来

（1）龙山发展概况

龙山镇所处的永康市是“浙江省体育用品制造业基地”和目前唯一的“中国全地形车生产基地”，龙山镇是浙江省省级中心镇、省级体育强镇、省级森林城镇等，同时也是永康市的工业重镇，具有截流效益较好企业外流的区位优势（图 8-40）。龙山镇目前以铸造和五金加工为主，形成了以铝材、电动工具、五金工具、汽摩配件、日用五金制品、服装、绣品为支柱的多门类产业发展格局。这些相关产业密切关联运动休闲产业，同时依托永康运动休闲产业大环境，为龙山运动小镇明确主导产业奠定了初步产业基础。

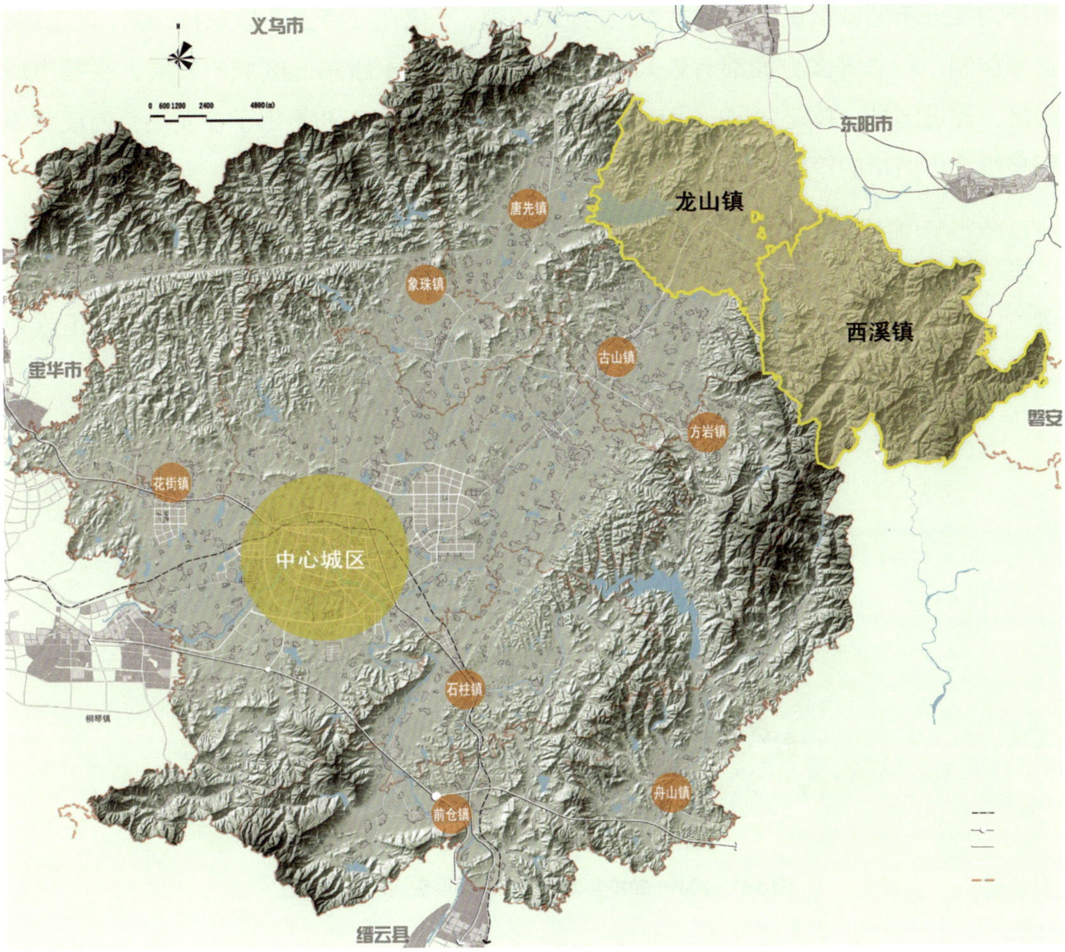

图 8-40 龙山—西溪在永康的区域位置

2012 年 12 月首个浙商回归创业创新园的落户在资金、政策及土地指标等方面都给予了龙山一定的支持，园区重点发展先进装备、新材料、汽车零部件三大制造业和现代物流、研发设计等生产性服务业。当年年底成功引进企业 11 家、总投资 35 亿元，2014 年年底确定项目投资总额近 20 亿元的 9 个二期入园项目，进一步增强了产业发展引擎，人口也呈现出了流动度高的特征。

经过多年建设和几次行政区划调整，龙山镇的城镇空间仍以“三组团”结构和沿路发展为主，松散、不规则的带状形态削弱了龙山作为永康市北部新增长点的合力，尤其不利于产业集聚和结构的优化及城镇化质量的提升。

（2）龙山西溪小城市建设状况

2010 年 12 月浙江省政府出台《关于开展小城市培育试点的通知》，将培育小城市作为推进新型城镇化的重要抓手。作为试点镇，不仅在经济上予以扶持，在土地指标、管理体制、税收等多方面都有较大的倾斜。为了加快永康东北区域的发展，平衡市域经济、促进区域一体化发展，永康市委市政府于2014年年初提出了在龙山、西溪两镇积极培育小城市的策略。

龙山西溪小城市规划面积约28平方千米，包括龙山、西溪两镇主要建成区及周边一定范围的发展空间。经过两年多的培育，龙山、西溪在空间上虽有一定趋势的相向融合，但在核心功能、发展规模和经济实力上都与小城市有一定差距，并未真正成为永康市域新的增长极（图8-41）。

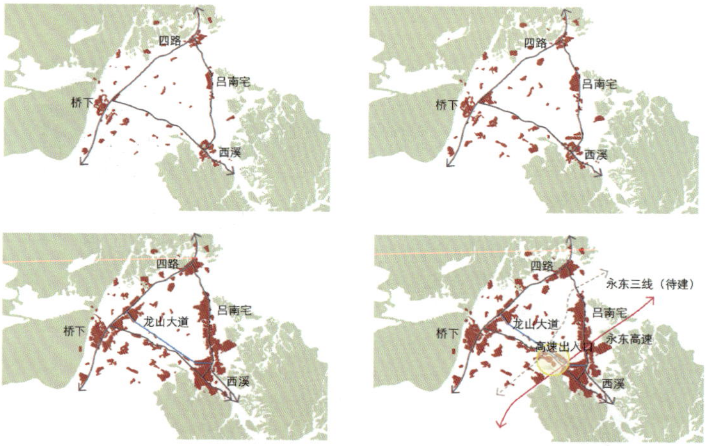

图8-41　2001—2015年龙山、西溪发展空间演变分析图

（3）龙山及龙山西溪小城市的困境

龙山、西溪两镇虽然被列为小城市培育，但其原规划仍旧沿袭了城市化和工业化的路径，以劳动密集型产业布局和低成本的土地、税收政策吸引投资。这种传统模式即使在浙商回归园落户后，也并没有真正构建起“产城互动、产城融合”的基础体系，对龙山发展的推动作用也是有限的；反而是西溪镇另辟蹊径，通过对接横店影视产业看到了转型发展的一线曙光（图8-42）。另外，由于上级政府没有为龙山、西溪小城市设立统一的管理机构和运营共享机制，也没有强有力的第三方介入区域整合，因此龙山、西溪依旧按照各自的思路在发展，基础设施、公共服务设施仍独立建设和运行，实质上仍处于分镇而治的状态。

在经济新常态下，不论是龙山镇还是龙山西溪小城市均亟待寻求新的发展模式和有力的工作抓手，在产业、空间、人口、交通等方面，找到新的突破点和内生的动力引擎。而浙江省特色小镇建设恰好符合龙山发展的现实需求，既有强大的产业基础，也有良好的山水环境，更有政府大力推动的决心，所以运动小镇的创建不仅对龙山恰逢其时，而且会成为助力龙山、西溪走出发展困境，协力推进新型城镇化和龙山西溪小城市建设的崭新平台（图 8-43）。

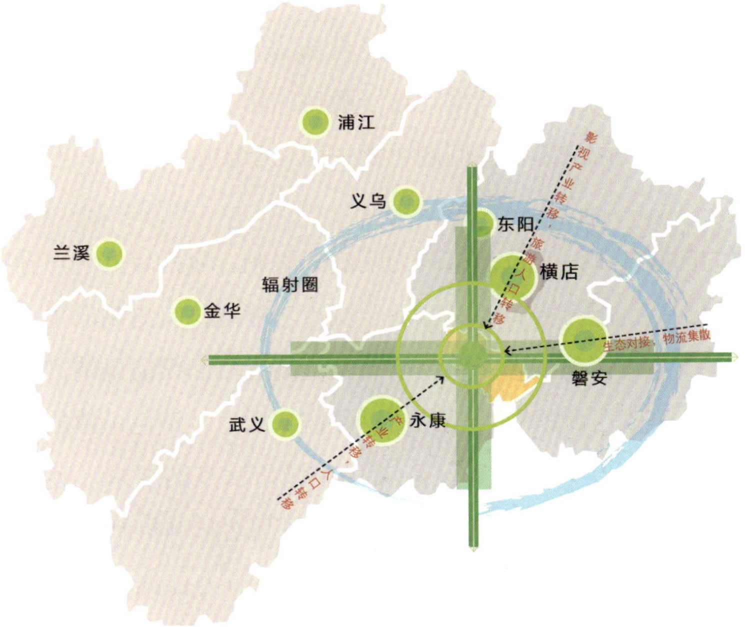

图 8-42　龙山—西溪与周边城市关系示意图

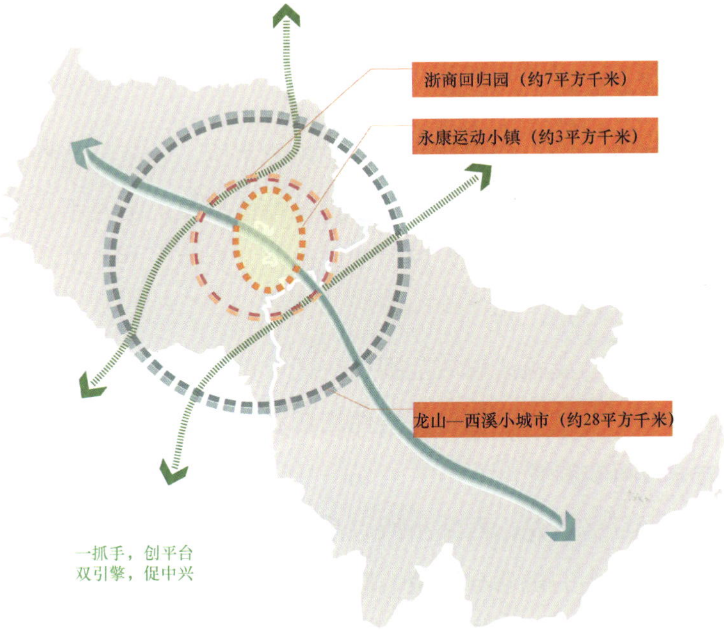

图 8-43　三区关系——从浙商回归园到小城市试点到特色小镇

2. 龙山运动小镇规划

（1）规划思考

龙山镇在产业转型、城乡融合、区域发展等重大方面都面临着新一轮的发展竞争。龙山的战略转变是寻找一条符合自身特色、与周边城镇差异化发展、长久持续稳定发展的特色之路。龙山运动小镇如何推动这一战略的转变，进而推动龙山西溪小城市一体化的成功是规划需要解决的首要问题，而关键在于明晰特色小镇与小城镇之间的互动影响机制。

特色小镇的创建要求对其选址有较为明确的限制，包括较好的产业基础、资源条件和适当的土地支撑、配套服务，又区别于城市功能区，有更高的生态环境要求，这一系列条件都基于小城镇来提供。特色小镇聚焦高投资、大前景的产业发展势必形成强大的引擎，辐射推动小城镇变革，为其建设增加动力；特色小镇的改革试验也迎合了小城市试点的要求，突出制度创新。这一系列互动影响机制是推动小城镇建设模式变革的有力依据，尤其对不符合特色小镇创建要求而有变革需求的小城镇具有深远意义，它使特色小镇的内涵和外延更具普适性（图 8-44）。

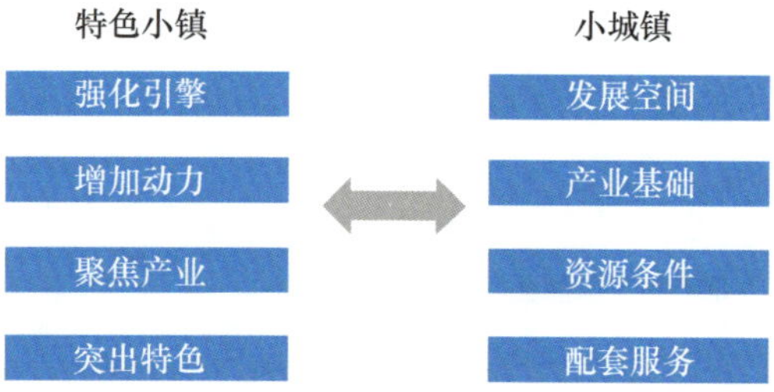

图 8-44　影响机制

（2）规划方法与策略

传统的命题式规划一般直接关注命题中的规划范围，就范围而提方案。龙山运动小镇规划依托特色小镇的创建要求，但不直接从特色小镇范围入手，而是遵从小城镇对特色小镇的影响机制，从小城镇发展的角度出发，聚焦于产业集中区，落实于特色小镇的行动范围（图 8-45）。

研究范围：龙山、西溪两镇镇域范围。在区域竞合发展的视野下，分析小城镇的发展模式和产业体系与分工，挖掘自身条件和资源价值，结合有效政策影响，拓展更具内涵的发展方式及可实施性。

概念规划范围及任务：龙山西溪小城市范围。从区域竞合及产业整合角度，梳理龙山、西溪在区域发展中的机遇与困境，对龙山西溪小城市的总体发展、特色产业及业态细分等进行整体策划研究，提出总体构想和发展框架。

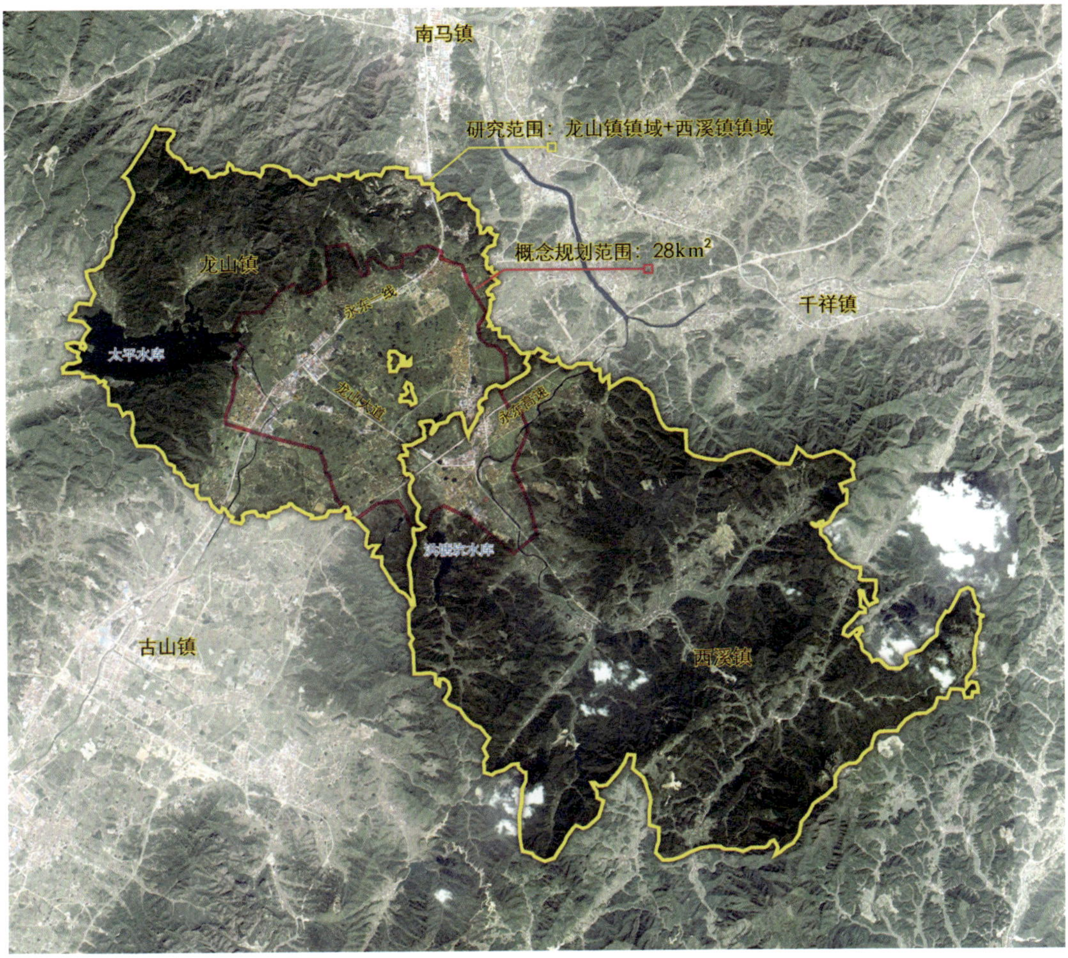

图 8-45　龙山运动小镇规划层次及范围

运动小镇规划范围及任务：围绕“低丘缓坡绿心”周边约 3 平方千米区域，其中建设用地面积约 1 平方千米。根据“特色小镇”的创建要求，分析特色小镇体系及与小城市、浙商回归园的关系，立足自身资源条件，构建产业核心、企业主体的特色小镇总体发展思路与概念性方案。

结合特色小镇、小城镇、小城市及村庄发展建设目标，基于产业价值链延伸，策划导入项目及提出发展建议。在空间上落实产业定位和产业联动，转换产业、文化、旅游以业态形式植入，将特色小镇与小城市、与镇域在生态、交通的资源基础上与旅游、人文景观、节事活动的结合，创造新的项目联动，并制订项目库与行动计划，明确重点发展建设区域和重点项目（图 8-46、表 8-1）。

图 8-46　龙山—西溪全域项目布局图

表 8-1　龙山—西溪全域项目库

	分区	主题	主导项目	细分项目
1	运动产业复合区	公共服务	龙山—西溪公共中心	医院、商业综合体、体育馆、写字楼、商务酒店、文化娱乐中心、配套居住
		运动休闲	运动休闲博览园（休闲运动、ATV 赛事场地）	运动休闲中心（运动主题馆：射击馆、击剑馆、科技运动体验馆等）、运动休闲产业基地（全地形车、房车、运动健身器材、户外休闲运动产品等的生产）、产业升级示范基地、先进五金制造业基地、龙山慢行游览黄金线、运动文化中心、产品展销中心（运动休闲产品、五金配件等的展销、检测、试验、改装）、R&D 公园（运动休闲产品研发、互联网交易云平台）、青少年体训中心（足球学校、小型 ATV 训练基地等）、体育酒店、创意型运动主题乐园等
		旅游服务	旅游集散中心	旅游客运中转站、停车场、游客接待中心、旅游票务中心、旅游产品购物中心、信息咨询中心等
		物流仓储	现代物流园	互通公园

续表

	分区	主题	主导项目	细分项目
2	文化休闲区	运动文化	运动主题文化村	运动文化主题餐厅（举办ATV、滑板车、房车等各类主题活动）、文化艺术民宿（体现运动文化、运动精神）、创意工作室、休闲运动文化节（ATV赛事等）、胡公庙会等
		文化展示	陈亮文化园	陈亮墓园、陈亮博物馆、森林茭杨等
3	山水生态隐逸度假区	运动养生	渔川运动度假	渔川运动驿站（高端运动休闲村）、滨水小筑等
		生态休闲	幽谷生态园	“永康”农园（省级精品农业园）、房车基地（户外休闲）、滨水特色酒店（帐篷酒店、集装箱酒店）等
		隐逸度假	隐居上产	隐逸上产（野奢民宿）
4	东西田园生活区	宜居生活	宜居市镇	宜居桥下、宜居四路、宜居吕南宅
		有机田园	田园生活	定制化农业庄园、水岸农舍、康乐农场、亲子农场、农夫市集
5	西溪影视风情区	影视旅游	西溪影视服务区	影视乐园、影视文化产业基地、特色外景基地、影视人才培训中心等
		宜居生活	宜居市镇	宜居西溪
6	富氧登山运动区	富氧登山	登山运动步道	休息站、露营区、接待站等
7	高山生态养生区	高山农业	现代农业示范区	甜蜜寨口（柏岩蜜梨基地）、阳光下徐（向日葵梯田）、节庆（柏岩蜜梨节、向日葵观赏节）等
		创意乡村	伞伞棠溪	水街、集市、艺术民宿、农具展示中心、农家美食、登山健身步道/黄寮尖登高（永康第一高峰）等

产业作乘法：把握产业趋势和特色小镇产业要求，依托内外发展动力，重点明确产业定位及产业之间的联动策略。依托现有效益农业、运动休闲产业、五金业和影视产业，形成产业与产业、产业与文化、产业与旅游的互动，打造运动休闲产品、工业体验产品和现代农业体验产品（图8-47～图8-49）。

文化作加法：从文化影响力的大小、文化可演绎的空间和当下旅游市场热点出发，研究地域文化中可被永续传承、可支撑丰富体验及具有市场潜力的文化要素。同时结合产业新生的文化内涵，以节事事件为契机，进行文化的再加工和再发展，使客群在消费与体验中感受文化情怀，从而形成长久黏性，推动即时体验向长期旅游目的地的转变。

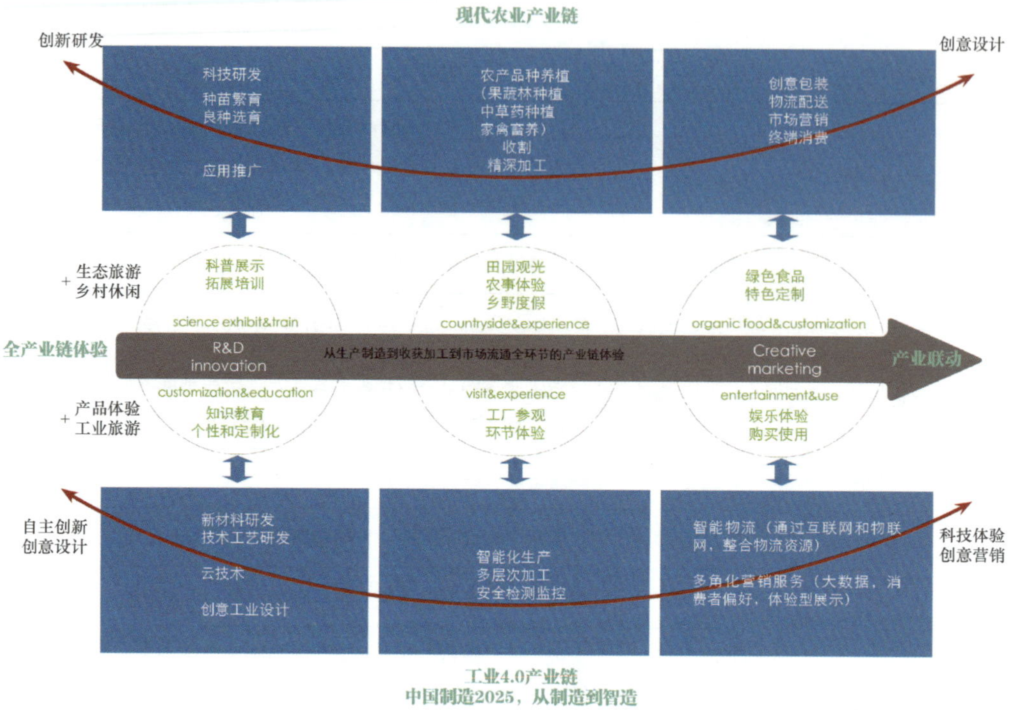

图 8-47　产业作乘法模式图一——全产业链体验分析

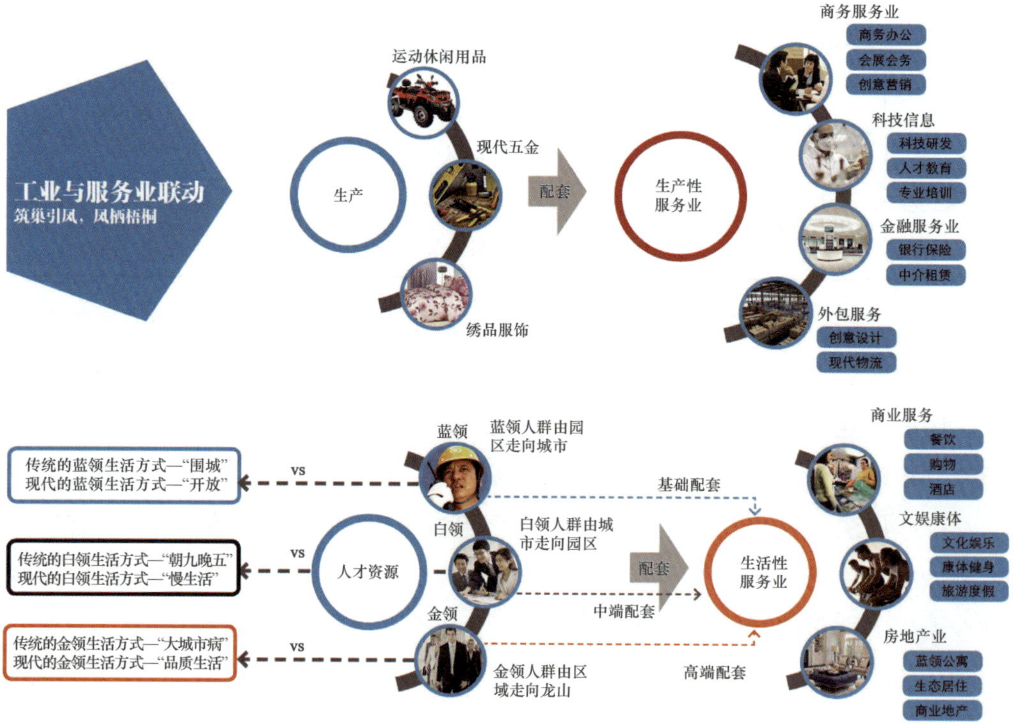

图 8-48　产业作乘法模式图二——工业与服务业联动分析

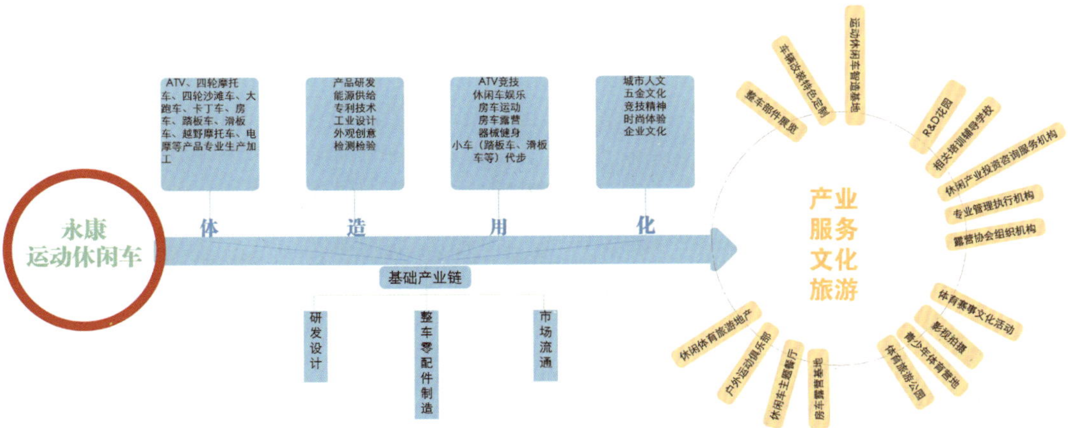

图 8-49　产业作乘法模式图三——产业与文化旅游联动分析（以运动休闲车产业为例）

空间作减法：当前龙山的城镇空间格局较为分散，不能承担建设永康市北部中心的责任，需转变空间发展模式，造血造心。即限制现有城镇空间扩张，集中资源优先打造小城市的公共中心，形成强核心引导下的区域融合，并为特色小镇的人才吸引和客厅服务创造条件。

风貌作除法：为主导产业腾笼换鸟、打造核心的同时，注重其他存量区域的风貌提升。在“五水共治”“三改一拆”政策推行的后期，环境基础已然夯实，但特色营造不是简单的堆叠。规划引入精简主义目标导向下的环境和风貌提升，精选与特色小镇主导产业、核心文化关联紧密的风貌特色，以要素表达，以内涵深植，去繁存简，有机提升。

（3）规划方案

龙山运动小镇现状以原生态低丘缓坡地貌为主，田园坑塘水渠交织，生态敏感性高。规划设计方案围绕低丘缓坡绿心周边展开，形成核心引领，点轴带动的空间结构。以城市外围生态山水和田园为主体，以运动公园作为景观核心区，依托引水渠和绿廊形成景观走廊，结合道路、水脉交汇形成的空间节点，塑造富有变化的开放空间系统。网络状的空间骨架构筑五大组团联动，小镇依托浙商回归园一期、二期用地和低丘缓坡地，形成以运动休闲为主导，融合生产研发、文化娱乐和旅游服务的功能体系，并保持与龙山西溪小城市公共服务核心的紧密联系，既为小镇提供高层次的服务，又能搭建特色小镇向小城镇输血的机制平台（图 8-50 ~ 图 8-53）。

图 8-50　基于特色小镇与小城市互动互荣的空间布局效果图

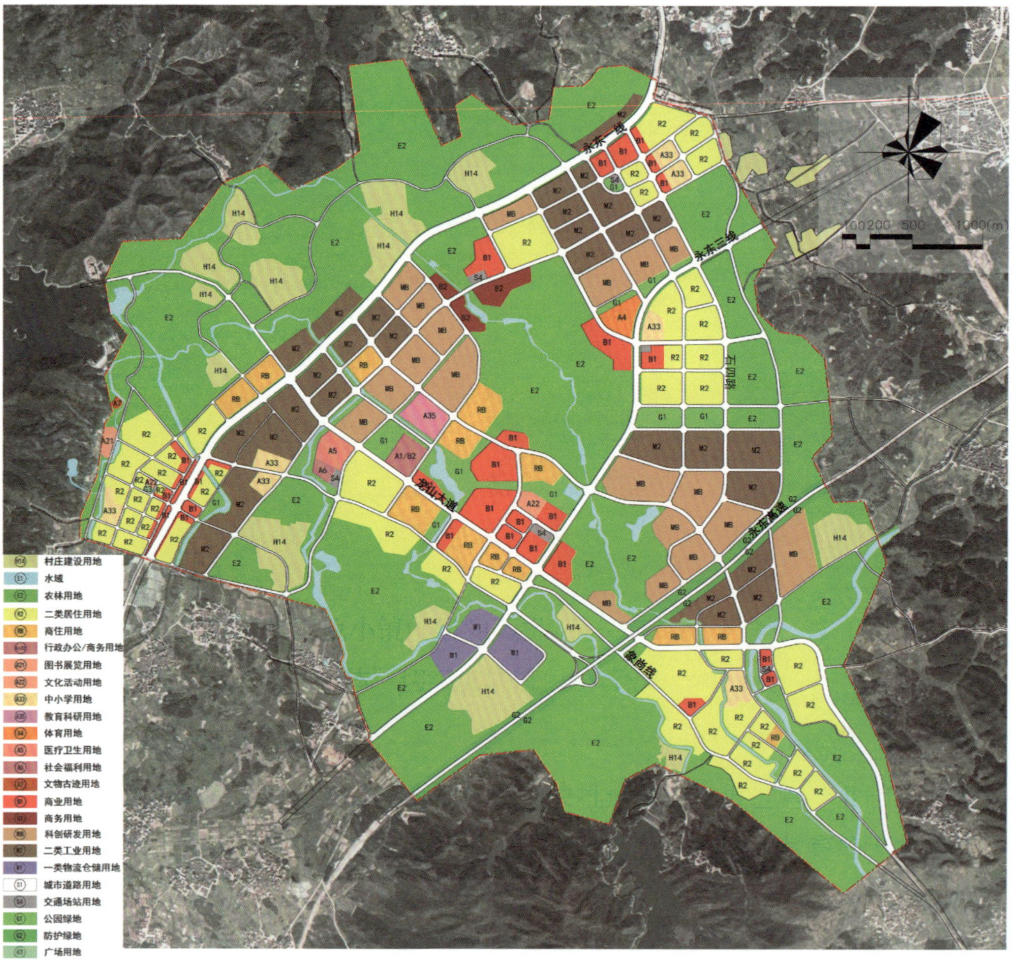

图 8-51　龙山—西溪小城市用地规划图

图 8-52 龙山运动小镇概念设计平面图

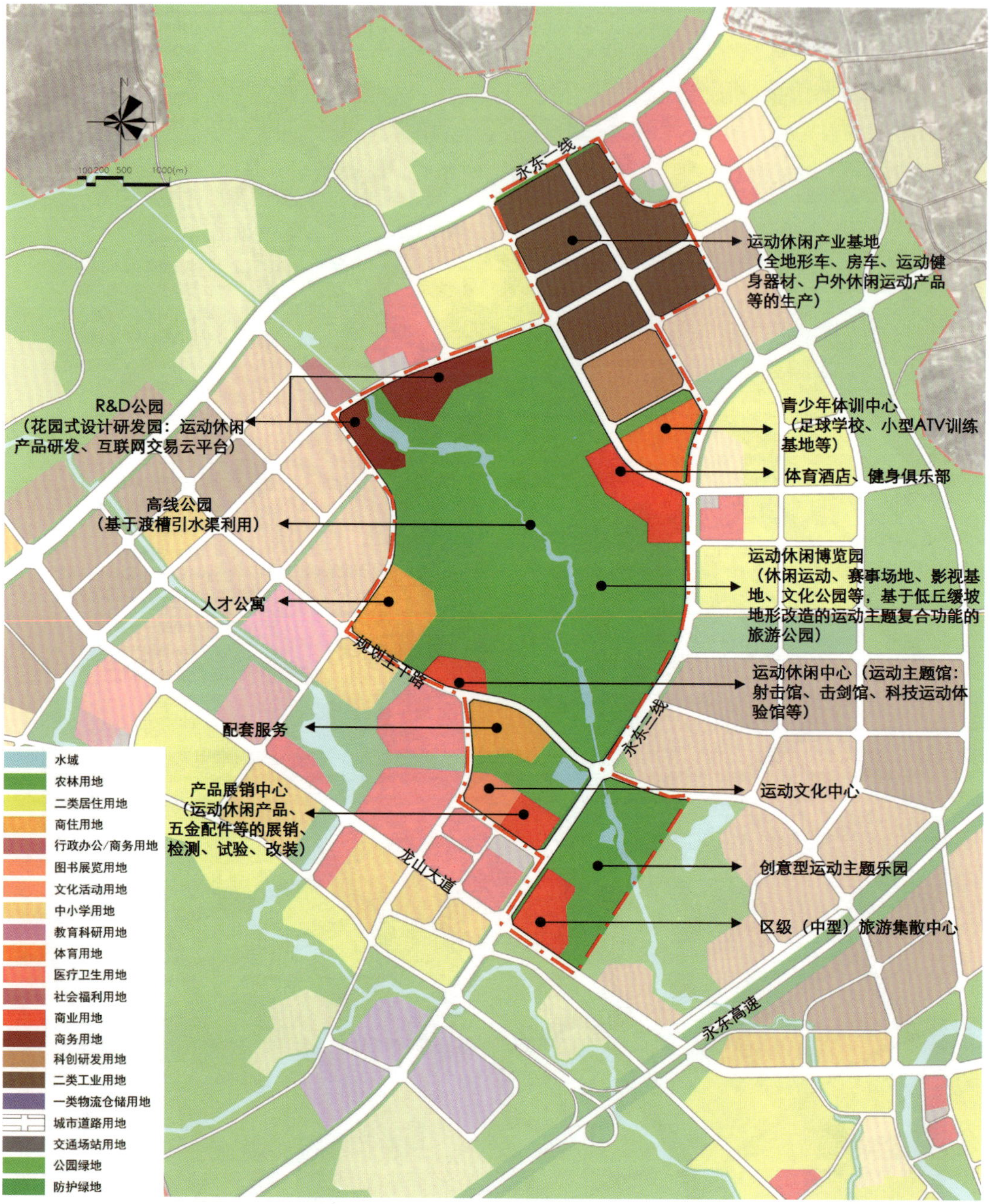

图 8-53　龙山运动小镇用地及功能布局

（4）规划特点

理念渗透——全域运动理念。运动健康理念的包容也要求空间的包容承载，特色小镇的运动休闲项目是引领，但不局限于 3 平方千米的区域。沿着水库、溪谷、山脊线布置，将龙山西溪全域串景成网，以一条全地形车赛道及慢行游览黄金线、三条登山健身步道和七类运动形式，联动特色小镇内外运动休闲项目，全要素、全产业、全过程、全时空及全方位地打造大体育、大健康融合之地（图 8-54 ～图 8-56）。

图 8-54　“137”全域运动理念图

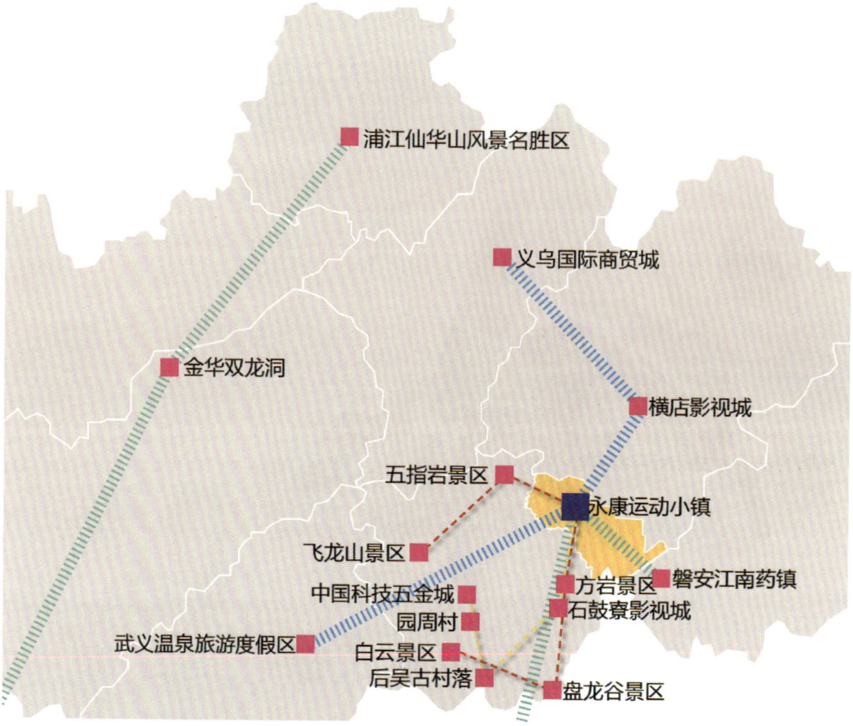

图 8-55　浙中区域联动游线

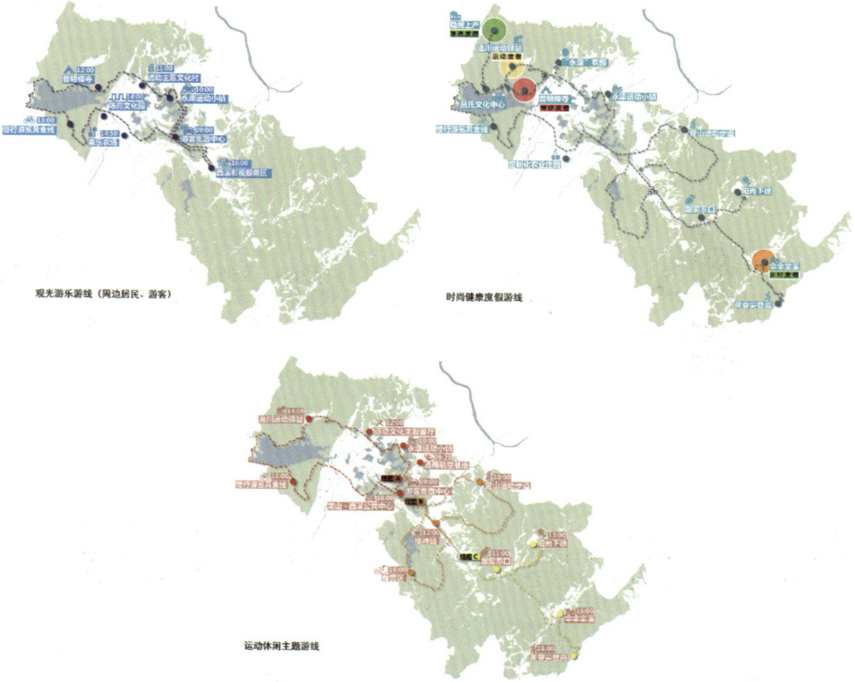

图 8-56　龙山—西溪全域不同主题游线

产业升级——制造业与运动休闲相结合。永康及龙山西溪小城市有较强的产业基础，浙商回归园已打下初期的双创基础，规划紧扣产业特色，拟形成以全地形车、户外休闲用品、健身器材等为主要产品的制造业集群，建成产业集聚、技术创新的示范基地。以运动及关联赛事整合产业资源、引导动力文化、带动消费发展。规划通过策划赛事及日常休闲运动项目，实现产业自身及与之相关的培训、高端休闲、深度旅游体验等产业的同步发展，推动整个行业的产业升级。

空间特色——低丘缓坡地设计利用。原则上尊重原生地貌形态，以生态利用的方式将项目落实于场地，减少土方工程的同时塑造小镇空间特色。设计结合低丘缓坡地起伏特征，将全地形车赛道和户外运动项目依地势布局，形成集培训竞赛、康体健身、娱乐休闲、旅游体验、影视拍摄于一体的多功能复合型功能集聚之心（图 8-57）。整理碎片化的坑塘沟渠，延续水脉肌理，提升滨水空间形象，并利用高架的渡槽引水渠与坡地的交汇处设置瀑布水公园，在视觉上连接场地与高架渠，通过对渠本身的可进入式改造，在体验上加强立体步行交通的趣味性。

图 8-57 复合运动公园鸟瞰效果图

3. 特色小镇对推动小城镇建设的积极作用和影响机制

特色小镇的产业升级和产业链延伸必然推动小城镇的产业转型升级，七大万亿产业的门槛要求与之匹配的延伸产业有相应的品质和品牌。特色小镇的产业高端化将吸引中高端人才的入驻，成为引领高端消费的新依托，也会带动特色小镇内外的配套服务业高端品质化，吸引人才的同时留住人才。

特色小镇推动小城镇建设的积极性是显而易见的，但 3 平方千米的特色小镇建设是抓手，却不足以支撑整个小城镇的建设运转。特色小镇的资源、要素集聚势必影响小城镇对全域资源、要素的均衡配置，在肯定特色小镇对推动小城镇建设的积极作用的同时，也需要时刻基于两者之间的影响机制对特色小镇进行反思和修正。（注 6）

七、江南钙谷小镇：从“单一生产”到“多元耦合”

我国经济结构及发展模式面临转型，城镇化建设面临一系列的挑战。一方面，原有基于单一产业生产导向的城镇发展模式越发难以为继，经济产业结构必须向生态、高效及可持续方向转型；另一方面，城镇空间特色不足、辨识度低、文化环境遭到破坏等现象严重影响了城镇的健康发展。因而，如何应对城镇产业发展新需要及地方特色发展新需求是我国城镇化发展的重要课题。

浙江省地方山水历史资源丰富、块状经济极其突出，基于经济新常态的宏观战略背景及产业转型、城镇特色发展的自身需要，2014 年首次提出了“特色小镇”概念，以强有力的政策导向、丰富而务实的内涵思路指引城镇建设，要求打造“产业特色鲜明、人文气息浓厚、生态环境优美、兼具旅游与社区功能”的综合功能体[1]，突出产业上“特而强”、功能上“有机合”、形态上“小而美”、机制上“新而活”的内涵特征[2]，是当前经济背景下的一次重要创新与决策。落实到城镇空间建设上来，它不仅要求在产业的转型升级、特色环境的提升塑造等方面有别于传统城镇建设模式，而且更为强调各功能间多元的“耦合”关系。产业的转型提升带来的不仅仅是单一生产关系的打破，而且在于产业、文化、旅游与生活等各功能间的联系更为突出，发展模式由单一的“产业生产论”走向多元的“功能耦合论”，“特色小镇”真正成为一个“宜居、宜游、宜业”的综合功能体[3]。

1.“特色小镇”概念解读

（1）效益导向下的功能耦合关系

“特色小镇”不同于传统意义上的“行政镇”，而是一定区域特色要素聚集的空

1 黄卫剑，汤培源，吴骏毅，等．创建制——供给侧改革在浙江省特色小镇建设中的实践 [J]. 小城镇建设 ,2016(3):31-33. doi:10.3969/j.issn.1002-8439.2016.03.008.

2 徐伟凝，厉华笑，朱婷媛，等．温州智创小镇产业园区转型升级路径 [J]. 规划师 ,2016(7):138-142.

3 吴一洲，陈前虎，郑晓虹．特色小镇发展水平指标体系与评估方法 [J]. 规划师 ,2016(7):123-127.

间平台[1]，有着很强的效益导向。企业的集聚、特色要素的聚集形成了“特色小镇”实际意义上的集聚经济[2]，这种集聚经济依托于地方文化与地方景观特色资源为核心，以特色经济产业发展为动力，满足人群生活高品质发展需求为目标，是区域特色产业、社区生活、景观资源及地方文化在经济、社会及文化效益上的延伸与拓展。

经济效益：突出产业链上下游延伸，形成闭环。经济效益上，“特色小镇”要求三年内要完成固定资产投资 50 亿元左右（非旅游类）[3]，其中，特色支柱产业投资需占 70%。这反映了“特色小镇”在特色产业上具有强大竞争优势，一方面，由于优势产业产出的增加，单位成本下降，从而形成规模经济；另一方面由于多数支柱产业的聚集，形成区域特色产业，导致交通成本、原材料采购成本等大幅下降，从而形成了行业聚集的地方化经济；此外，小镇特色产业的集聚与升级、产业的上下游产业链的扩展与延伸，形成产业链闭环。小镇的经济效益不仅依靠特色产业带来的生产效益，同时还有地方文化、景观资源、社区生活带来的旅游收益、观光收益、商贸服务收益等，这种多行业间相互耦合从而使地区整体经济规模提升，形成了城镇化经济（图 8-58）。

社会效益：突出社区营造，打造良好生活品质。特色小镇一般要求结合特色产业聚集区，规划在城乡结合部，是集生产、生活、生态为一体的美丽小镇，原则上要求规划面积在 3 平方千米左右，按 3A 景区目标建设（非旅游类）[4]。小镇的社区空间、基础设施、自然环境要与产业发展融合适应，以促进高层次人才的引进。这反映了特色小镇在空间形态、社区品质上的细致要求，突出产业、景观、文化在社区营造上的延伸，以打造良好生活品质。

文化效益：突出地方特色，形成特色品牌效应。文化是特色小镇发展的核心凝聚力。小镇一般具有独特的地方历史、人文气息或现代文化气息，而特色小镇又是高校毕业生、企业高管、科技人员等为主的人才创新创业地，更有望凝聚独特的人文气息。依托于传统的地方文化与新生的创新文化，将形成独特的产业文化，凝聚地方特色，形成品牌效应，在区域发挥重要影响力。

---

1 厉华笑，杨飞，裘国平．基于目标导向的特色小镇规划创新思考——结合浙江省特色小镇规划实践 [J]. 小城镇建设 ,2016(3):42-48.doi:10.3969/j.issn.1002-8439.2016.03.011.

2 盛世豪，张伟明．特色小镇：一种产业空间组织形式 [J]. 浙江社会科学 ,2016(3):36-38.

3 浙江省人民政府．浙江省人民政府关于加快特色小镇规划建设的指导意见 [EB/OL]. (2015-05-04)[2017-05-01]http://www.zj.gov.cn/art/2015/5/4/art_32431_202183.html.

4 浙江省人民政府．浙江省人民政府关于加快特色小镇规划建设的指导意见 [EB/OL]. (2015-05-04)[2017-05-01]http://www.zj.gov.cn/art/2015/5/4/art_32431_202183.html.

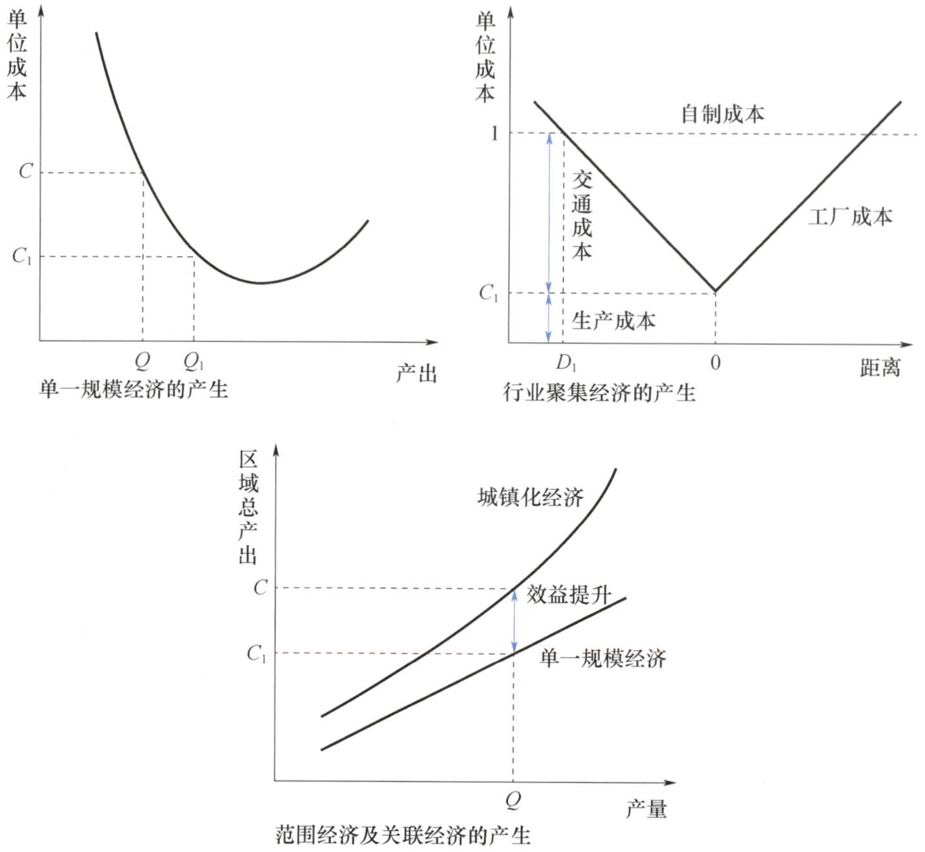

图 8-58　“特色小镇”集聚经济形成过程示意图

（2）目标导向下的多元主体需求

“特色小镇”采取“创建制”的申请方式构建，通过这种方式，倡导“目标先导、政府引导、市场主导”的新机制，实行“宽进严定、动态管理、政策激励、验收命名”的发展路径。可见，特色小镇的多元主体政府、企业、居民之间不是简单的上下先后关系，而是大众创新、合作共赢的协同关系；特色小镇不是政府大包大揽的行政平台，而是企业为主体、政府引导、市场化运作、居民及外来人员参与的创新创业空间。

政府主体：“特色小镇”是城镇化建设的一种大胆创新和尝试。不同于“行政镇”中政府占主导地位，“特色小镇”中，政府更多的是引导小镇发展，实施审查、监督、协调的作用[1]。面对“特色小镇”所需要完成的创建申请、年度审核及投资

1　卫龙宝，史新杰．浙江特色小镇建设的若干思考与建议 [J]. 浙江社会科学，2016(3):28-32．

任务目标，政府不仅需要保持内部各主体的利益均衡，同时还要创新创建发展建设新机制，针对不同地区采取相应的人才补贴政策、税收优惠政策、生态圈构建管理等，以完成吸进有效投资、合理安排建设等任务。

企业主体：企业是“特色小镇”发展建设中的主导者，这是源于企业是特色产业链的主要负责方与参与方，也是保证“特色小镇”能面向市场，保持充分竞争与活力的重要源泉。“特色小镇”中的企业主体不仅要考虑自身的直接利益需要，还要充分考虑到小镇的产业链上下游建设、旅游发展、配套设施建设、社区环境建设等需要，以保持小镇的竞争力与可持续性。

本地居民主体：本地居民一般是与“特色小镇”产业链各级相关的高层次人才、生产服务者及配套服务人员等。这要求小镇的建设不仅要关注与产业链相关的园区建设、管理服务，还要关注居民的需求。由于小镇一般偏离城市中心，除了居民对于自身收入的需求外，还要关注于生活环境的改善，医疗、贸易、教育等配套服务设施的完善，以及生活品质的提高。

游客等外来人员主体：“特色小镇”是一个相对独立完善的单元，也是一个对外展示与交流沟通的平台，是城镇的“客厅”。“特色小镇”要求每年接待游客 30 万人，除此之外还有关于“产业链”建设的平台交流会、各级展览等，都反映外来人员是“特色小镇”的重要组成部分。对于游客等外来人员主体，一方面，良好的区位条件及交通状况是其愿意往来的主要原因；另一方面，内部景区的建设、旅游设施的完善、产业的特色化程度与竞争力都是其主要需求点。

（3）效益及目标双重导向下的“特色小镇”规划建设框架

综合而论，“特色小镇”是效益及目标极其明确的城镇建设模式，这反映了当下务实的经济改革政策与发展理念。落实到规划建设过程中，“特色小镇”突出明确区域界线、明确主导产业发展、明确功能耦合关系、明确主体责任分配的发展思路，在效益导向及目标导向的双重导向下，结合现状条件及问题、发展目标及定位的区域判断，确定区域的主导产业选择、合理的空间布局，以及从产业更新、衍生文化、旅游置入、社区营造、建设项目、保障措施等层面开展发展提升规划，共同构建了“特色小镇”的规划建设框架（图 8-59）。

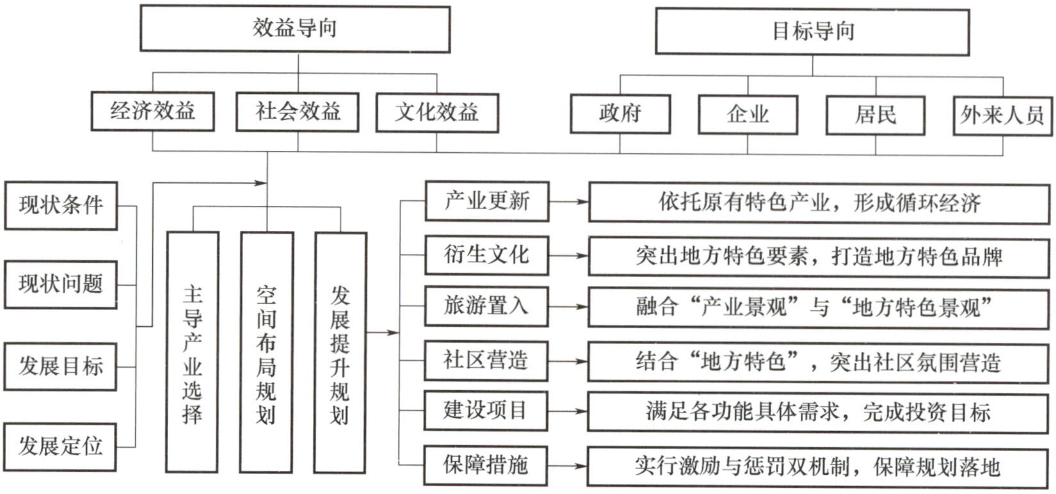

图 8-59 “特色小镇”规划建设框架图

2.“江南钙谷”特色小镇规划建设实践

（1）“江南钙谷”特色小镇概况

“江南钙谷”特色小镇位于浙江省衢州市常山县辉埠镇中部，总面积约 4.25 平方千米，是浙江省十大特色产业集聚区之一（图 8-60）。区域及周边拥有浙江省储量最丰富、品位最优的石灰石矿，有着雄厚的石灰产业发展基础。此外，区域内部及周边还含有大埂遗址、严谷甘泉等历史文化遗产及三衢石林天坑、路里坑村等自然人文景观。这些都使得区域满足了建设“特色小镇”的产业发展基础、物质环境基础及历史文化基础。

图 8-60 “江南钙谷”特色小镇规划范围图

（2）“多元耦合”下的小镇发展思路

主导产业选择及愿景：石灰产业在当地有着重要的经济地位和社会基础。通过“江南钙谷”小镇建设，确定以“钙”产业（钙为石灰主要元素）为主导产业的发展思路。整合“钙”资源，将“钙”产业与“钙”文化和“钙”景观充分融合联动，打造“生产研发—绿色利用—商贸物流—文化旅游”的产业链闭环，推动资源消耗型产业的转型，使之成为华东地区高端“钙”产业基地、循环经济示范区和国内知名“钙”特色旅游景区，努力向资源型产业可持续发展转型升级示范区靠近（图 8-61）。

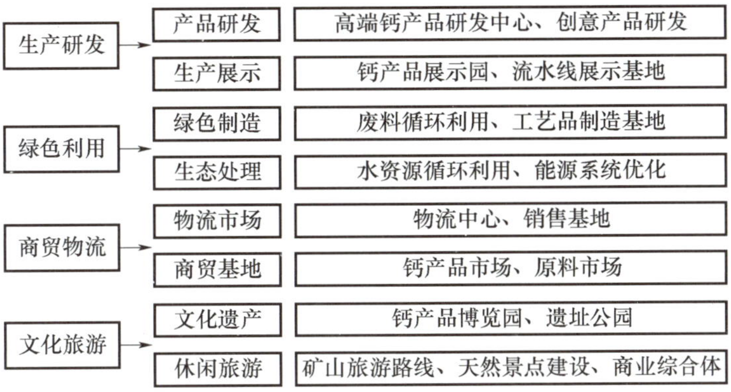

图 8-61 浙江“江南钙谷”特色小镇产业链示意图

发展定位：秉承“江南钙谷”的区域条件及区域发展关系，结合其“钙”产业升级转型趋势，“江南钙谷”发展定位于高端“钙”产业生产中心、“钙”绿色制造示范基地及“三衢石林景区”特色门户。

空间布局：区域以“钙”产业为核心，形成“钙”产业提升、“钙”文化展示、“钙”景观旅游为一体的综合发展区。在空间结构上，区域整体呈现出“一带三区，聚合成环”之态，即以 512 县道、048 省道辉埠支线、048 省道形成发展环，以紫竹山为绿心，沿着环线以产业、文化、景观为主题分别构建“钙”产业发展区、“钙”文化展示区和“钙”景观旅游区（图 8-62）。

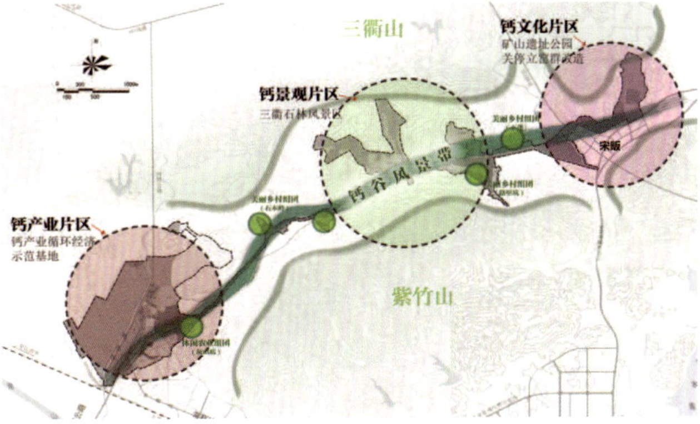

图 8-62 浙江“江南钙谷”特色小镇规划空间结构图

其中，“一带”指规划中的“江南钙谷”风情廊，自西向东贯穿“江南钙谷”，同时也是重要的交通流线，将风情廊打造成为“江南钙谷”小镇的生态景观轴线，集中体现交通枢纽、旅游接待、文化展示和商贸服务等功能。

“钙”产业片区：通过循环化设计和“钙”产业聚集升级，重点推进产业延伸及结构优化、生产装备提升、能量梯级利用、水资源循环利用、废弃物资源化利用工作，以及配套区域污水集中处理、“钙”产业生产服务设施建设，全面建设国内一流的绿色“钙”产业基地，打造成为全国石灰石资源产业转型升级提供空间聚集示范区、资源循环利用示范区和技术结构调整示范区。

“钙”景观片区：围绕钙景观主题，依托本地4A级景区三衢石林及其极具特色的典型喀斯特地貌（岩溶地貌）景观，结合周边石木岭村和路里坑村美丽乡村示范村的建设，全面展现小镇的自然风光、生态休闲、文化娱乐等功能，打造融合钙景观展示、体验、特色乡村精品旅游为一体的“江南钙谷”小镇旅游区。

“钙”文化片区：以立窑群和开采宕口遗迹为基础，通过矿山地质环境恢复治理工程，遗址保护设施、自然馆及钙科技馆等项目建设，集中开发、展示矿产地质遗迹和矿业生产过程中的采、选、加工等矿业生产遗迹景观，打造以“钙”文化为主题的矿山遗址公园区。

（3）规划内容

石灰产业全面升级高端“钙”产业。传统石灰产业以生产经济为导向，在新常态经济形势下发展乏力，出现“产业竞争力下降、效益利润低下、生态环境破坏”等问题，生产的产品在造纸、塑料等传统产品市场竞争力下降，低端产品过剩、资源利用效率低，迫切需要向高端“钙”产业迈进。

相对传统石灰产业，新型高端“钙”产业从产品生产、产业链形成都得到了极大优化升级（图8-63）。依托碳酸钙产业的基础和优质的矿山资源，吸引投资，引导企业不断强化创新、研发能力，集聚多要素，延伸产业链，大力发展基础材料板块及高端材料板块，如高活性石灰、超细钙、复合材料及制品加工等产品，努力建成高端钙产品生产基地。

通过产业链生产的废能、废水、废渣循环化改造及文化旅游等相关产业的发展联动，重点推进能量梯级利用、废弃物资源化利用、余料回收利用、污水集中处理与集中回用及工艺品产品展示与销售等项目的建设，打造绿色制造基地，形成复合型循环经济。

衍生文化：突出“钙”要素，打造地方特色品牌。“钙”文化是“江南钙谷”特色小镇的文化凝聚力所在，突出“钙”这一地方特色文化是塑造地方特色品牌的重要支撑。

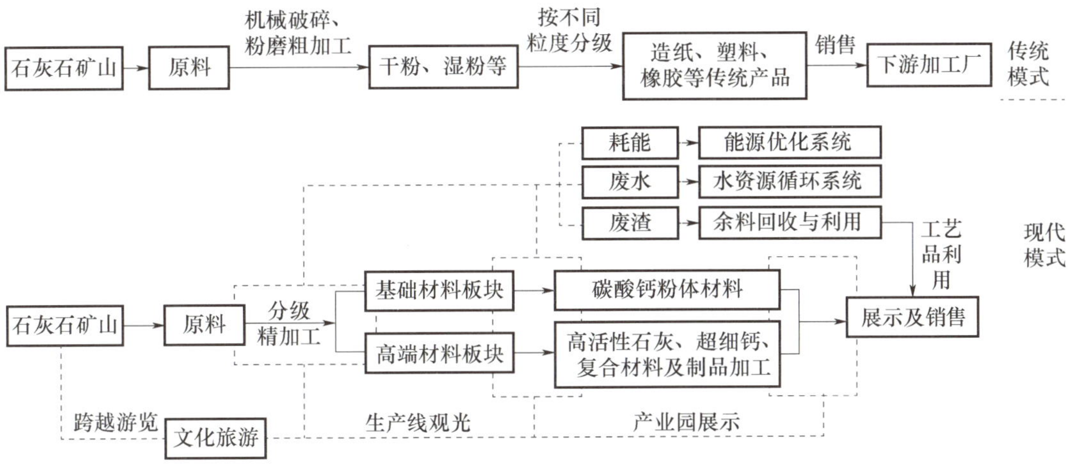

图 8-63　“江南钙谷”特色小镇钙产业模式提升示意图

小镇结合矿山遗址公园，以立窑群和开采宕口遗迹为基础，通过矿山地质环境恢复治理工程，遗址保护设施、自然馆及钙科技馆等项目建设，集中开发、展示矿产地质遗迹和矿业生产过程中的采、选、加工等矿业生产遗迹景观建设重要的“钙”文化展示区及“钙”主题公园。此外，建设特色文化商业街，旨在打造具有民国建筑风貌的特色文化商业步行街。建筑主要以商贸服务与产品展示为主，建筑体量简洁大方又着眼细节，主要服务对象以当地居民和游客为主；布置“钙”文化博物馆，立面充满历史感，设计四面环水，北面布置围观景平台，主要功能是向游客展示普及一些传统“钙”产业的历史及提供当地居民学习生活的场所（图 8-64）。

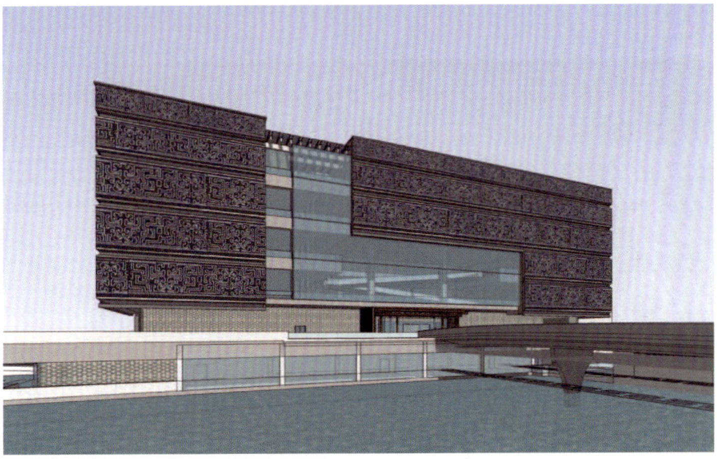

图 8-64　文化博物馆

产业园区“景观”的塑造。在“钙”产业园区塑造产业特征与自然特征强烈的产业景观。如产业园区东侧，建设了休闲观光农业园，凭借此处优越的田地自然条件，打造成集田园观光、传统文化活动、休闲度假、科普为一体的自然风景与文化风情相融合的生态田园观光园（图 8-65）。建设“产业型”公园景观，如龙山路三岔口处的滨水公园（图 8-66）。该公园为进入小镇的第一个景观节点，规划以“梦回辉埠”为主题设置，转弯口布置企业宣传景墙，展现辉埠历史和产业文化风貌。利用水系资源，通过添加水上廊桥、花箱、休息座椅等元素，打造水心岛小游园，既能展现小镇滨水而建的城市形态，也能给居民提供一个生态良好、安逸的休闲环境。此外，配套布置特色旅游农家乐，在原始地形上展开设计，以改造现状建筑和打造特色景观为主，营造一个简洁、美观、富有地方文化气息的休闲度假场所。同时，合理种植树木，适当点缀部分产业文化小品，供游人观光、休闲。

图 8-65　休闲观光农业园

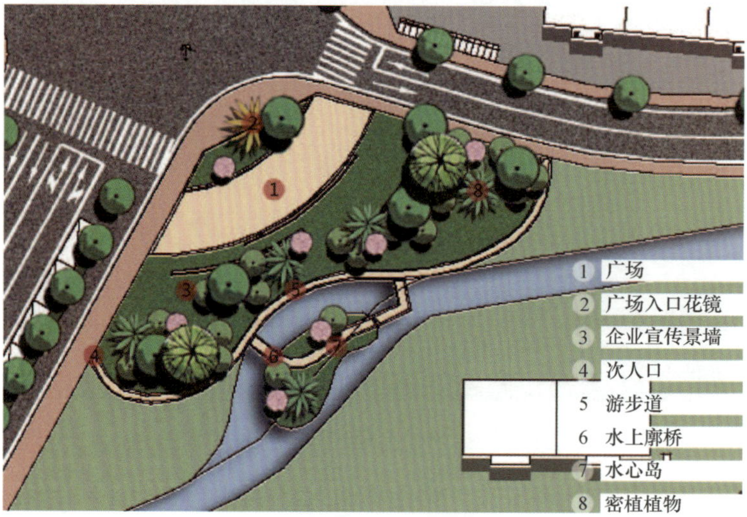

图 8-66　滨水公园

地方特色景观的塑造。地方特色景观塑造应突出地方特色，结合周边景观资源，配置旅游服务设施以满足游客需要。如在小镇通往三衢石林景区的入口区，结合现状地形，以及通过对传统材料的应用，打造中式建筑；在景观营造方面，以植物造景为主，坚持乔、灌、草多层次复式绿化，坚持环境建设和功能建设同步，体现人与自然和谐发展的时代要求。此外，配套服务设施上，利用优越的自然环境，打造精品中式养生农家乐；根据游客的需求，布置休憩的怡情坪及茶庄和公共服务用房。

社区营造：结合“坡地景观”与“美丽乡村”，突出社区氛围。特色小镇一般远离城市行政中心，这也就意味着小镇与地方特色山水自然景观有更多的接触。“江南钙谷”地处山谷之间，周边有着大量的坡地景观资源和业已建设良好的美丽乡村。按照节约、集约用地的要求，特色小镇建设要充分利用低丘缓坡、滩涂资源和存量建设用地。因而，打造小镇社区，要充分利用已有资源，结合“坡地景观”与“美丽乡村”，突出社区氛围。

“江南钙谷”小镇建设了坡地村镇特色社区，这种低丘缓坡多为特殊土地类型，位于山地、平原之间，生态脆弱，但用作建设用地的潜力巨大。因此，应对低丘缓坡进行合理利用和开发，打造成为特色小区；而且由于其本身特殊的自然条件，使小区整体景观美观、富有层次。结合“灰山底美丽乡村”布置社区，规划和建设上充分考虑了村民生产、生活的便利，构成整洁而又彼此呼应的布局风格（图 8-67）。规划依据现状建设情况及功能组织的合理性确定建设分为保留居住区、留有服务区和旅游接待区等功能区。

图 8-67 坡地特色社区

建设项目：满足各功能具体要求，完成投资目标。“江南钙谷”特色小镇按照“钙”产业循环经济类、“钙”文化旅游类、社区功能类三大类布置项目。其中，“钙”产业循环经济类包括钙产业提升项目、静脉产业项目、能源系统优化利用项目、水资源循环高效利用项目、园区基础设施项目及高端钙产品研发中心等6类，建设用地861.9亩，投资31.57亿元，占总投资的64.3%；“钙”文化旅游类包括小镇客厅，蓝天三衢（三期）生态修复项目，美丽乡村整治项目，休闲农业、度假农庄项目，景点建设、旅游配套项目，矿山遗址公园及矿区特色主题酒店等7类，建设用地450.3亩，投资15.35亿元，占总投资的31.2%；社区功能类包括人才公寓及特色社区、集镇景观环境提升及小镇公共服务配套等3类，建设用地219亩，投资2.2亿元，占总投资的4.5%。整体合计建设项目17项，建设用地1531.2亩，投资总额49.12亿元，基本完成创建浙江省“特色小镇”的目标任务。

人才扶持政策：配合“江南钙谷”小镇建设，当地政府出台了多个服务从业人员生活的政策文件，在购房、租房、经营用房装修、人才引进等方面给予高额、细致的资助、补贴，全力构建高层次人才的生活圈。首先，建设了位于常辉公路与龙山路交叉口的小镇客厅及人才公寓，建筑风格简洁现代，主要包括人才公寓与产业展览体验区及相关的景观配套人士提供理想的居住环境。其次，附近餐饮设施齐全，引入超市、娱乐中心、特色餐饮、配套酒吧、茶楼、美容健身等生活娱乐设施，形成了完整的生活配套服务体系。最后，完善医疗、教育等日常生活必备资源配置。

运作机制创新：通过“产业链招商”和“生态圈建设”模式完善运作机制，发挥行业协会与龙头企业的影响力与引领作用，开展专业化的园区发展和促进工作，有效带动了整个产业的快速集聚。政府在培育和引进各类投资时，配套引进与其业务密切相关的中介服务机构、辅助性产业、共生性产业和配套支持部门等，共同构成“生态圈”，利于打造投资与上下游企业的“零距离”战略关系，构建完备的产业链和生态系统。

审核机制创新：采取“创建制”方式构建，相应政策优惠及扶持政策需要年度考核合格或验收命名才能完成。规划对小镇内投资力度与规划、发展前景预测、新增土地规模与需要等进行先一步的审核与判断，实行有奖有罚的工作机制，保证规划有效实行。

回顾研究，“特色小镇”是浙江省基于自身块状经济突出、新兴产业亟须培育、低端产能过剩及城镇风貌特色化丧失而对城镇化建设进行的针对性补充。它以效益及目标为导向，突出反映了城镇化建设模式由传统的单一“产业生产论”走向多元的“功能耦合论”的转变实质。“特色小镇”的概念于2014年在浙江省首次提出，随后对其进行了大量的规划研究及建设实践，“江南钙谷”即其中之一。在“江南钙谷”特色小镇的规划建设中，倡导以“产业”为发展核心，联动“文化、旅游、社区”等多元功能，分别从“产业更新、衍生文化、旅游置入、社区营造、建设项目及保障措施”等层面对规划建设进行了合理规划及布局，取得了不俗成绩，对当前很多地区的规划建设有着重要的理论价值与现实意义。（注7）

注1：本文摘自《小城镇建设》，2017.06，88-92，“特色小镇”理念的湖州实践与经验，撰稿人：杨超。

注2：本文摘自《小城镇建设》，2016.03，62-66，探索存量与增量空间相融合的城市有机更新路径——以余杭梦想小镇为例，撰稿人：陈津。

注3：本文摘自《小城镇建设》，2016.03，67-71，从郊区小镇到全球焦点——西湖云栖小镇的嬗变，撰稿人：张雪。

注4：本文摘自《小城镇建设》，2016.03，72-74，城郊地带可持续的有机更新实践——以上城玉皇山南基金小镇为例，撰稿人：安诣彬。

注5：本文摘自《小城镇建设》，2016.03，49-53，边缘城市视角下的区位导向型特色小镇建设路径——以嘉善上海人才创业小镇为例，撰稿人：柯敏。

注6：本文摘自《小城镇建设》，2016.03，54-61，“特色小镇”影响下的小城镇建设模式反思——以永康市龙山运动小镇为例，撰稿人：陈安华，江琴，张歆，叶莹莹。

注7：本文摘自《小城镇建设》，2018.05，32-37,72，从“单一生产”到“多元耦合”——浙江“江南钙谷”特色小镇规划建设研究，撰稿人：葛丹东，徐威。

第九章　安徽省

一、独山茶谷·将军小镇："三化空间"组织与功能融合

1. 特色小城镇的特色理解

特色小城镇强调"特色"，应挖掘和强化特色，并非赋予特色、推广特色。

（1）鲜明的特色产业

按照产业定位精准，特色鲜明，向做特、做精发展的要求，将培育特色产业、壮大特色经济作为促进特色小城镇发展的核心内容。"橘生淮南则为橘，生于淮北则为枳"[1]，因全国小城镇的自身特色、产业基础、产业类型等不一样，决定了特色小城镇的产业培育也不可能千篇一律，需结合自身特质，找准产业定位，挖掘产业特色，科学进行规划。

（2）地域的特色风貌

在传统的城乡二元的思维模式下，乡村被视为落后的象征，传统文化被摧毁、被断绝，乡村外在的风貌被城市文明逐步吞噬，但中国目前还幸存的少量有文化和风貌特色的城镇，是今后传承复兴中华优秀文化的种子。在注重传统文化挖掘及新文化建设、形成文化品牌、提升城镇活力[2]的基础上，充分利用和挖掘自然环境、历史文脉、民俗风情等特点，统筹协调与周边区域的风貌关系，从而加强居民的文化认同感、增强特色小城镇软实力。

（3）宜居的特色环境

越来越多的人希望远离城市的喧嚣，至少暂时回归宁静自在感受。相比城市，小城镇规模小、开发强度低，能够更好地融入大自然，更容易营造生态、生活、生产融合的良好环境，而那些追求精致、紧凑、可持续的生态与生态宜居型的特色小城镇就有可能获得更多人的青睐，通过重点加强风貌设计，适度控制建筑的高度和密度，凸显建筑景观风格，从而获得新的发展动力，促进居民回归生态。

1　[周]晏婴．晏子春秋 [M]. 汤化，译．北京：中华书局，2015.

2　陈侃侃，朱烈建，张建波，等．产业转型与特色营造导向下的浙江特色小镇规划探索——以光机电智造小镇为例 [C].2016 中国城市规划年会论文集，2016.

2. 特色小城镇“三化”空间组织要点

特色小城镇空间组织不同于传统的规划，通过满足生产、生活、生态融合，要在有限的空间里充分融合产业（项目）空间、复合功能空间、宜居社区环境空间，实现多元协同的“三化”空间组织模式，在构筑产业生态圈的同时，营造令人向往的优美风景、宜居环境的空间。

（1）产业激发活力化空间

产业是特色小城镇发展的生命力，特色是产业发展的竞争力，因此要按照区位的优势、资源的禀赋来培育最有基础、最具潜力、最具成长性的主导产业，围绕主导产业适当延伸产业链，进而促进产业跨界融合的发展。基于产业平台的定位，强化产业研究，以产业（项目）引领小镇的功能组织与空间布局。不同的产业、项目对建筑空间、街巷路空间、景观空间等要求不同，需根据具体情况“量身定制”，使得产业（项目）在空间上能真正地落地，实现以为产业引领营造特色的活力化空间。

（2）功能力求融合化空间

相比传统的城镇，特色小城镇要求更复合、更多元、更联动，因此需要通过内容体系的创新来实现特色小城镇的多功能复合。功能复合不是机械的“功能相加”，而是对文化功能、旅游功能、社区功能的空间融合，真正产生叠加效应、推进融合发展，培育宜居、宜业、宜游的活力功能体。

对于文化功能空间，每个特色小城镇都应有“特定”的文化标识，把文化传承植入特色小城镇发展全过程，形成“人无我有、人有我特”的地域特色文化。对于旅游功能空间，因镇而异，按照不同级别的旅游景区标准培育，可赋予休闲、工业、体验、教学、健康等更加多元化的旅游功能。对于社区功能空间，基础设施能满足特色产业发展需要，小镇内或周边拥有交通、给排水、清洁能源、教育、医疗、应急等较为完善的公共服务设施，实现各种功能有机融合。

（3）宜居营造人性化空间

特色小城镇作为各种空间载体，各种活动离不开人的因素，因此宜居环境是最重要的。特色小城镇在开发过程中不是追求空间规模的宏大以及建设进程的快速，而追求开发的精致、紧凑、生态与可持续[1]。尤其是对城镇居住空间的关注，建议以小尺度

1 秦诗立 . 特色小镇建设须着力“特”与“色”[J]. 浙江经济 ,2015（12）：42-43.

开放式街坊住区为主，新建住宅应为低层、多层，避免城市化住宅开发影响；把握好宜人的街巷、建筑等空间尺度，充分营造小城镇居民易于交往的空间；同时突出地方文脉要素，培育和丰富文化内涵。从整体上构建具有地方特色的风貌格局，营造真正宜居的人性化空间。

3. 独山茶谷·将军小镇规划实践

（1）项目概况

独山镇位于安徽省六安市西南部，大别山东北麓，西淠河之滨（图 9-1），为“一谷一带”的重要节点，是六安茶谷第一门户。独山镇为国家第一批特色小镇、中国十大名茶“六安瓜片”原产地，诞生了 16 位开国将军，享有“一镇十六将，独秀大别山”之美誉。

本项目研究范围为 189 平方千米镇域，作为产业培育延伸空间。作为产业提质增效空间，规划 1 个小城镇核心区、4 个小组团（北部瓜片公园组团、西部军旅体验组团、南部休闲度假组团、东部户外运动组团）的空间布局，形成“1+4”的“块 + 点”的空间布局（图 9-2）。在重点研究核心区产业、功能、环境等空间的同时，考虑镇域及周边区域相协调。

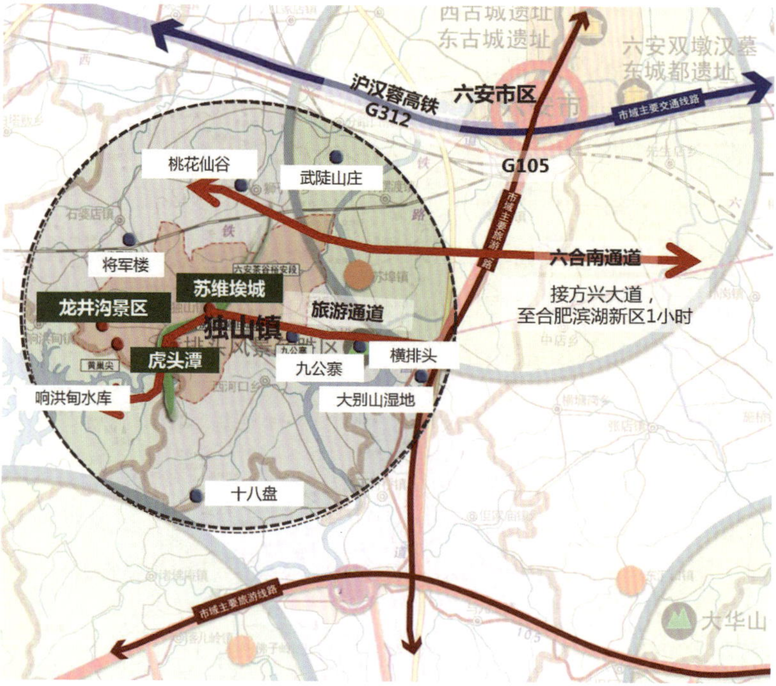

图 9-1　独山镇区位图

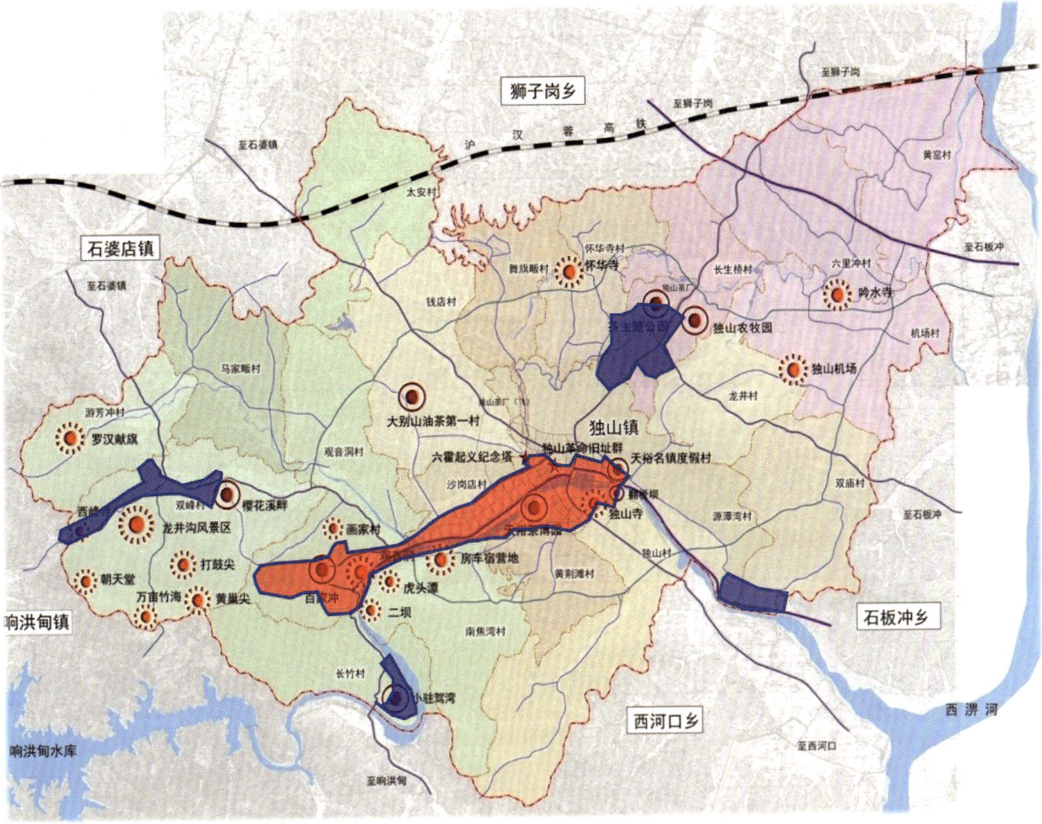

图 9-2　茶谷·将军小镇规划范围图

注：2015 年 5 月 27 日，六安市委、市政府召开六安茶谷暨淠河生态经济带建设工作会议，提出“一谷一带”建设的决策。“一谷”指六安大别山茶谷，“一带”指淠河生态经济带。

其中依托镇区重点规划小城镇核心区，总面积约 3.51 平方千米。现状基地内整体地势平坦，周边为山体丘陵，中部西淠河穿越，北部为独山苏维埃城（图 9-3），具有典型的皖西城镇依山顺水的选址特征。现已建成六安茶谷主题公园、独山污水处理厂等项目，同时随着将军文化园、污水管网等项目推进，生态环境品质得到进一步提升。以国家第一批特色小镇为契机，随着瓜片及红色旅游产业项目的陆续导入，需进一步完善产业、旅游、生活服务设施，以及营造特色空间、整治西淠河，提升基地的宜居环境品质。

（2）产业引领

独山镇瓜片产业虽创建多个知名茶叶品牌享誉中外，特色产业已初步形成，但产业集聚度不高；红色资源虽丰富，但业态单一、利用度不够。规划以一枝独秀的瓜片特色产业为抓手，以“一镇十六将”为红色文化基础，以旅游业为引擎，从总体定位、产业链构建、项目体系构建等几个方面策划特色鲜明的产业，找寻新的经济增长点。

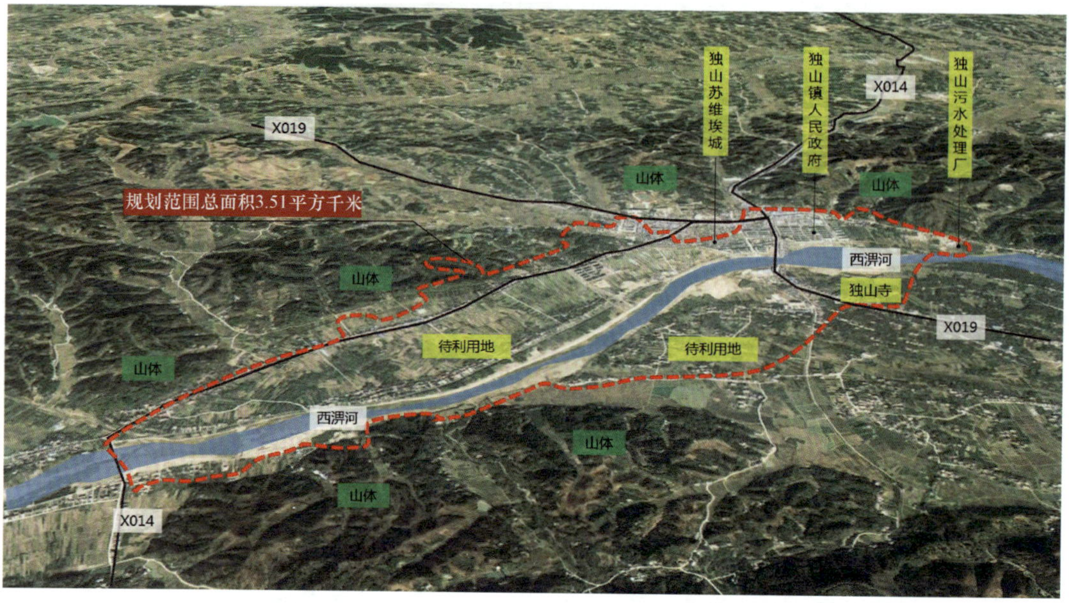

图 9-3　茶谷·将军小镇核心区规划范围图

按照产业提升延展、文化整合发展、设施标准完善、环境整治优化四大发展战略，紧扣国茶第一小镇、国家 5A 级景区、全国爱国主义教育示范基地三大目标，规划总体定位为：以六安瓜片产业为核心，以红色旅游、生态旅游、茶旅游为辅助，以产业融合发展为理念，培育世界东方的茶谷·将军小镇。

以六安瓜片为基础延伸瓜片产业链，实现瓜片的生产、加工、销售体验及品牌塑造等重要环节纵向延展；同时将瓜片产业与红色旅游、文化旅游、生态旅游、茶旅游及其他旅游进行深度横向融合发展，实现茶谷·将军小镇产业“纵向延，横向融”的产业链构建（图 9-4）。

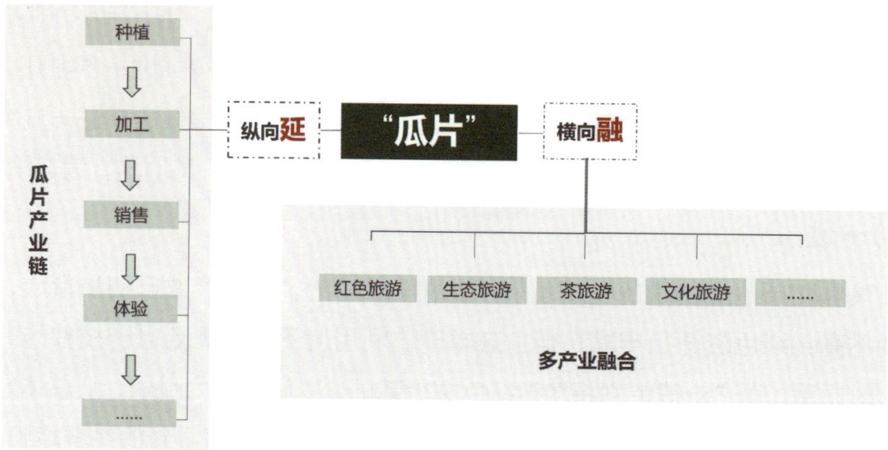

图 9-4　茶谷·将军小镇产业链构建图

重点依托镇域范围内六安瓜片公园、油茶基地、苏维埃城、龙井沟景区、军事营地、西淠河、小驻湾等资源禀赋，确定以瓜片产业为主导产业，红色文化旅游产业、茶旅游产业、生态旅游产业三个支撑产业共同发展的产业发展格局，明确“1+3+10+*N*”的项目体系（图 9-5），构建独山茶谷·将军小镇产业发展的核心抓手。

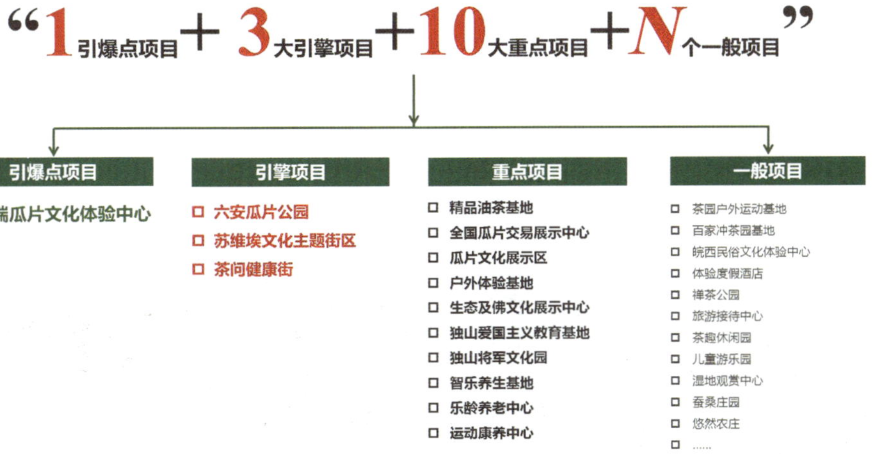

图 9-5 茶谷·将军小镇项目体系图

（3）功能融合

独山茶谷·将军小镇拥有独特的绿色瓜片文化、红色旅游文化，形成了全国罕见的“绿红交融”文化，通过强文化自信和重视文化内涵来融合独山茶谷·将军小镇文化功能。

绿色瓜片文化方面，一是结合六安瓜片公园规划六安瓜片非遗展示馆、全国瓜片交易展示中心（图 9-6）等体现瓜片生产、展示、销售、交易基本功能；二是结合南

图 9-6 全国瓜片交易展示中心效果图

焦湾美丽乡村设置瓜片文化度假体验区，培育集茶居、茶艺、茶景、茶悦为一体的中国第一高端瓜片文化体验村，实现瓜片体验、度假等旅游拓展功能。

红色旅游文化方面，重点依托独山苏维埃城规划集红色展示、红色教育、红色体验、红色演绎等为一体的体验功能为主的苏维埃文化主题街区；同时结合六安市党校（图 9-7）、独山将军文化园等项目建设，培育军事教育基地、军旅文化生活体验、军事摄影基地、红色众创空间、研学旅基地等多功能于一体的全国爱国主义教育示范基地。

图 9-7　六安市党校效果图

依托独山镇现有的两个 4A 级旅游景区，独山茶谷·将军小镇按照 5A 级旅游景区标准培育，让小镇更有生命力。结合绿色和红色主题，整合“瓜片资源、红色资源、生态环境、皖西民俗、皖西村落”等资源，围绕生产、体验和服务来设计旅游功能，除传统的景区观光旅游外，在核心区中部淠河景观经济带以生态、展示、休闲、体验功能为主；核心区北部规划苏维埃城、教育基地两个组团以红色教育和体验功能为主；核心区西北部规划智乐养生、乐龄养老、运动康养三个组团以康体养生功能为主；核心区东南部规划旅游接待、茶艺度假两个组团以旅游服务、度假功能为主（图 9-8），实现独山茶谷·将军小镇更加融合多元化的旅游功能。

图 9-8 茶谷·将军小镇功能分区图

首先，结合独山当地优越的生态环境重点整治西淠河沿线，实现西淠河生态化、景观化、宜居化，发展环境和生活环境同样“诱人”，既要实现发展环境留得住人，又要做到生活环境留得住人。

其次，按照不同的服务半径需求，建议设施圈层化（图 9-9）。社区为第一层圈层空间，分 4 个组团 800 米聚集商业服务和产业用地，本圈层范围内重点解决幼儿园、文化图书室、卫生诊所、超市、垃圾收集点、公厕、小型停车场、街旁绿地等生活配套需求；镇区为第二层圈层空间，按照 1500 米组团化聚集生活社区，本圈层范围内重点解决商业、餐饮、娱乐、购物、教育、医疗、交通、公园等多层次需求，基础设施能满足特色产业及生活发展需要；茶谷区为第三层圈层空间，按照 4000 米（自行车出行范围）可以接触茶谷生产和独山的自然生态，本圈层范围内重点解决衔接过境交通、生产服务、旅游服务等区域性设施需求。

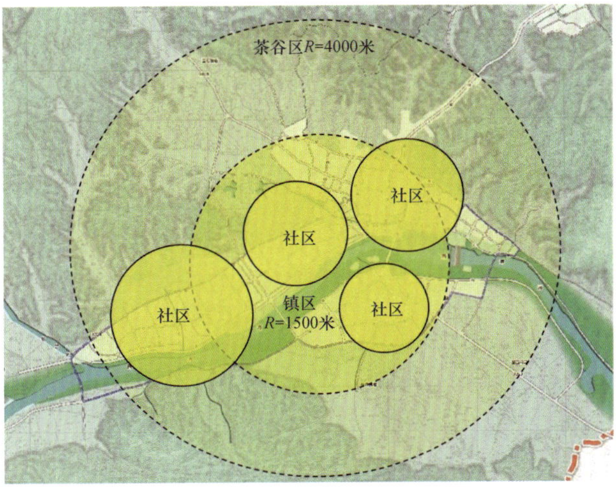

图 9-9 茶谷·将军小镇设施圈层化示意图

（4）空间营造

一是依山顺水。茶谷·将军小镇有机结合周边地形地貌，融入周边山体、西淠河、百家冲茶场、六霍起义纪念塔、独山寺、田畈等自然要素，结合旅游功能充分利用缓坡地带规划多处点式康养度假村落，与核心区内建筑物一起随地势起伏蔓延，彰显优美的山水格局和错落有致的天际线景观。

二是肌理延续。充分研究以苏维埃城为代表的皖西地区的空间肌理、格局、生活生产方式的基础上，优化道路系统，形成“高密度、小街区”路网形态（图 9-10）。更加注重背街小巷交通组织，直接连接家家户户，是干道的重要延伸，以便捷、省力的原则建设而成，并顺应地势的走向与起伏进行布局[1]。鼓励居民回归并在保护的基础上活化存量空间，如独山苏维埃城，增量空间则延续皖西的肌理特征，形成有机整体，实现茶谷·将军小镇空间肌理的延续（图 9-11）。

图 9-10　茶谷·将军小镇空间肌理图

三是风貌协调。茶谷·将军小镇分为瓜片韵味风貌区、红色人文风貌区、康体养生风貌区、社区活力风貌区 4 个风貌片区（图 9-12）。设计者重点梳理各风貌区的空间风貌界面，结合西淠河滨水开敞空间和生态绿地设置、连续的建筑界面控制，强调城镇界面的亲水性、开敞性、连续性和对街道空间的围合感。同时对运动康体街区、茶间健康街、六安党校三个重点地段加强设计引导控制，并制定城市设计导则（图 9-13），重点控制建筑、交通、开放空间、标志物、景观小品、亮化等，建筑的风格、色彩、材质等传承皖西建筑风貌，雕塑、小品等构筑物体现瓜片、红色等文化元素，体现茶谷·将军小镇具有时代特征的皖西风貌。

1　赵晖，等 . 说清小城镇：全国 121 个小城镇详细调查 [M]. 北京：中国建筑工业出版社，2017.

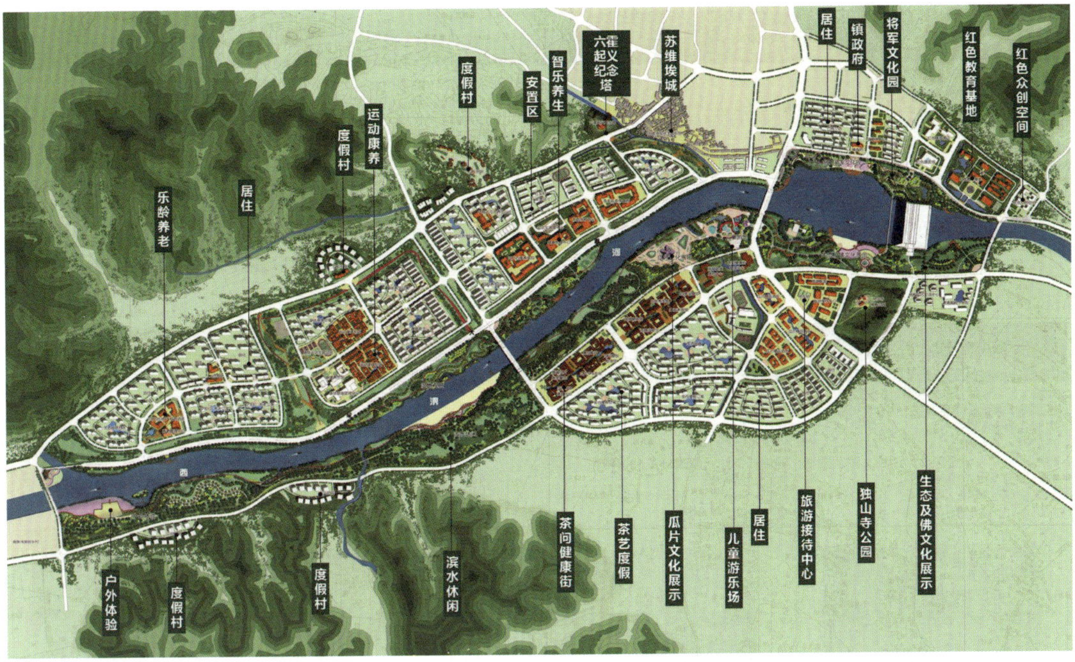

图 9-11 茶谷・将军小镇总平面图

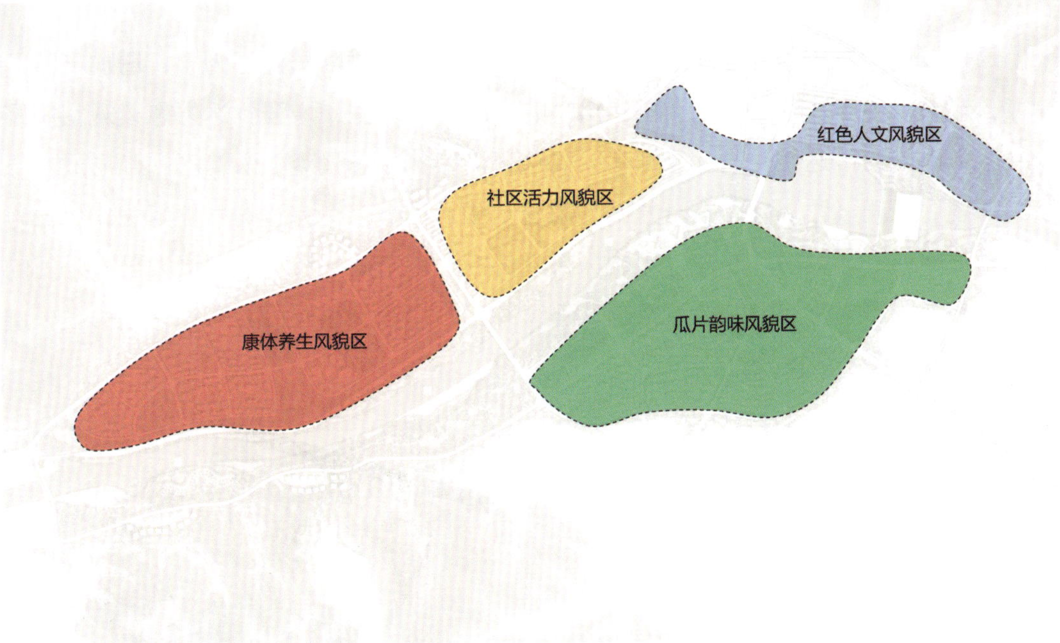

图 9-12 茶谷・将军小镇风貌片区规划图

核心控制要素	
建筑设计引导	交通设计引导
建筑形式：粉墙黛瓦皖西建筑 建筑高度：20米以下 建筑体量：单栋建筑面积不大于5000平方米 建筑色彩：灰、白、蓝黑	选线布局：完善街巷系统，形成街巷网络 交通设施：商业引导牌、道路标识牌 巷道绿化：宜采用落叶树种搭配常绿树种配置 铺地景观：青灰广场砖

辅助控制要素			
开放空间设计引导	标志物设计引导	景观小品设计引导	亮化设计引导
尺度：广场用地面积不超过0.5公顷；建筑高宽与间距比控制在1：20-1：5 边界：开敞通透式 开放性：自由出入 布局：注重系统塑造，形成点、带、面结合的多层次开放空间系统 配套设施：坐凳、垃圾箱、扶手、景观路灯风格、色彩应相互协调一致	形式：突出于周围环境，避免对环境产生割裂与破坏 布局：风貌节点处、视线聚焦处；商业引导标识主要置于商业街道交叉口；特性标志物要依据特性元素的分布进行布置，其布局应体现元素特征 体量：满足空间可视性要求，不能遮挡、干扰主要风貌视线廊道	布局：景观、开放活动空间、公共建筑内部及周边布置 风格：仿古式 色彩：白色、深褐、赭石 尺度：舒适高度一般为1.6--3.0米	商业街区的色温可采用3400K，局部重点区域可考虑采用高显色的色调（4500K）； 采用冷色与暖色相结合的方式

图 9-13　重点地段城市设计导则

四是提倡街坊式居住空间。茶谷·将军小镇以开放式街坊住区为主，增加支路网密度，形成以 100 米 ×150 米（图 9-14）的住区尺度为主，增强到达生态景观空间及公共服务设施的可达性，通过绿廊串联周边环境，将生态景观引入社区内部形成“绿廊＋邻里”空间（图 9-15）。一方面利用建筑围合出一个个完整的居住组团；另一方面组团之间通过绿廊串联起来，形成深入内部的景观空间。有利于促进人与人之间的交往与融合，形成有活力的街道氛围，延续茶谷·将军小镇居民原有的邻里关系，避免照搬城市居住小区模式。

图 9-14　开放式街坊住区示意图

图 9-15　“绿廊＋邻里”空间示意图

五是营造小巧街巷空间。独山苏维埃城的街巷空间采用“起承转合”布设，划分出若干公共活动空间，规划延续此格局。控制茶谷·将军小镇建筑物间距与建筑高度比在 1:1 至 1:2 之间为宜。日本著名建筑师芦原义信在《外部空间设计》[1] 中对街道空间尺度有详细论述，外部空间以 20 ~ 25 米作为设计模数标准，街道的高宽比也有规律：用 H 代表建筑物的高度，用 D 表示建筑之间的间距，则在 $D/H < 1$，此种建筑物间距给人心理近迫之感；当 $D/H > 1$ 时，此种建筑物间距给人心理远离之感（适当距离感和宽阔之感）；当 $D/H=1$ 时，此种建筑物间距给人心理匀称之感（图 9-16）。

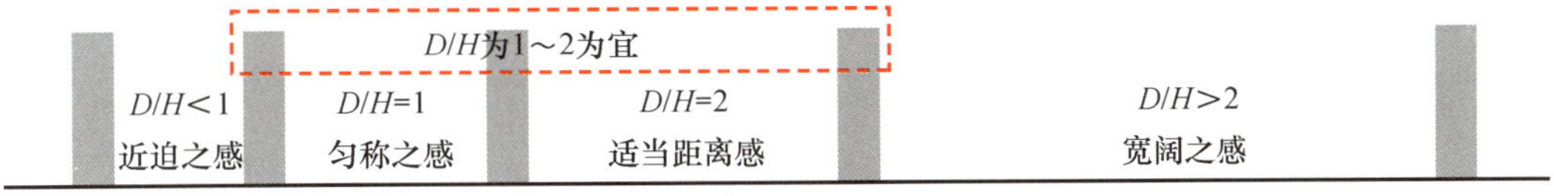

图 9-16　建筑间距与建筑高度关系图

六是严控地块经济指标。按照“精致开发，集约节约”的总体要求，重点控制地块的开发强度、建筑高度、建筑色彩三个方面，其中：

开发强度控制：临山地块开发强度控制在 0.5 以下，中心商业服务及生活区可适当加大开发密度，但开发强度控制在 1.0 以下，其他街区以弹性控制为主，控制开发强度上限（图 9-17）。

图 9-17　茶谷·将军小镇开发强度控制图

建筑高度控制：新建建筑以低层、多层为主，建筑高度一般不超过 20 米，单体建筑面宽不超过 40 米，山水周边严格控制引导的高度发展模式（图 9-18）。

1　[日] 芦原义信 . 外部空间设计 [M]. 尹培桐译 . 北京：中国建筑工业出版社，1985.3.

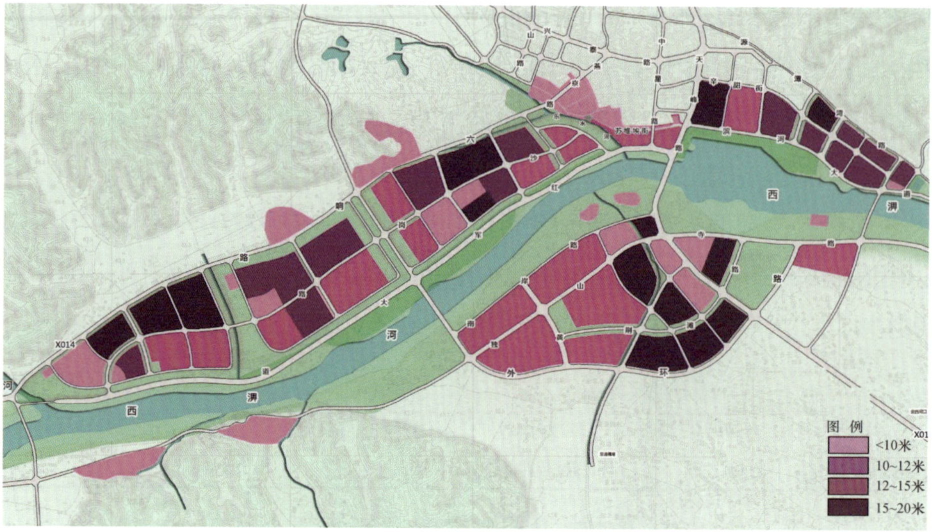

图 9-18　茶谷·将军小镇建筑高度控制图

建筑色彩引导：红色记忆区积淀了革命历史，最能体现独山的红色文化和地域辨识性，建筑宜采用“红色 + 深灰色 + 白色”作为主色调，反映历史的厚重感；康体养生区是独山镇养老养生服务，建筑主色调宜采用“浅灰 + 白色 + 赭色”，点缀色宜采用“淡红色 + 褐色”，展现新镇的朝气；茶艺度假区是独山镇的茶文化和商务、商业中心，建筑主色调较多采用“赭色 + 白色 + 暖黄”，点缀色宜采用“暗红色 + 褐色”（图 9-19）。

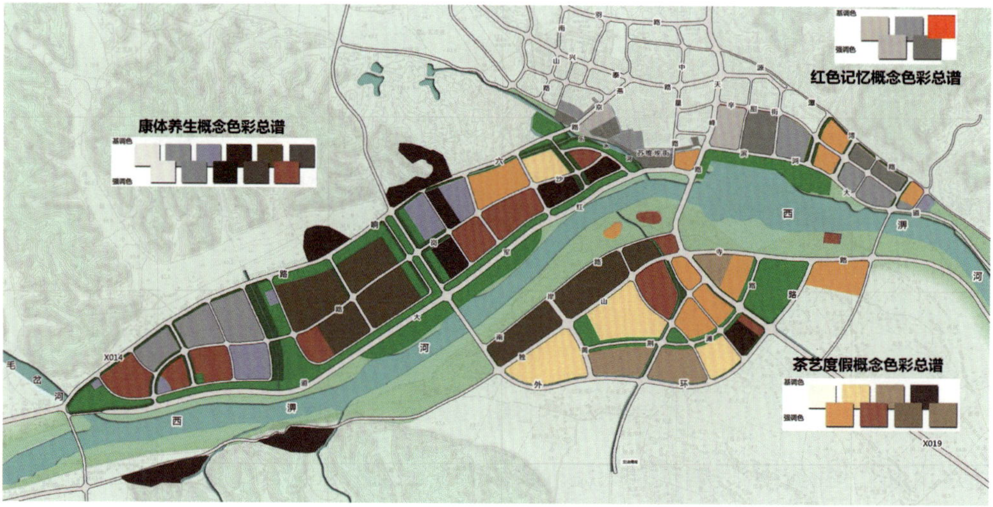

图 9-19　茶谷·将军小镇建筑色彩引导图

特色小城镇强调产业的核心地位，正是由于产业引领作用，城镇的生产、生活方式发生了变化，从而对城镇功能空间组织提出了新的要求。现从国家到地方正在如火如荼地培育特色小城镇，为避免特色小城镇“千镇一面、索然无味”等现象，在规划中我们应有别于传统的空间类型规划设计，应在尊重生态、文化、资源等基础上，统筹考虑产业（项目）空间、复合功能空间、宜居社区环境空间营造，从而实现“产、镇、人、文”融合发展的特色城镇空间。（注 1）

二、黄山宏村镇：旅游驱动，加速转型

1. 基本概况

宏村镇（图 9-20）位于黄山南麓，地处青弋江水系与新安江水系分水岭，是两大水系的主要发源地，隶属于安徽省黄山市黟县，是徽文化的主要发源地之一，距黟县县城 11 千米，距黄山风景区 30 千米，总面积 188.95 平方千米，总人口 1.84 万。

图 9-20 俯眺宏村

近年来，宏村镇始终坚持生产、生活、生态“三生融合”，城镇化、信息化、产业化“三化驱动”，以土地、项目、资金“三方落实”为目标，加大资金投入，加快项目推进，扎实推进小城镇建设。依托省级现代服务业集聚区建设，不断加大市政基础设施投入，建设完成水墨宏村、宏村印象等项目。宏村镇注重规划引领，完成《宏村镇总体规划

（2011—2030）》修编，先后编制《服务业集聚区规划》《传统村落保护与发展规划》《全国历史文化名村保护规划》《省级美丽乡村中心村建设规划》及《宏村艺术小镇》等专项规划。同时大力发展乡村旅游，宏村、屏山、卢村等传统景区名声更响、影响更大，旅游人数逐年上升。

2. 依托“旅游”打造特色小镇

（1）特色鲜明的产业形态

坚持“旅游 +”发展模式，着力打造四大产业片区（遗产地旅游观光区、奇墅湖国际旅游度假区、秀里文化产业区、悦榕庄高端接待区），形成多点支撑、多业融合的产业体系。推进“旅游 + 观光”，按照差异性、多样性的思路，开发建成宏村、塔川、木坑等观光旅游景区景点。推进“旅游 + 文化”，突出摄影、写生两大主题，连续举办十届国际乡村摄影大展。推进“旅游 + 体育”，修建国家级山地车测试赛道，成功举办国际山地车公开赛、格兰枫度自行车公路赛等重大赛事活动，修缮登山步道，着力打造登山徒步、滑翔伞户外运动基地。推进“旅游 + 农业”，加大田园风光保护力度，培育发展现代农业，引进有农生态、宏川科技、发呆农场等企业，打造集粮油种植、休闲度假、农事体验、产品加工为一体的现代观光农业园。推进“旅游 + 工业”，引进投资工业旅游项目，培育发展旅游工艺品加工企业。

（2）和谐宜居的美丽环境

围绕打造宜居小镇建设目标，实施宏村景区周边环境综合整治和镇域旅游服务环境改善提升工程，宏村印象、水墨宏村、政务新区等一批重点工程相继完工，镇域经济发展承载力和发展空间大幅提升（图 9-21~ 图 9-23）。美丽乡村建设强力推进，宏村、

图 9-21　田园风光

塔川、卢村等5个省级美丽乡村中心村顺利通过验收。着力改善村民居住环境，建设农民新村。严控关键区域，强化环境保护，完成农村清洁工程、千万亩森林增长工程、新安江流域综合治理等工作，全镇森林覆盖率达85.7%；先后荣获全国环境优美乡镇、中国最美的村镇、中国美丽乡村等称号。

图9-22 卢村

图9-23 农民新村

（3）彰显特色的传统文化

秉承“传承、保护、利用”的主旨，深入挖掘徽文化内涵，不断赋予传统文化新生命和新活力。加大古民居保护力度，先后实施徽州古建筑保护利用、中国传统村落、全国历史文化名村、古建筑群消防安防等系列保护工程，开展文物普查工作，落实责任包保机制，严格执行古建筑修缮九项审批程序，使徽派民居博大精深、技艺精湛的建筑艺术得以保护和传承。充分挖掘地方民俗文化，组织传统艺人、文化爱好者等群体，定期开展宏村斗鸟、徽州婚俗、雉山凤舞等系列地方民俗，积极搭建传统文化交流平台。不断拓宽徽文化交流展示渠道，加大改革创新力度，积极融入现代时尚元素，成功打造集徽州文化与现代演艺为一体的全省首台大型实景舞台剧《宏村阿菊》。借助媒体平台进一步提升徽菜品牌影响力。成立徽州文化联谊会，整理、出版一系列极具徽文化特色的文学作品。深入开展徽州文化生态保护实验区核心区建设，培育壮大砖雕、木雕、竹雕等非遗传承人队伍，积极申报非遗项目。

（4）便捷完善的设施服务

全面推进省、市、县各项民生工程。实施农村人口饮水安全工程，改扩建镇自来水厂，建成农村安全饮水工程26处，全镇自来水入户率、卫生达标率均达100%。村收集、镇转运、县处理垃圾处理模式覆盖全镇，生活垃圾无害化处理率达100%。优化村组道路，交通出行更加便捷。完成宏村古建筑群消防安防系统、东方红水库除险加固及中型灌区节水配套改造、羊栈河山洪沟治理等工程，增强防灾减灾能力。整合师资力量，优化调整小学结构。改善就医环境，提升医疗水平。丰富群众文化生活，增加便民服务设施。广播电视村村通、农网改造、宽带入户等便民工程实现镇域全覆盖。

（5）充满活力的体制机制

牢牢把握全国小城镇建设试点镇、发展改革试点镇和省级“扩权强镇”试点镇等契机，先试先行，大胆实践，探索发展思路，创新体制机制，精心研究，找准结合点，把握切入点，认真落实好政策扶持、税收奖励、人事制度等7个方面19项具体改革措施，设立镇规划建设管理分局和行政管理综合执法分局，提高规划技术人员、执法队伍整体素质和依法行政能力，城镇建设发展能力和水平进一步增强。扎实推进宏村全国旅游标准化试点工作，开展旅游管理领域相对集中行政处罚权试点，创新成立乡村客栈联盟、古民居人民法庭、文化遗产保护工作站等机构，城镇建设管理体系和机制进一步完善。

3. 未来发展目标

宏村传统旅游业的转型升级从根本上是艺术品质的提升，是传统艺术现代化、艺术成果产业化、艺术体验全程化的过程。

按照打造“国际艺术风情小镇，国内摄影、写生产业示范平台，皖南艺术交流、休闲度假基地”的发展定位，打造集“人文、艺术、品质、生态”于一体，文化、旅游和经济社会协调发展，传统文化与现代文明共生融合，国际化与本土化交相辉映的宏村艺术小镇。

宏村艺术小镇借鉴浙江特色小镇模式，将成为政企联动、产业为核心、文旅结合的新兴发展空间平台。

4. 发展策略

近年来，宏村镇以特色小镇创建为契机，坚持产业、环境、文化、基础设施和体制机制融合发展，“五位一体”切实加快特色小镇的建设步伐。

（1）产业培育

一是以摄影写生文化产业园为载体，加快推进建设一批创意产业园、艺术家自建自用的大师工作室、写生摄影产业艺术交流中心、会议中心、教育培训中心等，吸引更多创作人群集聚。二是以宏村印象和摄影写生文化产业园为核心，整合盘活区域文化旅游资源，联动卢村、塔川、木坑等景区业态，实现摄影、写生、影视制作产业和乡村旅游产业融合发展。

（2）环境整治

结合镇区环境综合整治和美丽乡村建设，开展镇区及村庄立面维护、环境保洁、河流清理、景观营造等。在环湿地区域构建以原生态自然景观和摄影写生为主题的湿地观赏游憩公园，打造宏村艺术小镇南侧入口景观带。

（3）文化传承

秉承“传统艺术现代化、艺术成果产业化”发展理念，重点打造摄影、写生两大主导艺术产业，搭建艺术培训、评比、展览、交易、设计、创作、体验平台。

（4）基础设施建设

继续实施际村环境综合整治，加速宏村污水管网、燃气管道、供水设施扩建，停车场及三线下地等在建工程，确保完成年度投资任务。

（5）体制机制建设

建立“政府主导、市场合作”开发模式，制定土地、资金、税收等优惠政策。探索“龙头企业带动、知名艺术大师参与、第三方平台搭建、中小企业及艺术家为主体、行业协会组织推动、政府提供配套服务”运营模式，增强小镇产业集聚效益和辐射带动能力。设置专门机构，强化建设管理，建立信息联动管理平台，实现涵盖所有项目审批部门的统一业务协同平台，提升行政效率。（注2）

注1：本文摘自《小城镇建设》，2018.08，53-61，特色小城镇“三化”空间组织探索——以独山茶谷·将军小镇为例，撰稿人：汤龙腾，程堂明，蔡茜。

注2：本文摘自《小城镇建设》，2016.11，73-75，安徽省黄山市黟县宏村镇特色小镇建设纪实——旅游驱动 加速转型，撰稿人：赵燕岚。

第十章　山东省

一、从“百镇建设示范行动”到“特色小镇”

2014年3月，《国家新型城镇化规划（2014—2020年）》提出通过有重点地发展小城镇，来促进各类城市协调发展，全面提高城镇化质量。2016年7月，住房城乡建设部、发展改革委、财政部等三部委发文《关于开展特色小镇培育工作的通知》，计划到2020年，培育1000个左右特色小镇，引领带动全国小城镇建设，落实国家新型城镇化建设的战略要求。之后，国内掀起特色小镇的建设高潮，浙江、山东、甘肃、天津、湖北、海南、河北、福建等地依据自身发展条件和资源条件，分别出台了特色小镇建设的指导文件，着力提升特色小城镇的建设水平和发展水平。

山东省的经济水平和城市建设水平均位于国内前列，但镇域经济水平、小城镇建设水平与省域整体发展水平相比，呈现出明显的滞后状态，因此，相比其他省份，山东省更加迫切需要解决小城镇发展建设的问题。早在2012年，山东省政府就通过“百镇建设示范行动”加快推进小城镇建设。2016年国家出台“特色小镇”的培育方案后，山东省随即出台了“特色小镇”的实施方案。从“百镇建设示范行动”到“特色小镇”，是山东省对于小城镇建设的持续性探索，也是对小城镇建设策略的一次升级。“百镇建设示范行动”更侧重于政府主导，通过政策倾斜、行政化和硬基础来实现小城镇的跨越发展。“特色小镇”则更多地依托于市场行为、创新驱动和特色化来推动地区发展。本书通过对两次政策的政策目标、政策范围、城镇建设政策、产业政策、财税政策和运营方式的对比，找寻两者的差异，摸清两者的脉络，探寻小城镇建设的规律，为山东省小城镇建设政策的更新迭代提供技术建议，确保山东省小城镇建设路径的持续性和连续性。

1. 特色小镇建设历程回顾

山东省历来重视小城镇的发展建设，早在2012年，山东省委、省政府就确定实施“百镇建设示范行动”，出台了《山东省人民政府关于开展“百镇建设示范行动”加快推进小城镇建设和发展的意见》，在实施扩权强镇、保障发展用地、适度扩大财权等7个方面制定了创新性的优惠政策。随后，分别于2012年8月和2013年12月公布了两批共计200个示范镇（表10-1）。

表10-1 近5年山东省出台的特色小镇文件

编号	发布时间	文件名称	发布部门
1	2012.6.14	山东省人民政府《关于开展“百镇建设示范行动”加快推进小城镇建设和发展的意见》鲁政发〔2012〕22号	山东省人民政府
2	2012.8.10	山东省人民政府办公厅《关于公布全省“百镇建设示范行动”示范镇名单的通知》鲁政办字〔2012〕120号	山东省人民政府办公厅
3	2013.2.22	山东省住房和城乡建设厅《关于印发〈山东省百镇建设示范行动示范镇规划编制审批管理办法〉的通知》鲁建村字〔2013〕1号	山东省住房和城乡建设厅
4	2013.5.13	山东省人民政府办公厅转发省财政厅等部门《关于进一步加强乡镇财政建设的意见的通知》鲁政办字〔2013〕63号	山东省人民政府办公厅
5	2013.12.24	山东省人民政府办公厅《关于公布全省“百镇建设示范行动”第二批示范镇名单的通知》鲁政办字〔2013〕160号	山东省人民政府办公厅
6	2016.9.1	山东省人民政府办公厅《关于印发山东省创建特色小镇实施方案的通知》鲁政办字〔2016〕149号	山东省人民政府办公厅
7	2017.1.6	山东省人民政府办公厅《关于公布新的中小城市试点名单和特色小镇创建名单的通知》鲁政办字〔2017〕16号	山东省人民政府办公厅
8	2017.9.21	山东省人民政府办公厅《关于公布山东省第二批特色小镇创建名单的通知》鲁政办字〔2017〕146号	山东省人民政府办公厅

随着国家层面提出“特色小镇”的建设要求后，山东省也相继出台了特色小镇的实施方案。2016年9月，山东省人民政府办公厅印发《山东省创建特色小镇实施方案》，提出到2020年，创建100个左右特色小镇。经过评选，首批60个小镇纳入省级特色小镇创建名单。8个月后，第二批特色小镇推荐、评选工作后，新增加49个省级特色小镇，连同22个国家级特色小镇，山东省总计现有131个特色小镇。

2. 山东省“百镇建设示范行动”与“特色小镇”的政策对比

（1）政策目标对比

“百镇建设示范行动”的政策目标是将人口和产业集中到小城镇，做大做强一批小城镇。同时发挥示范带动作用，带动全省小城镇的承载力提升、经济实力增强、人口规模扩大和城镇面貌改善。

“百镇建设示范行动”提出之时，国家和山东省都已开始了新型城镇化的研究工作，但在当时，对于如何推动新型城镇化，国内和山东省都未形成统一的认识，而“百镇建设示范行动”的提出，已经前瞻性地考虑了城镇化建设的需要，明确提出要以实施新型城镇化战略为主线。因此，“百镇建设示范行动”更多的是对城镇化建设的一种探索，“百镇建设示范行动”的总体思路是在全省选择100个镇，通过“三集中”（产业向园区集中、人口向镇区集中、居住向社区集中），把示范镇培育成县域层面的产业载体、创新平台和人才集聚地。

“百镇建设示范行动”实施办法针对示范镇在“十二五”期间的地区生产总值、地方财政收入、农民人均纯收入等指标提出了明确的指标要求，这些指标与同时期的山东省整体发展目标相比，均高出6～10个百分点，可以看出，示范镇的增长速度要求已经大大超过同时期山东省的平均水平。除了经济发展指标外，“百镇建设示范行动”还要求到2015年，新增建成区150平方千米以上，新增镇区人口150万人以上，希望通过人口和就业岗位的增加，培育一批大镇、强镇。

“特色小镇”的政策目标则侧重于在现有城镇体系框架内，创建一种新型的、特色的发展平台，是深化改革的一次尝试。如果说示范镇的建设强调“大”和“强”，那么特色小镇的建设则强调“小”和“特”。特色小镇首先受“小”的空间限制，其规划面积一般控制在3平方千米以内，且不受原有行政区划的限制，可以覆盖几个镇的“小”地方。在这样的“小”镇上，它有独特的产业、历史、文化、环境等特质，并且聚集着发展特色产业和新兴产业的发展要素。特色小镇有其独特的优势，吸引特定人群前来进行投资、工作、生活等。特色小镇的核心功能是创新创业的孵化器。特色小镇在载体建设的同时，更加强调平台打造，即产业转型升级和创新创业提供合适空间和便捷服务。

（2）政策范围对比

“百镇建设示范行动”的政策范围是明确的行政建制镇，政策的着力点是已经初具规模的小城镇驻地。“百镇建设示范行动”政策的出发点是解决山东省大镇、强镇数量不多的问题，所以，选择的空间多是县域城镇体系中的副中心，除了是明确的行政单元外，还是行政序列中的前列。

而“特色小镇”的政策范围区别于行政区划单元和产业园区，更加强调具有明确产业定位、文化内涵、旅游特色和一定社区功能的发展空间平台。国家发改委的定义中明确强调，特色小镇不同于行政建制镇，它可能包含一个镇，也可能包含多个镇；特色小镇不同于产业园区，它是一个聚焦特色产业和新兴产业、集聚发展要素的概念，实质上是一个创新创业平台。特色小镇可以位于城市中心区范围内，又可以位于乡镇驻地，也可以位于远郊的产业集中区。比如滨州市沾化区富国国际足球运动小镇，就位于沾化区城区。

（3）产业政策对比

“百镇建设示范行动”将产业作为政策的核心抓手，寄望于通过产业的发展，增强城镇的经济实力，带动城镇的发展，最终让山东的小城镇能够与江浙、广东的小城镇进行竞争。针对产业发展，一是强调要把发展实体经济、促进产业集聚作为示范镇发展的核心；二是要根据资源和条件的不同，选择不同的发展方向，打造工业强镇、商贸重镇、旅游名镇等多种类型的示范镇，避免同质化竞争；三是通过发展现代农业和涉农产业，带动农村腹地发展，并引导农业产业龙头企业向示范镇集中；四是通过集中建设发展产业园区，引导镇域内和周边乡镇的企业向示范镇的产业园区集聚，承接大中城市产业转移。同时要求各市县，要将适合小城镇发展的产业项目，优先安排在示范镇，示范镇可享受省级经济开发区的各项优惠政策。“百镇建设示范行动”通过行政手段给予产业政策方面的倾斜，让示范镇迅速做大做强，成为区域性的产业标杆和增长极。

“特色小镇”的产业政策则明显减少了行政化的因素，把产业发展交给市场来选择。但通过产业实现就业增长和人口集聚仍然是特色小镇的重要目标。从特色小镇的实施办法中可以看出，特色小镇的产业发展已经不再单纯要求经济增长，而是具有了后工业化的思维，更加注重地方性产业的培育，变单纯的增长导向为可持续性导向，将产业的生机和活力、地方资源的调动能力、民众的参与度和共享度放到更加重要的位置，摆脱对经济规模的盲目崇拜和对高额利润的无限制追求。

对于特色小镇的投资强度，实施办法提出了明确的要求，这也方便对特色小镇进行选择和考核。实施办法要求特色小镇每年固定资产投资不少于 6 亿元，5 年总计 30 亿元以上。西部经济隆起带的特色小镇和某些轻资产产业的特色小镇目标分别降至 4 亿元和 20 亿元。这一标准大约是山东省各乡镇固定资产投资排名序列的前 40%，总体来说这一标准并不苛刻。这与当前国内经济增长动力从要素驱动、投资驱动转向创新驱动这一大趋势相一致，同时，特色小镇建设也是中国经济增长动力转向的一个有力抓手和重要标志。

（4）城镇建设政策对比

“百镇建设示范行动”着眼于增强示范镇集聚辐射能力，发挥其区域优势和带动作用，但在此之前，山东省的小城镇普遍存在规模小，带动能力弱的问题，因此“百镇建设示范行动”要求重新修编或调整示范镇总体规划，使人口规模、建成区面积等指标与“百镇建设示范行动”目标相吻合。通过优先安排土地利用总体规划、城镇总体规划调整，把经济、社会、生态等目标进行落实。对于规模偏小、发展受限的示范镇，通过调整行政区划，为示范镇拓展发展空间。示范镇镇域内的农村住房集中建设改造项目尽量在镇区安排，适时撤销相关行政村，建立城镇社区。除此之外，从2012年起，“十二五”期间山东省每年为100个示范镇安排不少于5000亩的新增建设用地计划指标，直接单列下达。以上这些措施，有效地扩大了示范镇的人口规模和城镇建设用地规模，提高了示范镇的集聚能力和带动能力。

同时，为避免城镇规模的快速扩张可能带来的建设无序问题，实施办法对示范镇的规划编制提出了具体的要求：一是要求由乙级以上资质的编制单位编制示范镇的总体规划，并在6个月内报住建厅备案；二是要求示范镇编制产业、基础设施、公共服务设施等专项规划，完善示范镇的规划体系；三是要求在2013年年底前实现规划建成区详细规划全覆盖。

与“百镇建设示范行动”强调城镇集聚和规模扩张不同，“特色小镇”更加强调城镇建设的“小而精”。在土地约束日益收紧的情况下，特色小镇这种集产业、人居、研发、营销、现代服务等多种功能于一体的综合功能区块，其土地利用必然是集约高效和多样化的。因此山东省对于特色小镇的规模管控提出了具体的要求，要求起步区控制在1平方千米以内，总面积控制在3平方千米以内。并且特色小镇的用地必须位于城镇建设用地范围以内。由于建设用地在多数城镇已经十分紧张，所以实施办法要求充分利用低丘缓坡、滩涂资源和存量建设用地，需求丰富多样的建设道路。

宜居、宜业、宜游是特色小镇创建的重要要求。特色小镇必须依托独特的生态资源和地域文化，把地域文化和风土人情融入“山、水、镇”，真正体现出“望得见山，看得见水，记得住乡愁”的小镇美丽。部分省份提出，特色小镇要达到3A级景区的标准，山东省也要求将城市设计贯穿特色小镇规划建设的全过程，更多地从人的尺度考虑城镇布局，塑造高品质的城镇空间。

（5）财税政策对比

“百镇建设示范行动”时期，山东省下决心解决小城镇不大、不强的问题，因此在财税政策上，给予了较大的倾斜。一是每年安排10亿元专项建设资金，补助示范镇的公共建设项目；二是整合各级各类对于乡镇的补助金，重点补贴示范镇；三是在财政转移支付力度上进行倾斜，保障示范镇有足够的资金支持。另外，针对示范镇的税收和非税收入，也有相关政策进行倾斜，用以保障示范镇的资金需求。

“特色小镇”的建设更多的是依靠社会资本投资，因此在财税政策上，特色小镇的支持力度明显较小。对于必须由公共财政支出的规划设计、设施配套等建设内容，通过统筹城镇化建设等资金来解决，其他投资更多依靠社会资本的投资来解决。资金是支撑特色小镇成长的必要条件，但山东省小城镇大多规模较小，税源性项目少且规模小，单纯依靠小城镇自身的资金支持很难有所作为，因此特色小镇更多地依靠产业基金、股权众筹、PPP 等融资路径，用于特色小镇公共配套、基础设施、公共服务平台等项目的建设。

（6）运营方式对比

“百镇建设示范行动”重点通过权力下放，把更多的决策权出让给一线的管理者来实现管理效率的提升。通过赋予示范镇县级经济类项目核准、备案权和工程建设、市政设施、市容交通等方面的管理权，减少工作流程的层级，扩大示范镇的管理权责。对于无法下放的行政许可事项，则通过设立分支机构或派出工作人员就地办理。所有下放、委托给示范镇的行政许可和审批事项，一律进入镇便民服务中心，实行“一站式服务”。对于重大审批事项，则由县(市、区)政府建立审批联动机制，实行“一事一议、急事急办、特事特办”。

“特色小镇”通常是非建制镇，其范围相对独立，是区别于传统产业园区与行政区划单元的发展空间平台，所以其管理运营更多地追求市场化效应。如何与政府主导的基于平权架构的公共服务体系相对接，是特色小镇需要重点协调的内容。因此，山东省鼓励引入第三方机构，为入驻企业提供电子商务、软件研发、产品推广、技术孵化、市场融资等服务，将特色小镇打造为新型众创平台。政府则发挥公共服务提供的专长和职能，做好公共要素的配置，同时政府可以重点监管第三方运营机构，管控整个特色小镇的投资建设。政企各司其职，充分发挥各自所长。

3. 特色小镇建设的政策建议

从“百镇建设示范行动”到“特色小镇”，山东省一直践行着各具特色但一脉相承的小城镇建设之路，山东省的小城镇建设也呈现出良好的发展势头，一批小城镇的综合发展水平得到了较大的提升。作为当前的建设热点，特色小镇的建设成为山东省新型城镇化建设的重要载体和政策抓手，为小城镇的建设发展贡献了新的路径和新的动力。面对不断迭代升级的发展要求，特色小镇的建设策略和建设要求也应同步升级，因此，在新的发展过程中，特色小镇的建设应重视以下几个方面的内容：

（1）控制特色小镇的数量

国家提出到2020年之前建成1000个特色小镇，从已经出台专门政策的省份来看，多数都提出2020年之前，要在本省（市、自治区）内建设100个左右的特色小镇。山东省也已公布两批共计109个特色小镇，后续评选工作仍在继续。如果特色小镇的数量太多，难免会因为摊子铺得过大，稀释资源投放力度，造成后劲不足，甚至出现半途而废的情形。随着特色小镇数量的不断增加，其特色化程度必然会减弱，进而影响特色小镇的核心竞争力。因此，在后续的特色小镇评审工作中，应适当提高特色小镇的准入门槛，让真正有特色的城镇空间进入，让特色小镇真正成为区域性的特色空间和典范空间，充分发挥其示范作用。

（2）正确处理政府和市场在特色小镇建设中的作用

山东省“百镇建设示范行动”和“特色小镇”建设的经验告诉我们，政府主导和企业主导都有成功案例，也都有失败的教训。“由谁主导”经常成为争论的话题，但谁来主导，要根据每个地方的实际，根据不同的发展阶段和发展特点来决定。所以，关键不是谁来主导，而是定位是否切合实际，路径是否可行，机制是否理顺。

（3）明确区分“特色小镇”和“小城镇建设”

特色小镇不同于传统的建制镇，着眼于打造新的经济增长极，是发展要素的聚集区和创新创业的重要平台。由于对特色小镇的内涵和实质缺乏深刻理解，在很多地区，大多将特色小镇建设与小城镇建设混为一谈，将小城镇建设等同于特色小镇建设。如果简单地将两者等同，很多地区就可能在特色小镇建设上走弯路，简单地将特色小镇建设理解为小城镇空间形态的调整和基础设施建设，导致特色小镇建设走原来的老路，缺乏产业之城、缺乏特色，变成“睡城”“空城”。

二、阳谷高庙王镇：农业型特色小镇的转型策略

小城镇是我国城镇体系结构中处于基层的重要组成部分，除部分小城镇在区位优势、特色资源或政策倾斜等作用下发展成为工业生产型、商贸服务型、交通枢纽型等以外，尚有数量众多、分布广阔的农业型小城镇。党的十八大以后，由传统城镇化向新型城镇化转型成为国家重大战略部署，并有针对性地出台了一系列政策措施，从不同层面对城镇化发展进行引导，其中包括促进特色小城镇发展的相关意见，为农业型小城镇的特色化发展转型指明了方向。

20 世纪 80 年代以后，国内学术界对小城镇发展与规划的理论分析与实践探索等相关研究主要集中在重点镇、中心镇等相对发达型小城镇，而对一般性的非重点（中心）型小城镇的研究相对较少，尤其是对农业型小城镇的关注和研究更少。从文献数量来看，截至 2017 年 8 月底，中国知网（CNKI）显示，包含“重点镇”“中心镇”的期刊文献分别为 149 篇和 465 篇，博硕士学位论文文献分别为 8 篇和 48 篇，而包含“农业型”和“小城镇”的期刊文献和博硕士学位论文文献仅为 3 篇和 1 篇，包含“农业型”和“乡镇”的期刊文献和博硕士学位论文文献数量也分别只有 7 篇和 5 篇。从代表性文献研究来看，陈前虎、宋珍兰、宋炳坚等对传统农业型小城镇发展中存在的问题进行了深入剖析，并提出了 3 种发展转型的方向，分别是综合性的农业经济重镇、专业化的农业经济强镇和规模化的农产品基地镇[1]；解锰、石萌针对都市农业型小城镇展开研究，并结合长沙市格塘镇进行实证研究[2]；杨忠信、马金莲、肖希清对宁夏农业型城镇的空间分布和发展进行研究，认为农业型城镇发展主要原因是经济增长带动和农村剩余劳动力推动[3]；亓传福总结了农业型乡镇在财政体制、行政体制等方面存在的突出矛盾[4]。此外，李勇专门对阳谷县城镇化进行研究，其中涉及高庙王镇相关内容[5]。由此观之，既有研究主要涉及农业型小城镇发展的现状特征、动力来源、空间布局、管理体制等相关内容，也有从县域层面研究城镇化相关内容，但从个案层面对农业型小城镇特色化发展转型存在的问题及策略的研究探讨还相对较少。

山东省阳谷县一直是我国典型的农业大县，2015 年完成粮食总产量近 350 万吨，已连续 3 年被评为“全国粮食生产先进县”。目前，阳谷县行政区划设置除中心城区的 3 个街道办事处外，还包括 13 个镇、2 个乡，多数属于比较典型的农业型小城镇。笔者以其中的高庙王镇为研究对象，利用文献梳理、统计分析、案例比较、实地调查等研究方法，总结该小城镇发展的基本概况和主要发展特征，聚焦其特色化发展中面临的突出问题，从国家新型城镇化战略的视角，提出促进小城镇特色化发展转型和提升的对策，既为高庙王镇社会经济发展和规划建设提供建议，也对广大农业型小城镇特色化发展转型具有参考价值。

1　陈前虎，宋珍兰，宋炳坚，等．浙江省农业型小城镇转型发展思路 [J]. 浙江工业大学学报（社会科学版）,2011,10(3):272-276.

2　解锰，石萌．都市农业型小城镇发展探析 [J]. 小城镇建设 ,2013(5):96-99,104.doi:10.3969/j.issn.1002-8439.2013.05.019.

3　杨忠信，马金莲，肖希清．宁夏农业型城镇发展研究 [J]. 农业科学研究 ,2012,33(1):92-94.

4　亓传福．试论农业型乡镇行政体制改革的方向 [J]. 内蒙古农业大学学报（社会科学版）,2006,8(2):95-97.

5　李勇．东部落后地区城镇化发展特征、动力及路径——以阳谷县为例 [J]. 小城镇建设 ,2015,33(3):46-52.doi:10.3969/j.issn.1002-8439.2015.03.007.

1. 高庙王小城镇的基本概况和发展特征

（1）高庙王镇历史沿革与基本概况

高庙王镇因镇政府驻地为高庙王村而得名。相传，此地名原称为永康寨，明代初期在村庄东南高地处建设庙宇一座，并且村中以王姓村民居多，因而更名为高庙王。高庙王镇历史文化悠久，境内尚有三国时期的仓亭津及曹魏屯兵积粮的军事仓库遗址。中华人民共和国成立初期，现高庙王镇辖区的南部隶属原寿张县，1964 年原寿张县被撤销，辖区内村庄又分属西湖、李台两个区管辖，1971 年时“撤区并社”，以原属西湖区的高庙王、朱施董等 2 个社及原属李台区中孔、徐集、秦楼等 3 个社合并成立高庙王人民公社，1984 年改为高庙王乡，2014 年实行整建制“撤乡建镇”。目前，高庙王镇实行“镇—行政村”两级行政管理体制，全镇共有 58 个行政村[1]。

图 10-1　高庙王镇区位示意图

高庙王镇地处阳谷县城西南部约 9 千米处，周围分别与李台镇、寿张镇、西湖镇为邻，另距本县所属金斗营镇、莘县朝城镇和河南省台前县城分别约为 10 千米、13 千米和 13 千米（图 10-1）。从宏观地貌来看，高庙王镇属于黄河下游冲积平原范围，地势相对比较平坦，地形高程相差不大，总体呈现南高北低、东高西低的格局，且镇域西半部为半沙土地，东南部为半淤土地，并且农业水利条件相对优越，东为明堤东干渠，西为老金线河，镇域南部距黄河最近处约 16 千米，距黄河下游左岸平原排水河道之一的金堤河仅为 6 千米，有大约 95 条大小沟渠东西相连，整体上形成了比较肥沃的土地。

（2）高庙王小城镇发展的主要特征

1996 年以后，阳谷县对所辖乡镇行政区划设置进行了多轮调整，由 1996 年时的

1　阳谷县地方史志编纂委员会 . 阳谷县志 (1988—2012)[M] . 济南 : 济南出版社 ,2014.

7 个镇、15 个乡，调整为 2016 年年底的 3 个城区街道办事处（由原县城所在的阳谷镇拆分而成）、13 个镇、2 个乡，其中 6 个乡镇涉及被撤并、重组，但均未涉及高庙王镇（原为“乡”）辖区范围。目前，高庙王镇行政辖区面积为 61.5 平方千米，略低于全县乡镇平均行政管辖面积数 64.27 平方千米，在全县 13 个建制镇中处于第 6 位，尚不到全国建制镇平均辖区面积 215.30 平方千米的 1/3（图 10-2）。总的来看，高庙王镇行政辖区范围相对较小。

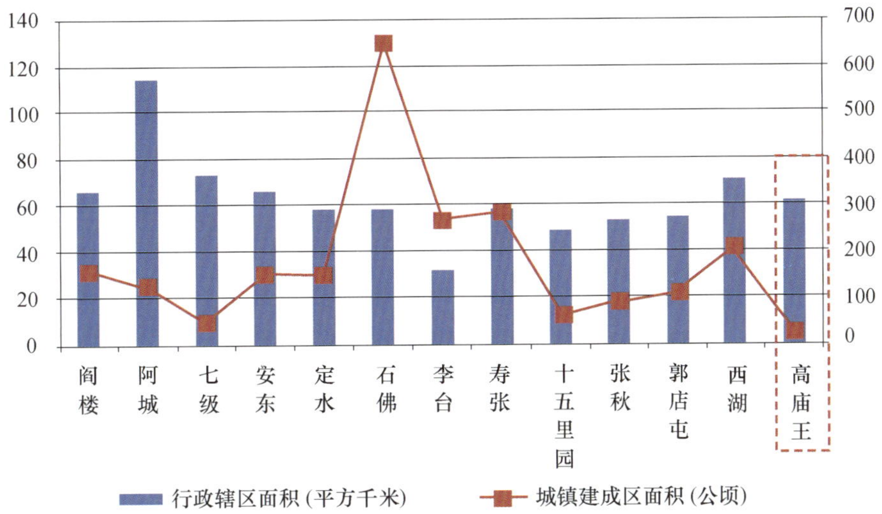

图 10-2 高庙王镇和全县其他镇的辖区与城镇建成区面积比较示意图

改革开放以来，我国部分沿海地区小城镇先后在乡镇企业、外资、大型城市项目等带动下实现了快速发展，小城镇建成区规模显著扩大。与此不同，广大内陆的农业型小城镇则普遍面临资金不足、建设用地指标管控、人才外流等诸多困境，其规划建设长期处于滞后状态。高庙王虽然实现“撤乡设镇”，但其政府所在地的小城镇建设十分缓慢，《中国县域统计年鉴（乡镇卷）》数据显示，高庙王镇在 2014 年、2015 年小城镇建成区面积仅为 14 公顷和 25 公顷，在全县建制镇中位列最后，仅为全国建制镇 2015 年年底城镇建成区平均面积 2.19 平方千米的 11.42%。由此可知，高庙王小城镇建设尚处于缓慢推进的起步阶段。

2000 年以来，我国大陆城镇化进程以年均约 1 个百分点的速度快速推进，2016 年年底常住人口城镇化率已达 57.35%。然而，高庙王镇户籍人口相对稳定，基本保持在 3.7 万人左右，而城镇建成区常住人口规模则相对较小，对农村人口和外来人口的吸纳十分有限，2006 年全镇非农业人口为 1371 人，此后也无大幅度增长，至 2015 年年底时城镇建成区常住人口仅 3413 人，占全镇常住人口比率仅为 8.33%，不但远低于同期全国城镇化率（56.10%）和山东省城镇化率（57.01%），在阳谷县 13 个建制镇中也仅高于定水、十五里园两镇，排倒数第三位（图 10-3）。按照城镇化进程的基本规律，高庙王镇人口城镇化尚处于缓慢的起步发展阶段。

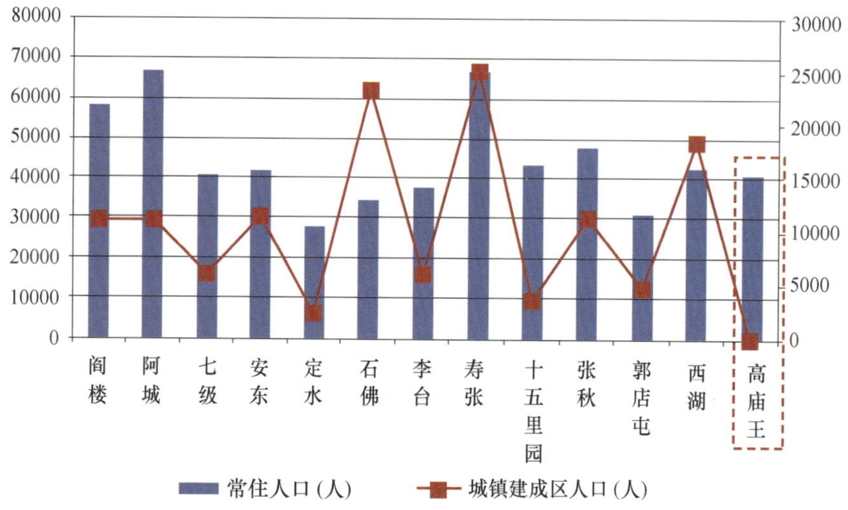

图 10-3　高庙王镇和全县其他镇的常住人口与城镇建成区人口比较示意图

此外，2010 年“六普”数据显示，高庙王镇（原为高庙王乡）户籍总人口为 37933 人，10782 户，其中 0 ~ 14 岁的有 7297 人，占比为 19.24%；15 ~ 64 岁的有 27210 人，占比为 71.73%；65 岁及以上的有 3426 人，占比为 9.13%，65 岁以上老年人口比率已高于同期全国此项指标（8.90%），也仅略低于山东省此项指标比例（9.84%），表明高庙王镇在 2010 年时就已经进入户籍人口老龄化初期的发展阶段，且老龄化程度高于全国平均水平。

20 世纪 80 年代后，高庙王镇一直是阳谷县比较典型的农业型乡镇，传统种植业技术已经比较成熟，从业人员规模相对稳定，基本形成以冬小麦、夏玉米等粮食作物为主的轮作耕种规律，兼有大豆、棉花等经济作物耕种，近年来的粮食总产量在稳定中有所增加，由 2010 年的 4.04 万吨增加至 2014 年的 5.80 万吨，5 年增加幅度达 43.56%。2000 年以后，随着我国大型农机具的普及，高庙王镇农业种植业机械化程度大幅提高，从前期的播种、施肥施药到后期的收割、土地整理的整个环节基本都实现机械化。此外，高庙王镇辣椒种植面积规模明显扩大，到 2014 年时全镇辣椒种植面积已达 1.5 万亩[1]，约占总耕地面积的 23%，基本成为区域性的辣椒种植产业基地，也成为全镇重要的特色产业之一（图 10-4）。

近年来，高庙王镇政府将工业化作为重要发展战略，规模以上工业企业的数量由

1　王守兴，苏传明，方先运．打品牌提品质 让小辣椒驰名海外 [N]. 农民日报，2014-4-1(5).

2010年时的5家增加到2014年的10家，并初步形成了玻璃制品、钎具、面粉加工、食品、塑料等产业，也出现了一系列特色产品，如诺亚口杯、洁星茶道壶、动力博士滤清器等，但工业化程度仍较低，工业产值在全县13个建制镇中列末位（图10-5）。

图10-4 高庙王镇辣椒种植区

此外，整个二、三产业吸纳就业比例为67.96%，在全县13个建制镇中列第10位（图10-6）。总体而言，高庙王镇非农产业发展水平仍较低。

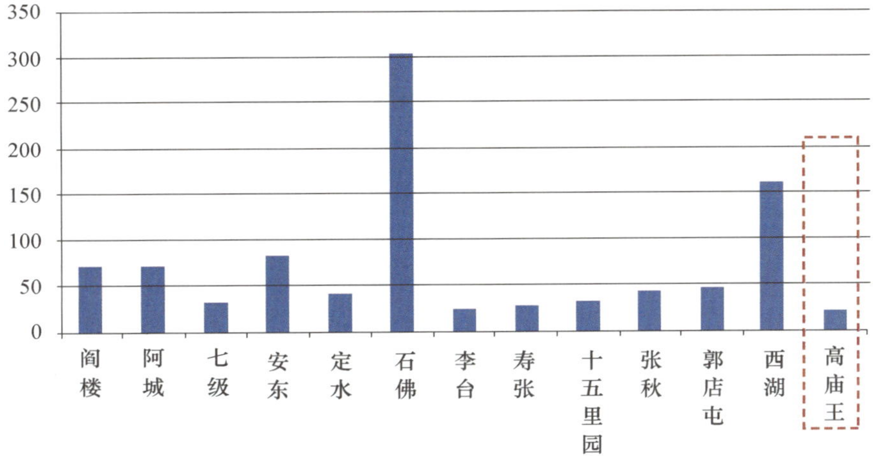

图10-5 高庙王镇与全县其他镇工业总产值比较示意图

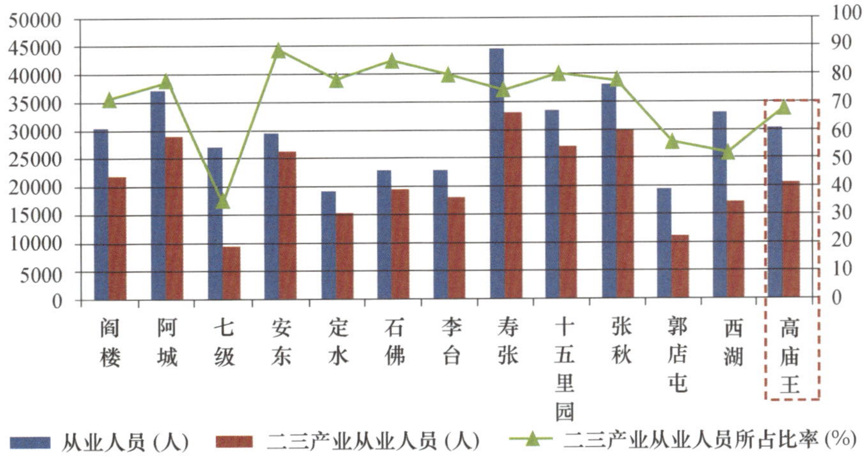

图10-6 高庙王镇与全县其他镇从业人员比较示意图

目前，高庙王镇辖58个行政村，72个自然村，其中的高庙王、郎集、仓上、关庄为农村定期集市，且邵楼、王楼借助阳金公路的区位优势基本形成固定的集贸点，服务于周边农村地区，但尚未形成城镇型居住社区。因此，高庙王镇域范围内初步形成了由中心镇区、集贸型中心村、一般性行政村和自然村等4个层次地域空间结构，但各村人口规模相差不大，镇区与村庄占地面积相差也并不明显。总体而言，镇域空间结构尚处于低水平的均衡阶段。此外，高庙王镇建成区基本上沿连接邵楼、高庙王两村的邵高公路（017乡道）形成和拓展，但基础设施和公共服务设施供给完善的建成区面积尚未达到1平方千米，小城镇建成区尚处于规模小、拓展慢的起步阶段。

2. 高庙王镇特色化发展面临的主要问题

一般来说，小城镇特色由相对特殊的自然生态环境、主导产业、地域性历史文化和本土化社会网络等要素构成。特色既可以体现在其中某一个方面，也可以体现多个方面[1]。目前，高庙王镇在特色塑造及特色化发展方面尚存在一些突出问题。

（1）显性山水、历史文化资源要素缺乏，难以塑造富有特色的景观风貌

山水俱佳的自然环境和相对独特的历史文化资源是小城镇走特色化发展道路的先天优势。然而，高庙王镇地处鲁西平原，辖区内地势相对平坦，也无知名江河，总体上没有可以依托的山水资源要素，这使小城镇空间形态组织和景观风貌塑造面临先天不足局面。长期以来，高庙王镇居民以农业耕种为主，其地方文化属北方传统农耕文化，虽然底蕴十分深厚，但辖区内并无特别知名的可见性文化遗产、文物古迹，且当代农耕文化的仪式感相对不强，属于历史文化遗产显性资源不足的状态，使小城镇风貌设计缺乏外在历史文化依据，进而导致整体景观风貌塑造缺乏原生性基础要素依托，使街道与建筑特色总体缺失（图10-7）。

（2）特色加工制造业基础相对薄弱，且空间布局在镇域范围内过于分散

研究表明，非农产业的充分发育是小城镇发展的基础[2]，而工业企业分散布局也不利于经济效益、社会效益和环境效益的形成[3]。改革开放以后，高庙王镇经过30多年的发展，先后在皮革加工、玻璃工艺制品、钎具制造、机械加工等行业初步形成了一定基础，但产业整体发展尚处于相对较低水平，2014年全镇工业产值仅为14亿元，

1 袁中金，朱建达，李广斌．对小城镇特色及其设计的思考[J]．城市规划，2002,26(4):49-50.

2 史育龙．非农产业是小城镇发展的重要基础——对山东、浙江三个镇的对比调研[J]．中国农村经济，2002,18(4):22-27.

3 曹广忠．企业布局、产业集聚与小城镇发展——对山东、浙江四个镇的调研分析[J]．农村经济问题，2003,24(7):36-40.

且产品多为简单加工，所产生附加值相对偏低，带动就业人口数量也十分有限，且工业企业空间分布相对分散，除少量工业企业分布在小城镇镇区，其余工业企业分布在东、西两条南北向的阳金公路沿线和部分村域范围内，难以支撑小城镇产业特色化发展。

图 10-7 高庙王镇镇区街道景观

（3）小城镇建成区规模过小，未能有效吸引、聚集和配置特色资源要素

一般而言，小城镇建成区属乡镇基层政府机关驻地和各类公共服务设施集聚地，是全镇实现特色化发展的首要承载空间。然而，受区位欠佳、经济基础薄弱、财力投入有限等条件制约，高庙王小城镇建成区仅依托乡镇政府周边缓慢拓展，到 2015 年年底时基础设施成熟、公共服务设施完善的建成区面积尚不到 1 平方千米，既难以短期内吸引外部发展要素，也难以整合镇域内部发展资源，故难以成为实现整体特色化发展的增长极和发动机。另一方面，经济学研究表明，聚集到一定规模的常住人口是促进小城镇可持续、良性发展的关键之一，住房和城乡建设部也曾论证提出小城镇镇区人口的适宜规模为 3 万～ 5 万人，达到这一规模后小城镇的规模和集聚效益才比较明显[1]。目前，高庙王镇常住人口约为 4.07 万人，城镇建成区常住人口仅为 0.34 万人，仅为同期全国乡镇建成区人口规模平均值的 44.59%，更未达到小城镇规模和集聚效益形成的门槛值，带来市场化公共产品配置不经济，进而影响了小城镇整体特色化发展。

（4）整体可用财力偏低，限制了小城镇特色形象的培育和塑造

小城镇的发展和规划建设离不开持续、合理的资金投入，尤其是政府通过财政性资金投入对市场难以或不愿供给的公共物品予以配置，是欠发达、农业型小城镇跨越式发展的关键所在。多年来，高庙王镇是我国普通农业型小城镇，曾多年被列为聊城市经济弱镇，其财政收入水平整体偏低，2014 年财政总收入仅 1095.35 万元，仅为同期全国乡镇平均水平的 28.58%，基本处于政府“吃饭财政”的状态，对小城镇的特色发展和建设进行资金投入的能力十分有限，也难以带动小城镇建设中大量社会投资，导致小城镇基础设施建设滞后、公共服务设施等级低，公共服务功能体系不完善，《聊城年鉴 2015》数据显示，高庙王镇自来水用户率仅 74%，明显低于全国乡镇自来水普

1 刘玉亭，姚龙，刘欢芳 . 小城镇人口集聚的比较研究及其合理规模浅析 [J]. 现代城市研究 ,2013,28(5):14-22.

及率，排水管道或沟渠建设非常滞后，难以引导特色资源集聚和产业合理发展。

（5）村镇规划编制滞后、管理薄弱，影响了小城镇空间组织和形象引导

实践表明，科学合理、富有前瞻的城乡规划是引导小城镇空间组织、塑造特色形象的重要保障。小城镇空间发展和形态组织具有阶段性、地域性，且不同类型小城镇空间形态差异明显，有点状、带状、组团状、串珠状等类型和模式[1]。然而，高庙王的小城镇由乡镇政府驻地乡村演变而来，中心镇区位于东、西两条南北向阳金公路（阳谷至金斗营）之间，区域位置欠佳，客观上难以有效组织镇域村镇体系，导致小城镇镇区空间成长缓慢。在高庙王小城镇建设中，一方面，没有建立相对完善的规划编制体系，未能通过科学合理地编制总体规划、详细规划及城市设计等，为小城镇空间形态有效引导提供科学依据，导致街道景观和建筑设计水平也相对偏低；另一方面，小城镇政府内规划管理机构不健全，缺乏专业技术人员，影响了规划建设活动的事前指导、事中监管、事后验收等技术咨询服务、规划行政许可、规划执法管理制度不完善，导致“未批先建”“随意变更方案”“久拖不验”等违法、违规现象丛生，进而影响了小城镇整体特色形象的培育和塑造。

3. 新型城镇化背景下高庙王镇特色化发展的转型策略与建议

新型城镇化是我国正在大力实施的一项重大系统性、结构性的转型战略，影响城乡社会经济发展和规划建设的多个方面，培育专业特色镇是其中的重要措施之一，也是指引小城镇转型发展的宏观性政策之一。基于此，笔者提出促进高庙王镇特色化发展转型的对策与建议。

（1）发展模式转型，选择立足“本地化、绿色化、智慧化、服务化、精细化”的特色发展路径

半个多世纪以来，我国一直实行的是工业化驱动城镇化的战略，也形成了以城镇化为依托的现代化发展模式。党的十八大以后，新“四化”成为我国城乡发展的重要理念，也为我国城乡现代化建设指出了新模式、新路径。基于这个视角，高庙王镇作为农业基础型小城镇，其发展路径选择应立足“本地化、绿色化、智慧化、服务化、精细化”，充分发挥资源禀赋和比较优势，尤其小城镇规划建设理念应从过去追求“高、大、上”转向“新、特、美”，并着重构建镇、村两级互联网信息平台，将互联网技

1 朱建达. 小城镇空间形态发展规律：未来规划设计的新理念、新方法 [M]. 南京：东南大学出版社 ,2014.

术融合于特色农业（辣椒产业）的生产、销售、技术服务和城乡居民生活之中，将“绿色”理念融于城乡居民的生活、生产之中，将“精细”思想融于政府管理和企业生产过程，以增加服务带动、提升特色产业附加值。此外，高庙王镇转型发展中应贯彻产业发展、城镇建设和人居环境改善等关键要素相互促进、协同的“产镇融合”理念。

（2）村镇规划转型，构建多层次、多维度的特色空间引导体系和管理模式

当前，我国空间规划正由“重城市、轻乡村”向“城乡统筹”、由“增量规划”向“存量规划”或“减量规划”转型，而农业型小城镇空间具有自身特点和演变规律，其规划编制和管理不同于传统增长主义模式。基于此，高庙王村镇规划迫切需要转型，主要包括 4 个方面：一是构建由镇域尺度的发展战略规划或结构性规划、法定的镇总体规划、可实施的镇区详细规划和村庄规划等组成的多层次、全覆盖的空间规划体系，并辅以产业规划、生态规划等多维度专项规划，共同形成富有特色的规划编制体系；二是依照农业型小城镇社会经济发展及空间组织的特殊性和基本规律，科学论证小城镇空间拓展的主要方向、预测未来发展规模、协调各类用地结构比例和组织功能片区等，并结合“两规合一”理念和做法，形成特色化的空间组织形态，如规划辣椒收储、交易市场等功能空间；三是按照节约型规划编制思路，落实城乡建设用地从“增量扩张”向“存量提质”或“减量优化”转型，重点将原有乡镇政府“七站八所”等单位或集体用地转型，如农业站、兽医站、屠宰场等用地的升级和再利用，形成服务于特色化发展的新型功能空间；四是加强规划技术服务和管理力量，包括完善小城镇政府内村镇规划管理机构设置，配置专职规划技术服务和管理人员，通过“扩权强镇”、推动规划管理权下放，以及可由政府部门聘任“村镇规划师”“村镇规划义务监督员”，并定期组织专业型“村镇规划志愿者”提供规划技术咨询，构建社会参与、多元主体的村镇规划服务、管理体系，形成规划咨询与报建、规划许可、规划监管与执法、规划验收等“全流程式”规划服务、管理模式，从而达到引导高庙王小城镇景观风貌品质提升的目的。

（3）设施配置转型，打造多元化、差异化、品质化的特色公共服务体系

公共服务设施配置和空间布局直接关系城乡居民生产和生活，供给侧结构性改革也对小城镇的公共服务设施配置提出了新目标、新要求[1]。鉴于高庙王镇属于经济欠发

1 张忠国，夏川．供给侧结构性改革下的小城镇公共服务设施优化配置研究——以安徽省坛城镇为例 [J]. 小城镇建设,2016(12):38-44.doi:10.3969/j.issn.1002-8439.2016.12.009.

达的农业大镇的基本现实，公共服务设施配置、布局均需要转型，具体包括3个方面：一是合理增加城乡公共服务设施的数量，并扩大服务的地域范围和半径，使基本公共服务在全镇辖区范围内实现全覆盖、无死角、便捷化，尤其是在社会治安、基本医疗、子女教育等方面保障居民享有多元化服务；二是针对农业型小城镇村镇布局相对分散特点，结合不同类型区域生产、生活的实际需要，提供多层次的公共服务，如镇区配置综合医院、规模型购物超市、公共活动场地与文化场所、休闲消费场所、特色农业技术服务站等，在基层村庄则配置小卖部、特色农业技术服务网点、幼托等，使城乡公共服务有的放矢，并适度提高服务水平和品质；三是在基本公共服务供给模式上，除政府提供职能型的基本公共服务以外，建议适度引入社会资源提供市场化的公共服务，包括政府向企业购买服务、PPP模式、市场化配置资源等不同形式，使城乡基本公共服务供给体系更加完善。

（4）产业体系转型，形成小城镇可持续、健康发展的特色经济动力

具有特色的产业体系是小城镇特色化发展的重要表征和核心动力。经济欠发达地区小城镇产业体系应立足资源禀赋和已有基础，农业型小城镇则应走生态高效农业之路[1]。农业尤其是二、三产业构成小城镇持久发展的动力。目前，高庙王镇辣椒种植面积约占全镇耕地面积的1/4，成为农民种植的重要经济作物，已发展成初具规模的特色农业。从小城镇可持续发展视角来看，其产业体系仍需进一步转型和结构性提升，具体策略包括3个方面：一是从以粮食生产为主的传统种植农业向面向市场的高效、生态特色农业转型，尤其是延长辣椒产业链，从以种植、外销为主向价值链“微笑曲线”前端的技术研发、良种培育、病虫害防治技术服务和后端的精深加工、市场销售、技术服务、品牌塑造等两端延伸，提高辣椒产业整体附加值（图10-8）；二是创新辣椒研发、种植、回收、销售等产业组织形式可采取“研发平台＋专业合作社＋种植户”“研发平台＋种植户＋专业加工企业”“科研院所＋专业加工企业＋专业合作社＋种植户”等多种组织形式，并逐步培育专业型辣椒龙头企业、行业协会、专业化农业合作社、共享技术平台等，促进辣椒产业多赢发展，进而实现优化农业资源集聚和要素配置效率提高；三是在小城镇镇区规划建设基于互联网技术的新型辣椒成品交易市场，形成辣椒成品展销、技术交流和服务的承载空间，将特色产业发展和小城镇规划建设有机链接，并适时打造“江北辣椒第一镇”区域品牌。

1 耿虹，张凯．生态农业发展战略：经济欠发达地区小城镇转型发展之路[J]．小城镇建设,2008(1):18-21. doi:10.3969/j.issn.1002-8439.2008.01.004.

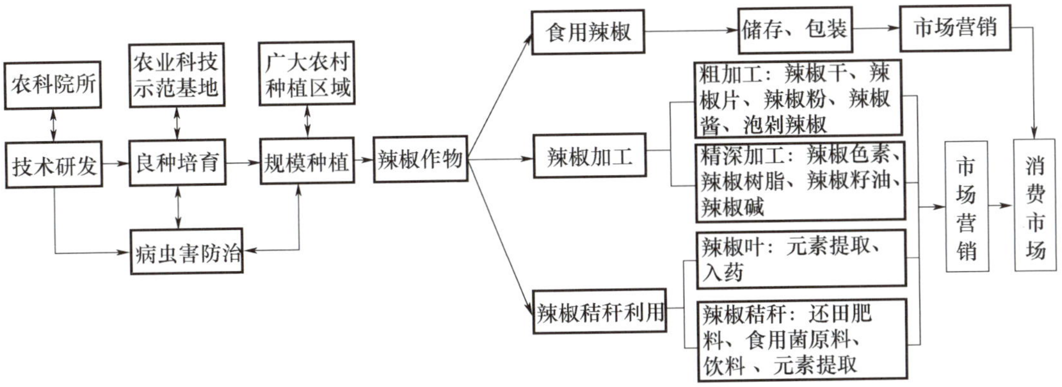

图 10-8　辣椒产业链示意图

（5）体制机制转型，激发小城镇走特色化发展的内生型制度动力

在管理体制机制方面，农业型小城镇与工业型城镇应该区别对待。长期以来，高庙王镇内生发展动力不足客观存在，需要从体制机制上进行创新与转型，以破除影响小城镇发展的制度束缚，并进一步激发出促使小城镇特色化发展的内生动力，具体包括 4 个方面内容：一是改变县级政府对乡镇以 GDP 和工业化为主导的政府工作绩效考核模式，着重改变政府考核指标权重，适当提高特色农业发展绩效因子的考核权重，从而促进乡镇政府在特色农业方面的价值认同和职能转变；二是推行立足于农业现代化、面向农业型小城镇的扩权改革，着重提高上级政府对乡镇财税返还比例和财政预算支出，扩大上级政府对农业型小城镇财政转移支付，使财政性资金投入显著增加，小城镇政府也应对特色产业加大培育和扶持力度，如对辣椒行业组织、种植专业合作社、种植大户等进行奖励，鼓励、资助其参与对外技术交流、商贸展销，扩大高庙王镇辣椒特色产业的影响力和美誉度；三是通过与农业高校、科研院所合作，共建、共用一些专业化特色产业发展平台，如辣椒产品检测中心、区域性的辣椒物流贸易中心，并策划专业性重大活动事件，如辣椒产品博览、辣椒节等；四是参考发达地区小城镇体制改革做法，优化小城镇政府内部机构设置，创新上级部门派驻机构与乡镇政府之间的联系互动，尤其是强化和规范辣椒产业方面的农业管理服务机构，并在人员编制、财力、物力方面予以倾斜。

长期以来，我国众多小城镇立足于农业、扎根于农业、服务于农业而存在和发展。改革开放后，沿海地区部分小城镇依靠区位优势、资源禀赋和政策引导等，大力发展加工制造业、商贸物流业、旅游服务业等非农业产业，其产业体系已经发生结构性转变，并带动形成了工业型、商贸型、旅游型等类型小城镇。然而，国内外社会经济环境已经改变，广大中西部地区大量的农业型小城镇无法仿照东部发达小城镇的模式，迫切需要探索新的发展模式、路径和配套政策，探讨农业型小城镇特色化发展的转型策略就具有重要的理论价值和现实意义。

高庙王镇是我国众多农业型小城镇发展的一个缩影，长期呈现经济发展水平相对较低、城镇化进展缓慢、城镇规划建设相对落后等突出特征。2000 年以后，以辣椒种植为代表的特色农业初步形成规模，但小城镇特色化发展尚面临一系列不足，需通过发展模式、规划编制、产业体系、公共服务、体制机制等转型，为小城镇特色化发展谋划新模式、规划新空间、提供新动能、塑造新形象，进而推动小城镇可持续发展。（注 1）

三、胶州李哥庄镇：空港小镇，生态新城

1. 特色小镇的基本情况概述

李哥庄镇位于山东省胶州市东北部，与青岛市城阳区接壤，毗邻青岛母亲河——大沽河，距离青岛市区 35 千米，流亭国际机场 23 千米，总面积 75 平方千米，总人口 12.8 万人，城镇化率达 73%，连续两年位列青岛市小城市培育试点考核第一（图 10-9）。

图 10-9　李哥庄镇镇区鸟瞰图

经过多年发展，李哥庄镇逐渐形成了制帽、假发、工艺品三大传统优势产业，以制帽业尤为突出，先后荣获全国重点镇、全国发展改革试点镇、中国制帽之乡、全国美丽宜居小镇、山东省首批新型城镇化试点镇、青岛市小城市培育试点镇等殊荣。

“山东省制帽基地”“中国制帽之乡”，作为山东省唯一获此殊荣的乡镇，李哥庄镇制定全国制帽行业第一个国家标准《六片帽生产标准》。其凉帽产品占全球市场份额的 1/3，年生产运动帽过亿打，占省内产量 90% 以上、占全国产量的 60% 以上，产销量位于全球前列，对全镇财政贡献年增长率 15% 以上。

2. 以临空经济为主攻方向，提升城镇竞争力和吸引力

李哥庄镇与胶东国际机场隔河相望，全域纳入临空经济区，拥有区位、交通、产业、生态等得天独厚的优势。对此，李哥庄镇抢抓机场建设机遇，积极承接临空经济辐射带动，确立了建设“空港小镇”的特色小镇发展目标。

（1）狠抓产业特色，空港经济圈起到引领带动作用

假发产业作为李哥庄传统优势产业距今已有 30 年的发展历史，全镇现有制帽、假发等生产企业超过 680 家，从业人员 3.8 万人，该镇引进德国进口高端烫染设备，生产高品质假发，产品绝大部分出口，作为全球高端假发制造基地，高端假发产销占全国 80%，被评为“青岛市外贸品牌小镇”（图 10-10~ 图 10-13）。

图 10-10 特色产业——制帽业

图 10-11 欧亚新天地小区

立足毗邻新机场的优势，立足符合国家战略性的新兴产业，将临空经济作为产业发展方向，大力发展时尚临空产业，打造 3 平方千米的空港特色小镇核心区，优化航空装备制造、航空食品加工、航空物

图 10-12　李哥庄镇道路节点公园

图 10-13　宜居环境——青岛风景小区

流等产业体系，打造功能性强、专业性强的航空产业区；建设空港特色商贸区，重点发展商贸会展、酒店餐饮等行业，提升空港服务品质。

制帽、假发、工艺品产业的飞速发展对全镇经济起到了巨大的推动作用，加速了城镇化进程，促进了胶州市相关产业的兴起。截至目前，该镇先后引进 35 个总投资 120 亿元的新项目，全镇适龄人口就业率达 95.8%，95% 以上的劳动力实现就近就地就业，财政支出 90% 以上投向公共服务领域，现已形成以李哥庄镇为中心，辐射胶州市胶东街道办事处、北关街道办事处、胶莱镇、铺集镇等周边镇办的传统产业经济圈。

（2）打造“互联网 + 协同制造”的新兴业态环境

李哥庄镇先后实施“十百千万”工程、双月奋战、三进三促等活动，为企业纾解难题。围绕提高产业营销能力，创新营销模式，着重打造“互联网 + 协同制造”的新兴业态，促进电子商务蓬勃发展。为提升传统产业优势，整合假发、制帽和饰品三大传统产业集聚为“时尚工艺产业”，打造时尚产业总部经济集聚区。成功主办首届中国（青岛）发制品跨境电商生态峰会，利用 90% 以上的互联网从业人员为大专及以上学历优势，全镇 90% 的假发企业拓展网上业务、80% 的制帽企业利用阿里巴巴国际站、速卖通等第三方平台进行销售；通过打造“众筹时尚”平台，以 C2M 众筹订购的方式，引导饰品产业提档升级。

在技术创新上，引导企业走自主品牌之路，目前有超过 260 家企业成立研发中心，注册商标 300 多件，联谊地板成为“中国驰名商标”。其中传统工艺品行业研发经费投入强度为 11.4%，为科技创新实现“并跑”和“领跑”创造了有利条件。

3. 和谐宜居的环境是空港小镇内在发展之动力

（1）环境立镇、生态优先

着力打造和谐宜居的环境，增强空港小镇内在发展动力。结合李哥庄镇南北狭长，村庄滨河而居的特点，沿大沽河修建沽河大堤路，贯通镇区南北，按照青岛市“红瓦绿树、碧水蓝天”的城市建设特色，选定银杏作为镇树、玉兰作为镇花，在镇区主干道路和村庄成片种植，营造在空中俯瞰绿树红花尽收眼底的风貌景观。建成建筑密度适宜、建筑色彩与周边融合的开放型住宅小区。交通路网密度合理、交通便捷顺畅、路域景观靓丽、建筑立面和谐统一的总体格局。

（2）提升镇区环境

围绕“路、绿、亮、洁”，大力实施惠民工程，满足群众对环境整洁、出行快捷等方面的要求。建立起覆盖全域的“镇村保洁、收集，市级清运、处理”垃圾处理体系，实现生活垃圾无害化处理全覆盖。引进物业公司负责镇区保洁，做到村村都有保洁队伍。按照沿街店铺布局统一，广告标示管控有序的原则，统一规划建设特色商业街，引进大型超市，便于群众生活。镇区建成 16 处公园和绿地广场，保证居民步行 10 分钟以内可到达健身休闲区域。土地利用集约节约，严格按照规划容积率、建筑密度等进行规划建设，实现小镇建设与产业发展的同步协调。

（3）打造美丽乡村

对全镇 41 个村进行道路硬化、绿化、美化、卫生改厕等综合整治，初步形成“道路整洁、环境优美”的乡村生态环境。鼓励村庄发展乡村旅游，大力发展民宿经济，每年可接待游客 200 万人，先后获评全国美丽宜居小镇、山东省旅游强镇，纪家庄村被评为山东省美丽宜居村庄。

4. 文化与发展共生共荣，传统文化的特色彰显

坚持把文化建设作为培育特色小镇的“内核”，深入挖掘本土特色，不断提升文化软实力，让群众“记得住乡愁”，实现文化与发展共生共荣。

（1）文化传承

注重传统文化的挖掘、传承和保护。联合山东大学深入挖掘“沽河文化”内涵，举办大沽河记忆摄影展，编撰出《生态大沽河、文化李哥庄》《美丽的大沽河》等乡土文化教材，向全体居民免费发放。成立“胶州市沽河柳腔剧团”，挖掘整理失传的

柳腔剧目，带动戏剧文明发展。充分培养村庄的文化氛围，引导群众自编自导自演，组建“邻里艺术团”，搭建起广阔的市民文化活动平台。利用李哥庄村、前石龙村拥有原生型胶州大秧歌队伍优势，组织专业秧歌队伍，充分挖掘、保护和传承秧歌文化，进一步繁荣民间歌舞的创作与发展。

依托李哥庄乡土人文、民俗传统等载体，打造具有地域特色的文化产业基地。其中，依托被列入青岛市非物质文化遗产名录、有着600年历史的冷家庄黑陶文化，打造集学习、参观、体验于一体的“叶家陶”黑陶体验馆；依托记录抗战时期的红色文化，打造河荣一村红色革命基地；注重青岛市非物质文化遗产“南王制香”的传承与发扬，不断增强广大群众的文化认同感和归属感。

（2）文化传播

坚持把文化作为城镇发展的灵魂，创新开展“十佳新李哥庄人”评选、“帽子设计及乡村模特大赛”等文化活动，举办首届农村啤酒节，开创了全国农村啤酒节的先例。投资建成大沽河文化活动中心，建设并启用了全省首家集数字影院，修建文化广场。投资建成36条文化长廊，打造文化特色街，实现村级文化广场全覆盖。通过广泛征集群众意见，总结提炼出“敢为人先、厚德载物”的小城市精神并融入群众的工作生活。深入践行社会主义核心价值观，以“尚德胶州”建设和全国文明城市创建为抓手，常态化开展道德模范人物、五星级庭院评选活动，全镇先后涌现出“中国好人”“青岛市文明市民”“最美胶州人”等，进一步传递社会正能量，在全镇形成人人当好人、人人做好事的良好社会风尚。

5. 便捷完善的设施服务

坚持把基础设施和公共服务作为空港小镇建设的生命线，切实提高公共服务有效供给能力，进一步完善空港小镇承载功能（图10-14）。

图10-14 便捷设施——村庄百姓大舞台

加强道路交通建设，构建道路良好无破损、交通便捷顺畅、路域景观靓丽的“六横六纵”的总体格局，全部实现柏油路“村村通”。在镇区主要道路划定停车位，规范镇区停车秩序。

完善公共设施建设，对镇区实行集中供水供气供热，实现集中供水全覆盖，卫生达标率100%。新完成南部供热站建设，实现了青岛市首家农村集中供气供热项目改造。建成污水处理厂和6处村级污水集中处理模块，实现污水100%的集中处理和达标排放。

成立全国首家镇级民间消防机构——青岛永安民建消防队，构建15分钟消防圈；建成启用镇级警务运行管理中心，成为山东省首家可办理通行证的镇级派出所。采取政府购买服务的方式，在全省率先实现村村通公交。建成市级重点中学胶州八中，全镇建设6所市级重点小学和1所职业学校，不断提高教育均等化水平。镇区建有一级甲等综合医院一座，同时，规划投资建设建筑面积1.3万平方米的二级综合医院。为进一步改善困难群体和残疾人生活条件，建成2000多平方米的基础设施完善、符合国家规范的中心敬老院、残疾人之家等，进一步提高医养结合水平。

提升公共服务水平，成立小城市公共服务中心，积极承接胶州市集中下放的行政服务事项，建立便捷高效的行政管理模式，实现“一站式”综合行政服务；依托“镇、社区、村庄”就业平台，与胶州市级平台联网运行，加强农村转移劳动力技能培训，青岛市就业服务现场会在该镇召开。实施“快递三进”工程，使快递进村庄、进企业、进社区，实现社区末端综合服务网点全覆盖。依托“小城李哥庄”公众微信号和政府网站建设，实现城市管理的智能化。深入落实户籍管理制度改革，让新市民公平享有与原户籍人口同等的基本公共教育、医疗卫生、公共文化等服务，真正让新市民“进得来、留得下、住得好”，李哥庄镇的包容度和吸引力大大提升。

6. 充满活力的机制体制，推动空港小镇焕发生机活力

空港小镇建设的关键在于理念创新，着眼于破解“大脚穿小鞋”的问题，深化体制机制创新，推动空港小镇焕发生机活力。

（1）优化规划布局

设置副科级派驻机构国土规划分局，坚持发展规划、城市规划、土地利用规划等多规融合的原则，结合青岛市城市空间战略布局和临空经济区规划，完成与临空经济区、大沽河生态产业带等对接的新一轮总规。启动控规以及道路交通、风貌景观等专项规划，构建“一轴两带五区”空间布局。积极对接发展改革委城市和小城镇中心，加快编制李哥庄镇特色小镇发展规划，进一步明确小城市持续发展的可行路径。

（2）加强社会管理

在全省率先试点行政体制改革，探索实行大部制改革及政府聘员制度，积极探索，重点引进航空产业、规划建设、金融管理、招商4类急需人才，构建扁平化管理模式。积极承接下放各项行政审批、监督服务及便民服务事项，实施清单化管理，确保下放权力接得住、运行畅。整合城管、国土、文化、农业、食监、畜牧、物业7个领域执法权限，组建起专门执法队伍，实施网格化管理，减少执法层级，构建数字化执法平台，进一步充实基层执法力量。

（3）创新机制体制

在选人用人方面逐步实现与市场机制接轨。坚持政府引导、市场运作，探索PPP融资模式，引导社会资本参与基础设施建设，与青岛城投、青岛国投、胶州新城等投资机构合作，目前青岛城投已经对纪家庄村进行旅游改造，正在与青岛国投合作投资建设基础设施，与胶州城投公司合作投资3亿元对河荣一村实施“花园式村庄”改造，加速推动人口集聚、资源集聚。

7. 存在的问题与发展目标

在前期的探索中，李哥庄镇取得了一些成绩，但也从人才支撑方面、融资渠道方面遇到了一些瓶颈和困难。

（1）加快产业培育，夯实经济支撑

加快“筑巢引凤”步伐，围绕临空经济发展，在高端服务业、航空装备制造、临空生态旅游等领域，加大招商选资力度，力争储备引进5～8个投资10亿元以上的临空产业大项目。结合临空经济区建设，逐步引入航空院校，合理储备建设用地预留空间。加快促进新引进项目投产、传统产业裂变升级。打造时尚产业总部经济集聚区，重点发展商贸会展、酒店餐饮等行业，提升空港服务的品质，建设“高、精、尖”创新科技企业（图10-15）。

（2）进一步实施综合整治，优化生态环境

以全国生态宜居小镇建设为契机，全面提升生态环境水平。运用政府购买服务的方式，聘请有资质的物业公司实施全域的卫生保洁，营造良好的人居环境。结合社区改造进一步完善防洪排涝系统，加大水环境治理力度。强化污水监控平台建设，实现污水处理全覆盖。推进农村无害化卫生改厕建设，加大核心区内绿化、环保等建设力度。

图 10-15　镇区鸟瞰图

（3）抓牢文化构建，做足旅游文章

完善村级文化站配套设施建设，力争实现文化大院或广场村庄全覆盖。以“尚德胶州”建设为契机，开展“孝悌李哥庄”“诚信李哥庄”“博爱李哥庄”“书香李哥庄”等活动，营造崇文尚德的李哥庄精神。借助胶东机场机遇，发展临空文化生态观光旅游，沿大沽河东岸统一规划种植花卉苗木，优化机场景观带，打造一条集采鲜果、赏飞机、观花卉于一体的航空风情休憩带，建设南北贯通的机场后花园，在全市乃至全省、全国叫响“碧水蓝天，休闲李哥庄”的旅游品牌。

（4）完善基础设施，提高功能品位

实施联谊大街西延和西社路贯通两项工程，打通镇域交通瓶颈，实现与胶东国际机场的无缝对接。进一步完善镇区路网建设，提升城市承载功能。

李哥庄镇以“空港小镇”建设为中心，打造3平方千米的特色小镇核心区，按照“空港风情+本地风俗”的原则，坚持新型工业化带动新型城镇化，以“时尚产业+临空经济”为主攻方向，改造提升传统产业，从而提升城镇竞争力和吸引力。遵循“产业强而特、服务全而优、环境精而美、机制新而活”的原则，将临空业态作为推进经济转型的内在需要，促进创新创业的重要途径，扩大有效投资的重要抓手，推进城乡统筹发展的创新实践，传承地方文化的有效载体。走出了一条产城融合、港城一体的发展道路。

立足产业、环境、文化、服务、机制体制上的突破创新，在小城镇建设方面走出了一条新路子。（注 2）

注 1：本文摘自《小城镇建设》，2018.03，49-55，新型城镇化背景下农业型小城镇特色化发展的转型策略——以山东省阳谷县高庙王镇为例，撰稿人：卢道典，陆嘉。

注 2：本文摘自《小城镇建设》，2016.11，83-86，山东省青岛市胶州市李哥庄镇特色小镇建设纪实——空港小镇 生态新城，撰稿人：王珊珊。

第十一章　陕西省

一、杨凌五泉镇模式：以农为本的回归

随着我国开始推进特色小镇建设，全国各地开始掀起了“特色小镇热”。但是各地在特色小镇建设中出现了一些偏差[1]，诸如没有带动乡村发展、定位不准、盲目跟风、急于求成等问题突出，偏离了特色小镇发展的本质目标。一直以来，小城镇被称为“村之头，城之尾”，是广阔乡村腹地的发展引擎，是农业发展的服务器。当前，我国还有很大一部分小城镇是依托农业发展的，如何为这些小城镇发展找到合适的路径是迫切的问题。五泉镇作为第一批中国特色小镇中农业立镇的典型代表，成功地走出了一条“以农为本”的特色小城镇发展路径，为我国小城镇发展提供了经验借鉴。

1. 五泉镇简介

五泉镇是陕西省杨凌农业高新技术产业示范区辖区内的省级重点示范镇，镇域总面积约 32 平方千米，镇区建成区面积 1.0024 平方千米。五泉镇地理区位优势明显，距离杨凌主城区约 12 千米，位于西安半小时经济圈内，是关中环线上的重要城镇。镇域交通便捷，107 省道和县道杨扶路构成镇域道路交通主骨架。该镇拥有优质的土地资源，土地相对平坦，便于灌溉，易于耕作，是我国农耕文化的发祥地之一，是杨凌重要的农业生产和实验基地（图 11-1）。

（1）经济发展良好，城乡差距较小

2015 年五泉镇总人口已达 3.1 万人，镇区常住人口 5631 人，镇 GDP 总量为 15.1 亿元。2015 年该镇城镇居民人均纯收入为 18907 元，农民人均纯收入达 15336 元，农民人均可支配收入达 13714 元，高出陕西省农民人均可支配收入的 57%，高出全国的 35%（图 11-2）。城乡人均纯收入比为 1.23∶1，远小于 2.73∶1 的全国城乡收入比，城乡人均收入中农业及涉农行业的比重为 60%。

1　魏劭琨 . 理清思路 科学认识 实现特色小镇的健康发展 [J]. 小城镇建设 ,2016(11):25-28.

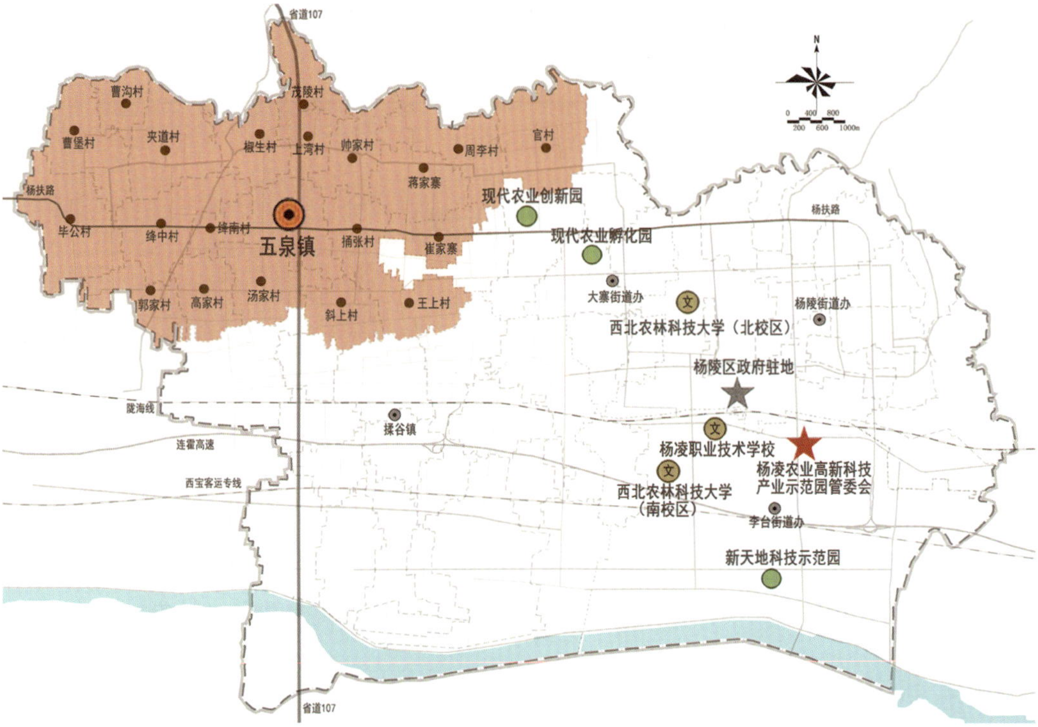

图 11-1　五泉镇在杨凌的区位

（2）镇区建设初具规模，建设成效显著

五泉镇镇区模块化建设内容已经基本完成，美丽宜居农科小镇初具规模。近3年来，该镇重点开展市政基础设施、公共服务设施、旧城改造工程和民生保障工程建设，投资额巨大，累计完成投资13.7亿元。市政基础服务设施在现有基础上进行了品质提升和完善，中小学幼儿园、文化娱乐中心、文体活动中心、五泉法庭等公共服务设施已建成投用。此外，五泉镇积极开展民生保障工程建设，建成保障性住房3359套。旧城改造也加紧步伐，商业街等提升改造工程全部完工（图11-3）。

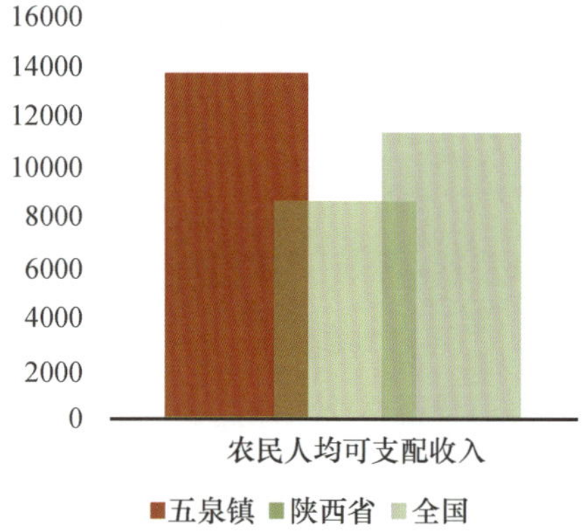

图 11-2　2015年五泉镇农民人均可支配收入与陕西省、全国的对比

图 11-3 五泉镇镇区建设情况

2. 五泉农科小镇的发展路径

（1）以农业为根本的特色产业发展

立足农业发展，打造特色产业。五泉镇立足自身资源禀赋和发展基础，充分利用优越的农业资源，把握自身农业发展优势，形成了以农业为特色的产业形态。

一是依托农科优势，立足农业发展。五泉镇大力发展现代农业，积极培育五大主要产业，包括优质小麦育种、经济林果种植、畜牧养殖、蔬菜种植、苗木和花卉栽培（表 11-1）。主导产业企业年投资额较大，达 63420 万元，主导产业产值在省、市、县同类行业镇中排名第一。镇域农业企业众多，该镇拥有农业产业化企业 47 家，规模以上企业 4 家，年产值达 9.1 亿元，带动就业 1 万余人。初步形成了 5 大鲜明的产业功能片区，总体产业格局发展良好（图 11-4）。

表 11-1 五泉镇种植和养殖业数量规模

类型	数量规模
小麦良种基地	22000 亩
设施农业大棚	426 座
优质杂果基地	4000 亩
奶肉牛存栏	1760 头
蛋鸡	115000 只
奶牛养殖小区	7 个
苗木花卉基地	426 亩

二是积极推进中小企业园区建设，大力发展“总部经济”。五泉镇围绕建设新型产业示范基地，建成了 2300 公顷的现代农业示范园区，合理引导各类企业向园区集中。

园区建成后固定资产投资达 10 亿元，可解决就业 3000 多人。同时，利好的农业政策迅速催生出了一批优秀的涉农龙头企业。

图 11-4　五泉镇产业布局图

三是以现代农业为主，通过与其上下游的产业联系，形成了“现代农业与二、三产业相互交叉”的特色产业模式。通过增强三次产业的关联度，衍生出新的产业，诸如农副产品加工、农用机械制造、技术培训、农业休闲旅游等，进一步促进了镇域经济的发展。而旅游服务业的快速发展，为产业发展注入新鲜血液。通过发展特色农庄，该镇的农业发展和其他产业发展高度融合，观光农业逐步兴起，农业附加值进一步提升。现阶段该镇沿小沣河已建成一批集休闲、采摘于一体的特色庄园。

四是推行农业产业化发展，完善产业组织结构。通过鼓励中小企业走专业化、科技型发展道路，大力推广现代农业，积极引入新型农业经营主体。同时，该镇通过拓展产业前向、侧向、后向联系，促进了农业产业化发展，推进了产业协调发展。以体验农业、历史文化为载体，关中民居、特色美食、民俗风情、农业科普、农业展览为建设主体的三产融合发展综合体正在逐步建设中。

五是支持企业、合作社和现代农庄品牌化，五泉镇孵化出一批优秀的农业品牌。积极推行“龙头企业＋现代农庄＋合作社＋家庭农场”的发展模式（图 11-5）。依托土地流转服务公司和农村产权流转交易中心，促进土地流转市场化。

搭建以中心城市为核心基点辐射周边区域的全国销售网络，实行会员制的销售模式，实现了消费者从农户地头直销农产品。同时，该镇积极接轨电商，努力开拓网上销售市场。

图 11-5　五泉镇新型农业经营主体

（2）以助农为方向的美丽环境建设

一是美丽乡村整治。五泉镇大力推行“政府组织，企业拉动，基地示范，多方配合，农户参与”的乡村建设模式，积极开展美丽乡村基础设施建设和村庄美化。经过努力，农村基础设施已全面完善，村庄对外道路和村内街道已全面修缮，公交线路实现了城、镇、村直达，在陕西省首先实现了城乡公交一体化。3 个省级美丽乡村累计投入 5000 万元建设资金进行美丽乡村建设；在 2016 年又新增确定了 4 个村 16 个项目，总投资 148.068 万元。同时，该镇建立了环境卫生治理长效机制，完成了农村卫生连片整治工作，全部村庄垃圾得到有效治理。

二是生态治理。通过生态治理，为农业和旅游业发展提供良好的生态环境基础。五泉镇现已实施小沣河生态综合治理，建成小沣河生态景观带。该镇累计投入 3000 万元，栽植绿化苗木，修建小沣河观光步道，建设生态景观节点；沿线现已建成 6 个特色庄园。通过在沿河流域建设小型潜流湿地、周边村庄建设生活污水稳定塘等设施，保障小沣河生态基流[1]。经过生态治理，小沣河沿线景观风貌显著改善，为发展小沣河旅游观光带奠定了良好的基础（图 11-6）。

1　刘薇 . 陕西省杨凌区五泉镇特色小镇建设纪实——后稷故里 农科小镇 [J]. 小城镇建设 ,2016(11):94-97.

图 11-6　小沣河沿线治理成效

（3）农耕为特色的文化品牌打造

立足农业主题，挖掘特色文化。五泉镇为中华农耕文明始祖后稷故里，农耕文化底蕴深厚，结合第三产业发展积极开展以农为特色的文化建设。一是积极推进农耕文化体验园建设，旨在通过现代农业技术的观光展示和科普教育彰显五泉镇的农业文化特色。新建的五泉农耕文化产业园（图 11-7）包括民俗风情街、农耕文化体验及果蔬展销、精品客栈、关中院落和文化广场 5 大功能片区。二是结合特色农家乐建设，进一步弘扬传统农耕文化。近年来，该镇依托小沣河自然旅游资源，沿小沣河旅游观光带积极建设以农耕文化体验为主题的特色农家乐。该镇已建成特色农家乐（图 11-8）20 户，累计接待游客 10 万人次，产值达到 500 万元，充分挖掘出农耕文化的价值，实现了三产发展和农耕文化相结合。

图 11-7　五泉镇农耕文化产业园规划图

图 11-8 五泉镇特色农庄

（4）兴农为目标的农科服务完善

构建“城—镇—村”三级农科服务体系。杨凌城区成立以西北农林科技大学为首的农业科研机构，构建“品种、技术、培训、认证、检测”一体化的杨凌现代农业科技社会化服务平台。同时，每年举办国际知名农科展会——“农高会”，为展示农科成果、推广农业技术、促进合作交流等提供了良好的平台。五泉镇成立镇办农业技术综合服务站、乡镇基层农技机构和农产品质量监测中心。农村成立专业合作社、专家楼和试验基地，实现农业技术指导包村到户。

推进农业科技创新。五泉镇积极利用杨凌区两所大学的科研技术战略优势，依托杨凌的高新科技力量，不断进行农村产业结构调整，增强产业竞争力[1]。同时，五泉镇不断推进科技创新，运用科学技术成果，加速产品升级，促进产业发展。

实行农业技术推广。依托大学的科研优势和杨凌的科研技术基础，五泉镇积极培育基层农业技术员，不断探索完善多元化农业科技推广方式。作为杨凌现代农业的重点推广基地，五泉镇积极进行技术推广，极大地促进了新品种、新技术的推广。该镇通过开展农业科技培训、农业技术指导等方式快速促进了镇域农业科技的推广。

培育新型职业农民。五泉镇成立了五泉职业农民培训管理中心，积极开展现代农业科技培训，创新培训机制。以提高农民技能水平、增加农民收入、实现村强民富为目标，该镇整合各种资源，不断强化农村专业人才培训和职业农民登记工作，积极开展农民

1 赵广东 . 杨凌新型农业科技推广模式的创建——大学依托型农业科技推广模式 [J]. 西北农林科技大学学报（社会科学版）,2006(06):31-33，78.

专业技能培训（表 11-2）。

表 11-2　五泉镇农科技术服务情况

类型	数量规模
农业合作社	20 个
农技站	1 个
科技服务团队	16 个
引进创新创业团队	23 个
长期聘请专家教授	20 人
农民技术员	32 人
累计转化科技成果、引进新技术	160 多项
职业农民认证	50 人
农民技术培训	1182 人次
累计培训职业农民	240 人
农村嫁接队	460 人
新优品种接穗	50 万条以上
嫁接、农技服务输出	360 人次
累计接待研学教育及农科培训	10 万人次

（5）利农为导向的体制机制创新

户籍制度改革。五泉镇积极促进农业人口城镇化，农村转移人口享受城镇居民相同的待遇。农业转移人口在农村的产权如符合政策条件的个人宅基地、农村承包地等原则上保持不变。实行户口一元化管理，取消以往用来明显区分城乡户口的“农业户口”和“非农户口”的划分方法，根据常住地来登记户口，农村和城市的户口登记制度得到统一，都称作“居民户口”。针对住房和工作相对稳定的镇区外来人口及其直系亲属可以取得镇区居民户口，户口政策的改变降低了进入城镇的门槛，促进了农业人口就地转移。

制定农民住房安置政策。五泉镇依托住房安置政策引领，加快农民进镇落户，全面启动安置小区进镇落户工作，制定了农民进镇办法、新分支户和空院户进镇安置办法等政策办法，同时每年财政具有专项住房补助。目前，五泉中心社区已入住约 3500 人，合计 1054 套住房。五泉镇依据农村新分支户、空院户进镇安置办法，积极开展二期分房工作，现已完成 107 省道 165 户拆迁户的分房安置任务，对申请入住的 754 户进行资格审查并分房安置，与此同时完成了蒋家寨、官村、周李、孟寨进镇申请初审及初次公示工作。

实行土地流转制度。土地流转制度可以促进农业规模化生产和经营，提高农业的发展水平，实现农业的现代化[1]。五泉镇依托土地流转服务公司和农村产权流转交易中心，促进土地流转市场化，对土地进行优化配置，改变了传统的农业生产方式，为农业规模化经营奠定了良好的基础，为农村发展注入了新动力。该镇现已组建专业合作社 46 家，流转土地 1.8 万亩。流转的土地用作发展现代农业，为转移向城镇的农民提供了较多的工作岗位。同时，五泉镇为进镇落户的农民提供生活和就业保障，解决了农民进镇以后的后顾之忧，促进了农村劳动力转移。

鼓励以农企养民。五泉镇积极带动农民知识升级、技能升级，有效地促进了城镇化人口身份的转变，积极解决农村人口进入城镇后的就业问题，通过发展现代农业和镇域企业，进镇农民初步实现了就业和收入“双保证”，极大地改善了他们的生活条件，真正实现由“村民”变为“市民”的角色转换。

3. 五泉模式的提取

五泉镇坚持“以农为本”的理念，通过以农业为根本的特色产业发展、以助农为方向的美丽环境建设、以农耕为特色的文化品牌打造、以兴农为目标的农科服务完善、以利农为导向的机制体制创新形成了“农业主导 + 环境优美 + 文化彰显 + 农科支撑 + 体制创新”的特色“五泉模式”，为小城镇的发展树立了典范和提供了经验借鉴。

（1）农业依旧是我国大多数小城镇立镇的根本

农业作为我国的传统产业，当前依旧是我国大多数小城镇的立镇根本。小城镇仍有大量人口从事农业[2]，发展农业也是实现小城镇人民安居乐业的途径之一。五泉镇立足农业挖掘特色，通过发展现代农业使当地人民过上了安居乐业的生活，证明了发展第二产业和第三产业并不是小城镇经济发展的唯一路径，依托农业资源，通过优化农业生产和经营方式也可获得持续的发展动力。在发展产业的同时，五泉镇注重带动当地农民共同发展，促进当地农民就近就业，增加当地人民的收入。因此小城镇在产业发展上不应盲目地跟风发展，而要立足自身资源禀赋，基于地方的优势特色和原有的产业基础进行打造。小城镇产业的设置要注重对当地人力资源的考量，产业选择要与当地人力资源水平相匹配。“以农为本”的特色小城镇应该立足农业，发挥地方资源禀赋和比较优势，做精做强特色农业，形成特色鲜明的农业产业形态。同时，小城镇

1　冯奔伟，王镜均，王勇．新型城乡关系导向下苏南乡村空间转型与规划对策 [J]. 城市发展研究 ,2015,22(10):14-21.

2　赵晖，等．说清小城镇：全国 121 个小城镇详细调查 [M]. 北京：中国建筑工业出版社 ,2017.

应该发挥好龙头作用，构建良好的镇村关系，带动农民增收致富，带领镇域村庄实现经济社会的良好发展。小城镇应该成为城镇化的重要支撑，为周边地区提供足够的就业岗位，促进周边地区农民就近就业，最终实现就地城镇化。

（2）美丽宜居的环境是“以农为本”特色小城镇发展的前提

打造宜居、宜业、宜游的小城镇需要以良好的生态环境为基础，美丽宜居的环境是小城镇发展的前提。农业和旅游业的持续发展需要良好的生态环境来支撑，城乡人民的美好生活更加需要良好的人居环境来承载。五泉镇通过城乡整治和生态治理，营造了良好的环境条件，为其产业发展和宜居环境的打造奠定了基础。因此，小城镇应该打好“生态牌”，积极开展环境综合治理，加快镇区开发建设，同时加强美丽乡村整治。“以农为本”特色小城镇建设要注重与自然生态环境相协调，注重完善农业景观和农村风貌塑造。通过生态建设、景观开发和城乡环境整治，为游客提供更为优质的农业观光、休闲度假等旅游环境。通过美丽、宜居的环境建设，助力农村和农业发展，提升城乡空间品质，将小城镇打造成人居环境的标杆和典范。

（3）特色文化的彰显为“以农为本”特色小城镇提供独特魅力

小城镇应该深入挖掘传统文化内涵，特色文化的彰显为其提供独特魅力。文化元素融入现代农业既是先进农业的发展方向，也代表了“以农为本”特色小城镇的文化特征[1]。五泉镇深入挖掘农耕文化，准确把握农耕文化的内涵，同时活化传统文化，将农耕文化注入旅游产业发展，彰显出以农耕为主题的文化特色。同时，五泉镇以广大乡村为基底，打造乡村文化旅游，促进了农民增收。因此，小城镇应该注重文化建设，打造特色传统文化品牌。“以农为本”的特色小城镇应该依托特有的农耕文化、民风民俗、传统工艺、节庆文化、民间艺术等，注重小城镇核心文化的挖掘和塑造[2]。同时深入挖掘文化的内涵，并研究其在今天所要发挥的作用，做到古韵今生。将文化内涵融入产业发展和百姓生活，从而实现文化与产业、旅游和人们的生活相融合。

（4）农科服务的支撑是“以农为本”特色小城镇发展的重要引擎

便捷、完善的科技服务促进了小城镇的发展，科技的支撑是小城镇经济发展的重要引擎。农业资源尚有较大的挖掘潜力，而这种潜力开发需要良好的科技服务来支撑。五泉镇依托科技支撑和适宜的农业推广获得了持续发展的动力，通过农业技术的提升

1　杨梅，郝华勇．农业型特色小镇建设举措 [J]. 开放导报 ,2017(03):85-88.

2　徐萍，卫新，王美青，等．探索特色农业小镇建设新路径 [J]. 浙江经济 ,2016(05):50-51.

获得了农业的高效发展，其发展是可持续的。虽然五泉镇的农业科技基础是依托西北农林科技大学长久积累下来的，但是科学技术是可以传播的，技术人才是可流动的，其农业科技推广的体系方法是值得借鉴学习的。同时，五泉镇通过多元的农业推广模式将现代农业科技成果惠及农民，起到服务当地农村的作用。科技的支撑和技术的推广助力农业农村走向现代化，小城镇能够良好发展离不开科技支撑和人才保障。因此，“以农为本”的特色小城镇应该强化科技和人才的注入，强化与农业科研部门的合作，提升农业科技服务水平，借助科学技术力量，提高农业的科技含量与附加值。科技服务应该注重服务城乡全域，将科技的成果惠及当地农民。

（5）体制机制创新是“以农为本”特色小城镇发展的助推力

制度改革可以激发小城镇发展的内生动力，体制机制创新助推小城镇发展。来自杨凌区、陕西省乃至国家层面的政策支持，让五泉镇获得了很多优势资源进而推动其发展。五泉镇自身也制定了一系列的利农政策，积极开展体制机制创新。除了在户籍、住房、土地、就业等方面的利农政策创新外，该镇还实行了扩权强镇、财政体制改革、融资方式创新、建设实施保障等方面的制度创新。此外，该镇创新健全管理体制，简化内设机构，细化业务职责，提高管理和服务能力。因此，“以农为本”的特色小城镇应该积极推动体制机制创新，优化配套扶持政策，特别是注重有利于农业发展和惠及农民的政策制定，注重物质空间建设和政策制度保障同步推进。

农业是我国自古以来的立身之本，农业的发展也是实现我国现代化的基础，“以农为本”的特色小城镇建设是对我国新型城镇化发展的有力补充，也是实现乡村振兴战略的重大举措。在区位条件相对劣势、人力资源品质相对低下、社会经济发展相对滞后的条件下，小城镇依然是带动广阔乡村地区发展的龙头，突出“以农为本”对我国广大的小城镇发展具有示范带动意义。未来在中国城镇化路径当中，“以农为本”将是大多数小城镇的选择之一。特别是在中西部地区，基于其地方资源禀赋、区位特征、人力资源条件和劳动力素质水平的考量，“以农为本”是一种务实而明智的选择。小城镇在发展的时候不应该忘记自身条件，一味盲目地跟随当下的“特色小镇热”和“旅游热”盲目发展，更应该回归理性。五泉镇能够一直走在陕西省小城镇新型城镇化试点的前列，重要的原因在于其利用好自身资源禀赋，抓住了自身农业的发展优势，同时积极带动镇域乡村发展，找到了适合自己的特色发展路径。因此，小城镇在发展中应该注重挖掘自身的特色资源，打造属于自己的特色优势。同时，随着国家开始实施乡村振兴战略，小城镇在发展的过程中更应该发挥好龙头作用，成为乡村发展的服务器，积极促进镇域广大乡村的发展，引领乡村实现农业农村现代化。同时，小城镇在发展中应该注重营造优美的城乡环境，打造特色传统文化品牌，以及外部智力资源的引入和内部制度的创新。（注 1）

二、栏杆堡田园文旅小镇：田园陕北风

自 2016 年以来，全国共有 403 个镇被认定为国家级特色小镇，从国家级特色小镇的规划建设实践来看，小镇的自然特征、产业特点、文化特质和空间特色等发展要素是构建小镇“特色”化发展的基础。这些特色小镇在推动新型城镇化发展、提升农村经济实力、促进农民思想意识转变、延续传统文化内涵和保护城乡生态环境等方面都发挥了重要作用。

一直以来，陕北地区都以豪迈粗犷的自然特征、农业为本的产业特点、红红火火的文化特质和自然质朴的空间特色呈现于世，陕北地区建设特色小镇对于加快推动经济社会转型发展，提高小城镇经济活力具有重要意义。本文以陕西省神木县栏杆堡田园文旅小镇规划建设为例，从全流程角度分析总结特色小镇从无到有背后的产业逻辑、布局规律和运维特征，以期对陕北乃至全国特色小镇的规划建设方法提供新的思路与借鉴。

1. 陕北地区特色小镇的发展条件

（1）发展基础

陕北丘陵地貌是陕北传统聚居依存、发展、延续至今的主要载体。陕北高原位于“北山”[1] 以北，是我国黄土高原的中心部分。传统村庄聚居掩映在苍茫厚重的丘陵之中，聚居营建取材于山川之间，聚居环境与自然环境高度协调，相生相融。受地域环境影响，陕北地区形成了以窑洞为代表的传统聚居形式，“峰头辟土耕成地，崖畔剜窑住作家”的聚居区随山就势，各窑洞院落沿山体等高线蜿蜒变化，散落布局，与山体、农地交汇融合。窑洞聚居的生活方式，体现了陕北高原居民师法自然，主动改造生产、生活环境的态度（图 11-9）。

陕北传统文化是陕北传统聚居生活的意境凝练，是世界了解陕北的“窗口”。陕

1　陕北黄土高原与关中渭河平原的分界岭，北部是沟壑纵横的黄土高原，南部是一马平川的关中平原。

北传统文化包含了独特窑洞文化和地域民俗风情，是中国传统文化的重要组成部分，展现了陕北人民质朴奔放、绚丽多彩的生活内涵。

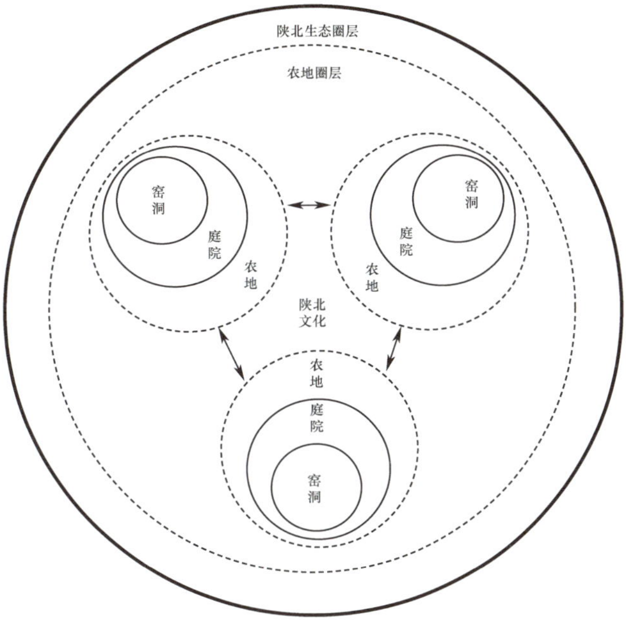

图 11-9 陕北传统聚落与自然环境关系图

陕北传统民居是在陕北高原地貌中自然生长，在不断地发展中受陕北传统文化的影响，但始终保持着原汁原味地域“符号”的空间聚居方式，不论从整体布局、交通组织等形式，还是生产生活、邻里交往等活动，都呈现出一种有机组织的状态。

（2）发展优势

首先，丘陵地貌为农业产业多元发展奠定了生态基础，在发展传统农业的基础上，可结合地形特征，发展梯田农业、果木经济和相关林下经济产业。

其次，陕北文化为文旅产业创新实践提供持续支持，其丰富的文化元素、深厚的内涵积淀和多元的表现形式，为文旅产业发展提供了丰富的素材。

最后，传统聚落为特色小镇综合发展提供空间载体，其延续至今的聚落形态，使村镇形成了与自然对话和集约布局等特点，这些都有利于小镇在规划建设中控制合理的发展边界和投资规模，确保小镇产业、经济的良性循环。

2. 栏杆堡的特质和发展问题

（1）特质

特质一：毗邻城市，交通便捷。栏杆堡镇位于陕西省神木县东南部，距神木县仅

22 千米，一直以来，良好的区位优势使其与城市之间的物流、人流保持良好的往来，是神木县居民周末郊区游的主要去处之一。

此外，从神木县区域交通设施发展来看，神木离榆林机场、鄂尔多斯机场约 100 千米，西包、神朔、准神、神瓦铁路的改造和建设，提升了神木县的可达性，包茂高速、榆神高速及规划建设的神府高速，将进一步强化神木县与周边各县市之间的交通联系，整体来看，在 3 小时活动范围内，栏杆堡镇未来发展潜力非常大，其毗邻神木县的区位优势将得到进一步放大。

特质二：环境优越，农业为先。栏杆堡镇属山涧地区，森林植被良好，生态环境优越，极具陕北“田园”氛围，镇内黄土丘陵的地貌特征，奠定了其杂粮种植、畜牧养殖产业的基础，使其成为神木县菜篮子工程的主要供给基地之一。

（2）发展问题

镇容镇貌方面，镇区内建筑质量参差不齐，以砖混、砖木结构建筑为主。其中公共服务配套、少量传统民居等建筑质量相对较好，绝大多数民居建筑质量一般，存在少量的危房和废弃建筑。

内外交通方面，神马路是栏杆堡镇主要对外交通道路，现状为双向两车道，受过境货车影响，路面情况较差，道路两侧基本没有景观绿化。神马路作为未来的重要旅游道路，存在较大的改造空间。镇区内其余道路均为村级道路，可达性良好，但沿途景观较差。

资源要素方面，总体来看，栏杆堡镇山、水、田、村要素齐备，由于长期以农业种植为主，现在要素的生态、旅游价值保留完好，但各要素之间的联系不足，没有形成良好的互补效果，从旅游休闲发展的角度来看，存在较大的提升空间。

3. 规划建设实践

（1）规划建设创新总体思路

宏观层面，创新构建小镇内部各要素内在联系。小镇规划建设首先溯源核心价值，立足栏杆堡镇实际，注重发挥小镇“田园”核心的纽带作用，并依此串联起小镇背后人文、历史、产业、社会等诸多要素之间的关系，明确小镇生态圈发展方向，挖掘了现实淳朴的山、水、田、村等旅游要素，与中国农耕文化、文旅产业等主题之间的内在联系，围绕当地居民的真实生活状态，拓展出“樵、渔、耕、读、居”的小镇活动，以此在陕北地区打造小镇品牌价值，逐步提升影响力（图 11-10）。

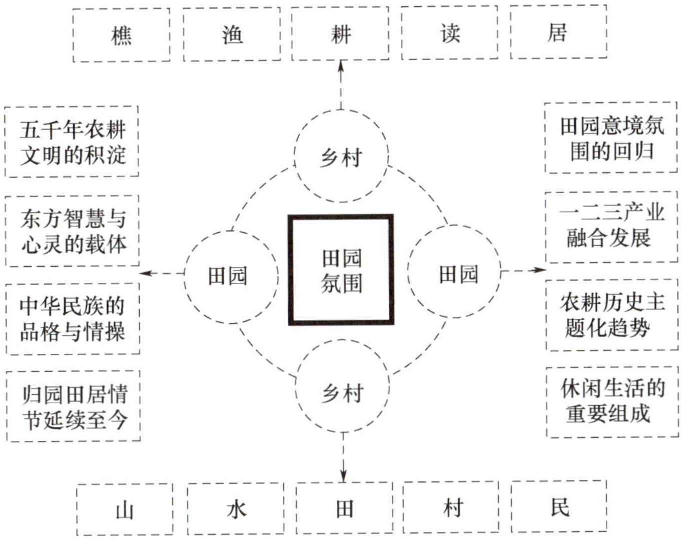

图 11-10 “田园”IP 内在各要素关系图

微观层面，创新实现小镇多元产业的发展路径。小镇规划建设围绕“田园”IP，梳理小镇产业的出发点和落脚点，明确产业发展的平台和载体，完善政策、资金保障机制，并制定了完善的实施计划，以此指导小镇后续各项规划建设活动有序进行（图 11-11）。

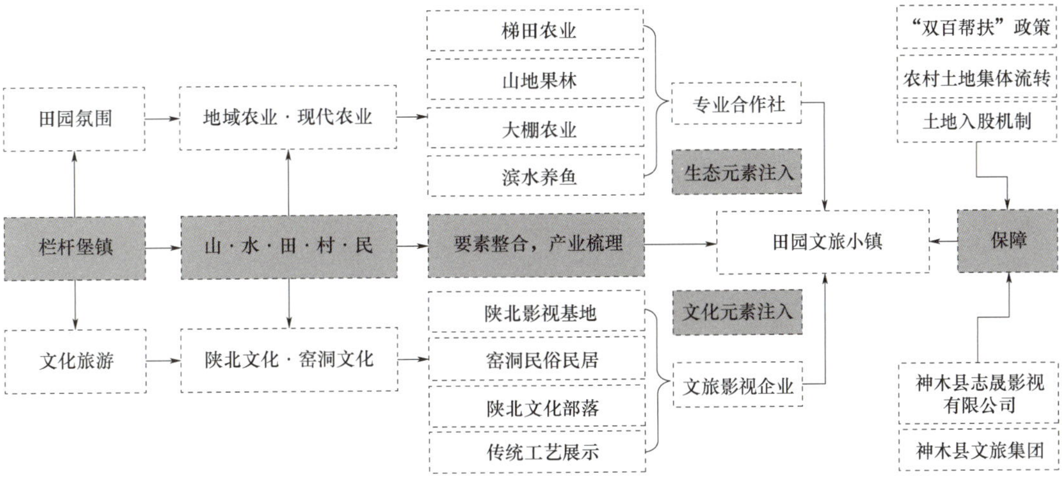

图 11-11 小镇产业特色发展构架图

（2）小镇定位

栏杆堡镇依托陕北地形地貌，着力发展现代都市农业，营造外部“田园”意境；以“旅游+”的发展理念，审视陕北传统窑洞聚居区的文化价值，以文化旅游和文艺作品输出为切入点，巩固和宣传小镇“文旅”内涵，最终明确栏杆堡特色小镇的核心定位，即在“农业＋旅游”双核驱动下，建设具备陕北地区生态文化特色，形成具备丘陵农业示范和陕北文化发展典范的“田园文旅”主题小镇。

（3）鲜明产业

围绕栏杆堡田园文旅小镇的核心定位，产业发展立足陕北地区特色，充分释放山林、农田、水体、村庄的价值，构建生态休闲基础；立足“竞合关系”和“现状短板”，构建农业、旅游复合发展的基本框架；立足“市场需求”，以文化体验、生态休闲为导向，指导实际项目落位。

小镇围绕核心产业，共设置了14项产业项目，包括2项核心项目和12项辅助项目。其中，栏杆堡影视基地和窑居风貌组团作为核心项目，是特色小镇文旅产业的主要载体（表11-3）。

表11-3 田园文旅小镇项目统计表

分区	项目分类	项目名称	项目内容
文化小镇旅游区	辅助项目	酒吧餐饮街	美食街、院落式餐饮休闲
	辅助项目	文化休闲区	创意坊、影院、文化展示体验中心、演艺中心、创意集市
	辅助项目	艺术村落	艺术主题馆、艺术主题客栈、商业服务等
	辅助项目	文化广场	游客服务中心、文化广场
	辅助项目	生态停车场	旅游大巴停车场、私家车停车场
	辅助项目	遗址文化公园	文化广场、文化展示馆、雕塑景墙、楼台亭
	辅助项目	拓展运动区	赛事拓展训练场、山地运动场、自行车道
	核心项目	影视基地	影视拍摄服务中心、传媒服务中心、艺术培训、影视体验馆
	核心项目	民俗休闲区	陕北民宿酒店、服务设施
	辅助项目	养生谷	养生中心、茶社、客房、养生餐饮、休闲中心
生态休闲旅游区	辅助项目	生态渔村	特色鱼馆、水上游乐、垂钓
	辅助项目	观光采摘园	果蔬大棚基地、展示交易市场
	辅助项目	花谷	步道、景观亭、观景台
	辅助项目	生态农庄	农耕园、采摘园、农家屋舍、动物牧场、餐饮娱乐

（4）宜居环境

栏杆堡田园文旅小镇的规划设计因地制宜，尊重场地，凝练田园精神，采用自由式的路网和用地布局，在生态保护的基础上，注重农业生产与旅游活动的联系，轻体量、精品化布局产业项目，避免大拆大建，合理改造和利用现状传统建筑，整体塑造小镇和谐宜居的氛围（图 11-12、图 11-13）。

首先，构建“一环、一带、两翼、三区”的小镇空间格局。“一环”即镇区周围自然山林环绕形成的天然生态屏障。“一带”即串联起镇区多个不同功能的活力发展带。“两翼”包括西侧以生态保育为主的生态休闲区和东侧以民俗文化为主的文旅休闲区。“三区”为小镇文化旅游区、生态休闲区和田园生活区，东侧文化旅游区通过对现状传统聚落空间的风貌提升和文化产业导入，打造文化活化载体；西侧生态休闲区依托现状农田、山地，发展现代农业和林下经济；北部田园生活区结合镇区居民安置区的建设，完善公共服务设施配套，打造田园生活氛围。在此基础上，小镇构建主题清晰、相互联系的景观格局，将自然环境与人工环境有机融合。

图 11-12　小镇规划效果图

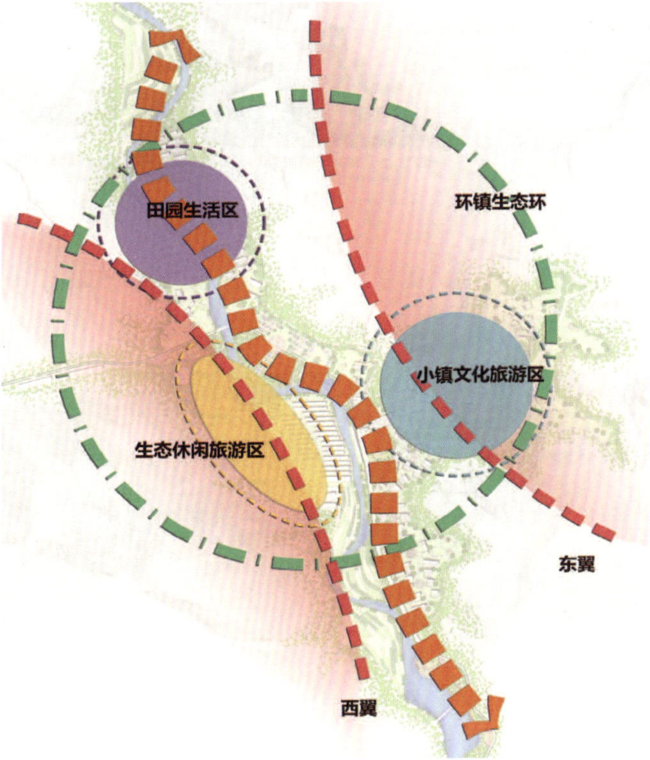

图 11-13　结构分析图

其次，改造提升小镇公共环境，通过建筑立面改造，公共设施完善和景观环境优化等措施，打造文化景观氛围，提升小镇品质（图 11-14）。

小镇景观环境的优化提升主要围绕神马路展开。神马路作为小镇联系内外的主要道路，是展示小镇建设成就、产业活力的主要界面，神马路沿线景观的优化依托现状，在满足基本服务功能不变的前提下，通过优化设置人行道宽度，统一广告牌、小品、绿化和建筑门窗形式等措施，打造严正有序、尺度宜人、充满活力的街道景观（图 11-15）。

图 11-14　行政服务节点改造设计对比

图 11-15　主干路景观改造设计对比

小镇内部道路的景观环境优化，主要通过路面硬化、植物绿化和环境美化实现，通过景观要素的配搭，营造干净整洁、舒适宜人的慢行景观氛围（图 11-16）。

图 11-16　内部道路景观改造设计对比

（5）彰显传统

为了充分保留、延续和活化陕北传统窑洞民居氛围，小镇的建筑设计借鉴栏杆堡当地民居的传统元素，如窑脸门联窗、窑顶十字砖构造、院落围墙形式和建筑色彩等，加以提炼和吸收，融入小镇各类改建、新建的建筑，确保建筑风貌的协调统一（图 11-17、图 11-18）。

图 11-17　现状窑顶形式

图 11-18　现状院落大门及围墙关系

其中，改建的建筑主要集中在小镇东侧的文化旅游区范围。通过对现状传统民居的改造，使其既能够满足居民日常生活使用，同时匹配小镇文旅产业的发展，承担部分餐饮、住宿等功能（图 11-19）。

图 11-19　改造民居平面户型及效果图

新建建筑主要集中在北部田园生活区，用于农民的集中安置。遵循当地农民生活习惯，每户以院落形式组织，主体建筑面积约 196.65 平方米，分上、下两层，前院面积 69.27 平方米，为居民主要活动场所，后院面积 68.40 平方米，用于储备和堆放农具（图 11-20）。

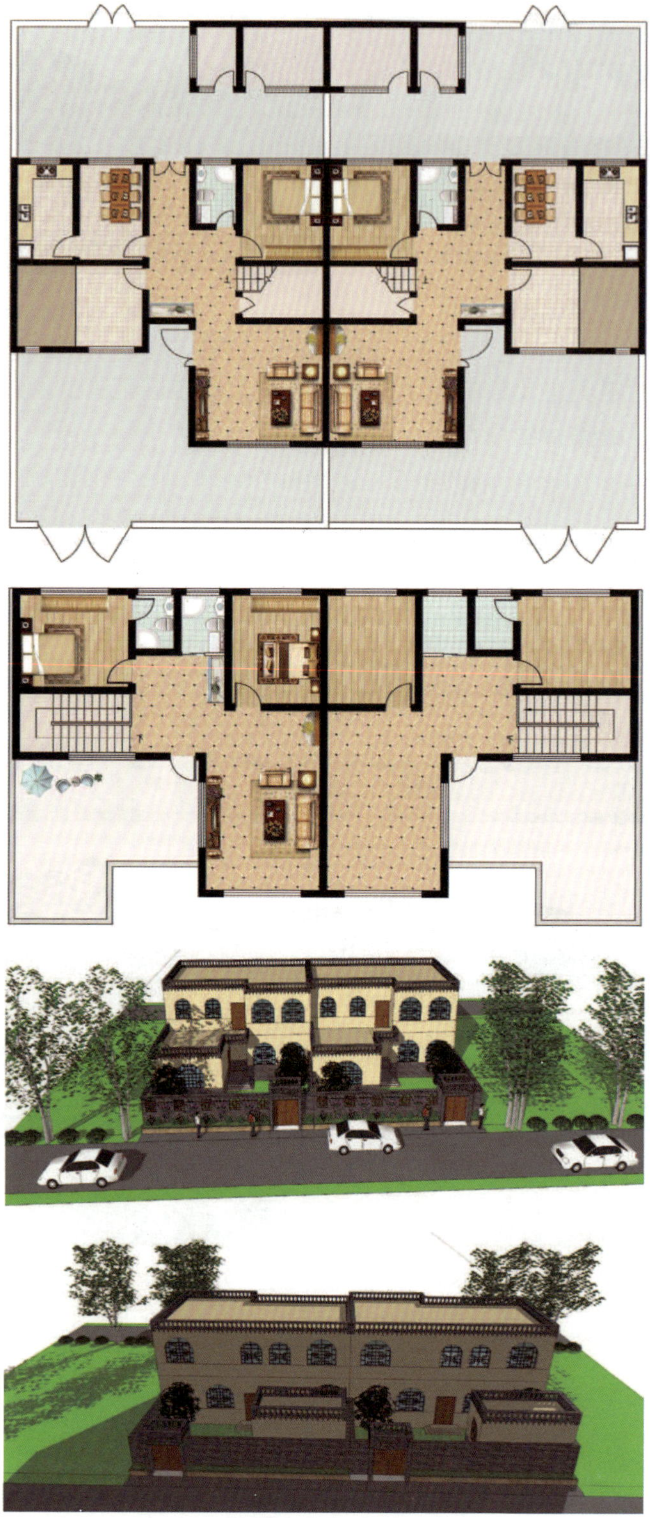

图 11-20　新建民居平面户型及效果图

（6）便捷设施

在空间布局的基础上，规划田园文旅小镇的服务配套体系，包括公共服务设施、公用服务设施和旅游服务设施三类，保障了小镇后续良好地建设、发展和运维（表 11-4）。

表 11-4　小镇公共服务设施一览表

服务设施名称	建设要求
镇中心卫生院	床位 8 张，另有计划生育服务中心 1 处
农商银行	保留原址
储蓄所	与镇政府大楼新址合设
财政所	与镇政府大楼新址合设
农业综合站	保留原址
农贸市场	用地 0.64 公顷
科技服务站	与镇政府大楼新址合设
文化活动站	保留原址
敬老院	增设敬老院 1 处
学校	九年制学校
健身场地	运动跑道在小学内设置
社区服务	为小区内居住社区服务
托儿所	2 个托儿所，服务半径 300m
文化广场	居民休闲场所，作为镇景观中心建设
汽车站	位于镇区中部，是镇区的交通枢纽
停车场	满足旅游服务需求

（7）活力机制

小镇建设坚持政府引导、企业主体、市场化运作原则，坚持围绕双核驱动发展理念，“田园”主题以发展农业为基础，突出地域性，注重发展现代农业，通过组建专业合作社，发展梯田农业、山地林业、温室大棚和滨水养殖等内容，调动农民参与小镇产业发展的积极性。“文旅”主题方面，挖掘陕北文化和窑洞文化为精髓，依托现状聚落布局，打造陕北影视基地、窑洞民俗民居、陕北文化部落和传统工艺展示等多元文化空间。除此以外，政策机制和企业参与，奠定了田园文旅特色小镇健康有序发展的基础。

在政府引导、企业参与的背景下，栏杆堡田园文旅小镇依据整体空间规划和“农业 + 文旅”双核产业发展思路，明确了各建设阶段的发展方向和主要内容，并依此制定行动计划，确保了小镇风貌逐步提升，特色产业有序发展（表 11-5）。

表 11-5　田园文旅小镇项目建设阶段统计表

发展阶段	发展方向	主要内容
基础建设阶段	完善配置 提升品质	小镇基础设施建设，街道美化绿化，民房改造； 在保护生态的基础上，进一步全方位发展农业、林业经济； 先期开展相关都市休闲项目，提升市场识别和认可度； 建设陕北影视基地，签约电影拍摄项目
完善发展阶段	深度打造 业态升级	加强景区建设，进一步完善旅游服务配套； 完善影视拍摄类、民俗、文化体验类项目，打造多元化的旅游体验； 完善山地生态休闲产品，提升景区休闲品牌
区域协作阶段	区域统筹 内外联动	区域统筹，景区内外联动，并入陕西北部旅游大盘； 加强与县城区联动机制，丰富商业休闲业态，提高项目文化吸引力； 打造艺术聚居、文化休闲街等文化创意商业休闲项目，催熟生态文化旅游产业链； 立足“神木后花园”的发展定位，提升小镇度假休闲综合服务功能

基础建设阶段，围绕配套设施和小镇品质，先期启动基础设施建设、街道美化绿化、民房改造等工程，在保护生态的基础上，进一步全方位发展农业、林业经济，优化都市休闲项目，并着力建设陕北影视基地，签约相关题材电影到此拍摄。完善发展阶段，注重产业升级，进一步加强景区建设，将影视基地与休闲旅游相结合，增设文化体验类项目，打造小镇休闲品牌。区域协作阶段，加强与区外各旅游资源联动，融入陕西北部旅游大盘，进一步提高项目文化吸引力，提升小镇度假休闲综合服务功能。

目前，围绕基础建设阶段“街道美化绿化”工作内容，小镇已完成主干路路面硬化、道路景观绿化、景观照明等工程，整体环境品质得到全面提升（图 11-21）。

图 11-21　主干路沿线景观综合提升后实景

同期建设的陕北影视基地，是以窑洞为主题，展示陕北传统民居氛围和窑洞文化，可满足神木县内影视产业规模化、市场化、专业化发展诉求，目前建成区已投入运营，用以拍摄各类院线电影、微电影和各类网络原创视频，有效推动了神木文化旅游产业的发展（图 11-22）。

图 11-22 影视基地建成后实景

栏杆堡田园文旅小镇的规划建设实践，既是陕北地区小城镇坚持产、镇、人、文“四位一体”发展模式的探索，也是从特色小镇全生命周期角度出发，统一产业策划、空间规划和小镇建设的有效尝试，反映了在政府引导、企业参与、市场化运作的背景下，小城镇如何依托自身优势，规划特色产业，建设特色小镇，在主动融入区域发展的基础上，有效解决了小镇文化崛起、生态保护、乡村复兴和经济发展的关系，也对今后陕北地区小城镇创新发展起到积极示范作用。（注 2）

注 1：本文摘自《小城镇建设》，2018.09，66-72，五泉模式，以农为本的回归，撰稿人：段德罡，郑自程，杨茹。

注 2：本文摘自《小城镇建设》，2018.05，38-44，基于全流程视角下的特色小镇规划建设方法研究——以陕北地区栏杆堡田园文旅小镇实践为例，撰稿人：夏晶。

第十二章　内蒙古自治区

一、内蒙古特色小镇规划建设政策解读

随着党的十九大胜利召开，中国特色社会主义进入新时代，这是我国发展新的历史方位。新时期提出了新的发展方向和新的要求，明确了要建设现代化经济体系，提出了深化供给侧结构性改革，建设创新型国家，实施乡村振兴战略、区域协调发展战略等一系列新的发展理念。新的历史时代为小城镇的特色化发展提供了新的历史机遇。

当前中国经济发展进入新常态，供给侧培育小城镇对于当下的经济发展具有重要意义，特色小城镇是新常态下转型发展的新引擎。新一轮国家西部大开发的不断深入推进，为内蒙古提供了新的发展机遇，特色小城镇作为西部大开发战略的重要支撑，在新的形势下应成为内蒙古推动经济发展、推进新型城镇化建设以及实现城乡统筹发展的重要载体。

为更好地响应国家关于特色小城镇建设的战略决策以及西部大开发战略的重要部署，有效发挥小城镇在社会经济建设和城乡统筹发展中的重要作用，推动全区小城镇健康快速发展，2016 年 9 月内蒙古自治区出台了适应本地区发展的关于特色小镇建设的有关指导意见，明确了内蒙古培育发展特色小镇的基本原则、目标和总体要求，提出了规划建设的主要任务以及相应的政策保障措施等。

1. 特色小镇的内涵与特征

（1）不同地区特色小镇的概念差异

自 2011 年以来，全国部分地区对特色小镇进行了不同程度的实践，不同地区特色小镇提出的背景、建设的重点内容、建设规模、经济效益及运行方式等均有不同，现以浙江、陕西、云南、贵州 4 个地区为例，对各地特色小镇概念的异同进行辨析（表 12-1、表 12-2）。

表 12-1　不同地方特色小镇概念的内涵

实施地区	产生背景	主要内容	规模控制	实施效益	运营策略
特色小镇（浙江省）	经济结构转型升级和城乡一体化发展需要	小镇产业发展和精准定位	在3平方千米左右，其中建设区规模约1平方千米	产业文化旅游三位一体，营造三生空间实现三生融合，培育特色产业塑造单打冠军	◆政府引导 ◆企业主体 ◆市场化运作
重点示范镇（陕西省）	城镇经济总量偏低、发展规模较小，数量较多	• 改善居住环境，完善城镇功能，打造一镇一业 • 提高公共服务设施以及市政基础设施的服务水平 • 推动镇区人口有效聚集	镇区范围，包括发展的新区	■促进县域次中心形成，在推动农村剩余劳动力落户城镇提供创业平台方面起到示范带动作用 ■城镇化水平有效提高，城镇规模翻倍	◆统筹城乡协调发展 ◆建设用地增减挂钩（1000亩） ◆政策资金支持（1000万元）
旅游小镇（云南省）	缺乏对城镇发展趋势系统、科学的预测，仅依托旅游小镇发展提出	• 完善城镇功能实现集约发展 • 改善城镇公共设施建设水平 • 主要培育建设六大特色小镇：旅游小镇、生态园林小镇、工业小镇、边境口岸小镇、现代农业小镇、商贸小镇	镇域行政辖区及镇区范围	■有重点地发展形成带动区域发展和服务周边农村的辐射中心 ■稳步扩大城镇规模，有效推进城镇化进程	◆发挥规划引导建设的作用，改善城镇管理水平 ◆确保建设用地有效供给 ◆除旅游小镇外享受政策资金扶持
示范小城镇（贵州省）	受地形地貌限制平原地区较少，城镇化进程缓慢	• 城镇特色风貌塑造 • 依据创业特区标准推动产业发展建设 • 通过“8+X”项目框架，实现公共设施的有效建设	镇域行政辖区范畴	■培育了一系列独具特色的小城镇和绿色生态小镇 ■完善城镇基础设施，提升城镇功能 ■ 稳步推进城镇化进程	◆有效扩大金融支持 ◆促进土地流转根据需要下放权力

表 12-2　不同“特色小镇”概念的辨析

发展背景	主要内容	规模控制	实施重点	运营模式
贵州、云南、陕西地区属于城镇化进程加快发展阶段； 而浙江与广州则依托一定的城市化基础之上形成	均比较注重特色产业的培育发展建设； 贵州、云南、陕西地区在建设内容上更偏重完善基础设施建设和改善城镇功能； 特色小镇选取标准不同	规模方面，贵州、云南、陕西地区通常确定在镇区镇域范围内； 而浙江省则主要依托产业园区既定面积控制其相关规模	贵州、云南、陕西地区更偏重城镇化水平的提高； 而广东和浙江省更偏重于利益、投资、经济	在资金来源方面：东部地区主要依托企业投融资，而云南、陕西地区通常采用财政划拨为主以及政府扶持； 在建设管理方式上基本相同

（2）特色小镇的概念辨析

最初，国家层面并未明确给定特色小镇的概念，因此对其的理解主要有两种：一种是在三部委联合发布的有关特色小镇培育的文件中将特色小镇定义为除县城关镇之外的建制镇，并且优先从全国的重点镇中选择。这与云南、贵州、陕西等地所指的“特色小镇”概念基本一致；另一种是浙江模式的“特色小镇”概念，是指具有文化内涵和鲜明产业定位，以及承担一定旅游和社区功能的，独立于市区的一种非镇、非区的创新、创业平台。

随后，发展改革委发布的有关文件明确了特色小镇的概念，指出特色小（城）镇主要包括以下两种：一是特色小镇，它是一种不同于产业园区和行政建制的创新、创业平台，主要依托新兴产业和特色产业的聚焦以及发展要素的聚集。二是特色小城镇，具有一定的经济和人口规模，特色产业鲜明，以传统行政区划为单元的建制镇。由此，在全国范围内，特色小镇的概念有了明确界定，达到了统一。

内蒙古出台的有关政策文件中提到的特色小镇为一般建制镇，也就是特色小城镇的概念，与陕西、云南、贵州地区一致，是依托一定人口和经济规模，有行政建制的产业特色鲜明的小城镇。

（3）特色小镇的基本特征

以特色产业及环境资源为基础。产业是特色小镇的生命力和基础，环境资源是特色小镇发展的本底依托，如何将资源转化为核心吸引力是关键所在。

以产镇一体化综合发展为手段。以镇作为产业的服务基地和支撑，以产业驱动镇的更新和设施完善，包括产业的综合发展、功能的综合配置、土地的综合开发、设施的综合配套等。

以泛旅游为引擎和目标归宿，拥有高品质完善的城镇和旅游配套设施。

以政府政策及投融资为依托。以产业为引领，实现“产业 + 文化 + 旅游 + 社区”四重功能的有机整合与融合。

2. 内蒙古特色小镇有关政策与国家政策的对接

（1）立足国家宏观政策指导，结合自身发展实际

内蒙古自治区人民政府办公厅《关于特色小镇建设工作的意见》（以下简称《意见》）明确了内蒙古建设特色小镇的总体要求，指出要全面贯彻落实国家和自治区的有关精神要求以及习近平总书记系列讲话精神，要把促进县域经济发展放在第一位，根据自身的发展实际从资源、产业、区位条件入手选择一批各具优势的一般建制镇，精准确定其采用的发展模式，把文化和产业作为重点，通过优势服务业、产业以及高端产品的发展、社会资本的引入、政府财政投入的加大来有效促进当地以及外来消费，从而带动本地经济快速发展。通过特色小镇的规划建设，推动自治区新型城镇化进一步发展，推进新旧动能转换，实现内蒙古小城镇有序健康发展，进而为实现城乡统筹提供保障。

在总体要求上，内蒙古以国家有关政策的指导思想作为引领，同时结合自身发展实际，考虑到特色小城镇建设是自治区加快城乡一体化发展和新型城镇化建设的重要抓手和载体，因此，在总体要求上，明确了要按照自治区新型城镇化发展的战略部署开展特色小城镇的规划建设，要充分挖掘小城镇在城市和乡村之间重要的联结作用，实现城乡资源的激活与重组。将建设特色小城镇作为县域城镇化的突破口，通过特色产业的培育和发展，吸纳更多的农村剩余劳动力，实现农村人口的就地城镇化。

实施乡村振兴发展战略、实现城乡融合发展是党的十九大提出的战略任务。城乡一体化发展要统筹兼顾城市和乡村的需要，要实现城市和乡村在空间布局、设施配套、要素整合、产业布局、生态保护等方面相互融合和同步发展。特色小城镇建设在推进内蒙古城乡融合发展进程中具有非常重要的地位和作用。特色小城镇的核心是特色鲜明的产业定位和发展，这是新型城乡关系的重要支撑；小城镇作为城市和乡村的纽带，具有分布广、离农村近的特点，充分发挥其对周边广大农村的辐射带动作用，是实现全面建成小康社会战略目标的重要力量。特色小城镇作为促进城乡发展、传递城市文明、有效承接产业转移的重要载体，是推动城乡融合发展的重要战略支点；内蒙古悠久的传统历史文化，独具魅力的蒙元文化、草原文化人文特色以及浓厚的乡土气息是让老百姓“望得见山、看得见水、记得住乡愁”的最佳处所。同时，特色小城镇作为周边

大中城市的重要补充，承接产业转移，吸纳农村剩余劳动力的重要载体，是增加全区人口就业的重要平台。

（2）明确规划主导地位，建设生态美丽宜居的特色小城镇

在《意见》中提出了内蒙古建设特色小城镇的五项基本原则。一是明确了规划的先导地位。提出要通过规划来科学布局功能空间，实现资源优化配置以及统筹各类要素，要处理好三生空间的关系，合理确定城镇的生态功能定位，充分发挥城镇自身的特色和优势。二是将精准定位的特色产业作为城镇发展的重要支撑。根据城镇独具特色的资源优势，调整产业结构，有重点地发展旅游度假、精细化农业、农畜产品加工业、现代工业、商贸服务业、牧业等，逐步形成“一镇一主业”的城镇发展思路，发挥规模效应，吸引当地及周围剩余农村劳动力就地就业，从而实现增收致富。三是凸显城镇特色，塑造小而精美的城镇环境。通过深入挖掘小城镇独有的文化内涵，形成属于城镇自身的特色，进而体现在建筑风貌、城镇景观的建设上，从而将小城镇的文化魅力注入城镇的特色化发展。四是营造绿色低碳宜居城镇。将城镇的发展目标确定为建立节能环保、绿色低碳的生活生产方式，同时大力发展低碳经济、绿色经济和循环经济，保护生态环境，推广环保材料、太阳能以及风能等清洁能源在小城镇规划建设中的应用。五是明确市场运作的主体地位。要积极发挥市场对资源配置的有效作用，明确建设投资主体，发挥政府在引导和提供服务保障方面的作用。

在基本原则方面，内蒙古遵循国家关于特色小镇建设的有关原则，结合自身实际提出了新的要求。首先强调了规划先行的主导思想，明确了规划对于特色小城镇建设的先导作用。这是由于目前内蒙古大部分小城镇在规划的编制上未能考虑将产业、文化与旅游相结合以谋求城镇的新发展，城镇的产业规划多为分散式发展的多种产业类型，而没有将目光定位于某一特色产业集中培育，主导产业不突出且无法做大做强，缺乏对产业链的延伸，因此很难形成有特色并且带动城镇发展的特色主导产业类型，且产业的聚集程度较低，多为低端产品，有效供给不足。同时规划也缺乏对当地传统文化的深入挖掘、利用和保护，无法实现与产业的融合发展，因而尚未发挥当地特色文化资源的有效价值。因此，只有从认识上重视规划的主导和引导作用，才能实现特色小城镇持续、健康、快速地发展。

3. 分类引导发展，三级集中投入

《意见》提出根据城镇在区位、人口聚集度、经济社会基础、资源环境承载力、交通设施等方面的比较优势，内蒙古重点建设旅游、商贸、文化、物流、工业、农业、

牧业、林业、口岸等几种类型，通过三级集中投入，实现建成一批特色鲜明的示范城镇，进而推动全区城乡统筹、协调发展和新型城镇化进程。到2020年，实现自治区的特色小镇在生态环境、产业发展、建设风貌、公共设施等方面达到内蒙古有关建设要求，强有力地辐射并带动县域经济实现发展目标。

针对自治区东、中、西地区小城镇发展的比较优势，分类别引导建设不同类型的特色小城镇，通过三级集中投入，到2020年，全区特色小城镇建设实现"一镇一业"，突出"特而强""突出精致"，展现"小而美""保护传承"，实现"名而扬""完善提升"，力争"均而全""破旧去僵"，做到"活而新"的目标。

4. 深化管理体制创新，加强组织领导

通过发展模式的创新，体制机制的完善，推动小城镇管理体制和机构改革，实现城乡协调、一体化发展。为使小城镇自身具备的资源和权限能与目标责任相匹配，各地区要最大限度地将有关管理权限下放到镇级，尽快出台相关政策。配备合理的人员，给予充足的经费保障，确定专门负责小城镇建设管理职能的部门，解决有钱干事、有人干事的问题。

加强完善和规范公共财政投入，对各类已设立的相关专项资金在各级财政层面要加强统筹整合，将特色小镇市政基础设施建设作为重点支持内容。返还镇规划区内建设项目已缴纳的基础设施配套费，将返还的费用投入各项基础设施建设。推进商业金融、政策性金融相结合的农牧区金融系统的形成，积极鼓励农村信用社、村镇银行的发展。对于试点城镇在开展产业基金合作方面，国有政策性银行要给予地市级同等待遇。根据"谁投资，谁经营，谁受益"的原则，特色小镇要引入市场机制，在水、电、路、通信、文化娱乐、市场等公用设施建设领域的投资要鼓励采用各种经济性质的资本，自治区现行的有关优惠政策让投资者能够享受。

保障用地指标。为有效保障特色小镇的建设发展，在每年的建设用地计划中，各地政府要优先保障足够数量的建设用地指标。对于规划建设范围内的农牧区建设用地，用地审批手续可优先办理，从而保障小城镇规划的有效实施。通过采用租赁、转让集体建设用地使用权，以及鼓励农牧民和集体经济组织以土地入股的方式，积极推进各类旅游开发项目试点，包括农庄体验游、牧家乐、家庭旅馆、农家乐等。

加强组织领导，形成工作合力。对内蒙古小城镇建设有关工作领导小组的职能分工和成员组成进行相应调整。自治区特色小镇的工程建设项目实施和基础设施建设工作，以及功能完善和规划建设职能，主要由自治区住房和城乡建设厅负责；特色小镇

列入自治区、盟市重点建设项目的工作主要由自治区发展改革委负责协调指导，通过整合本部门相关资源推动特色小镇的规划建设；对享受财政扶持政策的特色小镇的审核和兑现工作主要由自治区财政厅具体负责，实现有效引导各地区特色小镇建设的资金安排工作；特色小镇对于特色牧业、农业的打造，以及本部门资源的有效整合由自治区农牧业厅进行指导；特色小镇所享受的扶持政策的兑现和审核工作主要由自治区国土资源厅指导实施，主要负责各地区节约集约创新用地机制，特色小镇的用地保障等；自治区特色小镇在涉外业务以及电子商务创建、提升等方面的工作主要由自治区商务厅实施；生态环境建设和污染防治的工作主要由自治区环保厅具体负责实施；自治区特色小镇的科技创新工作以及产业转型升级工作分别由自治区科技厅以及自治区经济和信息化委具体负责指导。特色小镇建设工作领导小组成员单位的职能调整由各级地方政府负责进行。

特色小(城)镇是实现城乡协调、一体化发展的关键,是推进新型城镇化的有力抓手。在新的历史时期，培育、建设、发展一批具有鲜明产业定位、深厚文化内涵、独特景观风貌的特色小镇，是推动内蒙古地区小城镇健康快速发展，加快自治区城乡统筹发展和新型城镇化进程的重大战略。内蒙古自治区创建特色小镇要根据自身发展特点进行科学性规划和精准定位，同时要遵循五大发展理念。特色小镇的建设发展要体现“一镇一特色，一镇一风情”的思路，充分发挥小城镇在城乡社会经济发展建设中的作用，推动城乡统筹、协调发展和新型城镇化进程。（注 1）

二、正镶白旗明安图镇：沙地绿洲草原小镇

随着内蒙古城镇化的快速提升，草原城镇资源紧缺、环境污染、草场退化等生态问题日益严峻,社会经济发展和资源环境约束之间的矛盾加剧,城镇化与城镇特色营造、地域文化传承等矛盾凸显。因此，亟须寻求新的规划思路和破解资源环境约束的有效办法，引导草原城镇健康、美丽、可持续发展。

2012 年党的十八大将“生态文明建设”作为国家战略。随后，中央经济工作会议中又明确提出“要把生态文明理念和原则全面融入城镇化全过程，走集约、智能、绿色、低碳的新型城镇化道路”。2016 年发展改革委出台了《关于加快美丽特色小（城）镇建设的指导意见》，提出“发展美丽特色小（城）镇是深入推进新型城镇化的重要抓手，有利于推动经济转型升级和发展动能转换，有利于促进大中小城市和小城镇协调发展，有利于充分发挥城镇化对新农村建设的辐射带动作用。”会议精神和意见的提出为草

原城镇建设发展指明了道路。

基于此，本书将生态导向下草原特色小城镇的规划作为草原城镇生态保护和可持续发展的有效规划途径，探讨生态导向下草原特色小城镇的规划思路，并以草原城镇明安图镇为例，结合《正镶白旗明安图镇总体规划（2017—2030）》，以生态文明建设为主线，以发展特色小城镇为抓手，以绿色产业为纽带，重点挖掘城镇特色，打造沙地绿洲草原特色小城镇，以此推动明安图镇的新型城镇化，具有重要的理论价值和实践意义。

1. 正镶白旗明安图镇现状分析

（1）现状概况

正镶白旗位于内蒙古锡林郭勒盟西南部，属中温带干旱大陆性气候，冬长春短，夏热秋凉，降水量少而集中，昼夜温差大，光照充足。由于正镶白旗地处浑善达克沙地南缘与丘陵相接地区，是国家级沙化土地封禁保护区项目浑善达克沙漠南缘的典型草原区，境内生态环境脆弱，生态条件敏感。旗域面积 6229 平方千米，现辖 3 个苏木，2 个镇，77 个嘎查村，7 个社区，明安图镇是旗政府所在地。旗域城镇大多分布松散，城镇规模小，具有典型的草原城镇特征[1]。正镶白旗地形南高北低，有着广阔的天然牧场，地貌形态、沙漠草原资源、历史文化资源、交通资源及风电光伏资源丰富。

（2）问题分析

近年来，伴随着快速的城镇化、工业化进程，正镶白旗得到了前所未有的大发展，经济、社会服务事业都有了很大的提升，但其问题也日益凸显。主要体现在：① 草原生态环境破坏严重，生态功能退化。据调查数据表明，正镶白旗全旗土地不同程度的退化、沙化面积为 4895 平方千米，占全旗总面积的 78.6%；旗域内草场退化，植被稀疏，其中重度退化草场占 73.49%，草群尤其是优良牧草密度降低，草场生产力普遍下降 50% 左右，其中 1/3 以上的荒漠草原基本丧失经济功能和生态功能。再加上旗域内降雨量小，水资源匮乏，旱灾、沙尘暴频发。② 产业亟待转型，城镇发展动力不足。正镶白旗现有产业以传统农牧业和传统工业为主，2015 年三次产业比例为 15.8：50.2：33.9，在整个锡林郭勒盟经济综合排名较低，经济发展处于工业化初始阶段。同时产业类型与周边雷同化较为严重，缺乏支柱产业，薄弱的基础导致城镇发展和人口集聚较为缓慢，呈现出一种动力不足的发展态势。③ 文化生态退化，城镇特色

1　程海帆 . 生态与特色：坝子地区小城镇总体规划的探索 [C]// 中国城市规划学会 .2009 中国城市规划年会论文集 ,2009.

丧失。在特殊的政治、历史、文化、社会、经济和地理综合作用下，正镶白旗具有鲜明的地域特色和民族特色。但快速城镇化造成了历史文脉和地域特色逐渐衰退，城镇出现趋同建设，城镇形态的识别性日趋削弱，阻碍了城镇健康发展。

因此，正镶白旗亟须加大自然生态环境保护力度，处理好生态与经济、特色与发展的关系，带动城镇持续、健康发展。

2. 生态导向下草原特色小城镇规划思路

依据对草原城镇特征和城镇发展面临的共性问题分析，在挖掘其特色要素的基础上，提出“保护为先，特色为本”的规划思路。

（1）保护为先——加强生态环境保护

对于草原城镇，其生态敏感性较高，故在规划中应严格保护草原生态环境，提升草原生态功能；合理、高效地配置各类生态资源，把可持续发展的观念融入经济、社会、环境的协调发展中，保护生态环境良性循环。①将资源、生态、环境指标纳入城市发展指标体系，提高指标体系对城镇经济、社会发展的制约性；②分析生态环境特征，进行生态功能区划，在此基础上实现全域空间管制，保障生态空间的完整性，保护生态安全，并以生态空间格局优化城镇布局；③以绿色循环经济为主导，鼓励发展清洁新能源、可再生能源产业，借助能源技术创新引导整个经济发展模式向绿色、低碳、高效方向转型升级；④保护和重视文化生态环境，继承和发扬草原城镇民族特色文化，发展文化生态旅游。最终实现以生态统领城镇建设的全过程。

（2）特色为本——打造草原特色小城镇

草原特色小城镇不仅要有良好的生态环境，还要有区别于其他城镇独有的特征、鲜明的个性，才能走出“千镇一面”的困境，提高城镇的外向吸引力和竞争力。规划在分析城镇自然生态、空间格局、景观风貌特征和历史人文要素的基础上，挖掘特色资源，打造具有鲜明地域特色、生态特色、产业特色和历史人文特色的草原特色小城镇。①基于城镇自然生态本底，先构建自然生态景观骨架，梳理城镇特色要素（地域民俗、历史人文等），在自然生态景观骨架的基础上，构建特色空间体系，确定合理的城镇特色空间分区，划定特色地段、景观廊道、重要节点；②明确特色主题，进行特色景观风貌分区，并制定相应的设计指引，提高规划的可操作性；③注重特色空间组织，并以线形布局的特色街道、绿地、城市慢行交通等为骨架将其串联，塑造完整、连续和有辨识度的小镇形态风貌；④依托草原城镇独特的生态环境，地域、民族、历史文化和优势产业，以差异化发展途径，打造城镇特色产业。

3. 生态导向下正镶白旗明安图镇沙地绿洲草原特色小城镇规划实践

（1）规划目标

在正镶白旗明安图镇现状分析的基础上，针对正镶白旗明安图镇发展面临的问题，从生态环境保护、产业转型升级和特色小城镇建设三个方面，确立以修复改善草原沙地生态环境，加快推进清洁能源、装备制造、绿色农畜产品生产加工、草原旅游等优势特色产业转型升级，建设沙地绿洲草原特色小城镇为本次规划目标（图 12-1）。

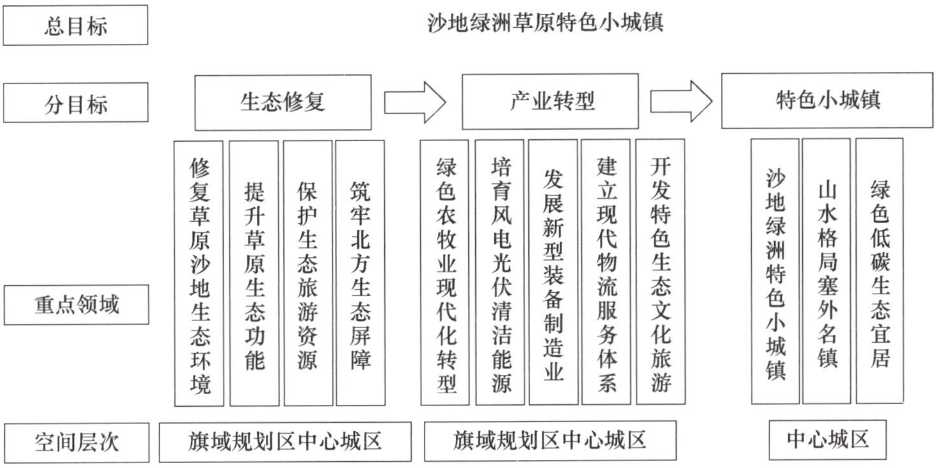

图 12-1　规划目标体系框架图

（2）构建城镇发展指标体系

以生态环境保护为出发点，主要从经济、社会、资源和环境方面制定相关指标，通过量化提高指标体系对城镇经济、社会发展的制约，以期实现正镶白旗明安图镇经济、社会、环境的协调发展，保护生态环境的良性循环（表 12-3）。

表 12-3　城镇发展指标体系分析表

大类	中类	小类	单位	2016 年	2020 年	2030 年	指标类型
经济指标	生产总值指标	地区生产总值	亿元	31.1	57	193	引导型
		人均地区生成总值	元	43194	72152	201041	引导型
		三次产业结构比	%	16∶51∶33	12∶50∶38	10∶48∶42	引导型
社会指标	人口指标	旗域人口规模	万人	7.2	7.8	8.9	引导型
		中心城区人口规模	万人	2.7	3.1	5.3	引导型
		旗域常住人口城镇化率	%	50	54	65	引导型

续表

大类	中类	小类	单位	2016 年	2020 年	2030 年	指标类型
社会指标	社保指标	城乡三项医疗保险参保率	%	97.5	100	100	控制型
	教育指标	九年义务教育入学率	%	100	100	100	控制型
		高中阶段教育毛入学率	%	90	95	100	控制型
	居住指标	低收入家庭保障性住房人均居住地面积	m^2/ 人	—	20	25	引导型
	就业指标	登记失业率（城镇人口）	%	3.78	3.6	3	引导型
	公共交通指标	公交出行率（中心城区）	%	50	60	70	控制型
	公共服务指标	各项人均公共管理与公共服务设施用地	m^2/ 人	28	26	16	控制型
资源指标	水资源指标	水资源消耗总量（中心城区）	吨 / 天	1831	3300	20300	控制型
		城乡安全供水普及率	%	80	100	100	控制型
		污水再生利用率（中心城区）	%	—	20	50	引导型
	能源指标	单位地区生产总值能源消耗	吨标准煤 / 万元	3.21	1.5	0.7	控制型
		固体废弃物会循环利用率	%	—	30	80	引导型
	绿色建筑比例	城镇新建建筑	%	—	50	60	引导型
		既有建筑节能改造比例	%	—	30	60	引导型
	土地资源指标	城镇建设用地规模（中心城区）	km^2	5.96	6.3	7.95	控制型
		人均建设用地面积	m^2/ 人	220	203	150	控制型
环境指标	生态建设指标	森林覆盖率	%	14.5	16.5	20	控制型
		植被覆盖率	%	50	75	80	控制型
		人均绿地（中心城区）	m^2/ 人	6.97	19.7	14.5	控制型
	污染控制指标	集中供热比例（中心城区）	%	20	50	90	控制型
		城市生活污水处理率	%	—	80	100	控制型
		城市垃圾无害化处理率	%	—	95	100	控制型
		危险废弃物集中处置率	%	—	80	100	控制型
		集中式饮用水水源地水质达标率	%	—	100	100	控制型
	环境质量指标	农牧区安全饮水普及率	%	—	100	100	控制型
		废气排放量削减比例	%	—	5	15	控制型

（3）以生态空间格局优化城镇空间布局

生态功能分区与旗域空间管制。综合正镶白旗生态环境现状，生态环境敏感性及生态服务功能的评价，本着有效保护自然资源又能够合理永续利用资源的原则，将正镶白旗分为四大生态功能区，分别为浑善达克沙地植被防风固沙生态屏障功能区、典型草原生态功能区、旗察哈尔低山丘陵农牧业交错区和城镇功能协调区（表 12-4）。并在生态功能分区的基础上划定“四区”，对旗域空间进行空间管制，推进天然林保护、退耕还林、退牧还草、水土流失治理、荒漠化治理和湿地保护，提升草原生态功能，保护旅游资源，建设良好的人居环境，为中心城区建设规划打下基础（图 12-2、图 12-3）。

表 12-4　生态功能区划表

功能区名称	类别
正镶白旗浑善达克沙地植被防风固沙生态屏障功能区	浑善达克沙地植被生物多样性保护生态功能区
	浑善达克沙地植被生态控制功能区
	浑善达克沙地植被防风固沙生态屏障功能恢复重建区
正镶白旗典型草原生态功能区	典型草原防风固沙生态屏障功能区
	典型草原生态屏障功能恢复重建区
	典型草原牧业农业耦合生态功能区
正镶白旗察哈尔低山丘陵农牧业交错区	退耕还林还草生态功能恢复重建区
	基本农田生态功能区
	农田区退化草原生态功能恢复重建区
正镶白旗城镇功能协调区	—

生态敏感性评价与旗域城镇体系空间结构。从生态修复和环境保护的角度考虑，规划根据正镶白旗具体特征选取影响本地生态敏感性的主导因素地形、地质灾害、土地利用、河流水系、自然保护区作为评价因子，并分别赋予权重，运用 GIS 加权叠加的模型运算方法和栅格计算工具，获取正镶白旗生态敏感性评价结果，进行生态敏感分区，在此基础上结合空间管制的要求，规划形成自然生态廊道、人工生态廊道和多片生态斑块的生态结构体系（图 12-4）。旗域城镇体系在生态敏感分区和生态结构体系基础上进行统筹规划，最终形成“一心一带，两轴多点”的旗域城镇空间结构体系，实现城乡建设与生态环境和谐的目的（图 12-5）。

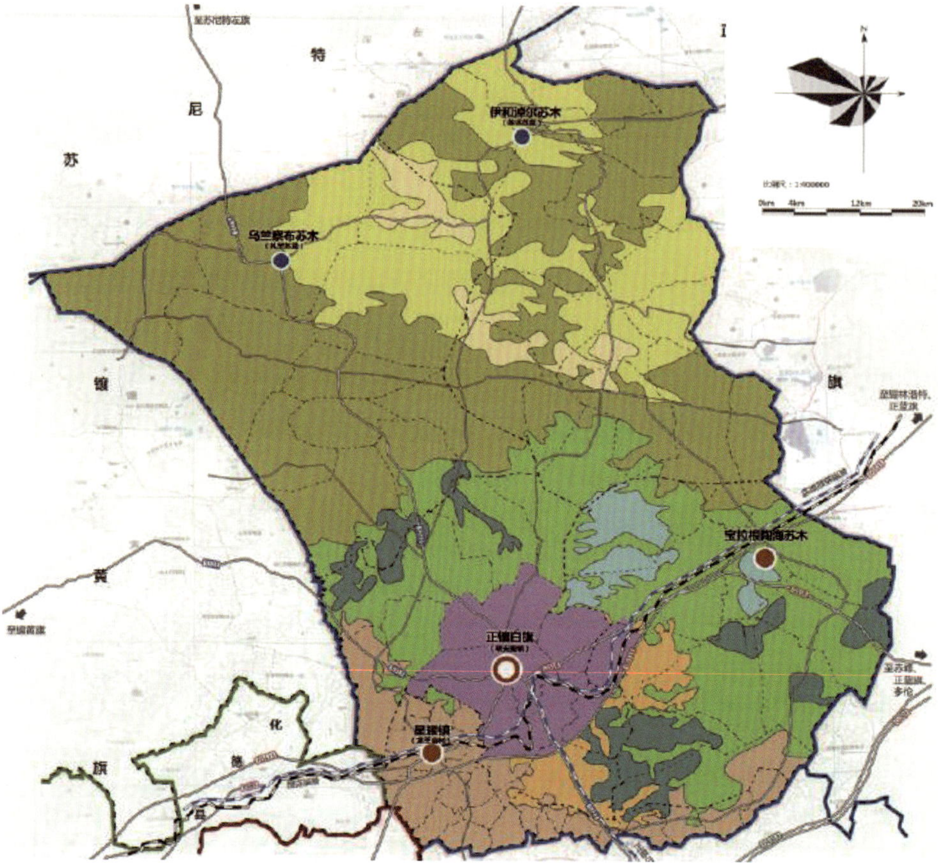

图 例

- 中心城区
- 重点镇、苏木
- 一般苏木
- 浑善达克沙地植被生物多样性保护生态功能区
- 浑善达克沙地植被生态控制功能区
- 浑善达克沙地植被防风固沙生态屏障功能恢复重建区
- 典型草原防风固沙生态屏障功能区
- 典型草原生态屏障功能恢复重建区
- 基本农田生态功能区
- 退耕还林还草生态功能恢复重建区
- 农田区退化草原生态功能恢复重建区
- 正镶白旗城镇功能协调区
- 省界
- 盟市界
- 旗县界
- 镇、苏木界
- 嘎查、村界
- 现状铁路
- 规划铁路

图 12-2　旗域生态功能区划图

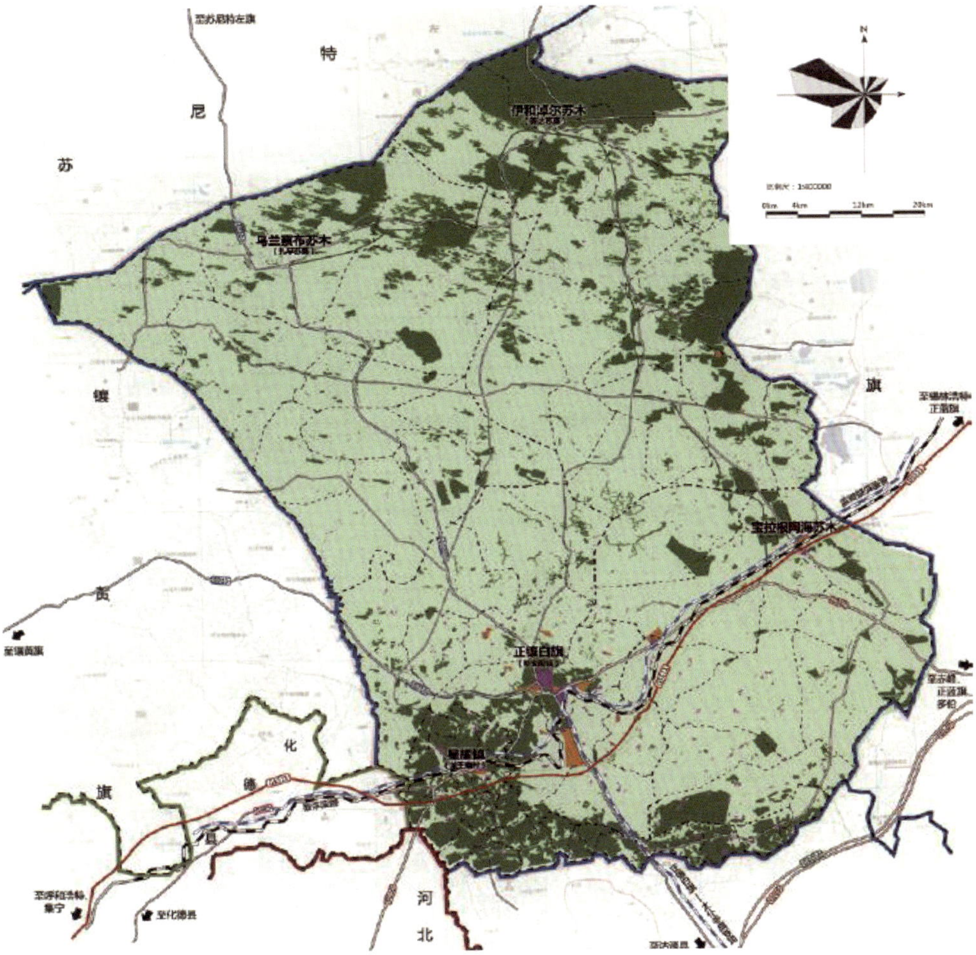

图 例

已建区	禁建区
适建区	省界
限建区	盟市界
旗县界	现状铁路
镇、苏木界	规划铁路
嘎查、村界	

图 12-3　旗域空间管制规划图

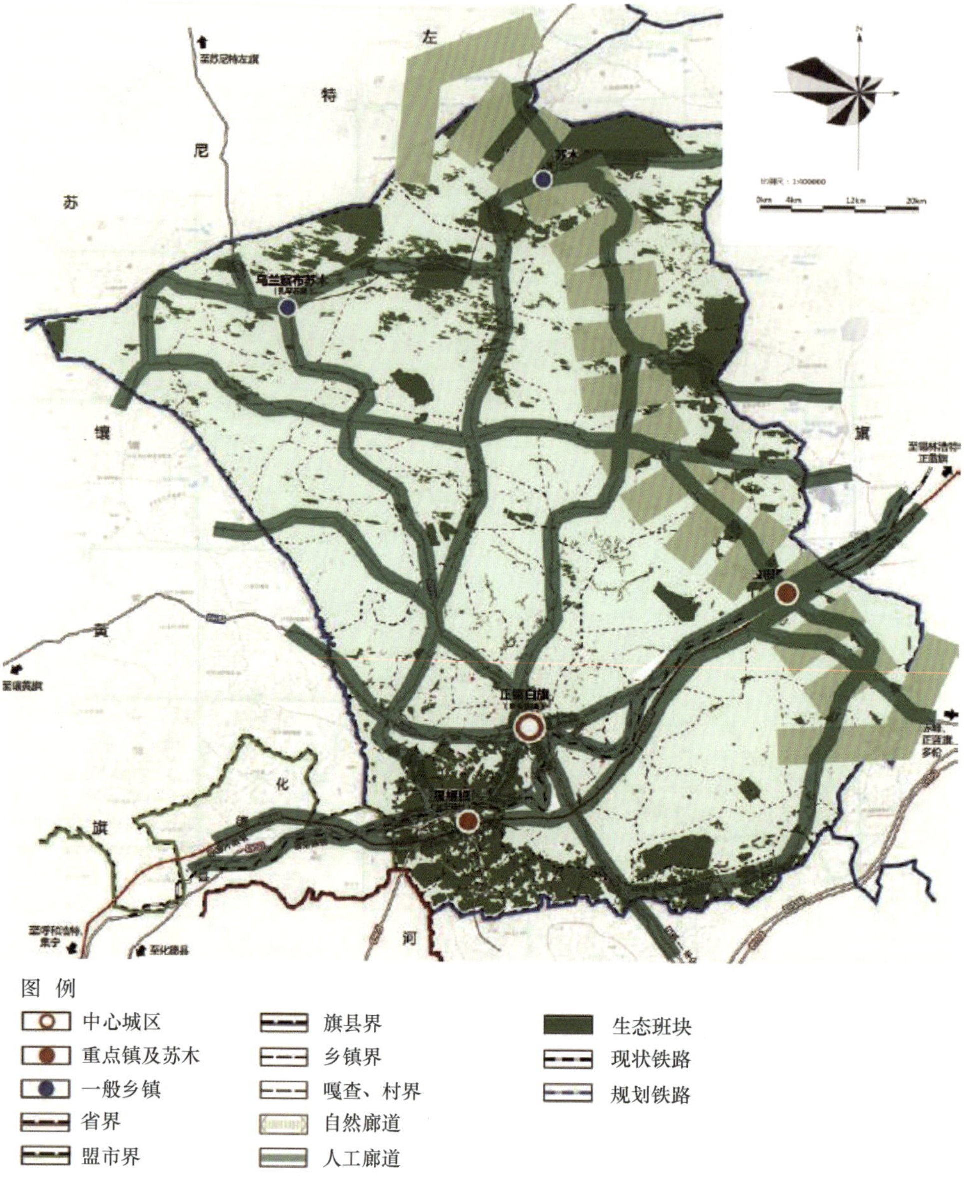

图 12-4　旗域生态结构体系图

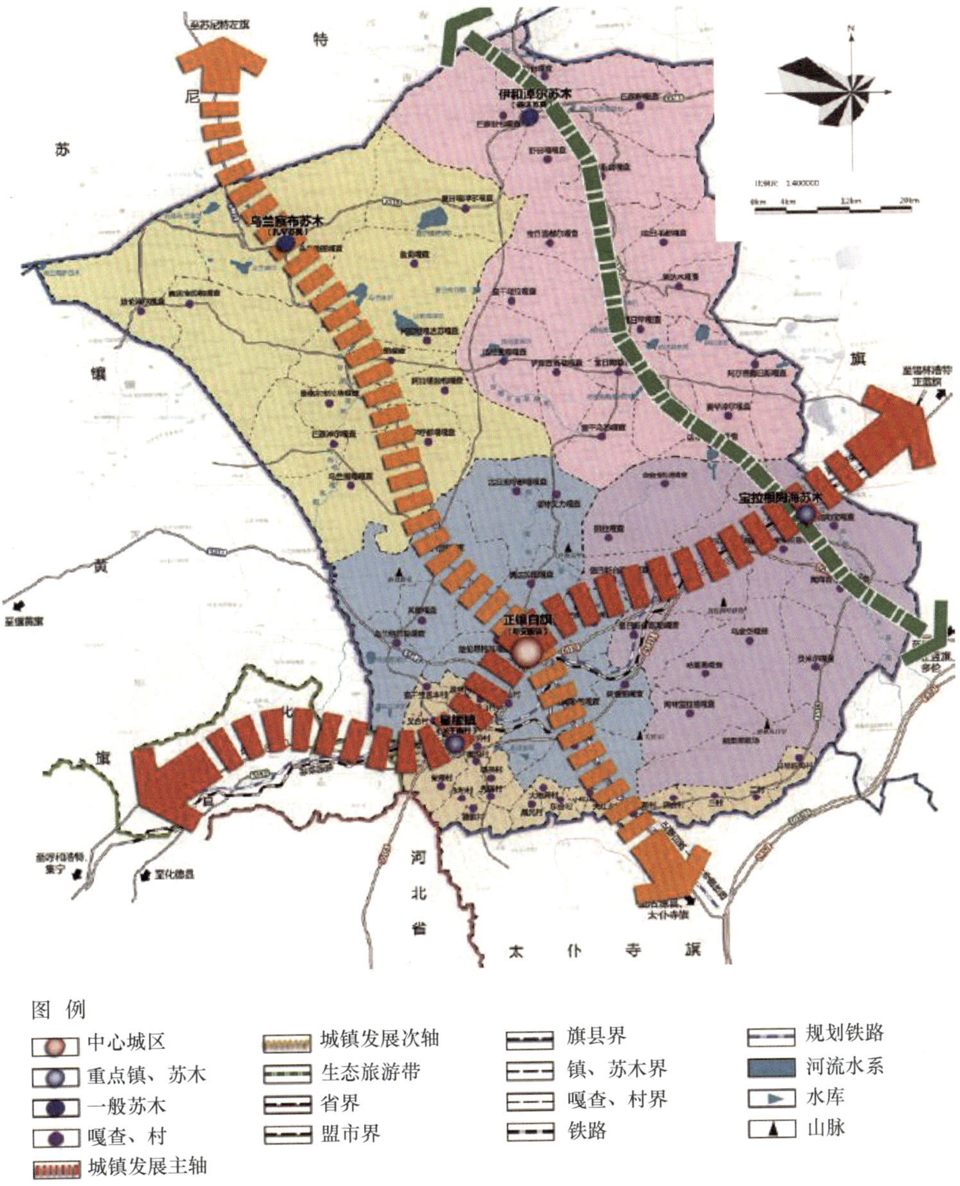

图 12-5　旗域城镇体系空间结构规划图

生态安全与城市规划区功能结构布局。以保护城镇生态要素、保障城镇生态安全为前提，考虑城镇建设和发展的需要，将为明安图镇提供水源的朝鲁温格其水源地、明安图水源地及周围生态保护区、明安图水库，东西郊变电站项目、集通铁路站场、高速 G5511 等重大基础设施，那日图自治区级物流园区和正在发展的道西冶金绿色循环经济园等产业集聚发展区纳入规划区。并综合自然环境条件，形成“一横一纵，两廊四区”的空间结构，其中“一横一纵”指沿 S222 线、陶林南北路连接旧城片区与新城片区形成的城镇南北发展纵轴和沿 G510 线、宝拉格大街、巴音宝力格大街形成的城镇东西发展横轴；“两廊”指规划区范围内沿北山、东山、南山等山脉形成的生态廊道，明安图水源地、朝鲁温格其水源地所在区域的河流及明安图河形成的水系生态廊道，作为城镇发展的生态功能区；“四区”指中心城区的新区、老城区、明安图工业区及那日图物流园区。同时划定水源保护地范围及界线；划定生态控制区，改善城镇生态环境（图 12-6）。

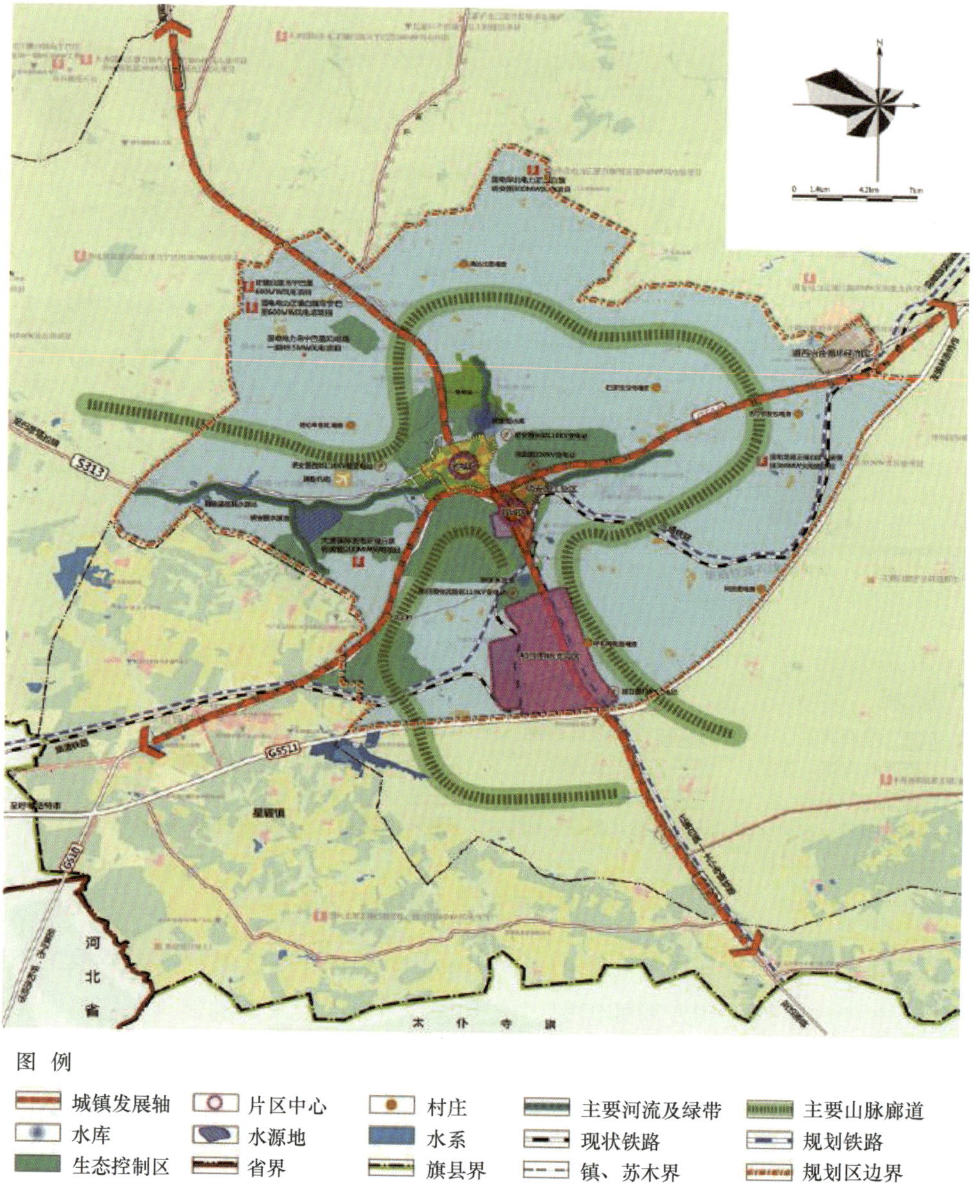

图 12-6 城市规划区空间结构图

以生态空间格局优化中心城区用地布局。明安图镇拥有优越的生态基底，但是在城镇空间发展过程中，忽视了与生态之间的联系，没有很好地利用山水格局打造自身的城镇特色，特别是生态斑块与城镇空间界线模糊，两者用地混乱，对生态基底破坏较大。

规划从自然生态环境出发，充分考虑明安图镇建成区与周边山水格局的关系，将山水特色融入城市空间，综合考虑城市功能需求和特色塑造，确定城市与生态基底形成“三山环抱、丽水穿城”的格局，以周边的南山、北山及东山作为城市空间制高点，通过生态绿化将山体作为城市的生态公园，将其融入城市功能，提高城市的植被覆盖率，提升城市的生态舒适度；将泄洪渠作为城市内部的景观廊道，通过工程方法加固河堤，控制两岸的建设，保证景观廊道的畅通及水体利用，将其融入城市居民的生活，同时也能串联老城区和新区，形成空间上的呼应（图 12-7、图 12-8）。

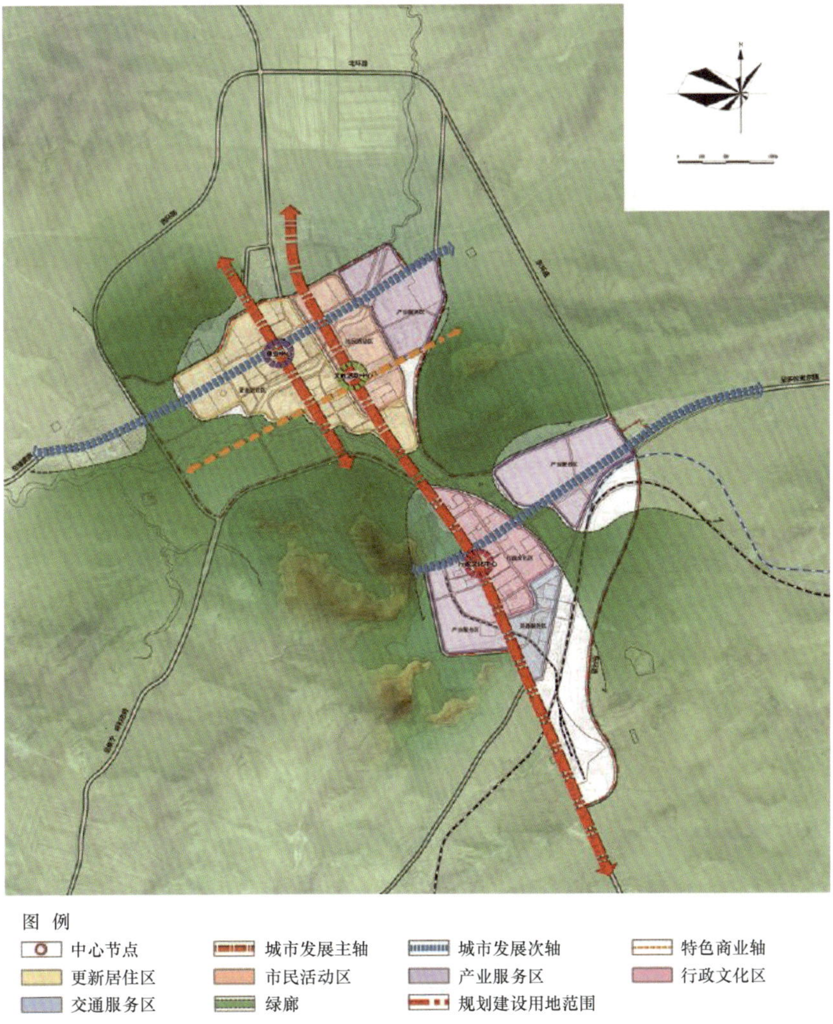

图 12-7　中心城区结构功能规划图

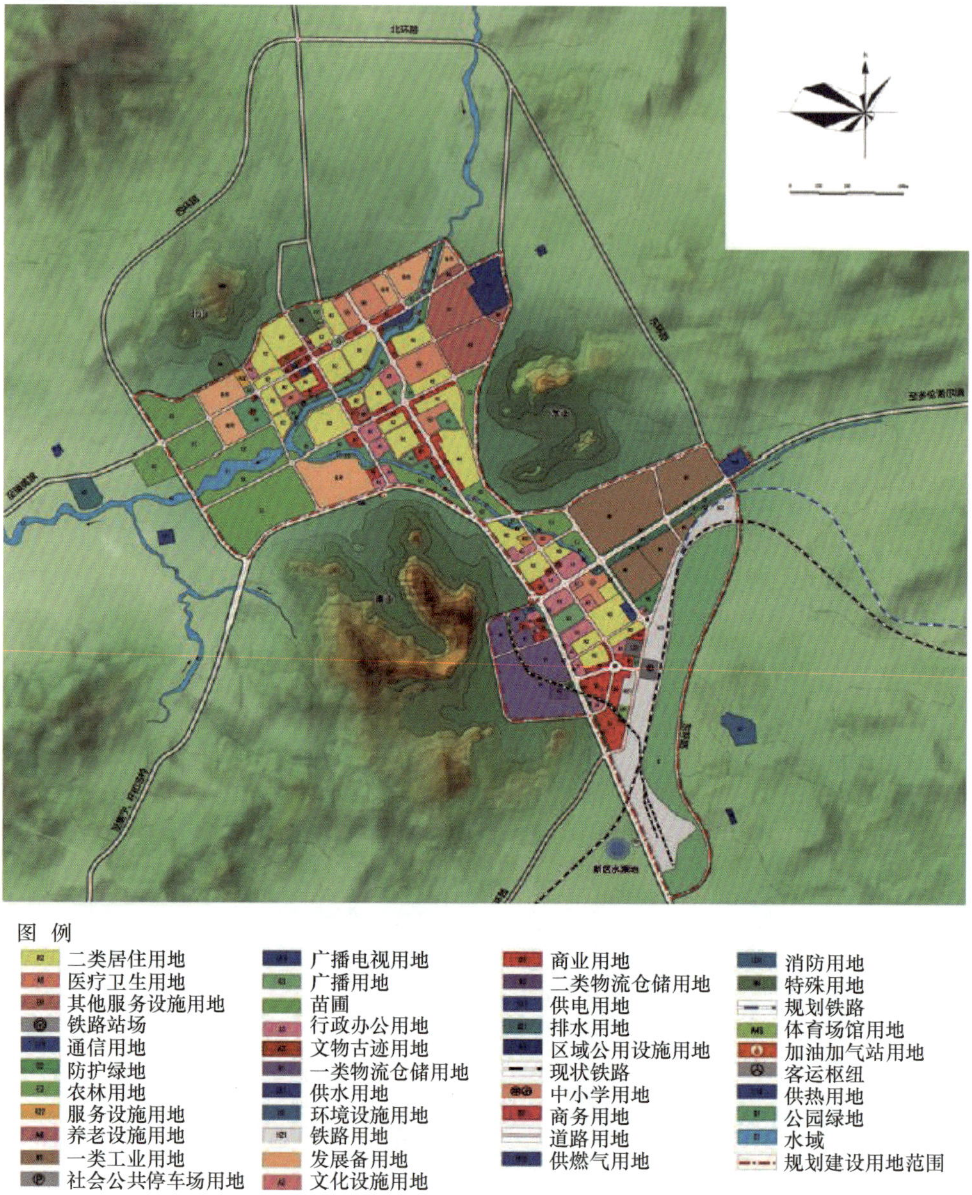

图 12-8　中心城区用地规划图

（4）产业布局的生态化调整

正镶白旗在传统的农牧业、能源冶炼业及综合服务业等方面推动转型升级，以现代化、多元化的理念重构产业体系，在生态保护的基础上，进行绿色农牧业现代化转型；在矿产资源匮乏的基础上，充分利用丰富的风电资源，培育战略性风电光伏清洁能源产业和新型装备制造产业；在交通条件和区位优势的支撑下，以物流商贸和特色生态、地域文化旅游作为现代服务业的核心，壮大第三产业的规模，从而将生态资源、历史文化资源、交通资源及风电光伏资源转化为优势产业，以多元化的产业促进产业转型升级，提升发展城镇综合竞争力。

正镶白旗形成“三大产业发展区、五个产业中心、两个产业功能区”的产业布局（图 12-9）。①三大产业发展区：现代农牧产业发展区，以明安图镇和宝拉根陶海苏木形成的综合服务产业发展区，北部伊和淖尔苏木和乌兰察布苏木形成的以生态保护、清洁能源开发及旅游服务为主的生态牧业发展区。②五个产业中心：以明安图镇、那

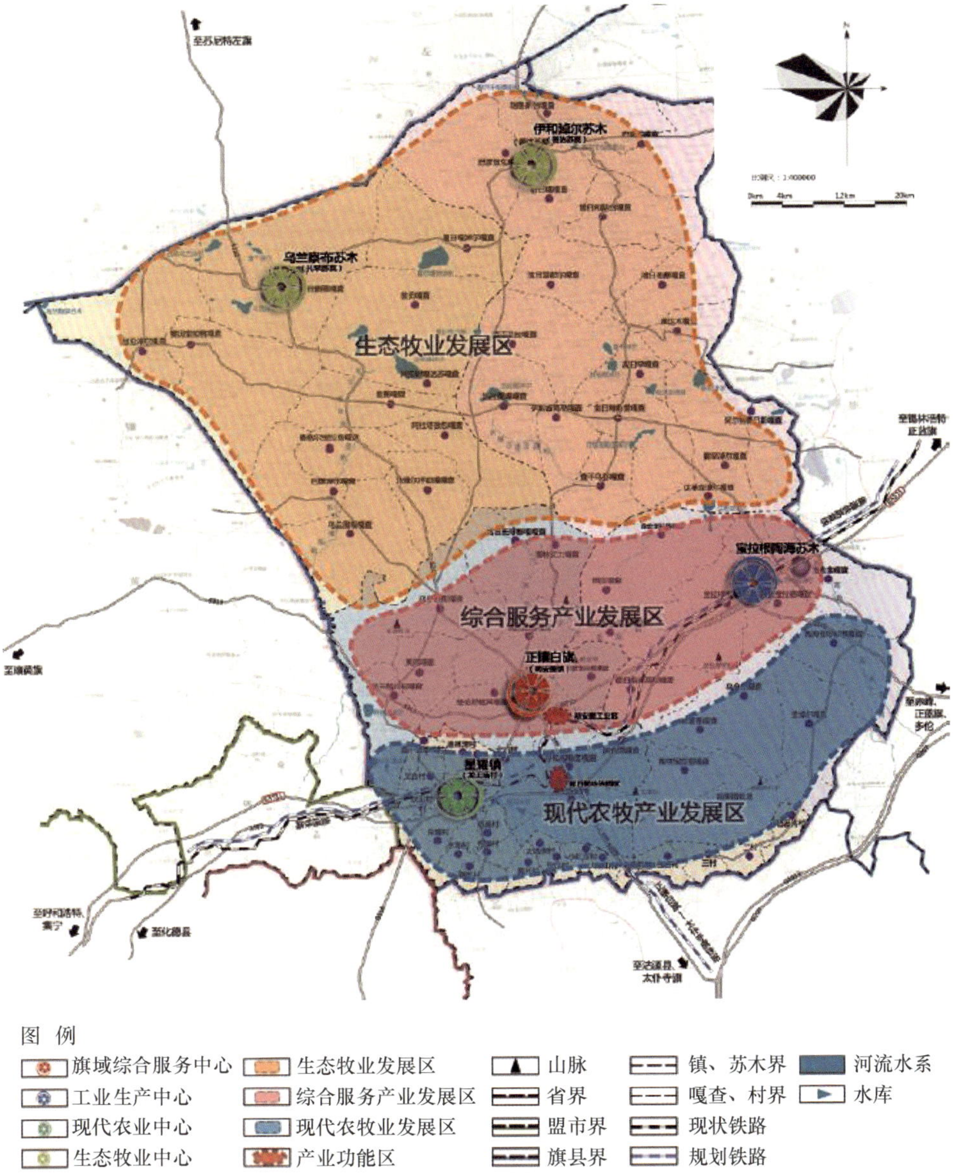

图 12-9　旗域产业布局规划图

日图物流园区、明安图工业区的配套服务为重点的旗域范围综合服务中心，以道西冶金绿色循环经济园和资源开采等项目发展的宝拉根陶海苏木为工业生产中心，星耀镇绿色现代农业中心，伊和淖尔苏木和乌兰察布苏木生态牧业、文化旅游产业中心。③两个产业功能区：集运输、仓储、加工和配送交易为一体的自治区级那日图物流园区和明安图风电能源设备制造工业区。

（5）挖掘特色资源，打造沙地绿洲草原特色小城镇

明安图镇同时拥有山水格局与草原生态，是很少见的草原山丘地区，对于城镇的特色空间塑造和自然景观设计都有极大的优势。规划强调恢复和保护生态环境，加强城镇建设的绿色化和生态化，积极保护和传承城市文脉，将明安图镇打造为沙地绿洲草原特色小城镇、锡林郭勒草原山水塞外名镇。

明安图镇三面环山，水系穿城而过，拥有得天独厚的生态景观条件。借助水系，形成城市绿廊，将周边自然景观引入中心城区，结合明安图镇察哈尔文化、草原文化、历史文化体系，构架“一轴、一廊、多节点”的特色空间体系（图 12-10）。一轴：以陶林街为城市景观主轴，南北贯通，将自然景观与人文景观融合。一廊：以现状人形水系为依托，通过河道改造，引入再生水充足水系，结合滨河防护绿地和公园绿地，形成绿色开敞的生态河道。多节点：以湿地生态节点、人文景观节点、生态景观节点、游憩景观节点形成 4 个核心节点。

按照明安图镇的山水生态格局和城市空间布局，重点打造 5 个特色景观风貌区，分别是滨河生态风貌区，包括河道水系及其周边的防护绿地公园绿地，主要展现自然与人和谐共生的风貌景观；山体景观风貌区，包括明安图镇周边的 3 个山丘，是城镇外围的生态屏障，主要展现原生态的自然景观，以成片植被和游乐服务设施为建设主体；传统城镇风貌区，包括城镇的老城区，提高老城区活力，以小城镇居民生活氛围、城镇的原有建设肌理和传统建筑风貌为主，展现草原小城镇居住生活状态；现代办公风貌区，包括城镇的新区，以行政办公和现代服务业为主要职能，体现现代商务办公风貌特征；新型工业风貌区，包括城镇东侧的工业组团，以新型工业和现代生产产业为主要职能，展现绿色、清洁、创新的新型工业风貌，并提出特色景观风貌区控制指引（图 12-11、表 12-5）。

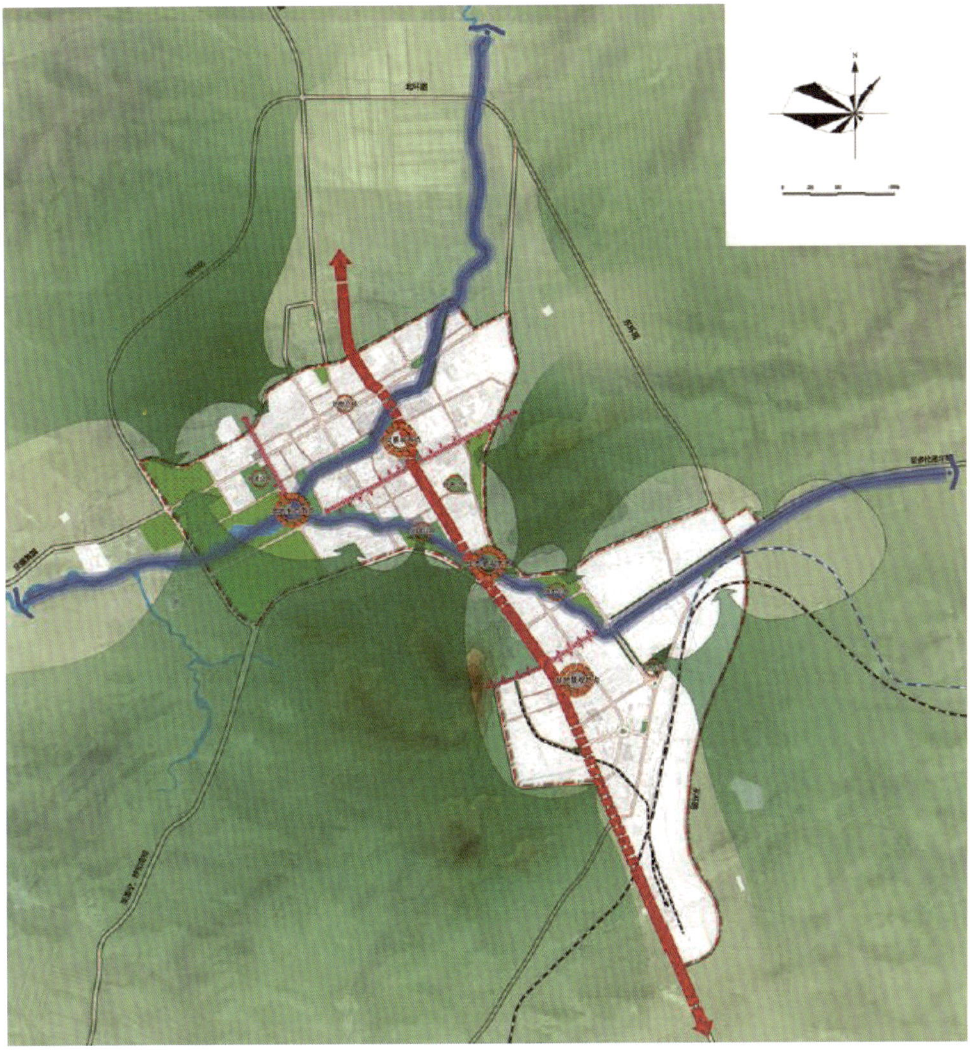

图 例

主要景观节点　次要景观节点　景观主轴　景观辅轴　水系景观廊道
生态渗透　公园绿地　广场用地　防护绿地　生态绿地
苗圃　水系　规划建设用地范围

图 12-10　中心城区特色空间体系规划图

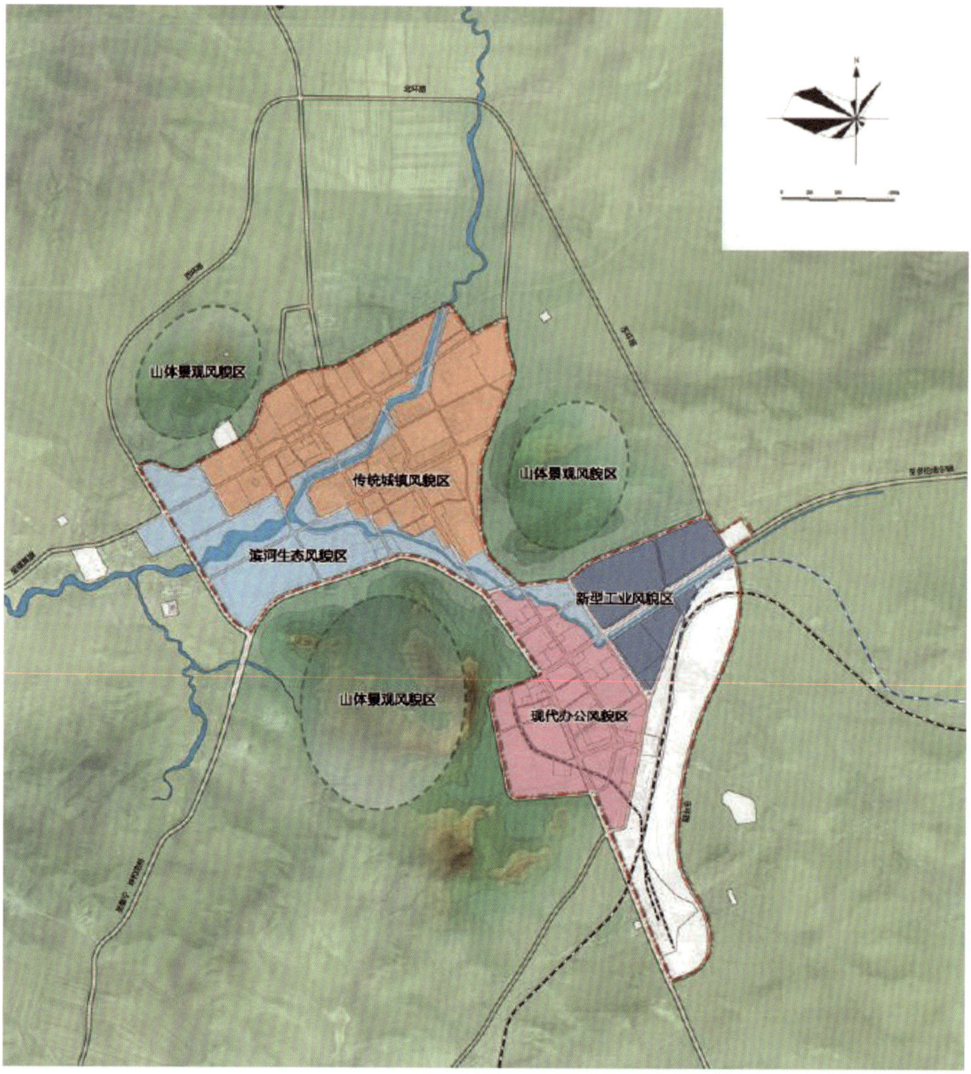

图 例

山体景观风貌区　滨河生态风貌区　传统城镇风貌区

规划建设用地范围　现代办公风貌区　新型工业风貌区

图 12-11　中心城区景观风貌分区规划图

表 12-5　中心城区景观风貌分区控制指引分析表

分区	建筑	场所	交通	生态
滨河生态风貌区	选用木材、石块等自然材料	种植采用乔灌木结合的方式，配建休息台和文化小品	沿河设置慢性空间，考虑人行与自行车通道的组织	以绿化为主，沿河采用生态改造的方式，避免混凝土式建设

续表

分区	建筑	场所	交通	生态
山体景观风貌区	选用木材、石块等自然材料	沿着木栈道设置若干休息停靠空间节点	设计登山步道及适当的观景平台	结合林业生态项目，选种适宜的树种，改造山体
传统城镇风貌区	建筑形式吸收传统的民居样式，色彩风格体现生活气息	空间场地的绿化与硬化相结合，“以300米见绿，500米见园”的原则布局公共空间	在城镇生活道路两侧考虑步行空间的设计	居住环境考虑绿化的覆盖情况，对现有建筑逐步进行低碳改造，提出绿色建筑的要求
现代办公风貌区	建筑形式符合现代商务气质，建筑材料选用现代的工业材料，色彩以灰色为主	空间场地的绿化与硬化相结合，以“300米见绿，500米见园”的原则布局公共空间	注重考虑公共停车场的配置，综合安排各个行政功能区的车流和人流	对大型公建和办公建筑提出具体的绿色建筑建设要求，在保温、采光及布局方面提出引导
新型工业风貌区	以大型工业材料为建材，以组合建造方式统一建造，体现现代工业风貌	集中区域作为景观中心，展现工业文化，做好产业宣传，控制场地的空置率	综合考虑大型车辆的流线，将工业交通和生活交通分流设计	严格控制企业内部的绿化面积，工业厂房采用新技术降低能耗

考虑城镇生态保护、城市特色空间形象和城镇文化展示等需求，规划中心城区公园和若干广场作为城市主要的开敞空间供市民活动，体现城市地域文化。后河和南河滨河带形成连续的滨水景观带，主要展示察哈尔文化、草原文化等地域文化，并结合特色游乐项目，形成独具特色的滨水开放空间。通过线形布局的特色街道、绿地、滨水景观带、城市慢行交通作为廊道联系城区内点状和面状景观。广场和绿地网络、河道建设则依据中心城区绿地和水系规划，遵循安全性、生态性、公共性、系统性和综合性原则，因地制宜地建设彰显民族文化、发扬地域特色的开放空间系统，同时满足居民的使用，激发城市活力。

生态环境保护和城镇特色塑造是生态导向下草原特色小城镇规划的核心。本书以此为切入点，探讨生态导向下的草原特色小城镇规划思路。并以典型的草原城镇明安图镇为例，结合《正镶白旗明安图镇总体规划（2017—2030）》，针对正镶白旗明安图镇发展面临的问题，以生态环境保护、产业转型升级、特色小城镇建设为目标，以空间规划为手段，从旗域、规划区、中心城区3个层面统筹城乡空间，优化城镇空间布局，进行产业布局的生态化调整和特色空间组织，打造沙地绿洲特色小城镇。实现以生态文明建设为主线，以绿色循环经济为主导，以特色引领小城镇发展的目标，以此推进明安图镇的新型城镇化。（注2）

三、宁城八里罕镇：塞外酒乡，温泉古镇

宁城县八里罕镇位于宁城县中西部，是宁城县西部中心城镇，有“三泉古镇、塞外酒乡”的美誉。八里罕镇是赤峰通往京津冀的重要交通枢纽，国道508线贯通境内，地理位置优越，交通发达，是蒙东辽西地区重要的小商品集散地、无公害农产品主产区、黄牛交易中心。

八里罕镇以宁城老窖为龙头的八里罕酒业园区初具规模，全镇年白酒产量达万吨以上。矿产资源铁、金、萤石储量丰富。具有得天独厚的地下热水资源，储量丰富，是国内天然最热温泉所在地，皇家养生胜地。近年来，小城镇建设发展迅速，2014年八里罕镇被住房城乡建设部等七部委列为全国重点镇。

1. 小城镇建设概况

在小城镇基础设施建设方面，八里罕镇坚持点、线、面一齐抓，绿、亮、美一起上，实施了道路硬化、人饮工程、垃圾收集清运等城镇基础设施工程，拓宽改造了镇区主要街路，电力、通信等管线全部实现地埋。实施了镇区河道综合治理工程，成为镇区新的景观。八里罕镇全部实施了农网改造，有线电视、移动通信达到了全镇覆盖。

在小城镇公共服务设施建设方面，八里罕镇初中、小学、幼儿园配备齐全，学校基本实现了楼房化和标准化。八里罕卫生院是宁城县西部医疗中心，建有标准化村级卫生室、文化广场、敬老院等基本服务设施（图12-12）。农村低保、新型农村合作医疗、城镇居民合作医疗和大病救助制度全面实施，城乡低保、医保实现全覆盖。

八里罕镇按照“环境立镇、产业富镇、商贸兴镇”的发展战略，大力发展经济，使镇域经济得到迅速发展。工业发展迅速，各类工业企业发展到60家，其中，白酒生产企业24家，矿产品开采及加工企业6家，农业产业化初具规模，是国家商品粮基地、无公害蔬菜示范基地、肉食品生产基地。目前已建成500亩设施农业园区2处，百万代食用菌小区5处，果树经济林基地5000亩。以温泉养生休闲和“宁城老窖”工业观光为主的旅游业日渐繁荣，年接待游客25万人次。

2. 塞外酒乡，温泉古镇

“三泉窖池”，塞外酒乡。八里罕一带有着千年的酿酒历史，据史料记载，早在辽代时期就有多处大型酿酒作坊，闻名遐迩。景泰泉、隆盛泉和天巨泉，大自然赐予的三眼佳泉清澈透明，纯净无比，是酿造上乘名酒的“圣水”。在大型企业的带动下，

宁城酒业园区在八里罕发展起来，占地 800 多亩，园区内有白酒企业 12 家，安置转移就业农民 2000 多人。

图 12-12　八里罕中心卫生院

宁城酒业园毗邻国家大型企业宁城老窖集团，园区总规划面积 60 公顷，首期开发面积 30 公顷，是以发展白酒产业为主的专业性园区，借助宁城老窖的品牌资源优势，通过体制创新和政策鼓励，吸纳县内外资金，扶持个体私营及股份制企业大力发展优质白酒产业。目标将以宁城酒业园为主体，把八里罕镇建成我国北方著名酒城。

温泉古镇、疗养胜地。八里罕热水温泉地处燕山余脉、八里罕新华夏系构造带上，形成于 1290 年的一次大地震，分布面积约 0.5 平方千米，热水日动储量 1400 ~ 2100 立方米，中心孔口泉水温度高达 96℃，是全国水温最高的温泉。热水温泉温度高、水质好、无色透明，富含的稀有元素，对布氏杆菌、恢复性小儿麻痹后遗症、十二指肠溃疡、关节炎、糖尿病等 30 多种疾病有明显的疗效。当地有烟波浩渺、鸟飞鱼跃的打虎石水库；有辽代名山福峰山；有汉代右北平郡遗址；有保存完整的藏传佛教寺院法轮寺；有层峦叠翠、鸟鸣兽走的黑里河林区，可满足旅游者的多种观光需求。

接下来，八里罕镇将培育发展各具特色的城镇产业体系。推动以旅游业为主的生产性服务业专业化、市场化、社会化发展。推进创新成果资本化、产业化。健全技术创新激励机制。完善扶持创业的优惠政策，形成政府激励创业、社会支持创业、劳动者勇于创业新机制。运用财政支持、税费减免、创业投资引导、政策性金融服务、小额贷款担保等手段，为中小企业特别是创业型企业发展提供良好的经营环境，促进以创业带动就业。

3. 产城一体，青山绿水

八里罕镇以建设全国小城镇建设试点镇为契机，实施了道路硬化、人饮工程、污水处理、河道环境综合整治等城镇基础设施工程，优化了发展环境，展示了良好的城镇外部形象和内在底蕴。努力实现城在林中、人在绿中、美在心中的城镇建设目标（图 12-13、图 12-14）。

图 12-13　滨河公园

图 12-14　滨河街道

在美丽乡村建设中，八里罕镇围绕“生态宜居环境美、兴业富民生活美、文明和谐乡风美”的建设目标，推动八里罕镇创建区级美丽示范乡镇，以点带面，整体推进，扮靓“产城一体青山绿水”新乡村。目前，昔日的荒山变成今日的生态旅游观光点，社会效益和生态效益得到极大提高。

为更好地改善农村人居环境建设，八里罕镇因地制宜、内外兼修，全面改善人居环境，为建设美丽八里罕打下坚实基础。一是有序规划，建立机制。按照建管并重的原则，制定《村规民约》，落实农户“门前三包”和保洁员制度，建立健全长期保洁机制和垃圾清运体系。二是加大督导，强化责任。根据工作要求，明确了各村保洁员责任路段，按照该镇改善农村人居环境工作实施方案，强化监管力度，进行督查。将人居环境整治目标责任列入年度考核内容，确保全力改善农村人居环境工作有序开展，长效运行。三是扎实工作，确保效果。按照改善农村人居环境整治工作要求，主要路段，进行全面的综合整治。调整每天垃圾清理、清运的时间及次数，全天候循环清运垃圾池的垃圾，保证各垃圾池内的垃圾不超过容量的 2/3，减少垃圾溢出现象。

4. 三泉古镇，历史悠久

据《清圣祖皇帝实录》记载：这一年三月，“癸酉，太皇太后圣躬违和。上奉太皇太后幸遵化州汤泉，是日启行。”随行的官员中有一位叫高士奇，高士奇在他随康熙的这趟旅行中，沿途记载合成一个集子，名叫《松亭纪行》，序中说：“康熙二十年辛酉二月癸酉，圣祖仁皇帝恭奉太皇太后行幸温泉。四月戊子，驾出喜峰口，士奇皆扈从。因记其往来，所经喜峰口为古松亭关，故以名书然。”陪着康熙皇帝游山玩水，进入塞外蒙古人居住的地界后，高士奇写道：“戊戌，所经时见蒙古居，人在山悻向阳处，富者支毳幕，内设床幔，以妆锦为之…… 驻跸巴尔汉汤泉。较遵化之泉更热。”高士奇提到的巴尔汉就是今天的八里罕。康熙三十年，这位雄才伟略的皇帝再次“驻跸巴尔汉地方之汤泉”。由此可见，八里罕作为一个地名，在清朝初年就已经有了。八里罕是蒙古语“圣泉”的意思音译，八里罕境内有三股泉水，分别是“景泰泉、隆盛泉、天巨泉”，三股泉水清澈透明，汇聚成八里罕河从镇子流过，流淌着可以酿出有“塞外茅台”之称的内蒙古名酒“宁城老窖”的“圣水”。

酒乡文化节和温泉旅游文化节一年一度，规模宏大。为了弘扬酒乡文化，八里罕镇和温泉街道每年都举行一次酒乡文化节和温泉旅游文化节。文化节内容丰富，有品酒大赛、卡拉OK大奖赛、拔河、篮球、登山等 20 多个项目，展现着八里罕人拼搏向上的精神风貌，传承着八里罕人勤俭朴实的酒乡人品质。

八里罕镇举行每年一次的文化节，这是群众参与、社会支持、政府组织的全民性文化、体育活动。镇计生服务中心利用这一时机，大力宣传婚育新风、关爱女孩、科学生育观念。开展以“倡导婚育新风、普及生育文化”为主题的宣传周活动。一是成立领导组织。由分管领导亲自挂帅，计生服务中心全员参加，集中、统一行动。二是财政支持。镇党委、政府给予大力支持，印制宣传单，印刷宣传条幅，购买相关书籍。三是宣传目标明确。开展计生政策、法律法规知识咨询和宣传，重点宣传新修订的《内蒙古自治区人口与计划生育条例》。四是内容丰富，形式多样。宣传内容有计生政策、法律法规、避孕节育、优生优育及群众所需的致富信息和科普知识，出动宣传车、挂过街横幅、张贴标语、发放宣传单和书籍。

5. 设施建设较为完善

八里罕镇交通便利，三纵五横的镇区交通网络，通往京、津、冀等几十个城市的国家二级公路穿过镇区。八里罕镇距北京400千米，距赤峰100千米，距承德160千米。镇内有供热公司、自来水公司各一家，供热、供水、排污等管网完备。有集贸市场一处，大型商住小区2处。

镇区内有中学、小学、综合幼儿园、中心卫生院配备齐全。有大型变电站一座，有中国移动、中国电信、中国联通等电信运营商3家。镇内有申通、韵达、中通、汇通等快递公司联络点10多家。

强化综合交通保障条件。按照适度超前的原则，加快出镇通道、镇内通道建设，增强县域、镇际及资源产城间的交通联系。一是改造拓宽天义至八里罕（热水）50千米直达路；二是完成八里罕至平泉40千米一级路；三是完成村际200千米的沥青水泥路建设；四是完成村组巷道硬化10万平方米；五是完成镇区“四横四纵”交通框架建设。

强化水利基础设施建设。围绕保障供水安全、防洪安全、粮食安全，建设一批重点水利工程。一是新建人畜饮水工程20处；二是对中小河流治理，完成防洪工程30千米、续建200米橡胶坝；三是兴修农田水利工程，完成八里罕灌区15千米衬砌防渗工程，新建节水灌溉工程50处。

强化镇区环境硬件建设。配套建设镇区日处理1万吨的污水处理厂1座、垃圾集中填埋场1处及垃圾集中储放池100个，统一建设镇区供热管道30千米、供水管网40千米，主要街道全部实现亮化、绿化。

6. 理念模式与体制机制创新

（1）理念模式和总体规划

八里罕城镇建设紧紧围绕中央城镇化工作会议精神，着眼于传统城镇化向新型城镇化转型升级，以人的城镇化为核心，用改革的办法，有序推进建制镇示范试点工作。以体制机制创新为保障，通过改革释放新型城镇化发展潜力，走以人为本、四化同步，生态文明、市场主导的中国特色新型城镇化道路，以最终实现“人的城镇化”和“人的新农村”为目标。为全国建设特色小城镇提供可复制、可推广的经验模式。

（2）机制体制和社会管理

以人为本，公平共享。以人的城镇化为核心，合理引导人口流动，不断提高人口素质，让更多的人实现就地城镇化，让在农村的人享受与城市人一样的生活，使广大群众共享现代化建设成果。

市场主导，政府引导。对于市场可以办好的事情交给市场，对于社会能承担的事情交给社会。正确处理政府和市场关系，更加尊重市场规律，切实履行政府制定规划政策、提供公共服务和营造制度环境的重要职责。

四化同步，统筹城乡。推动信息化和工业化深度融合、工业化和城镇化良性互动、城镇化和农业现代化相互协调，促进工业化、信息化、城镇化、农业现代化同步发展。

生态文明，绿色低碳。把生态文明理念全面融入城镇化进程，着力推进绿色发展、循环发展、低碳发展，推动形成绿色低碳的生产生活方式和城市建设运营模式（图 12-15、图 12-16）。

图 12-15　度假疗养

图 12-16　法治公园

（3）完善公共服务供给体制

推进行政管理改革，统筹布局，主要方向是在公共服务、社会管理、行政管理与协调、技术服务、政府履职所需辅助性事项等方面降低行政成本，提高服务质量。重点在推进法律援助、服务“三农”、公益服务、技术业务培训、市场化服务等方面搞突破。完善政务大厅职能，简化面向居民公共服务行政审批程序，特别是围绕企业登记、完税、项目审批等方面实现业主最大便利化。

7. 近期工作安排

八里罕镇是宁城县西部中心镇，是将宁城县西部农村与县城相融合的重要纽带，是城乡一体化的重要载体。在试点工作中，重点在三个方面：加快社会事业发展，提升辐射承载力；加强基础设施建设，提升发展支撑力；扩大优势产业规模，提升人口集聚力。

八里罕镇在小城镇建设过程中，充分利用自身的优势，深度挖掘独具特色的两大不可移动资源：白酒与温泉，使其特色产业发展具有独特性，进而在以农牧业为主的草原地区崭露头角、独具一格。由于不可移动资源的不可移动性、独特性等特点，其在小城镇产业发展与特色塑造上有着极其重要的作用。（注 3）

注 1：本文摘自《小城镇建设》，2018.09，60-65，新常态背景下内蒙古“特色小镇”规划建设政策解读，撰稿人：杨永胜，张云。

注 2：本文摘自《小城镇建设》，2018.05，51-58，生态导向下的沙地绿洲草原特色小镇规划编制研究——以《正镶白旗明安图镇总体规划（2017-2030）》为例，撰稿人：胡晓海，荣丽华。

注 3：本文摘自《小城镇建设》，2016.11，56-59，内蒙古自治区赤峰市宁城县八里罕镇特色小镇建设纪实——塞外酒乡 温泉古镇，撰稿人：王帅。

第十三章　京津冀地区

一、北京市特色小城镇发展概述

2017年国务院总理李克强在政府工作报告中提出，优化区域发展格局，支持中小城市和特色小城镇发展。“特色小城镇”的概念被首次写入政府工作报告。建制型小城镇是推进新型城镇化的现实载体、存量载体。报告提出“支持中小城市和特色小城镇”，更加凸显建制型小城镇的重要抓手与平台作用。

北京的特色小镇之路均是基于建制镇的概念来塑造的，因而更加符合特色小城镇的区划概念，根据《北京城市总体规划（2016—2035年）》将“特色小镇”视为新型城镇建设形态的界定，以及北京市的“全国特色小镇”均以建制镇为范围的实际，本文论及的北京市“特色小镇”“特色小城镇”及其案例均以建制镇为对象。

北京市特色小城镇的培育工作起步早、起点高。“十二五”规划期间北京市已提出“发展各具特色的城镇乡村，分类打造现代特色小城镇”，在规划纲要的特色小城镇专栏中，以因地制宜为原则、以产业发展为目标提出5种特色小城镇：旅游休闲特色镇、科技和设施农业示范镇、商务会议特色镇、园区经济特色镇、重点产业功能区配套服务特色镇。

“十二五”期间，特色小城镇以产业培育和经济发展为主要目标，同时兼顾生态和生活等社会效益内容。全社会固定资产投资投向郊区比率继续保持在50%以上[1]，小城镇基础设施和公共服务水平得到完善，产业支撑和承载能力进一步增强，但发展质量不高、产业特色不突出的问题仍然存在，城乡一体化建设发展仍有较大提质空间。

1. 北京市特色小城镇发展环境变化

相较于“十二五”时期，北京市在“十三五”时期表现出更多的发展环境变化，党的十九大报告、北京市“十三五”规划纲要及《北京城市总体规划（2016—2035年）》等政策精神和相关指示的提出，对特色小城镇发展产生新的约束、提出新的要求、带

1　北京市人民政府．北京市国民经济和社会发展第十三个五年规划纲要[EB/OL].http://zhengwu.beijing.gov.cn/gh/xbqtgh/t1434999.htm.2016.

来新的机遇。

（1）首都功能定位：首都功能强化，产业严格管控

北京市处在非首都功能疏解的时代背景中，其产业发展要求符合首都功能战略定位。《北京市“十三五”时期城乡发展一体化》中提出小城镇发展要“充分利用北京非首都功能疏解的重大机遇”。2017 年，北京市《关于进一步促进和规范功能性特色小城镇发展有关问题》中着重强调“强化功能管控”“强化产业管控”两方面问题。相关政策指示表明，特色小城镇发展除了根据内部条件“因地制宜”外，首都功能定位所带来的环境变化及外部约束是不可忽视的重要考量。

（2）减量集约发展：制约增量扩张，盘活存量资源

《北京城市总体规划（2016—2035 年）》要求促进城乡建设用地减量提质和集约高效利用，到 2020 年城乡建设用地规模由现状 2921 平方千米减到 2860 平方千米左右，到 2035 年减到 2760 平方千米左右。北京市当前处在城镇化的深入和加速阶段，减量背景下建设用地紧缩供应对小城镇实现进一步城镇化的用地需求施加更大的约束压力，盘活存量土地资源成为特色小城镇发展不可回避的必然趋势。

（3）乡村振兴战略：农村优先发展，镇村互补共荣

党的十九大提出实施乡村振兴战略，将乡村建设提到新的高度。同年召开的中央农村工作会议进一步强调“坚持重中之重的战略地位”，明确乡村发展的优先等级。随着乡村振兴战略实施的推进，农业供给侧结构性改革的深入，未来乡村吸引力的提升将实现质的飞跃。传统不平衡的城乡关系将被重塑，迈向互补融合、共同繁荣的新型关系。乡村是最大的潜力和后劲所在，如何处理好镇村关系是特色小城镇实现进一步发展的关键问题。

2. 新时期北京特色小城镇面临的挑战

首都功能定位、减量集约发展和乡村振兴战略等政策环境变化为北京市特色小城镇发展带来转变机遇，但传统路径依赖、增量思维固化和镇区发展惯性等原有模式对转型和发展造成的阻力，是未来北京市特色小城镇发展不可避免的挑战。

（1）传统路径依赖下的产业更新转型

1994 年分税制改革后，地方政府以产业和土地出让的方式积极拓展财税来源 [1]，乡

1 王磊，沈建法．空间规划政策在中国五年计划／规划体系中的演变 [J]. 地理科学进展，2013,32(08):1195-1206.

镇政府层级较低，基础建设受限于当时的社会经济条件，长时间以来依赖要素投入和土地财政等传统路径进行发展。随着工业化和城镇化的深入，要素投入的边际效益逐渐降低，资源成本的上升进一步约束要素驱动的发展效益。

基于首都功能战略定位，北京市提出产业培育及功能定位应符合要求，相关管控措施对既有产业造成冲击，但产业发展方向的迷茫成为小城镇发展的普遍困境。传统发展路径的经济和社会效益逐渐降低，首都功能定位要求产业及功能疏解并施予严格管控，小城镇如何脱离对传统发展路径的依赖并实现特色转型成为重点问题。

（2）存量形式固化下的管理制度变革

存量优化要求小城镇建设引导从物质空间层面向制度管理层面进行深入，体制变革和机制创新成为引导存量更新的必要前提。因此特色小城镇不仅强调产业特色鲜明、环境和谐宜居、传统文化彰显、设施服务完善等发展目标，更加重视促进重构内部规则、释放内生动力的灵活体制机制。

传统增量发展方式为小城镇回避建成存量中存在的问题提供余地，随着小城镇发展遭遇资源要素瓶颈，特别是减量规划对土地资源的制约，盘活存量资源成为释放小城镇发展势能的必然要求。存量资源中盘缠着复杂的产权关系，与既有的利益格局在某种程度上存在捆绑，因此推进盘活存量的制度管理变革将面对来自现实条件的制约。

（3）镇区发展惯性下的镇村关系重塑

北京市远郊区县的城镇化率仍然处在上升阶段[1]，小城镇的城镇化仍在持续深入，资源向镇区集中的城乡发展规律、资本向区域核心聚集的市场规律未发生显著改变，以镇区为重点的发展惯性仍然占据主导。传统重镇轻村的发展思路、以镇带村的发展模式尚有较大的存在空间，原有以镇区为发展重点的惯性对乡村振兴战略背景下特色小城镇的镇村关系重塑提出挑战。

3. 北京市典型特色小城镇 SWOT 分析及其发展应对

本书从中国特色小镇名单中选取 3 个具有代表性的北京地区小城镇，用 SWOT 法分析其发展态势和潜在风险，总结应对挑战的方式。从区位上看，案例中既有距市区较近的昌平区小汤山镇，也有延庆区的平原重镇康庄镇，还有平原、山区、丘陵各占 1/3 的房山区长沟镇。三个镇的产业发展也各有特点，康庄镇产业特色是依托世园会的

1　郭光磊 . 北京市城乡发展一体化研究 [M]. 北京：中国言实出版社 ,2016.

现代园艺产业（机遇型），长沟镇的目标是建设基金产业聚集区（政府主导型），小汤山镇的产业特色则是都市型现代农业（自有基础型），以这三个镇为例分析其发展趋势具有一定的代表性（表 13-1）。

表 13-1　北京市典型特色小城镇 SWOT 分析

	优势	劣势	机遇	挑战
康庄镇	镇与山水田园自然融合，生态格局有特色； 历史积淀丰厚； 公共服务设施、基础设施较为完善	从传统产业向现代园艺产业的转型刚刚开始，效益不明； 以产业为基础的镇村联动发展尚未形成	2019 年世园会园区的重要组成部分； 2022 年冬奥会延庆赛区的必经节点	建设用地减量的要求和新建项目需求建设用地指标之间的矛盾凸显； 后世园会时期，现代园艺产业能否成为真正的主导产业存在一定风险
小汤山镇	地热资源优势突出，被誉为“中国温泉之乡”； 紧邻世界草莓博览园，以草莓为主的特色农业资源丰富，都市现代农业发达	摒弃房地产业，依托温泉等旅游资源的现代都市农业产业发展路径尚不明晰； 城中村缺乏实施主体，城乡差距问题在发展中逐步显现	昌平未来科学城北区落户镇南部	传统工业基础在非首都功能疏解中受到一定程度的冲击； 将汤泉、农业、科技等产业基础整合为合理产业结构的方式尚不清晰
长沟镇	拥有独特的泉水湿地资源，生态特色突出； 上级政府高度支持“北京基金小镇”建设，镇级财政税收得到提升	基金行业对时间成本、机会成本有较高要求，长沟镇的交通设施和公共服务设施有待完善； 村民参与产业共享发展红利的意愿与基金产业较高的就业门槛之间存在矛盾	在京津冀一体化中是京保石发展轴上的重要节点； 基金主导产业培育适逢首都功能疏解和首都金融功能外溢契机	乡镇希望盘活存量集体建设用地但目前实施路径相对匮乏； “北京基金小镇”在实现产业聚集的基础上将面对如何进行人才聚集的挑战

（来源：自绘）

（1）以产业重构为主导实现产业结构转型

首都功能定位要求下进行的清退对小城镇原有产业造成冲击，新产业培育成为小城镇面对环境冲击的策略焦点。上述案例中，康庄镇向现代园艺产业转型，小汤山镇在以汤泉为基础的会议、会展产业中增加提出都市型现代农业，长沟镇从旅游度假和文创产业直接转向基金产业，可见北京市特色小城镇的产业转型普遍不是在既有基础上实现的产业升级，而是重新引入新类型产业实现的产业重构，对既有产业而言具有某种程度的“颠覆性”。

在这种与内部产业基础相对分离升级中，外部机遇和上级政府支持的重要性尤为重要，如康庄镇的产业转型极大程度上得益于国际盛会的举办。但外部机遇的偶然性和上级政府支持的有限性决定并非所有小城镇都能获得推进产业转型的外部力量，因此产业的发展方向和实现路径仍是需要长期探索的问题。

（2）以镇企合作为模式推进存量优化更新

镇企合作已成为北京市特色小城镇推进存量更新的建设管理模式，除了引入新主体盘活既有产业，乡镇政府希望借由镇企合作共同探索集体建设用地盘活路径的诉求越发强烈。企业对小城镇进行资金及人才投入，避免乡镇陷入资金困境并以市场专业优势协助乡镇优化发展决策。以市场为主导的经济体制下，镇企合作将充分发挥市场配置资源的决定性作用，更好发挥政府规划引导和提供公共服务等作用，避免政府大包大揽[1]。

北京市曾尝试“一镇一企”的小城镇建设管理运营模式。随着模式的推行，以特色小城镇的名义进行圈地、以房地产为单一产业的大规模商品住宅开发、盲目立项建设发展一哄而上，小城镇风貌受损等消极倾向逐渐滋生。合作对象以大型国有企业为主的门槛限制了中小型企业参与，不同企业的多元优势无法在小城镇发展中被同时发挥，因此“一镇一企”模式被暂时搁置，社会各界开始进行反思。

（3）以产业联系为基础构建镇村联动关系

北京特色小城镇发展普遍关注镇村统筹，如长沟镇按照“统筹互补”的原则，确定长沟镇城乡规划实施单元，以承接基金小镇上下游产业为核心功能，有序开发建设周边保留村。利用保留村的发展空间，村庄建设与镇区开发实现优势互补，培育支撑主导产业的服务功能配套，配置公共服务设施，健全基金产业公共服务体系，实现区域整体价值提升[2]。

总体而言，镇村联动关系塑造普遍以产业联系作为切入点，资源向镇区倾斜培育核心产业，部分外溢配套产业为村庄发展预留。从时序上看，产业发展一般呈现“先核心、后配套”的规律，且不论培育过程中存在的风险，村庄发展在普遍规律下往往呈现滞后的状态。从层级上看，配套产业的附加值普遍低于核心产业，村民通过培训上岗仍然以基础性产业为主。

1 发展改革委．关于实施“千企千镇工程”推进美丽特色小（城）镇建设的通知 [EB/OL]. http://www.gov.cn/xinwen/2016-12/13/content_5147553.htm#1.2016.

2 长沟镇人民政府．房山区长沟镇特色小城镇创建实施方案 [Z],2017.

因此以产业为基础的镇村联动仍然是镇区优先于村庄的错位关系，村庄对镇区的单向依附关系并没有实质性改变，资源要素从村庄向镇区单向流动的趋势仍然持续。

4. 进一步发展北京特色小城镇的建议

（1）从“产业转型”到“功能转型”的更新方式

从产业发展的角度看，东部沿海地区以产业发展为背景的特色小镇的主要着力点在于优化产业结构完成产业链升级，北京地区的特色小城镇则需要在新的形势下打造完整的产业链体系。产业重构虽然面临更大风险，但也意味着与更大经济区实现一体化的发展机会，因此转型的着眼点不再局限于内部产业层面，应将视角延伸至外部功能层面。北京市作为国家首都，特色小城镇的转型路径应有基于首都战略的功能思考。

北京市在首都功能定位背景中呈现两个明显变化趋势：一是为减少对首都功能与非首都功能之间的消极摩擦，中心城区部分功能向外转移；二是首都功能逐渐增强，高端服务需求开始呈现外溢趋势。因此北京市特色小城镇在疏解倒逼产业升级的同时，应关注以上两个变化趋势，抓住机遇实现从产业升级到功能转型的质变。

非首都功能的转移。非首都功能疏解政策要求“部分教育、医疗、培训机构等社会公共服务功能”“部分行政性、事业性服务机构和企业总部”由中心城区向外溢出和转移，受中心城或新城辐射或具有相匹配发展基础的小城镇成为功能承接区域，小城镇应抓住契机，实现功能上的特色转型。例如，本书案例房山区良乡镇承接金融功能外溢打造北京基金小镇；怀柔区怀北镇因承接中科院 3 个国家大科学装置以及中国科学院大学落户，重点发展科技创新功能[1]。

首都功能的需求外溢。北京市从传统首都升级为“大国首都”，首都功能在数量级上就会显著扩大和升级[2]，显著表现为国家领导人会晤、国际交往活动及会议等国家活动不断增多。国际交往功能需求的增长为特色小城镇拓展新功能提供新的机遇，如怀柔区雁栖镇因承接 2014 年北京 APEC 峰会，以国际交往功能为新基点，促进会议经济长足发展；延庆区大榆树镇借势 2019 世界园艺博览会，将打造一批特色小镇项目；平谷区金海湖镇因承接 2020 年世界休闲大会，休闲旅游产业迎来广阔前景[3]。

1 北京市发展与改革委员会．规划引领特色发展谱写北京市特色小城镇发展新篇章 [EB/OL]. http://www.china.com.cn/newphoto/news/2016-11/08/content_39658378.htm.2016.

2 赵燕菁，文爱平．“大国首都”格局中的雄安新区 [J]. 北京规划建设 ,2017(03):183-187.

3 同 1。

（2）从“一镇一企”到“一镇一策”的制度变革

《关于进一步促进和规范功能性特色小城镇发展有关问题》（以下简称《问题》）中针对镇企合作提出“一镇一策”，虽然《问题》中没有更详尽的说明，但从过去的经验和对未来的判断中，笔者认为表明了以下几个趋势：

重视镇企合作顶层规则设计。镇企合作首先应处理好公共效益和经济利益的关系。实际上代表着政府与市场的关系，理想状态应是“看得见的手”和“看不见的手”在小城镇发展中发挥均衡作用。企业天然具有的逐利性容易忽略政府所追求的统筹兼顾和镇村协调，如何兼顾公共效益和经济利益目标应从顶层的规则设计开始考虑。

镇企合作模式中资金流转和安全是小城镇开发建设乃至社会稳定的重要因素，大型国企成为主流合作对象的原因即源于资金优势和可靠背景。未来探讨合作企业类型的多元化，势必要探索有保障的合作规则。此外，镇企共同编制整体实施方案，合理安排建设时序将是镇企合作有效推进的重点内容。

小城镇发展政策精细化转变。北京市各乡镇所处经济社会条件、既有发展基础及政府管理风格各不相同，随着政策环境的演变和区域分工网络的形成，各乡镇差异化发展和分工细化程度逐渐加深，以统一政策应对乡镇多质化发展将在摩擦中消耗更高的实施成本，传统政策应对模式的效益在成本增长中被逐渐淹没，小城镇发展对精细化政策的需求开始萌发。

不可否认的是政策向精细化转变必然伴随更高的成本，作为资源分配的工具，政策差异化制定将导致乡镇之间激烈的利益竞争。在市场化程度不断深入的社会中竞争难以避免，政策作为调控手段能够发挥政府的统筹作用，在竞争中实现整体利益的最大化。因此从经济发展的角度，政策精细化不仅提高小城镇个体效益，同时能够促进整体效益。

（3）从“产业联系”到“土地统筹”的镇村联动

乡村振兴战略指导乡村吸引力的提升要求镇村关系重塑，镇村之间不再是单向的牵引关系。乡村不能因产业属性、所有制属性和空间属性而被机械界定在传统的意义中[1]，作为具有绿色、生态功能并且与城市功能互补的地区，要素不再是从村庄向镇区的单向流动，而是镇村之间有序对流。村庄吸引力的实现建立在物质基础的累积上，

1 张强．中国城乡一体化发展的研究与探索 [J]. 中国农村经济 ,2013(01):15-23.

在政府投入方式发生转变及社会资本的积极投入中，逐利的资本仍然属于少部分具有显著优势的村庄。如何进行初期的物质基础积累以推动村庄更新是镇村联动首要解决的问题。

随着我国市场化、城镇化程度的深入，城市居民休闲需求的增长和村民资产意识的提高，集体建设用地的功能重心从保障性向资产性进行转变的趋势更加明显。自十八届三中全会“建立城乡统一的建设用地市场”后，一系列改革措施有效推进集体建设用地功能的资产性转变。北京小城镇处于城镇化的深入时期，减量规划背景下国有建设用地的紧缩供给对城镇化的用地需求施加了更多约束压力。资源向镇区集中的城乡发展规律、资本向区域核心聚集的市场规律仍然占据主导地位，因此构建以土地统筹为核心的镇村联动，将实现镇区发展、村庄积累的双赢格局，迈向融合互补、镇村共荣的新型镇村关系。

镇村土地统筹的核心功能是资源调配。村庄通过土地整理、集中安置等方式盘活存量土地资源，缓解镇区在减量发展约束下的用地压力。镇区发挥区位优势和利用发展基础妥善利用土地资源，制定合理收益分配机制，实现集体建设用地资产化转变，为实现村庄吸引力奠定物质基础。

基于北京市特色小城镇发展环境变化的分析，根据当前发展应对措施提出建议，谋求长效健康的特色小城镇发展机制。产业转型方式的探索上向功能层面进行深入，推进存量更新的管理变革以政策精细化为方向，镇村联动以土地统筹为核心。随着改革的深入推进，未来北京市小城镇将面临更多来自环境变化的挑战，因此进一步研究仍需对政策进行深入和展望，使特色小城镇发展与时俱进，持续繁荣。（注 1）

二、北京长沟镇：京南水乡，基金小镇

房山区长沟镇是北京市 42 个重点发展小城镇之一，地处首都西南，京冀枢纽，距市中心 50 千米。长沟汉代置乡，唐宋发轫，明清腾达，距今已有 2300 多年历史，是华夏最古老的邑落之一，素有京南水乡美誉。

为融入京津冀协同发展大局，紧紧抓住作为国家新型城镇化综合试点的重大机遇，着眼于加快承接首都金融功能外溢，促进全市金融产业布局优化，长沟镇立足于自身优势，大力发展金融产业，北京基金小镇的打造也成了京保石发展轴桥头堡的重大战略抓手。

长沟基金小镇建成后，预计引进、培育具有较大规模的基金及相关机构超过 500 家，

管理的资产总规模超过 10000 亿元。依托北京基金小镇建设，长沟镇经济社会发展实现了较快的增长速度。

1. 产业定位

选择在长沟镇规划建设北京基金小镇处于多方面考虑，其中重要的一点是基于对位发展、互补发展的产业定位（图 13-1）。

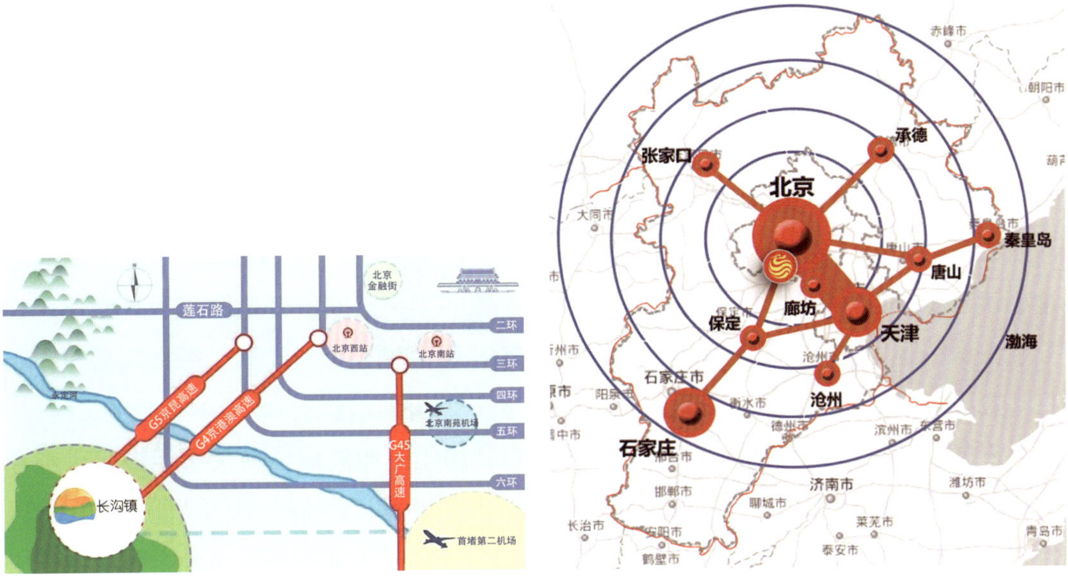

图 13-1　长沟镇区位图

从北京市的金融产业布局来看，北京基金业数量虽然很大，有 4158 家，排名全国第一，但比较分散，没有形成集聚效应和完整的基金产业链。长沟镇打造北京基金小镇，不仅能够完善首都金融产业布局、促进金融创新，而且通过基金业集聚化、规范化发展，能够有效控制和预防金融风险，提升行业自律水平。

目前，北京基金小镇项目已经被市委、市政府纳入北京市“十三五”规划和北京市金融产业发展规划，并作为北京市的重点项目在加快推进。从京津冀协同发展的整体布局来看，房山区是京保石发展轴的战略起点，作为区域重要节点的长沟镇建设北京基金小镇，可以凭借优越的地理位置、稀缺的生态环境和便捷的交通路网，通过构建基金产业交流平台、基金研究创新平台、基金发行服务平台、基金产权交易平台和实体经济融资平台，充分发挥金融产业对周边地区辐射支持带动作用，从而推动房山乃至北京和京津冀地区协同发展。

2. 产业发展基础

一是科学谋划有成果。2015 年 6 月 23 日，召开了“北京基金小镇发展研讨会”，听取了业内人士对建设北京基金小镇的意见和建议。2015 年 12 月 7 日至 14 日，相关领导前往美国、加拿大调研基金业发展及格林威治对冲基金小镇的建设经验，与格林威治镇镇长、商会会长、康涅狄格州对冲基金协会会长、律师、会计师及 AQR 等全球知名对冲基金公司进行了座谈。目前，已聘请北京市“十一五”“十二五”“十三五”金融产业布局的编制单位——特华财经研究所编制完成了《北京基金小镇总体发展规划方案研究》《北京基金小镇产业发展规划方案研究》《北京基金小镇功能布局规划方案研究》《北京基金小镇管理运营方案研究》《北京基金小镇发展政策方案研究》。

二是管理体制有创新。在管理体制方面，实行政府主导、企业主体、市场化运作，有力地推进了基金小镇的快速发展。2015 年 5 月 29 日，文资泰玺资本管理有限公司注册成立，负责基金小镇的具体运营管理工作。6 月 19 日，房山区政府成立了北京基金小镇建设项目办公室，全面协调北京基金小镇的相关开发建设工作。8 月 19 日，成立了由房山区主要领导担任主任，由区发改委、区金融办和长沟镇党委共同管理的北京基金小镇管委会，主要负责北京基金小镇建设及招商运营的行政管理和服务工作。

三是政策支持有力度。2015 年 7 月 30 日，房山区政府出台《关于促进北京基金小镇建设的实施意见》（房政发〔2015〕29 号），明确了基金小镇的功能定位和发展目标，并从提供配套支持、简化办事流程、资金支持、人才政策支持等方面重点推出政策措施。更加重要的是，基金小镇作为京津冀协同发展的重大项目，已纳入北京市“十三五”规划和金融产业重点项目（图 13-2）。

图 13-2　长沟镇环境现状图

四是基本建设有进展。目前，占地面积150亩的北京基金小镇国际会议中心已经投入使用，并成功举办了以"'十三五'中国经济走向"为主题的沙龙、中国基金业创新发展论坛暨北京基金小镇研讨会、中国证券投资基金业协会地方联席会、"骆驼行走·公益长征"徒步长走等重大活动。2016年8月1日，正式启动北京基金小镇暨长沟镇北部浅山区土地一级开发项目拆迁工作，2016年年底入市交易，2018年具备基金机构入驻条件，2020年项目的整体工作全部完成。

3. 先导地位的产业培育

在产业特色方面，长沟镇依托国家级基金产业创新试验区，发展形成基金产业聚集区、基金创新示范区、基金文化引领区。以此吸引各类基金及相关金融机构入驻，形成基金产业集聚区，并为其提供政策、环境、人文、科技、品牌等高端服务。长沟基金小镇的建设有效地促进了镇域内人居环境的改善和人员就业。项目期末将带动镇域内4个村、1300多户、6000多人改善居住环境、改善就业环境。在产业链上下游资源的整合上，支持资产管理计划等家庭财富管理产品及其他财富管理产品良性发展，培育孵化成熟的基金管理人和资产管理公司，构建基金行业生态圈，打造中国金融高地。项目建成后，将引进、培育具有较大规模的基金及相关机构超过500家，管理的资产总规模超过10000亿元。

在发展环境方面，北京基金小镇已吸引包括创业投资基金、股权投资基金、证券投资基金、对冲基金等各类基金及相关产业链服务机构103家，注册资本256亿元，管理的资金规模达1767亿元。现已与北京大学、北京师范大学、中央财经大学、首都科学发展战略研究院、联合国绿色产业平台中国办公室、中国证券投资基金业协会、中国股权投资基金业协会、中国创投委等机构初步达成了合作协议，合作进行相关信息交流、研究创新等工作，与许多大型金融机构达成了合作意向，相关金融机构将在北京基金小镇设立资产管理业务、私人银行部门，开展相关业务，加强对基金业的服务、支持。

4. 独具魅力的泉水环境

在城镇风貌方面，以北京长沟泉水国家湿地公园为依托，结合长沟的历史文化资源，明确了生态环保、智慧科技、宜居宜业、业城融合的国际金融小镇发展定位，力争把北京基金小镇建设成为集聚产业、文化、旅游、社区功能的特色功能小镇和可持续发展示范区。目前，美国AECOM公司和北京华通设计顾问工程有限公司已完成北京基金小镇、长沟泉水国家湿地公园初步设计方案的编制工作。

在镇域环境方面，长沟采取全域绿化、涵养水源等措施，绿化覆盖率已达65%，林木覆盖率达55%。累计投资已超过2亿元，搭建完成了北京长沟泉水国家湿地公园整体架构，水域面积超过1600亩，总蓄水量达到210万立方米。投资300万元完善整修占地近200亩的圣泉公园。2014年年底，长沟泉水湿地公园被国家林业局评定为国家湿地公园试点单位。

在环境整治方面，投资400万元，对云居寺路及长走沿线进行景观提升，种植宿根花卉1000亩，对沿线路牙、墙体破损设施进行更换整修；投资50多万元对长走沿线及周边道路树木进行种植补栽，共计2500株。2015年，全镇18个村和1个社区按照区市政市容委每80户配一名保洁员的要求，成立村级保洁队伍，负责本村行政区域的环境卫生日常清扫保洁，保障日产日清。

5. 古今融合的文化品牌

一是历史悠久的传统文化涵养了长沟人的文化品德。长沟镇有2300多年的历史文化，有乾隆御碑、刘济大墓、鳌头寨遗址、清南正行宫、天主教堂等历史文化资源，文化创意产业成为长沟新型城镇化的助推器。

二是区级以上的大型活动为长沟的美誉度和知名度打下了坚实的基础。2009年起春季北京国际长走大会至今已在长沟连续成功举办了八届，吸引了来自德国、美国、韩国、日本等在内的全球多个国家和地区的外国友人和国内的社会各界人士参加，单届参加人数多次突破2.5万人的大关，得到了中外友人的一致认可和好评。2012年至今，已连续成功举办了五届花田节，通过油菜花季和葵花季吸引了数以万计的游客走进长沟、了解长沟、爱上长沟。

三是丰富多彩的文化活动丰富了群众的业余生活。自2012年至今，“星火工程”专业文艺团体演出、非专业文艺演出、“文化下乡”区级文艺演出、镇级演出共计500多场，放映电影共计4500多场。先后成功举办了乒乓球联赛、“中国梦长沟情”金秋群众文艺展演、“新春乐文化大集看戏”书画协会送春联、“三阳开泰闹元宵”群众文艺演出等活动，镇域群众的文体生活更加丰富。

四是文化创意产业发展推动了长沟城镇化进程。一方面，以累计投资62亿元的北京文化硅谷为代表的大型文化创意产业项目作为突破口，聚集一批具有较强辐射带动能力、产业集聚能力的文创领军企业和上市企业；另一方面，整合全镇域内群众文化创意资源，采取政府支持、市场运作、公司运营的方式，将传统的剪纸、扎灯笼、烙画、微缩仿古建筑、太平鼓、秧歌小车会、长沟花会、长沟大集等推向市场，打造地区文化新品牌。

6. 便捷完善的配套设施

在道路交通方面，京昆高速的开通，把长沟纳入首都半小时经济圈，市区高端要素进入长沟的时空距离大幅缩短。同时，长沟镇对府前街、房易路、云居寺路等 6 条主次干道的主辅路面和标识进一步修复和完善，加设景观栏杆 8000 延米，建设文化墙 13000 延米，粉刷墙壁、栏杆等 6 万多平方米，清理渣土 1500 立方米，新建绿化带 2 万多平方米，整修更换路灯 300 盏，在车流量相对较大的公共场所设置停车场或停车位，并配备专人看管。

在公共设施方面，长沟经过近年来的快速发展，水、电、气、热、路、通信等公共设施比较完备，尤其是镇域内 18 个行政村和 1 个社区，全部实现了供水管线的全覆盖，且水质达到国家规定的标准。目前，污水处理方面建成的污水处理厂 1 家，镇域内 85% 的行政村实现了污水设施配备。同时，正委托北京市首都规划设计工程咨询开发公司进行各专业管线专项、项目综合及设计综合的编制工作，并委托北京城建设计发展集团股份有限公司进行镇域内道路设计工作，通过一系列的举措长沟的公共设施将更加便捷、更加完善（图 13-3）。

图 13-3　长沟镇基础设施建设

在公共服务方面，目前镇域内已有卫生院 1 家、18 家社区服务站、5 所中小学、1 家爱心家园和 1 家养老院等。在公共配套服务设施的基础上，长沟镇着眼于服务北京基金小镇的高端需求，力争在 3 年之内引进一所国际教育机构和国际化医院，在教育和医疗等公共服务领域上为北京基金小镇项目创造更加完备的配套条件。

7. 高端高效的工作机制

在市级层面，北京基金小镇项目建设获得了国家有关部门和北京市领导的高度关注。中国人民银行、中国证监会、中国银监会、中国保监会、中国证券投资基金业协会以及各大金融机构的领导，市领导及北京市人大、政协和相关委办局的领导，陆续到北京基金小镇调研，给予项目高度肯定，并提出指导性意见和政策性支持。同时，市金融局、市文资办在市委、市政府的指导下直接参与了基金小镇的规划建设和管理。

在区级层面，成立了由常务副区长任主任，区发改委、区金融办和长沟镇党委共同负责的北京基金小镇管委会，具体负责北京基金小镇建设相关工作。以区级服务平台为载体，在北京基金小镇国际会议中心设立了北京基金小镇入驻服务窗口，为有意向入驻的金融企业提供相关技术、政策方面的全方位服务。

在镇级层面，成立了由镇党政一把手及相关科室组成的服务团队，为北京基金小镇项目的建设提供服务保障，服务内容包括征地拆迁、规划建设、生态保护、公共配套、政策解读、宣传引导等。

在市场运营层面，建立了由文资泰玺资本参与市场运营为主导的发展模式，为入驻的金融企业提供高质量的落地服务。

8. 近期工作安排

长沟镇将依托区位交通、生态环境等优势，抢抓京津冀协同发展和北京基金小镇所带来的重大历史机遇，加快基金小镇建设的步伐，为建成全国乃至国际金融高地而努力。主要工作内容包括：坚持以改革创新增添动力，坚持以生态建设彰显魅力，坚持以高端引领提高承载力。

长沟镇立足自身的优势资源和特色，紧抓京津冀协同发展、承接首都金融功能外溢、国家新型城镇化综合试点的重大机遇，从对位发展、互补发展的角度出发，着力发展金融产业，打造长沟基金小镇，并从多方面展开培育和建设，优化了北京市金融产业布局。可以说，长沟基金小镇的特色产业选择是其成功的关键，而这种正确的选择是国家宏观战略、区域发展需求、自身优势的完美结合。因此，长沟基金小镇不仅是培育创建出来的，更是多种客观因素共同作用的必然结果。（注2）

三、天津中塘镇：精准把握“四对关系”

在新型城镇化战略下，小城镇的发展尤其受到关注，其介于城乡之间，是连接大中小城市与广大农村的纽带[1]，然而随着经济社会的发展，小城镇逐渐面临产业升级、人才引入等挑战，需要创新发展模式，于是特色小镇应运而生。特色小镇的实质是小城镇结合自身特质，挖掘特色，找准产业定位，科学进行规划，形成“产城人文”四位一体有机结合的重要功能平台，其就像是破解城乡二元结构问题的钥匙，引领着新型城镇化的特色方向。现阶段我国特色小镇的建设处于初步发展时期，仍存在一些问题，基于此，本书以天津市滨海新区中塘特色小镇为例，结合实地调查和人物访谈等方式，研究特色小镇建设之路，使其更好地发挥整合城乡资源、推动城乡一体化的作用。

1. 天津市特色小镇发展的总体情况

建设特色小镇是新型城镇化的重要一步，2015年，随着浙江省诸多特色小镇的初见规模和成效，全国各地开始迅速发展特色小镇。天津市抓住机遇，加快建设特色小镇，2016年，天津市政府出台《天津市推动特色小镇规划建设工作机制》正式启动重点发展特色小镇模式。天津市现有5个国家级特色小镇，14个市级特色小镇，目前天津市特色小镇的发展过程中逐渐呈现出以下特点：一是依托示范镇。天津市的14个市级特色小镇中有12个为示范镇试点，特色小镇在示范镇已有的基础上，整合聚集人才、资源，形成了相互补充不足和双向资源流动的互动模式。二是三级联动。由天津市规划局、财政局、环保局等单位组成的特色小镇联席会议负责统筹领导工作，各区是特色小镇培育创建的责任主体，各镇负责具体实施工作，市、区、镇三级联动机制保障特色小镇建设工作有序开展。三是分类定标准。天津市将特色小镇进行分类，制定不同的考核标准，如特色小镇固定资产投资总体标准为50亿元以上，旅游和历史传统产业等特色小镇总投资额可放宽到不低于30亿元，分层定标准给予了特色小镇充分的培育空间，

1　徐梦周，王祖强．创新生态系统视角下特色小镇的培育与策略——基于梦想小镇的案例探索[J]. 中共浙江省委党校学报,2016(5):33-38.

契合发展实际。四是奖惩结合[1]，天津市对未完成年度目标任务的市级特色小镇，实施退出惩戒机制，下一年度将不再享受相应的扶持政策。反之给予一定土地利用年度计划指标奖励，且凡属特色产业聚集程度高、辐射带动作用强，具有高端、高质的行业龙头企业集群的项目，经认定后均予以安排土地利用计划指标。运用奖励用地指标这一管理方案，使划拨指标有科学依据，有利于激励各区建设的积极性，同时提高了土地利用率。

天津市特色小镇总体处于快速发展时期，典型代表为滨海新区中塘汽车橡塑特色小镇，中塘镇作为天津市第四批示范镇建设试点，2015 年城镇化率由 60% 提高到 75%，2016 年成为首批国家级特色小镇，建设用地面积达 56 平方千米，是全国建成区规模最大的特色小镇，2017 年被列入天津市经济发达镇试点，成为滨海新区唯一的一家试点，可见中塘镇基础实力雄厚，特色小镇建设已初具规模，发展较为领先，其现存的问题与经验具有一定的代表性和借鉴价值。

2. 滨海新区中塘特色小镇的发展现状与建设经验

（1）中塘特色小镇的发展现状

中塘镇位于天津滨海新区重化工业发展集中的南部，紧邻大港新城，全镇辖 24 个行政村，镇域面积 89 平方千米，常住人口 7.2 万人，全镇户籍人口 5.5 万人，2016 年中塘特色小镇全社会固定资产投资 453397 万元，2017 年第一季度为 9230 万元，2016 年城镇人均年收入 36520 元，2017 年第一季度人均总收入为 9230 元，2016 年农民人均年收入 23319 元，2017 年第一季度人均总收入为 6329 元，可见中塘城镇经济较为稳定，城市化程度较高，城乡居民收入差值较小，建设基础实力雄厚。

近年来，中塘镇大力发展现代工业、农业，建设工业园区和养殖基地，成果显著。2016 年中塘镇 GDP 为 553000 万元，2017 年第一季度为 105200 万元。自 2010 年以来，中塘镇实施工业园区发展战略，全镇累计投入资金 6.75 亿元，开发建设了河东工业园、日嘉工业园和中塘工业区，基本形成了两园一区的载体布局。其中，中塘工业区成为全市 31 个示范工业区之一，建设 5 年内，全镇累计实施新矿技改项目 135 个，总投资 43.5 亿元，拥有国家专利 100 多项，工业园区为中塘特色产业搭建起发展平台[2]。中塘

1　朱莹莹 . 浙江省特色小镇建设的现状与对策研究——以嘉兴市为例 [J]. 嘉兴学院学报 ,2016(2):25-28.

2　中塘镇人民政府 . 中塘镇的发展历程 [Z],2010.

镇不断发展特色农业，绿生源饮品、神池牧业等农业产业化企业发展迅猛，并形成了“4431”的现代农业发展格局，即4大畜牧水产养殖基地、4大设施农业种植园、3片林下经济带、1个冬枣深加工企业，不仅丰富了菜篮子，而且带动和吸纳周边村民参与生产经营，实现共同富裕。产业发展的同时，人民生活水平不断提高，自2010年8月实施中塘示范镇项目以来，初步形成了6个环境优美的居民生活小区，开工建设回迁房工程，让更多的村民实现“平房变楼房的梦想”。

现今，中塘镇依托现有资源和建设基础，依据自身特色，正在规划特色小镇的具体建设方案，拟定优惠政策，宣传和推广特色理念，吸引人才进入。中塘特色小镇建设工作有序化的开展，为其形成“产城人文”复合发展平台打下了坚实的基础。

（2）滨海新区中塘特色小镇的建设经验

中塘镇作为首批入选的国家级特色小镇，走在特色小镇建设发展的前列，总结其建设经验，分析现阶段成功及不足，可以为其他地区特色小镇建设提供一定借鉴。

划分发展模块，各具特色。特色小镇的重点为突出特色，不能千城一面，“特色”就代表着不能一概而论，需要依据各区域自身的优势，划分不同的特色模块。中塘镇在镇域内划分为重工业河东区、畜牧业河西区、旅游业北大港湿地区3个发展模块，区域因资源不同，发展的特色产业方向不同。河东区依托大港石化基地丰富的石化上游产品资源和庞大的制造业平台，以中塘工业园区为载体，发展汽车橡塑制造产业，截至目前，累计实施新矿技改项目135个，形成科技特色；河西区域整合农业资源优势，大型养殖基地均采用“公司＋基地＋农户”的发展模式，打造现代农业品牌，突出畜牧特色；北大港湿地公园则发挥生态特色，拓展休闲养老、亲水体验等旅游特色项目。中塘镇没有因为橡塑重工业经济效益高，就盲目地将其作为全镇的发展方向，浪费农牧与湿地资源，而是因地制宜，合理地对镇域进行划分，建设不同模块，这些各具特点的区域模块共同构成了整个小镇的“特色”定位方向，为特色小镇的建设奠定了基础。

政府搭建平台，突出市场作用。特色小镇是由政府提出，但在建设过程中政府只是引导者，负责搭建平台[1]，需突出企业和市场的作用。中塘镇现拥有8个市级企业技术中心，中小型科技企业100多家，汽车橡塑小镇的初具雏形离不开鹏翎胶管、大港胶管等企业的技术创新和劳动付出，这些龙头企业共同打造了国家级星火技术密集区，

1 张蔚文．政府与特色小镇：定位、到位、补位[J]. 浙江社会科学,2016(3):43-45.

企业、市场是建设投资的主力军。通过访谈特色小镇办公室负责人了解到，办公室的主要职能是建立政府与公众、企业等的纽带，现阶段重点工作为推广相关政策方针，提高社会各界对特色小镇的认知度，并与龙头企业进行协商，推进公共项目共建。中塘镇政府角色定位明确，转变了传统大包大揽的观念[1]，不再直接用行政权力参与具体生产，为特色建设注入了活力，但这并不意味着政府可以缺位。中塘镇政府设立专门的财政补贴，减免区域企业税收，为企业进驻中塘镇搭建平台，营造良好的市场环境，促进市场发挥更好的效用。

坚实产业基础，推进转型升级。特色小镇的镇域经济是建设支柱，不断坚实产业基础，紧扣产业升级的趋势，朝“高、精、尖”的方向发展，为特色小镇注入活力。中塘镇完成了对传统种养殖业的转型升级，创建“龙头企业 + 合作社 + 农户”的设施农业模式，神农种子公司为农户提供诸多优质品种大白菜种子，隆盛源公司负责打造农产品品牌，注册商标，还与院校合作将高校多年培育的符合北方口味的茶树菇转化为工业化生产，农业的产业升级让农民富起来。在传统工业方面，汽车配件行业作为中塘传统优势产业，以科技创新为依托，加快对骨干行业改造提升，以鹏翎胶管公司为例，投入一个多亿资金进行技术改造，并建设 800 平方米的实验室，提高配件质量，成功在激烈竞争中脱颖而出，占据优势地位，带动中塘橡塑不断提高技术含量，推进转型升级，使特色小镇的建设有了坚实的产业基础。

打造宜居环境，注重社区营造。安居才能乐业，特色小镇改善人民的生活条件，完善公共配套设施，营造社区的良好环境。2010 年中塘镇被天津市政府确定为第四批示范镇，中塘镇示范镇项目建设分为河东与河西两个区域，东区 9 个行政村回迁至河东地区 19 顷（1 顷 =100 亩）村域内的示范小城镇项目区，2011 年全镇住宅楼总面积达 120 万平方米，全镇楼房化率达 85%，2016 年 10 月安置区建筑面积 197 万平方米，据调查数据显示，有 53% 的群众表示对自己的居住环境很满意（图 13-4、图 13-5）。目前 19 顷村域内回迁安置房正陆续封顶，生活区附近建造人民广场，摆放公共健身器材，定期开展诗歌朗诵比赛，公众生活质量不断提高。注重社区营造[2]，不仅要提高镇域的楼房化率，更要注重社区的绿化和配套公共设施，使特色小镇成为宜居宜业的发展平台。

1 李强 . 特色小镇是浙江创新发展的战略选择 [J]. 小城镇建设 ,2016(3):9-14.doi:10.3969/j.issn.1008-0260.2015.24.007.

2 郁建兴，张蔚文，高翔 . 浙江省特色小镇建设的基本经验与未来 [J]. 浙江社会科学 ,2017(6):15-16.

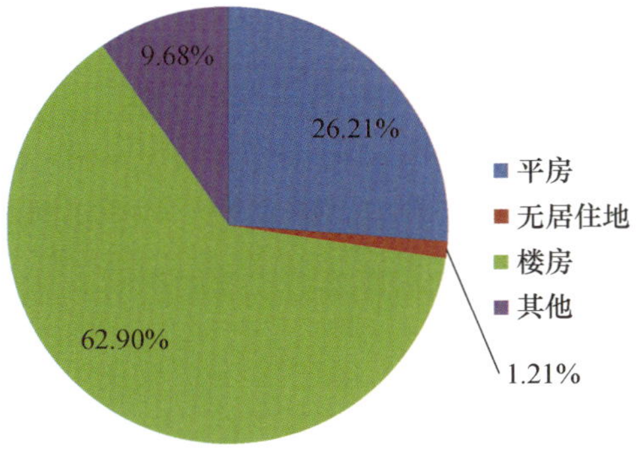

图 13-4　中塘镇民众基本居住情况

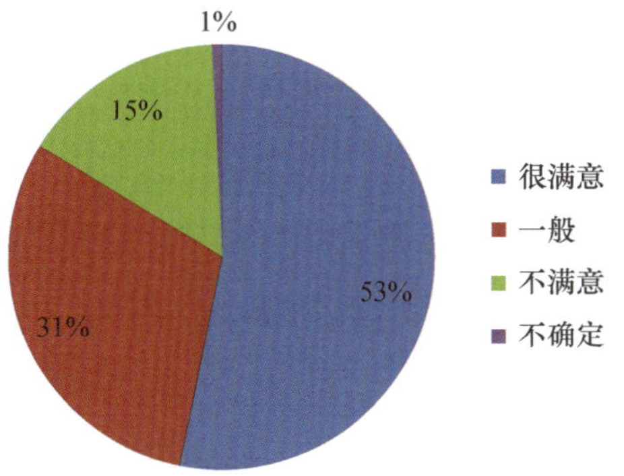

图 13-5　中塘镇民众对目前居住环境的满意程度

3. 滨海新区中塘特色小镇发展遇到的障碍

（1）规划滞后，政策停滞

总体规划作为指导城市建设与发展的蓝图，在协调城镇发展各方利益和关系上起着至关重要的综合调控作用[1]，规划是建设的前提和基础，需要保障规划速度与质量。目前，中塘特色小镇的规划仍在制定阶段，制定周期较长、速度缓慢，由于缺乏宏观把控，其引进人才政策、购买公共服务项目及企业进驻优惠政策等，仅停留在政策议程的建立环节上，政策方案的拟订和评估筛选难以有序开展，且备选方案质量较低，呈碎片化状态，难以使政策关联化、体系化，从而导致错失发展黄金期，浪费已有资源。规划要紧跟实际建设的步伐，高起点，大手笔[2]，让规划先行，提高协商效率，但也不能只追求速度，忽视质量。规划的完善是动态过程，需要依具体的执行推广情况收集反馈信息，不断进行规划修订，使得规划更加完善和体系化。

（2）资金筹措渠道单一，处于融资瓶颈期

特色小镇的建设处于初步发展阶段，工程投资任务重，资金在建设前期需求较大，导致政府财政压力大，为了突破融资瓶颈期[3]，需要引入社会资本，应用 PPP 模式，即政府与社会资本签订合约，共担风险，合作完成公共服务项目，使特色小镇的建设获得持续的资金支持。中塘镇目前引入社会资本的工作没有到位，根据实地调查数据，中塘镇的 PPP 项目数量为零，其资金来源仍然依赖于政府财政补贴和闲置废旧物资，

1　徐剑锋 . 特色小镇要聚集“创新”功能 [J]. 浙江社会科学 ,2016(3):342-343.

2　刘婷 . 建设“特色小镇”要力戒行政化 [J]. 浙江经济 ,2015(3):14-15.

3　闵学勤 . 精准治理视角下的特色小镇及其创建路径 [J]. 同济大学学报 ,2016(5):55-60.

这种单一的资金筹措方式的弊端在短期不易显现，但是经过一段时间的建设，融资困难的短板就逐渐显露出来。依据访谈资料了解到，目前中塘镇正逐渐开始与各个企业之间进行洽谈合作共建的协议，可见中塘镇自身在建设过程当中也明显感觉到进入融资瓶颈期，于是开始探索与社会资本的合作之路。从长远发展角度来看，中塘镇单一依靠政府财政补贴是远远不够的，与社会资本合作的道路还需要加快速度探寻，改变当前的被动状态，使支持资金可以保障特色小镇的初期建设。

（3）人才匮乏，流失严重

由于中塘小城镇处于初步发展阶段，发展尚不成熟，基础设施与相应配套设施缺乏，尤其是相较于周围的城市而言，中塘小城镇企业发展、就业待遇及居住条件和教育水平都比较落后，高端人才就业趋向大城市，小城镇就业吸引不足。在发放问卷与采访调查中发现，34.6% 的人表示家中有外出打工者，61.6% 的人表示不会转而从事与当地特色相关的行业，可见中塘小城镇吸引人才能力较差，仍有很多人选择外出务工（图 13-6、图 13-7）。人才整体数量较少，特色小镇的发展相对大城市而言是不成熟的，所以既要完善配套服务和坚实产业基础，从长期和根本上为人才打造创新、大显身手的天地，也要制定人才政策 [1]，比如给予安置补贴等，这些短期可以立竿见影的措施可为特色小镇解燃眉之急。解决人才匮乏的问题需要打组合拳出击，将更多的人才引进来。

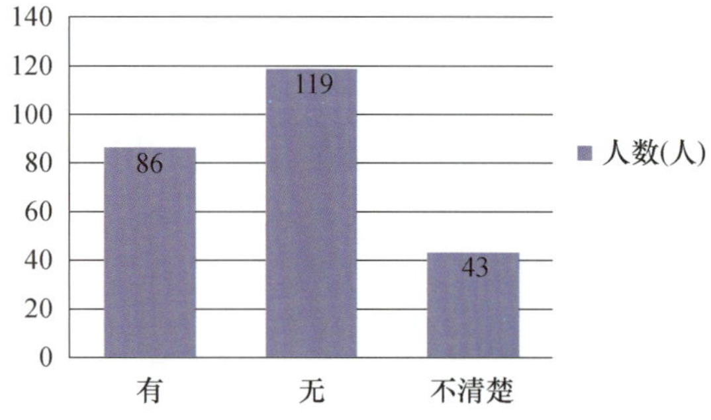

图 13-6　中塘民众家庭中有无外出工作情况

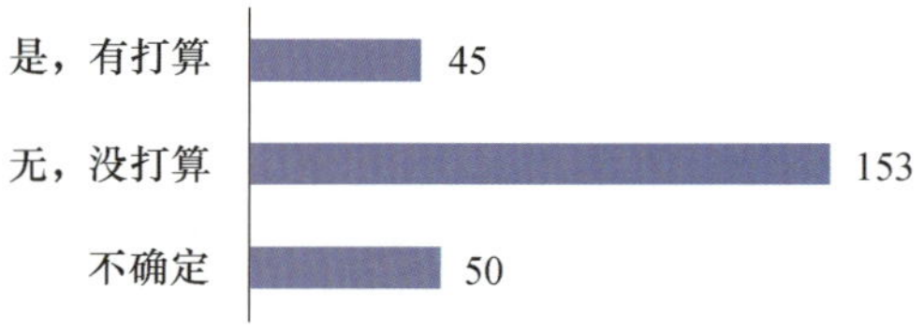

图 13-7　中塘民众有无转向从事特色产业的统计

4. 特色小镇的未来发展思考

中塘特色小镇有成功也有不足，代表了许多特色小镇的现状，但总体来看特色小镇的发展前景是光明的，其在发展初期需探索一条发展路径支撑“特色”建设，在走“产

1　张祝平 . 推进特色小镇建设问题探析——以河南省为例 [J]. 学习论坛 ,2017(8):46-47.

城人文”复合发展的道路上[1]，需要重点坚持三大原则、处理好“四对关系”。

（1）坚持三大原则

坚持准确定位特色、因地制宜的原则。特色小镇是小城镇发展的新模式，其重点在于“特色”，如果千城一面、盲目跟风，特色小镇建设将失去意义。天津市中塘镇依托大港石油资源建立汽车橡塑特色小镇，武清崔黄口镇依托已具规模的地毯商贸园，打造特色电商产业园，这些成功的特色小镇都对自身特色进行精准定位，先分析各自小镇已有的优势，再逐步将“特色”发展为过人之处。

坚持规划动态更新的原则。规划作为特色小镇建设的基石和实施各类项目的基础，需要规划先行，重视规划工作，坚持规划动态更新的原则，在实践中要对不合时宜之处进行修订。浙江省作为最早发展特色小镇的区域，规划动态工作做得非常到位，要求各个特色小镇制定规划反馈周期，每个季度需依据反馈情况更新规划[2]。特色小镇因为是“产城人文”的复合发展平台，工作更加复杂，情况更加多变，所以规划的动态更新更为重要，需要践行。

坚持多主体合作共建的原则。特色小镇非行政区也非工业区，是一个聚合多种创新要素的平台，这就要求政府退、市场进，传统的大包大揽的管理模式已经落后，政府利用行政权力直接介入生产活动的管理观念需要转变，政府的重点工作是为小镇和企业之间建立纽带，引入龙头企业、中小型科技企业、公众、社会组织等多种主体，为多主体合作共建、搭建平台，没有过多行政干预的特色小镇会更具有活力，拉动多主体合作共建，相互补充缺陷，从而提高特色小镇的竞争力。

（2）处理好“四对关系”

处理好特色小镇生产与生活的关系。良好的居住和生活水平是开展生产的基础条件，对于特色小镇而言更是如此，特色小镇不是传统的产业园区，不但是一个产业的发展平台，而且是一个宜业又宜居的复合平台，特色小镇要营造良好的社区，实现生产与生活的融合，不断提高公众的居住水平和完善各种配套设施。德国鲁尔重工业镇的经验值得借鉴，其将废旧炼钢厂改造成深受公众喜爱的科学公园，园区周边有许多社区缺乏公共设施，大幅提升了周边社区的环境品质[3]，成功地实现了社区营造，很好地实现了生产与生活的融合。实地调查数据显示，调查人群中有 80% 的人认为有必要

1 卫龙宝，史新杰．特色小镇建设与产业转型升级：浙江特色小镇建设的若干思考与建议 [J]. 浙江社会科学 ,2016(3):28-32.

2 於芳，陈杰．特色小城镇建设存在的问题与对策——以重庆市垫江县为例 [J]. 财经 • 农业经济 ,2013(3):15-17.

3 兰建平．建设工业特色小镇加快转型升级发展 [J]. 浙江经济 ,2015(19):14-15.

开展丰富的社区活动，大多数公众重视自己的生活质量（图 13-8）。特色小镇需要打造优越的居住环境和配套社区服务，定期开展社区人文活动来满足人们的基本休闲娱乐需求，吸引人才聚集，留住人才，从而助力生产活动，逐步实现生产与生活的融合。

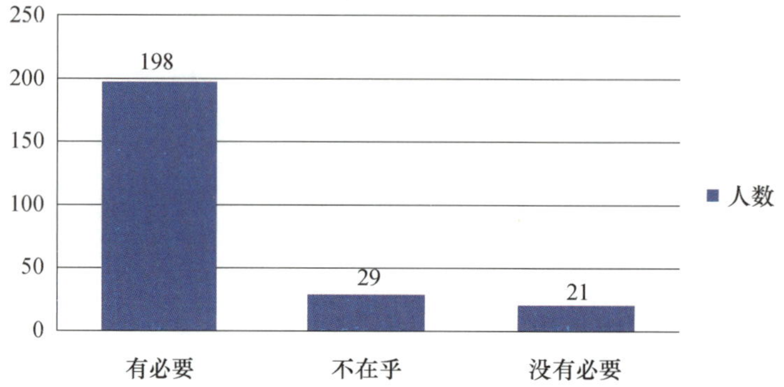

图 13-8　民众对开展社区文化活动的态度统计

处理好特色小镇政府与社会资本的关系。特色小镇建设资金不足是其最大的掣肘，政府财政压力过大，需要与社会资本建立合作关系，应用 PPP 模式，双方签订合约，深化合作关系，共担风险。特色小镇项目多为城市交通、供气和供暖等公共项目，经济收益较差，社会资本不愿意投资，但只依赖于政府单一的融资渠道，可持续性不强，所以采用 PPP 模式，为社会资本提供一种稳定的投资渠道和收益来源，而且以合同的形式确定各方的责任，从而实现收益共享和风险共担[1]，极大地调动了合作共建的积极性。社会资本在一定程度上会是特色小城镇未来发展的重要资金支撑，融资渠道加以拓宽，也会减轻政府财政压力，使得企业成为建设主体，市场成为导向，让特色小镇的建设回归市场竞争，这样既有利于特色小镇解决资金问题，又可以为特色小镇注入活力。

处理好特色小镇开发与环保的关系。特色小镇需要处理好开发与环保之间的关系，在开发时要以保护环境为宗旨，良好的生态环境也会保障特色小镇的长远建设。如中塘拥有大面积的水库湿地涵养区，利用湿地资源开发养老、休闲旅游项目时要特别注重保护水库的水源，避免其被污染，在开发过程中建立湿地资源信息库[2]，随时对湿地进行检测，保护好珍贵的湿地资源。特色小镇普遍正处于大规模开发阶段，将维护生态作为宗旨更加有必要，如果只考虑建设速度，大拆大建，破坏生态环境，最后也将

1　郑蓉蓉，邹晓勇．特色小镇发展的 PPP 创新支持模式研究 [J]. 技术经济与管理研究，2017(10):43-45.

2　戴建兵，俞益武，曹群．湿地保护与管理研究综述 [J]. 浙江农林大学学报，2006(3):328-333.

会自食恶果，引发自然资源稀缺、空气污染、生物链断裂等问题，特色小镇合理地进行开发建设，才能保障可持续发展。

处理好特色小镇文化传承与创新的关系。特色小镇文化的传承是基础，创新是发展的必然方向，比如中塘镇2016年建立的中塘羊博物馆，这一独具匠心的羊文化博物馆保留了许多珍贵的畜牧业发展资料，很好地传承了文化，但是并不能止步于此，作为中塘镇特色文化的一块“王牌”，需要创新宣传与推广模式，通过传播速度快的自媒体，在官方网站和微博中介绍羊博物馆的新奇之处，使当地民众更好地深入了解羊文化，也把中塘的文化品牌推广出去。特色小镇的文化是其灵魂，在传承的基础上，运用现代科学技术进行创新，打造特色文化品牌，赋予时代的新力量，为小镇注入活的灵魂。（注3）

四、张家口新雪国：有机生长的滑雪小镇

随着全国范围开展特色小城镇的培育工作，各具特色、富有活力的特色小镇无疑将成为推动各地经济发展和转型的重要途径和引擎，已成为目前新型城镇化的主要内容之一。

几乎在同一时期，北京市和张家口市赢得了2022年第24届冬季奥林匹克运动会的举办权。根据中商数据统计，当前中国滑雪行业的规模在80亿元左右，预计冬奥会结束后，于2025年行业步入成熟期，市场规模将近1000亿元，未来10年增速为20%～30%[1]。以此为契机，借助奥运带来的冰雪热，冰雪主题的项目建设围绕京津冀地区已如火如荼地开展起来。

位于河北省张家口市赤城县的“新雪国”项目，正是全国性倡导特色小镇建设和冰雪热背景下的典型项目，现状自然禀赋优越，特色鲜明，同时因属于山地空间，受地形和生态敏感性限制较大，机遇和挑战并存。本书以新雪国项目为例，因地制宜地从特色产业甄选、空间布局、交通系统的合理规划、基础设施系统的支撑等角度入手，探索有机生长思想在滑雪特色小镇规划中的具体应用，试图对未来类似规划项目提供参考和借鉴。

1. 有机生长理论初探

有机生长理论将城市、空间当作有生命的有机体来研究，城市和空间发展如世间

1 数据来源：《2016—2020年中国滑雪产业投资分析及前景预测报告》。

万物一样也存在着自然生长的现象，有机生长的思想一直贯穿城市规划与设计相关理论的发展过程，有着悠久的历史，旨在避免城镇建设导致的人工环境与自然环境直接的冲突，实现人与自然协调发展，是自然的、生态的，也是可持续的。

（1）有机生长理论基础

有机生长的思想较早出现在索里亚 1882 年提出的“带型城市”设想中，他认为城市应沿一条交通轴线向前发展，城市长度的拉伸可使居民更容易接近自然，避免城市宽度增加造成中心区环境恶化的现象，这是一种简单的城市发展模式，却蕴含着有机生长理论的萌芽。

随后，1922 年柯布西耶的“阳光城市”理论第一次在城市规划中采用了“新陈代谢”这一生物学术语，认为城市和建筑都有如生物的新陈代谢，是不断进行新旧更新的动态过程，城市和社会的发展都应当是有生命的，城市的扩展就像细胞增殖一样，不会影响城市总体的平衡。

1934 年，更系统化的有机生长思想出现在沙里宁的“有机疏散”理论中，他认为，城市是人为创造的一种有机体，和生命的有机体的内部秩序是一致的，人们应该从大自然中找寻与城市建设相类似的生物生长、变化的规律来研究城市，并认为城市应当服务于人，把对人的关心放在首要位置。

1990 年，城市环境绿皮书中明确提出了紧凑城市的概念，对城市的发展蔓延进行严格控制，要求城市开发土地利用高效混合，优先发展低碳环保的公共交通，限制城市规模，避免城市破坏和侵占自然。

（2）有机生长理论归纳总结

有机生长理论提倡城市规划不再一味地复制旧模式，而是因地制宜以动态生长的思想有针对性地进行规划设计和引导，使城市与自然相结合，与生态相结合，体现地方特色的同时，将对环境的影响降至最低（图 13-9）。

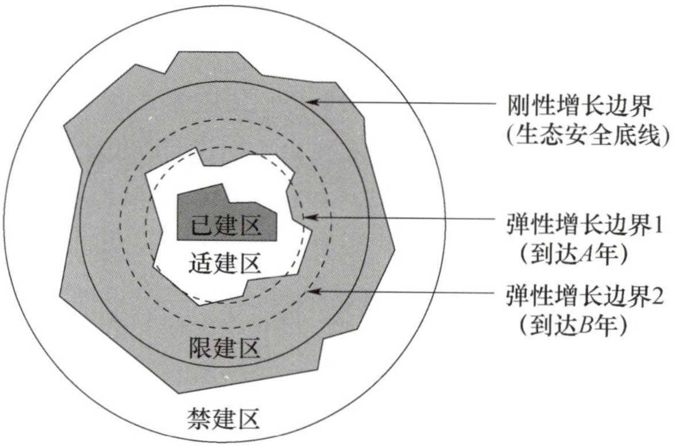

图 13-9　城市增长边界与四区划定的关系图

具有生命力的产业发展。完备的城镇形态、完善的城镇功能、完美的城镇风貌，需要城镇建设与适宜的具有生命力的产业发展相结合，就如同选择合适的种子，在土壤中生根发芽。通过国家战略、区域战略和相关产业的解读得到适合发展什么产业，通过城市资源和产业能力的解读得到能够发展什么产业，从实际出发，综合考虑外部环境和自身能力，重视产业的可持续性，在同一空间中，对功能进行复合设置，最大限度地实现用地的集约。

弹性的空间生长。尊重场地现状，尽量减少对自然的改造，利用生态方法，结合地形地貌，依山就势，孕育出与自然相融的自然生长的城市，保证城市的独特性。以地区生态安全格局和自然生态本底作为建设用地拓展的刚性控制边界，整合严格限建区和禁建区，同时留出一定的满足城市增长和调整的弹性空间，通过综合经济效益、土地需求的时空尺度控制、环境保护等要素确定适宜建设用地的开发时序，深化适建区和一般限建区，避免建设用地的无序蔓延。塑造当地独特的自然和人文特色，强化文化内涵，通过空间规划、场所设计手法实现人文与自然的和谐统一。

低碳环保的绿色生活。推动公共交通优先。公共交通是低污染并有利于城市环境多元化的城市交通工具，公交优先是完成社会经济活动的和谐式交通运输系统，提倡窄街道、密路网模式，使道路拥有舒适的尺度和供人交流的空间，加强交通系统的环境友好性。完善社区功能。社区不仅是社会生活、社会管理的基本单元，更是综合性的服务中心，应在步行可达半径内配备功能齐全的公共配套设施，使得居民可以不出社区就满足日常生活需要，减少远距离出行和机动车使用。

自然资源的保护利用。强调对可再生能源的使用，尽量利用太阳能、风能、地热及其他绿色能源，重视资源的回收再利用，对资源进行合理安置。重视雨洪防治和利用对水资源的回收和多次使用，建设中水设施，实现生活用水、景观用水的多次循环使用。进行合理生态修复，对现状存在的环境、地质问题加以整治，并弥补城镇建设对现状植被和地貌形态不可避免的破坏，维护原生生态系统的多样性和稳定性。

2. 项目阐述

“新雪国”项目位于河北省张家口市赤城县，是近期河北省内高度重视的重大投资项目，建成后将提升整个区域对冬奥会举办的支撑力度，旨在建成一个集合滑雪、教育、医疗、航空为一体的京北四季宜居地，为北京、河北培育一座绿色滑雪特色小镇。

（1）特质

新雪国主峰海拔 2159 米，具备世界公认的黄金海拔高度（2000 ~ 2600 米）品质，并已修建完成一条旗舰雪道，于 2015 年通过国际雪联认证，符合 3 千米斜长内实现 800 米落差，平均坡度大于 26%，是中国第一条符合国际最高规格的标准滑雪比赛高山滑降雪道（图 13-10）。

图 13-10　已建成 800m 高山滑降雪道终端

新雪国地理位置优越，地处京津冀生态涵养区，交通便利，距离北京市中心不过 200 千米，四季分明景致优美，森林覆盖率超过 50%，夏季平均气温 21.6℃，非常不利于细菌生长，空气质量全年达标天数 314 天，达标率 86%，持续维持在京津冀地区最好水平（图 13-11）。

图 13-11　规划区现状自然禀赋

规划区地处山谷地带，南北山体相夹，建设用地狭长，总长度近 5 千米，最宽处在 400 米左右，谷地总体用地平坦，现状建设量很小，不涉及侵占基本农田；现状水系多为山洪冲沟，水源主要以大气降水和冰雪融化为主，水源充足；山体北坡树林生长繁茂，植被覆盖率高，长势良好，南坡由于受阳光直射水分流失严重，植被以灌木和草地为主，局地存在山体滑坡（图 13-12、图 13-13）。

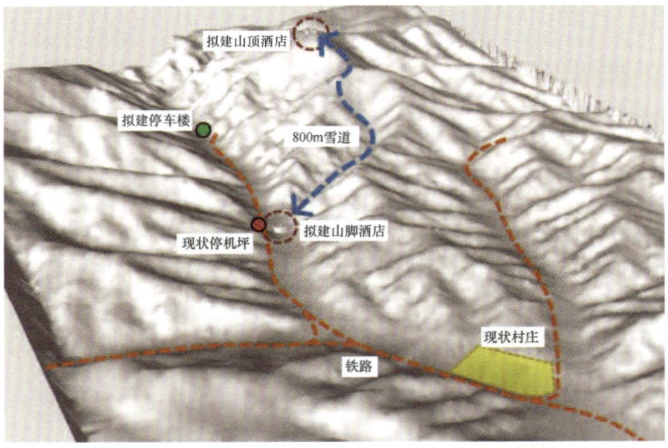

图 13-12　现状地形模型与建设基本要素空间关系图

图 13-13　南坡树林繁茂

（2）挑战

项目选址位置四面环山，坡度 10% 以下场地面积较小，受地形和生态敏感性限制，整体开发建设难度较大，因此规划应充分分析并综合考虑用地的适宜性，合理利用适宜建设的狭长用地空间，不套用传统的组团式空间发展模式，同时将山地区域的建设和发展与维护自然环境相结合，改善和提高建设用地及周边的生态环境质量，寻求适用于山地带状空间的滑雪小镇特色发展模式。

（3）定位

随着旅游进入大众旅游时代，旅游类型逐步由观光型主导转为休闲型主导，而滑雪不仅是一项体育运动，更是一种休闲方式。新雪国将以滑雪为契机，以滑雪场为中心，扩展场所的多种可能性，提供多种层次、多种类型的休闲娱乐体验活动，落实空间与时间的多重利用，孕育出国际一流的全年性综合运动度假休闲胜地。同时，新雪国项目也是有机生长模式的一次尝试和落地，在实现“新雪国、新生活、新家园”的过程中，探索和构建一种新的特色小镇模型。

3. 有机生长理论的应用

（1）产业策划

产业种类的选取，源于对当地资源的挖掘和发展趋势的判定，通过唯一性特质萃取，新雪国将黄金雪道重要资源和优质自然禀赋作为强大支撑，做足冰雪文章，以滑雪产业为主导和品牌，促进休闲旅游产业和文化产业联动，创建特色多元化产业体系，强调基础产业的可持续性，规划完善的公共服务和公用工程设施等功能配置，使得规划区犹如有机体一般自给自足，实现自我新陈代谢。

产业的空间落位做到功能复合、用地集约，功能分配在体现自由布置的同时遵从系统化的组织理念，并将地形地貌、交通人流量、景观视廊等作为考量依据，评价各类产业对用地高程坡度的适应能力、人流量和私密性的需求等，对规划区进行大组团功能分区。

在 800 米雪道终点布置重要核心景观山脚酒店，并对周边区域围绕主体公共功能进行合理化布置，形成滑雪度假组团，注重对不同尺度公共空间的利用，既需要满足大型集散功能的公共中心，同时也需要设计满足游客休闲放松的功能空间，巧用山势，将复杂地形转化为优势条件，塑造功能多样、空间灵活的多维空间（图 13-14）。

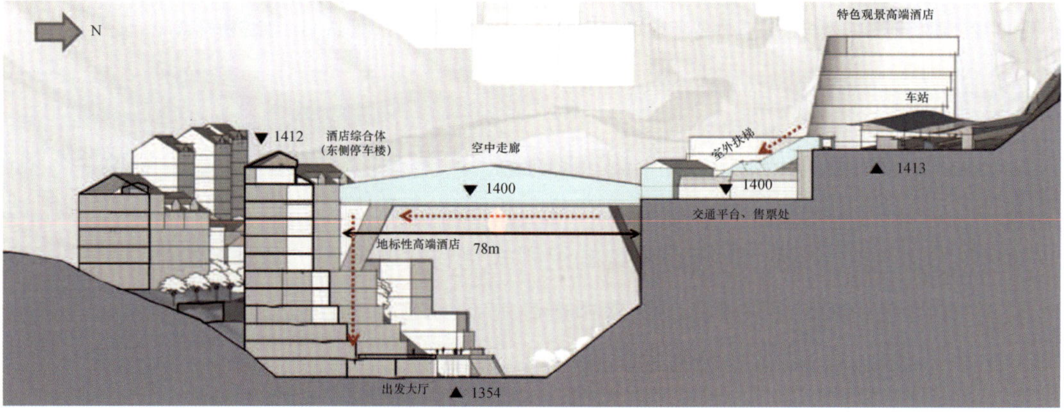

图 13-14　山脚酒店依山就势规划示意图

滑雪度假组团西侧未来将连接崇礼片区，并布置有通往山顶酒店直梯的轨道交通，这个片区相对私密性较好，交通方式简单，主要承载滑雪生活和规划区终端交通换乘的功能，布置滑进滑出特色住宅和 3000 个车位的综合停车楼。

滑雪度假组团东侧为规划区入口片区，交通便捷可达性良好，用地开阔，结合现在村庄改造，培育多元化的综合文化展示和服务基地和入口门户，功能布局从区域条件和发展趋势入手，实现有机生长的产业链条（图 13-15）。

（2）弹性边界的控制与利用

建设规避洪水淹没风险高、地下水埋深、地形地貌复杂和承载力差等风险较高的地区，保护林地、水域等生态敏感地区，通过 GIS 要素叠加，将新雪国项目南部植被覆盖率极高地区限定为刚性的永久不可开发边界，沿山麓走向划取部分空地作为应对难以预期的区域发展弹性动态边界，使规划区建设可在合理范围内充分发展，实现小镇有机生长。

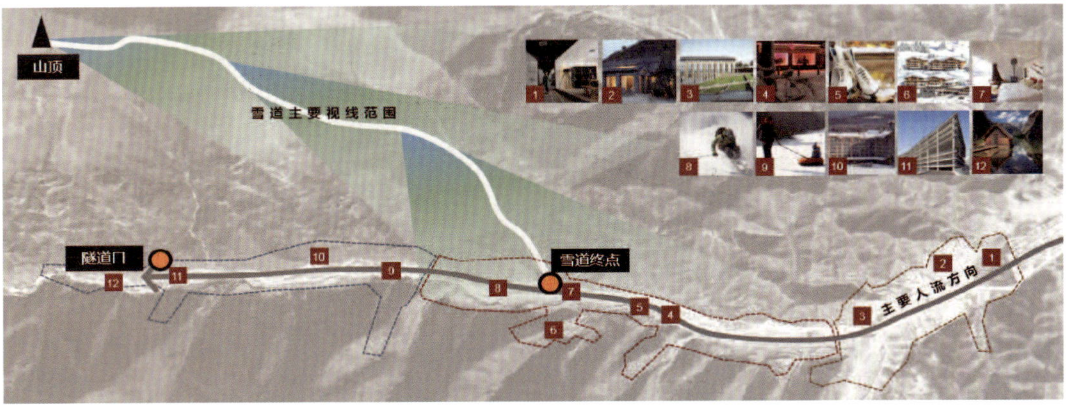

图 13-15　产业空间落位主要考量要素图

在弹性边界范围内的有条件建设区，以低强度斑块状或节点式建设为主要开发模式，承载非雪季可持续规划的主要内容，实现“四季可游”。在春季主打文化产品，策划音乐节、电影节等文化节体验项目；夏季以避暑疗养和青少年培训作为核心项目；秋季主推彩林游赏主题，同时全年倡导户外运动，如山地越野、亲子互动、徒步穿越、拓展训练等，并发展通用航空高端体验，使弹性边界范围内限建区成为内容丰富的各类休闲项目的空间载体（图 13-16）。

图 13-16　弹性边界内斑块状建设空间

（3）绿色交通规划

交通是联系规划区与外界的重要载体，规划交通骨架沿狭长用地线性发展，并以电车、小火车、大巴等作为主要内部交通工具，在外围设置小汽车停车场，采取 P+R 接驳方式（Park and Ride，以停车场作为公共交通换乘的停车场），实现从规划区外部以小汽车为主的出行模式到规划区内部以公共交通为主要出行模式的转变（图 13-17）。

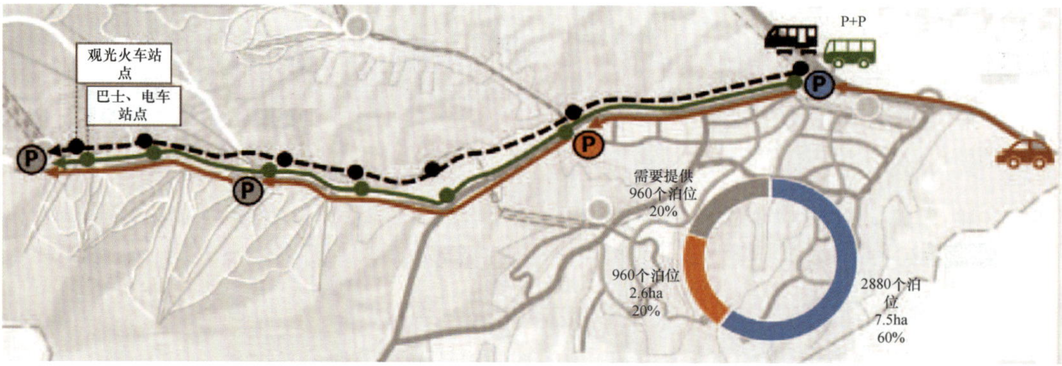

图 13-17 P+R 接驳方式和交通量估算图

根据外部交通量、小汽车出行比例和标准车换算系数，计算出规划区旅游日普遍交通量为 7680pcu，通过公共停车场泊位停车周转率和《城市公共停车场工程项目建设标准》（建标 128—2010），计算得出外围地面停车场面积为 9.6 公顷或外围停车楼建筑面积 11.52 万平方米；同理，通过内部停车需求计算出停车位需求为 960 个，在规划区西端规划 2 处大型公共停车场满足该需求。

建议适当增加停车场出入口数量，避免排队溢出，建议大型赛事期间停车场在一层设置一定比例的大型车辆专用停车位，用于电车、巴士的停放。

（4）雨洪利用和水系规划

规划区位于峡谷地带，规划范围内冲沟众多，建设用地侵占泄洪通道，高差起伏大，汇水面积大。考虑到防洪标准 20 年一遇，工程规划新建蓄水池共 3 处以调节洪峰流量，沿南北两侧设置截洪沟，截洪沟宽度 10 米，截洪沟与蓄水池溢流渠相连，特殊路段采用暗渠。景观水系与蓄水池出水口、截洪沟相接处设置闸阀，旱季开启闸阀，完成蓄水池向景观水系给水，雨季关闭闸阀，洪水通过截洪沟排出。截洪沟与雪道交叉地段，采用涵洞方式通过或另设生态化截洪沟。停车场、广场硬质地面采用透水铺装，道路两侧设置下凹绿地和透水人行道及植被浅沟（图 13-18、图 13-19）。

规划区的水体就如同有机体的血液系统，合理规划水系至关重要，景观水系除为游人提供观赏之用以外兼具造雪、排洪等多重作用，并根据规划区总用水量 2200 立方米建设 3 处中水处理设施，完成生活用水、景观用水、造雪用水的多次循环使用。

（5）生态修复

生态修复在考虑景观效果的同时，选择张家口本土植被品种进行种植，并按 1000

米为服务半径规划绿化公园，沿主街布置绿化带、花坛等，停车场采取生态停车场建设模式，山谷交会处的建设用地外延需建设防风林带。

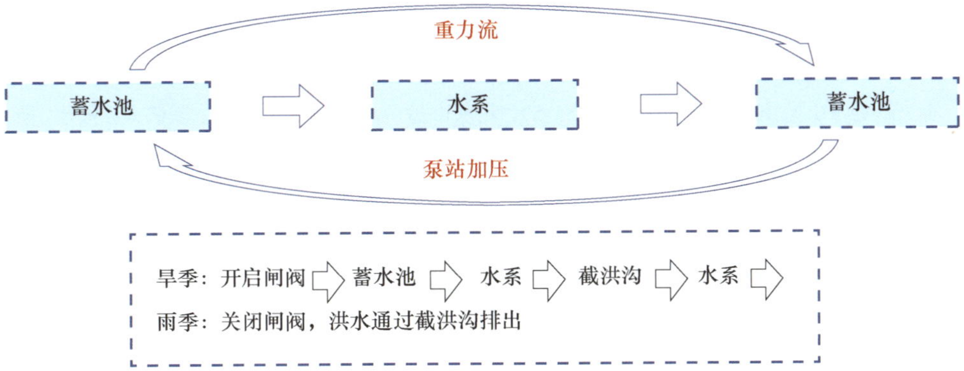

图 13-18　雨洪利用模式图

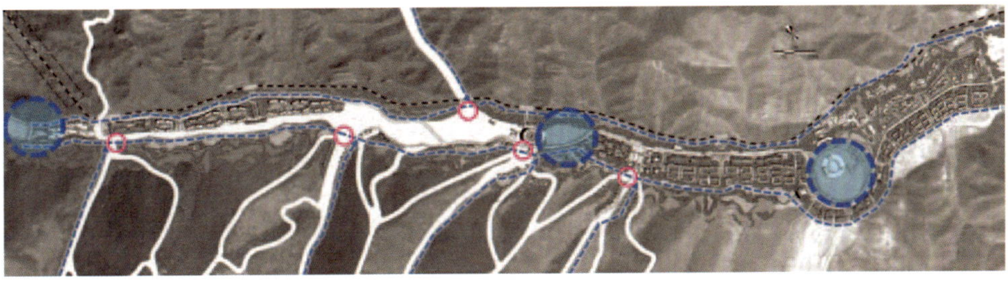

图 13-19　规划区防洪工程规划图

雪道规划依据自然的坡度、坡向，尽可能减少对环境的破坏同时减少工程量，雪道两侧种植松软的草本植物为主，从而满足滑雪运动者安全需求，也为景观规划带来层次感和丰富色彩，高海拔雪道两侧宜种植松、杉等耐寒植被。

对规划区南侧山体地质脆弱片区规划采用台地续坡围挡山坡土体，表层覆盖生态袋形成自然生态坡面，达到绿化效果，提高整个南部山体生态价值。

特色小镇全面铺开建设的今天，在较短时间内各类型小镇迅速崛起，成为城镇经济发展和城镇空间扩展的主导方向，因此，特色小镇合理化建设模式的选择和应用应当给予高度重视。新雪国项目是有机生长模式在山地空间的滑雪小镇建设中的一次有效实践，作为非常具有代表性的山谷地段特色小镇规划，区别于普通地形的传统规划模式，应更加注重有机生长理论的内容，以最大限度地改善生态环境使规划区充满活力的同时，为周边地区也带来正面影响。新雪国项目的规划与落实，旨在更深入地理解和实践有机生长理论，为未来项目的参与者，也为冰雪旅游提供一个极具特色的与自然高度相融、功能完善体系完备的优质目的地，也为未来相关项目的规

划工作者提供参考，提高可操作性，从而增进更大层面、更深层次的推广和应用。（注 4）

注 1：本文摘自《小城镇建设》，2018.09，55-59，北京市特色小城镇发展研究，撰稿人：张建，阮智杰，赵之枫。

注 2：本文摘自《小城镇建设》，2016.11，52-55，北京市房山区长沟镇特色小镇建设纪实——京南水乡 基金小镇，撰稿人：王帅。

注 3：本文摘自《小城镇建设》，2018.03，95-99，天津市特色小镇的建设现状及未来发展思考——以滨海新区中塘镇为例，撰稿人：张名璇。

注 4：本文摘自《小城镇建设》，2018.05，45-50，有机生长理论在滑雪特色小镇规划中的应用——以张家口市赤城县新雪国项目为例，撰稿人：崔思达，赵文强。

后　　记

近年来，党中央、国务院做出了推进特色小（城）镇建设的部署。住房城乡建设部先后公布了两批全国特色小镇名单，中央相关部委和地方各省市相继推出了一系列指导政策，掀起了特色小（城）镇建设浪潮。在多方的实践中，涌现出了一批特色小（城）镇建设优秀成果，也总结出了大量经验，吸取了相关教训。特色小（城）镇的特色该如何塑造？有哪些规律可循？本书采用“理论 + 实践”的方式，从特色小（城）镇起源与发展的来龙去脉、特色塑造的方式和方法、地方成功经验和优秀案例 3 个维度系统阐述特色小（城）镇的本质、塑造和建设，涉及规划设计、产业发展、运营管理、政策实施等多个角度，以期对我国特色小（城）镇的建设和发展能够起到一定的指导借鉴作用。

本书部分章节内容经授权、引用或改编自《小城镇建设》杂志刊登文章，感谢文章作者和《小城镇建设》编辑部的支持。

本书适用于城乡规划设计人员、相关专业院校师生、各级规划建设管理人员，以及关心特色小（城）镇发展的各界人士阅读。

中国建筑学会
小城镇建筑分会